广东改革开放40年研究丛书

广东对外开放40年
Guangdong Duiwai Kaifang 40 Nian

隋广军　张建武　胡文涛　主编

·广州·

版权所有　翻印必究

图书在版编目（CIP）数据

广东对外开放40年/隋广军，张建武，胡文涛主编．—广州：中山大学出版社，2018.12

（广东改革开放40年研究丛书）

ISBN 978-7-306-06510-0

Ⅰ.①广…　Ⅱ.①隋…②张…③胡…　Ⅲ.①对外开放—研究—广东　Ⅳ.①F127.65

中国版本图书馆CIP数据核字（2018）第278018号

出 版 人：王天琪
责任编辑：林彩云
封面设计：林绵华
版式设计：林绵华
责任校对：罗雪梅
责任技编：何雅涛
出版发行：中山大学出版社
电　　话：编辑部 020-84110283，84111997，84110779，84113349
　　　　　发行部 020-84111998，84111981，84111160
地　　址：广州市新港西路135号
邮　　编：510275　　传　　真：020-84036565
网　　址：http://www.zsup.com.cn　　E-mail:zdcbs@mail.sysu.edu.cn
印 刷 者：广州家联印刷有限公司
规　　格：787mm×1092mm　1/16　28.25印张　530千字
版次印次：2018年12月第1版　2018年12月第1次印刷
定　　价：112.00元

如发现本书因印装质量影响阅读，请与出版社发行部联系调换

广东改革开放40年研究丛书

主　　任　傅　华

副 主 任　蒋　斌　宋珊萍

委　　员　（按姓氏笔画排序）

　　　　　丁晋清　王天琪　王　珺　石佑启

　　　　　卢晓中　刘小敏　李宗桂　张小欣

　　　　　陈天祥　陈金龙　周林生　陶一桃

　　　　　隋广军　彭壁玉　曾云敏　曾祥效

创造让世界刮目相看的新的更大奇迹

——"广东改革开放40年研究丛书"总序

中国的改革开放走过了40年的伟大历程。在改革开放40周年的关键时刻,习近平总书记亲临广东视察并发表重要讲话,这是广东改革发展史上具有里程碑意义的大事、喜事。总书记充分肯定广东改革开放40年来所取得的巨大成就,并提出了深化改革开放、推动高质量发展、提高发展平衡性和协调性、加强党的领导和党的建设等方面的工作要求,为广东新时代改革开放再出发进一步指明了前进方向,提供了根本遵循。深入学习宣传贯彻习近平总书记视察广东重要讲话精神,系统总结、科学概括广东改革开放40年的成就、经验和启示,对于激励全省人民高举新时代改革开放旗帜,弘扬敢闯敢试、敢为人先的改革精神,以更坚定的信心、更有力的举措把改革开放不断推向深入,创造让世界刮目相看的新的更大奇迹,具有重要意义。

第一,研究广东改革开放,要系统总结广东改革开放40年的伟大成就,增强改革不停顿、开放不止步的信心和决心。

广东是中国改革开放的排头兵、先行地、实验区,在改革开放和现代化建设中始终走在全国前列,取得了举世瞩目的辉煌成就,展现了改革开放的磅礴伟力。

实现了从一个经济比较落后的农业省份向全国第一经济大省的历史性跨越。改革开放40年,是广东经济发展最具活力的40年,是广东经济总量连上新台阶、实现历史性跨越的40年。40年来,广东坚持以经济建设为中心,锐意推进改革,全力扩大开放,适应、把握、引领经济发展新常态,坚定不移地推进经济结构战略性调整、经济持续快速健康发展。1978—2017年,广东GDP从185.85亿元增加到89 879.23亿元,增长约482.6倍,占全国的10.9%。1989年以来,广东GDP总量连续29年稳居全国首位,成为中国第一经济大省。经济总量先后超越新加坡、中国香港和台湾地区,

2017年超过全球第13大经济体澳大利亚,进一步逼近"亚洲四小龙"中经济总量最大的韩国,处于世界中上等收入国家水平。

实现了从计划经济体制向社会主义市场经济体制的历史性变革。改革开放40年,是广东始终坚持社会主义市场经济改革方向、深入推进经济体制改革的40年,是广东社会主义市场经济体制逐步建立和完善的40年。40年来,广东从率先创办经济特区,率先引进"三来一补"、创办"三资"企业,率先进行价格改革,率先进行金融体制改革,率先实行产权制度改革,到率先探索行政审批制度改革,率先实施政府部门权责清单、市场准入负面清单和企业投资项目清单管理,率先推进供给侧结构性改革,等等,在建立和完善社会主义市场经济体制方面走在全国前列,极大地解放和发展了社会生产力,同时在经济、政治、文化、社会和生态文明建设领域的改革也取得了重大进展。

实现了从封闭半封闭到全方位开放的历史性转折。改革开放40年,是广东积极把握全球化机遇、纵深推进对外开放的40年,是广东充分利用国际国内两个市场、两种资源加快发展的40年。开放已经成为广东的鲜明标识。40年来,广东始终坚持对内、对外开放,以开放促改革、促发展。从创办经济特区、开放沿海港口城市、实施外引内联策略、推进与港澳地区和内地省市区的区域经济合作,到大力实施"走出去"战略、深度参与"一带一路"建设、以欧美发达国家为重点提升利用外资水平、举全省之力建设粤港澳大湾区,广东开放的大门越开越大,逐步形成了全方位、多层次、宽领域、高水平的对外开放新格局。

实现了由要素驱动向创新驱动的历史性变化。改革开放40年,是广东发展动力由依靠资源和低成本劳动力等要素投入转向创新驱动的40年,是广东经济发展向更高级阶段迈进的40年。改革开放以来,广东人民以坚强的志气与骨气不断增强自主创新能力和实力,把创新发展主动权牢牢掌握在自己手中。从改革开放初期,广东以科技成果交流会、技术交易会等方式培育技术市场,成立中国第一个国家级高科技产业集聚的工业园区——深圳科技工业园,到实施科教兴粤战略、建设科技强省、构建创新型广东和珠江三角洲国家自主创新示范区,广东不断聚集创新驱动"软实力",区域创新综合能力排名跃居全国第一。2017年,全省研发经费支出超过2 300亿元,居全国第一,占地区生产总值比重达2.65%;国家级高新技术企业3万家,跃居全国第一;高新技术产品产值达6.7万亿元。有效发明专利量及专利综合实力连续多年居全国首位。

实现了从温饱向全面小康迈进的历史性飞跃。改革开放40年，是全省居民共享改革发展成果、生活水平显著提高的40年，是全省人民生活从温饱不足向全面小康迈进的40年。1978—2017年，全省城镇居民、农村居民人均可支配收入分别增长了98倍和81倍，从根本上改变了改革开放前物资短缺的经济状况，民众的衣食住行得到极大改善，居民收入水平和消费能力快速提升。此外，推进基本公共服务均等化，惠及全民的公共服务体系进一步建立；加大底线民生保障资金投入力度，社会保障事业持续推进；加快脱贫攻坚步伐，努力把贫困地区短板变成"潜力板"，不断提高人民生活水平，满足人民对美好生活的新期盼。

实现了生态环境由问题不少向逐步改善的历史性转变。改革开放40年，是广东对生态环境认识发生深刻变化的40年，是广东生态环境治理力度不断加大的40年，是广东环境质量由问题不少转向逐步改善的40年。广东牢固树立"绿水青山就是金山银山"的理念，坚决守住生态环境保护底线，全力打好污染防治攻坚战，生态环境持续改善。全省空气质量近3年连续稳定达标，大江大河水质明显改善，土壤污染防治扎实推进。新一轮绿化广东大行动不断深入，绿道、古驿道、美丽海湾建设等重点生态工程顺利推进，森林公园达1 373个、湿地公园达203个、国家森林城市达7个，全省森林覆盖率提高到59.08%。

40年来，广东充分利用毗邻港澳的地理优势，大力推进粤港澳合作，率先基本实现粤港澳服务贸易自由化，全面启动粤港澳大湾区建设，对香港、澳门顺利回归祖国并保持长期繁荣稳定、更好地融入国家发展大局发挥了重要作用，为彰显"一国两制"伟大构想的成功实践做出了积极贡献。作为中国先发展起来的区域之一，广东十分注重推动国家区域协调发展战略的实施，加大力度支持革命老区、民族地区、边疆地区、贫困地区加快发展，对口支援新疆、西藏、四川等地取得显著成效，为促进全国各地区共同发展、共享改革成果做出了积极贡献。

第二，研究广东改革开放，要深入总结广东改革开放40年的经验和启示，厚植改革再出发的底气和锐气。

改革开放40年来，广东在坚持和发展中国特色社会主义事业中积极探索、大胆实践，不仅取得了辉煌成就，而且积累了宝贵经验。总结好改革开放的经验和启示，不仅是对40年艰辛探索和实践的最好庆祝，而且能为新时代推进中国特色社会主义伟大事业提供强大动力。40年来，广东经济社会发展之所以能取得历史性成就、发生历史性变革，最根本的原因就在于党中央的正确领导和对广东工作的高度重视、亲切关怀。改革开放以来，党中央始终鼓励广东大胆探索、大胆实践。特别是进入新时代以来，每到重要节点和关键时期，习近平总书记都及时为广东把舵定向，为广东发展注入强大动力。2012年12月，总书记在党的十八大后首次离京视察就到了广东，做出"三个定位、两个率先"的重要指示。2014年3月，总书记参加第十二届全国人大第二次会议广东代表团审议，要求广东在全面深化改革中走在前列，努力交出物质文明和精神文明两份好答卷。2017年4月，总书记对广东工作做出重要批示，对广东提出了"四个坚持、三个支撑、两个走在前列"要求。2018年3月7日，总书记参加第十三届全国人大第一次会议广东代表团审议并发表重要讲话，嘱咐广东要做到"四个走在全国前列"、当好"两个重要窗口"。2018年10月，在改革开放40周年之际，习近平总书记再次亲临广东视察指导并发表重要讲话，要求广东高举新时代改革开放旗帜，以更坚定的信心、更有力的措施把改革开放不断推向深入，提出了深化改革开放、推动高质量发展、提高发展平衡性和协调性、加强党的领导和党的建设四项重要要求，为新时代广东改革发展指明了前进方向，提供了根本遵循。广东时刻牢记习近平总书记和党中央的嘱托，结合广东实际创造性地贯彻落实党的路线、方针、政策，自觉做习近平新时代中国特色社会主义思想的坚定信仰者、忠实践行者，努力为全国的改革开放探索道路、积累经验、做出贡献。

坚持中国特色社会主义方向，使改革开放始终沿着正确方向前进。我们的改革开放是有方向、有立场、有原则的，不论怎么改革、怎么开放，都始终要坚持中国特色社会主义方向不动摇。在改革开放实践中，广东始终保持"不畏浮云遮望眼"的清醒和"任凭风浪起，稳坐钓鱼船"的定力，牢牢把握改革正确方向，在涉及道路、理论、制度等根本性问题上，在大是大非面前，立场坚定、旗帜鲜明，确保广东改革开放既不走封闭僵化的老路，也不走改旗易帜的邪路，在根本性问题上不犯颠覆性错误，使改革开放始终沿着正确方向前进。

坚持解放思想、实事求是，以思想大解放引领改革大突破。解放思想是正确行动的先导。改革开放的过程就是思想解放的过程，没有思想大解放，就不会有改革大突破。广东坚持一切从实际出发，求真务实，求新思变，不断破除思想观念上的障碍，积极将解放思想形成的共识转化为政策、措施、制度和法规。坚持解放思想和实事求是的有机统一，一切从国情省情出发、从实际出发，既总结国内成功做法又借鉴国外有益经验，既大胆探索又脚踏实地,敢闯敢干,大胆实践,多出可复制、可推广的新鲜经验,为全国改革提供有益借鉴。

坚持聚焦以推动高质量发展为重点的体制机制创新,不断解放和发展社会生产力。改革开放就是要破除制约生产力发展的制度藩篱,建立充满生机和活力的体制机制。改革每到一个新的历史关头,必须在破除体制机制弊端、调整深层次利益格局上不断啃下"硬骨头"。近年来,广东坚决贯彻新发展理念,着眼于推动经济高质量发展,不断推进体制机制创新。例如,坚持以深化科技创新改革为重点,加快构建推动经济高质量发展的体制机制;坚持以深化营商环境综合改革为重点,加快转变政府职能;坚持以粤港澳大湾区建设合作体制机制创新为重点,加快形成全面开放新格局;坚持以构建"一核一带一区"区域发展格局为重点,完善城乡区域协调发展体制机制;坚持以城乡社区治理体系为重点,加快营造共建共治共享社会治理格局,奋力开创广东深化改革发展新局面。

坚持"两手抓、两手都要硬",更好地满足人民精神文化生活新期待。只有物质文明建设和精神文明建设都搞好、国家物质力量和精神力量都增强、人民物质生活和精神生活都改善、综合国力和国民素质都提高,中国特色社会主义事业才能顺利推向前进。广东高度重视精神文明建设,坚持"两手抓、两手都要硬",坚定文化自信、增强文化自觉,守护好精神家园、丰富人民精神生活;深入宣传贯彻习近平新时代中国特色社会主义思想,大力培育和践行社会主义核心价值观,深化中国特色社会主义和中国梦宣传教育,教育引导广大干部群众特别是青少年坚定理想信念,培养担当民族复兴大任的时代新人;积极选树模范典型,大力弘扬以爱国主义为核心的民族精神和以改革创新为核心的时代精神;深入开展全域精神文明创建活动,不断提升人民文明素养和社会文明程度;大力补齐文化事业短板,高质量发展文化产业,不断增强文化软实力,更好地满足人民精神文化生活新期待。

坚持以人民为中心的根本立场,把为人民谋幸福作为检验改革成效的根本标准。改革开放是亿万人民自己的事业,人民是推动改革开放的主体力量。没有人民的支持和参与,任何改革都不可能取得成功。广东始终坚持以人民为中心的发展思想,坚持把人民对美好生活的向往作为奋斗目标,坚持人民主体地位,发挥群众首创精神,紧紧依靠人民推动改革开放,依靠人民创造历史伟业;始终坚持发展为了人民、发展依靠人民、发展成果由人民共享,让改革发展成果更好地惠及广大人民群众,让群众切身感受到改革开放的红利;始终坚持从人民群众普遍关注、反映强烈、反复出现的民生问题入手，紧紧盯住群众反映的难点、痛点、堵点，集中发力，着力解决人民群众关心的现实利益问题，不断增强人民群众获得感、幸福感、安全感。

坚持科学的改革方法论，注重改革的系统性、整体性、协同性。只有坚持科学方法论，才能确保改革开放蹄疾步稳、平稳有序地推进。广东坚持以改革开放的眼光看待改革开放，充分认识改革开放的时代性、体系性、全局性问题，注重改革开放的系统性、整体性、协同性。注重整体推进和重点突破相促进相结合，既全面推进经济、政治、文化、社会、生态文明、党的建设等诸多领域改革，确保各项改革举措相互促进、良性互动、协同配合，又突出抓改革的重点领域和关键环节，发挥重点领域"牵一发而动全身"、关键环节"一子落而满盘活"的作用；注重加强顶层设计，和"摸着石头过河"的改革方法相结合，既发挥"摸着石头过河"的基础性和探索性作用，又发挥加强顶层设计的全面性和决定性作用；注重改革与开放的融合推进，使各项举措协同配套、同向前进，推动改革与开放相互融合、相互促进、相得益彰；注重处理好改革发展与稳定之间的关系，自觉把握好改革的力度、发展的速度和社会可承受的程度，把不断改善人民生活作为处理改革发展与稳定关系的重要结合点，在保持社会稳定中推进改革发展，在推进改革发展中促进社会稳定，进而实现推动经济社会持续健康发展。

坚持和加强党的领导，不断提高党把方向、谋大局、定政策、促改革的能力。中国特色社会主义最本质的特征是中国共产党的领导，中国特色社会主义制度的最大优势是中国共产党的领导。坚持党的领导，是改革开放的"定盘星"和"压舱石"。40年来，广东改革开放之所以能够战胜各种风险和挑战，取得举世瞩目的成就，最根本的原因就在于坚持党的领导。什么时候重视党的领导、加强党的建设，什么时候就能战胜困难、夺取胜利；什么时候轻视党的领导、漠视党的领导，什么时候就会经历曲折、遭受挫折。广东坚持用习近平新时代中国特色社会主义思想武装头脑，增强"四个意识"，坚定"四个自信"，做到"两个坚决维护"，始终在思想上、政治上、行动上同以习近平同志为核心的党中央保持高度一致；注重加强党的政治建设，坚持党对一切工作的领导，不断增强党的政治领导力、思想引领力、群众组织力、社会号召力，提高党把方向、谋大局、定政策、促改革的能力和定力，确保党总揽全局、协调各方。

第三，研究广东改革开放，要积极开展战略性、前瞻性研究，为改革开放再出发提供理论支撑和学术支持。

改革开放是广东的根和魂。在改革开放40周年的重要历史节点，习近平总书记再次来到广东,向世界宣示中国改革不停顿、开放不止步的坚定决心。习近平总书记视察广东重要讲话,是习近平新时代中国特色社会主义思想的理论逻辑和实践逻辑在广东的展开和具体化,是我们高举新时代改革开放旗帜、以新担当新作为把广东改革开放不断推向深入的行动纲领,是我们走好新时代改革开放之路的强大思想武器。学习贯彻落实习近平总书记视察广东重要讲话精神,是当前和今后一个时期全省社会科学理论界的头等大事和首要政治任务。社会科学工作者应发挥优势,充分认识总书记重要讲话精神的重大政治意义、现实意义和深远历史意义,以高度的政治责任感和历史使命感,深入开展研究阐释,引领和推动全省学习宣传贯彻工作往深里走、往实里走、往心里走。

加强对重大理论和现实问题的研究,为改革开放再出发提供理论支撑。要弘扬广东社会科学工作者"务实、前沿、创新"的优良传统,增强脚力、眼力、脑力、笔力,围绕如何坚决贯彻总书记关于深化改革开放的重要指示要求,坚定不移地用好改革开放"关键一招",书写好粤港澳大湾区建设这篇大文章,引领带动改革开放不断实现新突破;如何坚决贯彻总书记关于推动高质量发展的重要指示要求,坚定不移地推动经济发展质量变革、效率变革、动力变革;如何坚决贯彻总书记关于提高发展平衡性和协调性的重要指示要求,坚定不移地推进城乡、区域、物质文明和精神文明协调发展与法治建设;如何坚决贯彻总书记关于加强党的领导和党的建设的重要指示要求,坚定不移地把全省各级党组织锻造得更加坚强有力、推动各级党组织全面进步全面过硬;等等,开展前瞻性、战略性、储备性研究,推出一批高质量研究成果,为省委、省政府推进全面深化改革开放出谋划策,当好思想库、智囊团。

加强改革精神研究,为改革开放再出发提供精神动力。广东改革开放40年波澜壮阔的伟大实践,不仅打下了坚实的物质基础,也留下了弥足珍贵的精神财富,这就是敢闯敢试、敢为人先的改革精神。这种精神是在广东改革开放创造性实践中激发出来的,它是一种解放思想、大胆探索、勇于创造的思想观念,是一种不甘落后、奋勇争先、追求进步的责任感和使命感,是一种坚韧不拔、自强不息、锐意进取的精神状态。当前,改革已经进入攻坚期和深水区,剩下的都是难啃的硬骨头,更需要弘扬改革精神才能攻坚克难,必须把这种精神发扬光大。社会科学工作者要继续研究、宣传、阐释好改革精神,激励全省广大党员干部把改革开放的旗帜举得更高更稳,续写广东改革开放再出发的新篇章。

加强对广东优秀传统文化和革命精神的研究,为改革开放再出发提振精气神。总书记在视察广东重要讲话中引用广东的历史典故激励我们担当作为,讲到虎门销烟等重大历史事件,讲到洪秀全、文天祥等历史名人,讲到广东的光荣革命传统,讲到毛泽东、周恩来等一大批曾在广东工作生活的我们党老一辈领导人,以此鞭策我们学习革命先辈、古圣先贤。广大社会科学工作者要加强对广东优秀传统文化和革命精神的研究,激励全省人民将其传承好弘扬好,并化作新时代敢于担当的勇气、奋发图强的志气、再创新局的锐气,创造无愧于时代、无愧于人民的新业绩。

广东有辉煌的过去、美好的现在,一定有灿烂的未来。这次出版的"广东改革开放40年研究丛书"(14本),对广东改革开放40年巨大成就、实践经验和未来前进方向等问题进行了系统总结和深入研究,内容涵盖总论、经济、政治、文化、社会、生态文明、教育、科技、依法治省、区域协调、对外开放、经济特区、海外华侨华人、从严治党14个方面,为全面深入研究广东改革开放做了大量有益工作,迈出了重要一步。在隆重庆祝改革开放40周年之际,希望全社会高度重视广东改革开放问题的研究,希望有更多的专家学者和实际工作者积极投身到广东改革开放问题的研究中去,自觉承担起"举旗帜、聚民心、育新人、兴文化、展形象"的使命任务,推出更多有思想见筋骨的精品力作,为推动广东实现"四个走在全国前列"、当好"两个重要窗口",推动习近平新时代中国特色社会主义思想在广东大地落地生根、结出丰硕成果提供理论支撑和学术支持。

"广东改革开放40年研究丛书"编委会

2018年11月22日

目录

序　言 /1

历史回顾编

第一章　先行先试：广东对外开放拉开大帷幕 /9
　　第一节　改革开放伊始：开启序幕 /10
　　第二节　对外开放的探索：经济特区 /14
　　第三节　对外开放的探索：外贸体制改革 /24

第二章　扩大开放：广东对外开放迈向新台阶 /29
　　第一节　邓小平南方谈话指明前进航向 /29
　　第二节　大力引进和优化外资 /33
　　第三节　出口导向战略引领对外贸易发展 /37
　　第四节　深化粤港澳经济合作 /42
　　第五节　增创特区新优势 /44
　　第六节　广东成为中国改革开放"试验田"和示范区 /46

第三章　国际接轨：广东对外开放争当排头兵 /50
　　第一节　中国加入WTO与广东对外开放 /50
　　第二节　粤港澳合作 /53
　　第三节　"三来一补"与"香港因素" /56

第四章　转危为机：广东对外开放勇闯深水区 /62
　　第一节　化挑战为机遇，积极应对金融危机 /62
　　第二节　科学规划，推动形成高水平开放新格局 /67

第三节　习近平总书记重要讲话精神和指示批示精神引领方向 /75

第五章　**全面引领：广东对外开放构建新格局** /78
　　第一节　实施创新驱动发展战略 /78
　　第二节　建设广东自由贸易试验区 /83
　　第三节　打造"一带一路"核心枢纽 /91
　　第四节　共建"粤港澳大湾区"新增长极 /96

成就展现编

第六章　**广东对外贸易：从贸易大省走向贸易强省** /104
　　第一节　广东对外贸易体制改革 /104
　　第二节　广东外贸增长与外贸大省形成 /112
　　第三节　广东外贸增长方式与外贸强省建设 /115

第七章　**广东利用外资：从扩大规模到追求质量** /126
　　第一节　广东利用外资的改革与探索 /126
　　第二节　广东利用外资的发展状况 /132
　　第三节　广东利用外资的结构优化与质量提升 /140

第八章　**广东对外投资：从"走出去"战略到"一带一路"建设** /148
　　第一节　广东对外投资的探索 /148
　　第二节　广东对外投资的发展状况 /155
　　第三节　国家"走出去"战略与广东对外投资 /162
　　第四节　"一带一路"建设与广东对外投资 /167

第九章　**广东金融开放：从规模大省到国际化强省** /173
　　第一节　广东金融体制改革与规模大省形成 /174
　　第二节　广东金融国际化建设与对外开放 /184
　　第三节　广东金融国际化踏上新征程 /189

第十章　区域经济合作：从 CEPA 到粤港澳大湾区 /199
　　第一节　区域经济合作的探索 /199
　　第二节　粤港澳区域经济合作的成就 /208
　　第三节　粤港澳大湾区建设展望 /217

经验总结编

第十一章　坚持党统领对外开放，解放思想，先行先试 /228
　　第一节　坚持党统领对外开放的基本经验与启示 /228
　　第二节　加强思想引导，夯实思想基础 /233
　　第三节　坚持实事求是，落实中央布局 /239
　　第四节　推进党的建设，增强党的领导 /245
　　第五节　在党的领导下坚持对外开放的成效 /251

第十二章　发展经济特区，探索对外开放 /254
　　第一节　广东经济特区对外开放的经验总结 /255
　　第二节　广东经济特区对外开放的主要做法 /257
　　第三节　广东经济特区对外开放的改革成效 /265

第十三章　开放促进改革，探索社会主义市场经济体制 /270
　　第一节　广东对外开放促进市场经济发展的基本经验 /271
　　第二节　广东探索社会主义市场经济体制的主要做法 /282
　　第三节　广东建设社会主义市场经济体制的成效 /292

第十四章　实施创新驱动，提升开放型经济质量 /304
　　第一节　广东创新驱动的成功经验 /304
　　第二节　广东创新驱动的做法 /310
　　第三节　广东创新驱动的成效 /322

第十五章　深化粤港澳合作，提高对外开放水平 /328
　　第一节　粤港澳合作的经验 /328

第二节　促进粤港澳合作的政策措施 /334
第三节　粤港澳合作的成效 /344

第十六章　建设市场化、法治化、国际化（便利化）营商环境，深化对外开放 /349
第一节　建设市场化、法治化、国际化营商环境的经验 /350
第二节　建设市场化、法治化、国际化营商环境的做法 /352
第三节　建设市场化、法治化、国际化营商环境的成效 /366

未来展望编

第十七章　进入新时代的广东对外开放：新理念、新开放 /376
第一节　国际国内经济形势进入深刻变化时期 /376
第二节　广东对外开放面临的新挑战、新任务 /380
第三节　广东对外开放的新理念、新对策 /385

第十八章　构建广东全面对外开放新格局的战略 /397
第一节　构建开放型经济新体制，打造"一带一路"枢纽 /397
第二节　提速粤港澳大湾区建设，打造世界级城市群 /405
第三节　探索建设国际自由贸易港，打造对外开放新高地 /412

结　语 /419

参考文献 /421

后　记 /431

序言

2018年是我国改革开放40周年。1978年12月，中国共产党召开了十一届三中全会，开启了中国改革开放的新征程。改革开放是党和人民事业大踏步赶上时代的重要法宝，是坚持和发展中国特色社会主义的必由之路，是决定当代中国命运的关键一招，也是决定实现"两个一百年"奋斗目标、实现中华民族伟大复兴的关键一招。

中国改革开放40年的伟大实践和巨大成功证明，改革与开放是推动中国经济社会变革和前进的两大巨轮。它们相辅相成、相互促进，改革必然要求开放，开放也必然要求改革；改革是开放的前提条件，开放是改革的外部动力。开放又称为对外开放，狭义的对外开放是指对外经济开放，指国家积极主动扩大对外经济交往，通过政策、法规和法律形成开放型的经济体制机制，使我国经济深度融入世界经济，形成开放型经济体系。开放带来进步，封闭必然落后，以开放促改革、促发展是我国现代化建设不断取得成就的重要法宝。

广东是中国改革开放的先行者和排头兵，在对外开放方面尤其具有独特的区位优势和悠久的历史传统。广东地处祖国的南海之滨，有4 000多公里的海岸线，拥有广阔的海域和众多良港，是我国东入太平洋、南下东南亚，进入印度洋的重要门户和枢纽。广东有几千年的海外通商历史，秦汉时期就出现了海上丝绸之路，明清时期是中国唯一对外通商口岸，中华人民共和国成立后的西方封锁时期也是最重要的对外贸易窗口。广东毗邻港澳，20世纪70年代，香港即已发展成为远东的国际贸易中心、国际金融中心、国际航运中心和国际旅游中心；广东可以利用港澳的国际市场和信息，利用香港的资本、技术，利用香港便捷的海、空运输设施。同时，广东拥有遍布世界各地的广东籍华人、华侨优势，祖籍广东的华侨华人1 400多万，分布在世界80多个国家，他们在血缘、地缘、亲缘方面同祖国有着千丝万缕的联系，他们保持着传统文化和生活习惯，是广东通向世界的桥梁。

广东成为中国对外开放的先行者和排头兵，是历史的必然选择。中华人民共和国成立后，中国人民对如何建设新中国进行了艰苦曲折的探索，经历了"大跃进"的教训和"文化大革命"十年的大动乱。到了20世纪70年末期，我国逐渐打开国门，放眼世界，发现当年和我们一样贫穷落后的"四小龙"已成为世界经济发展的明星，中国大陆却还处在与温饱作斗争的状态。打开国门融入世界经济，成为中国人民的共识和强烈愿望。顺应历史前进的逻辑和时代发展的潮流，党的十一届三中全会做出了把全国工作重点转移到社会主义现代化建设上来和实行改革开放的正确决策。基于地理的优势，广东成为对外开放的开路先锋。

20世纪70年代末，中国与世界经济发展水平和贫富差距的巨大落差形成了中国经济发展的巨大势能，当开放的闸门一打开，必然产生巨大的洪流奔涌向前，其势不可阻挡。对外开放40年，广东跟随中华民族伟大复兴的脚步而前进，顺应时代发展的潮流而发展，取得了举世瞩目的伟大成就。我们在此用历史回顾、成就展现、经验总结和未来展望4编18章来书写广东对外开放40年的壮丽史诗。

一、回顾广东对外开放40年的历程，不忘初心，不忘筚路蓝缕

1979年7月15日，中共中央、国务院下发文件，同意广东"试办深圳、珠海、汕头经济特区，积极吸收侨资、外资，引进国外先进技术和管理经验"，广东对外开放的序幕由此拉开。1992年春天，邓小平南方谈话对深圳经济特区的对外开放经济给予了充分的肯定，掀起了广东对外开放的新高潮和全国对外开放的浪潮。1992年10月，党的十四大总结了十一届三中全会以来14年的改革开放的实践，确立我国经济体制改革的目标是建立社会主义市场经济体制，提出要进一步扩大对外开放，更多更好地利用境外国外资金、资源、技术和管理经验。1997年，亚洲金融危机爆发，给广东的对外开放带来首次外部冲击，也暴露出广东在对外开放时既存在利用外资带来发展的好处，也存在金融危机国际传播的风险，同时助推了开放型经济体制的改革。2001年，中国加入世界贸易组织（WTO），排除了中国经济与世界经济融合发展的主要制度性障碍，加速了中国对外开放的进程，助推广东外向型经济发展进入快车道。2003年，《内地与香港关于建立更紧密经贸关系的安排》（CEPA）的签署，使内地与港澳在"一国两制"的框

序言

架下全面实行自由贸易，广东发挥先行先试的作用，进一步加强了粤港澳的广泛合作。2008年，国际金融危机爆发，中国对外开放的进程再次受到外部冲击，广东克服重重困难，勇闯"深水区"，以深度参与"一带一路"建设为重点，形成广东对外开放的新格局，实行加工贸易转型升级，培育对外贸易新业态、新模式，以自贸试验区建设为重点实行引进来与走出去双向开放，实现制造业和服务业共同开放，共建粤港澳大湾区，形成粤港澳合作新格局。

二、展现广东对外开放40年的成就，增强开放的自信、增加开放的自觉

（一）对外开放40年，广东从贸易弱省到贸易大省，正在走向贸易强省

1978年，广东进出口贸易15.9亿美元，占同期全国206.4亿美元的7.7%；其中出口13.88亿美元，占同期全国97.5亿美元的14.2%。2017年，广东进出口贸易10 064.9亿美元，占同期全国41 044.7亿美元的24.5%；其中出口6 227.8亿美元，占同期全国22 634.9亿美元的27.5%。40年间，广东的贸易总额改革开放是初期的633倍，出口总额是改革开放初期的449倍；进出口总额的年平均增长率约为18%，出口总额的年平均增长约为17%。40年间，广东的外贸结构和贸易增长方式不断优化升级，由"外资企业＋加工贸易"为主的模式转变为"私营企业＋一般贸易"的模式，由倚重传统的劳动密集型产品出口转变为以资本技术密集型的机电产品和高新技术产品出口为主，出口市场由过分依赖香港到走向市场多元化，以及伴随着信息技术的革命，跨境电子商务、市场采购等贸易新业态和新模式蓬勃发展。

（二）对外开放40年，广东利用外资规模从小到大，从招商"引资"发展为"引技"和"引智"

1979—2016年，广东合同利用外资总额累计达7 367.13亿美元，实际利用外资总额累计4 540.82亿美元，其中实际利用外资总额占全国同期的24.6%；2016年，实际利用外资总额达234.07亿美元，是1979年实际利用外资总额9 141亿美元的256倍，年均增长16.17%。广东利用外资的方式由初期的补偿贸易、加工装配为主转变为合资、合作、外商独资经营并重；

利用外资的产业由制造业为主转变为制造业与服务业并重；对外投资由外商直接投资（FDI）为主转变为绿地投资、股份投资和并购相结合。2008年，国际金融危机之后，广东利用外资与调整产业结构，促进区域间的协调发展相结合，将引进外资的重点投向高新技术产业、装备制造业、现代服务业、环保节能业与现代农业，着力吸引跨国公司和更高技术水平的加工环节转移到广东，促进产业升级和价值链的提升。

（三）对外开放40年，广东对外投资从探索阶段到实施"走出去"的战略再到"一带一路"建设

1981年，广东凭借优惠的开放政策，推动一些窗口型企业、贸易企业到香港、澳门设立对外开放的"窗口"公司，建立营销渠道，拉开了广东在境外直接投资办企业的序幕。2000年，中共中央确立了"走出去"战略，伴随着中国2001年加入世界贸易组织、签署CEPA、建立中国-东盟自贸区等，广东对外投资迎来了新的发展机遇，投资主体不断扩大，投资领域不断拓宽。2013年，"一带一路"倡议的提出，推动广东对外投资飞速发展。截至2017年7月，广东"走出去"的企业1 655家，其中45%选择投资"一带一路"沿线国家。广东已经拥有一批具有一定影响力的大型本土跨国公司，突出的代表是华为、中兴、美的、格力、广晟、广新外贸、中集、TCL、比亚迪、中金岭南、广东农垦等。

（四）对外开放40年，广东金融开放从规模大省到国际化强省

1981年7月，中共中央开始允许外资金融机构在经济特区设立营业性机构试点，开展外汇金融业务。1982年，香港南洋商业银行在深圳设立分行，香港民安保险有限公司在深圳设立分公司，开启广东金融对外开放的序幕。截至2016年年底，已有来自全球19个国家和地区的58家外资金融机构在广东省内设立了265家外资银行营业性机构，从业人员9 811人，资产总额5 640亿元，法人机构5个。在证券业对外开放方面，截至2015年年底，广东省赴港上市企业198家，融资总额达6 474.62亿港元；2016年12月5日，"深港通"的开通标志着广东资本市场对外开放迈出新步伐；2017年12月，深圳成立首家由外资控股的合资券商——汇丰前海证券。截至2017年10月，广东（不含深圳）共有外资保险法人机构1家，省级外资保险机构33家。截至2016年年末，广东累计办理跨境人民币结算业务占全国的26.1%，居全国各省（市、区）首位。

序言

(五) 对外开放 40 年，粤港澳区域经济合作从"前厂后店"到粤港澳大湾区和城市群的一体化发展

20 世纪 80—90 年代，广东珠三角地区与港澳地区各自发挥了比较优势，探索出了"三来一补""加工贸易"和"前厂后店"分工合作模式；2003 年 CEPA 的签署，使港澳与内地间建立了超越 WTO 一般规则的更紧密的经贸关系，广东通过中共中央赋予的先行先试改革精神，消除货物贸易的关税和非关税壁垒，逐步实现服务贸易自由化、投资便利化；2013 年"一带一路"倡议的提出、2015 年广东自贸试验区的建立和 2017 年粤港澳大湾区的建设，开启了粤港澳要素加快流动的一体化进程。

三、总结广东对外开放 40 年的经验，开拓更好的未来

广东对外开放 40 年，是解放思想、开拓创新、与时俱进、快速发展、人民奔向富裕安康、经济社会全面进步的 40 年，是取得举世瞩目辉煌成就的 40 年。广东对外开放 40 年的成功，是因为我们始终不渝地坚持党对对外开放的统领。中国共产党的领导是广东对外开放的前提和保障，党统揽全局为对外开放指明方向、确定目标、制定战略、扭转危机，我们坚定不移地沿着党指引的方向奋勇前进。广东对外开放 40 年的成功，是因为我们始终不渝地坚持发展经济特区，探索有中国特色的开放模式。我们充分发挥比较优势，积极参与国际经济竞争与合作，大胆引进国外资金、先进技术和管理经验，从国情出发不断地进行体制机制创新，形成全面开放格局。广东对外开放 40 年的成功，是因为我们始终不渝地坚持市场化改革。改革促开放，开放促改革，努力探索社会主义市场经济体制，形成以公有制为主体、多种所有制经济平等竞争、共同发展的所有制格局，优化市场配置资源的效率、健全现代市场体系，发挥有为政府的作用、精准施策、加强宏观调控。广东对外开放 40 年的成功，是因为我们始终不渝地坚持创新驱动战略。我们不断提升开放型经济的质量和水平，强化科学研究和研发投入，积极打造国家科技产业创新中心，集聚高端要素助推产业转型升级，提升产业全球价值链地位，培育本土跨国公司，打造自有国际品牌，逐步提升国际竞争力。广东对外开放 40 年的成功，是因为我们始终不渝地坚持粤港澳合作，促进共同发展。粤港澳合作坚持"一国两制"、优势互补，促进要素流动、产业融合，成为世界的制造中心，成为世界级的大湾区和城市群。广东对外开放 40 年的成功，是因为我们始终不渝地坚持建设市场化、法制化、国际化的营商环境，通过标杆引领、市场导向、政府推动，建设

竞争有序的市场环境、公平正义的法治环境、透明高效的政务环境、和谐稳定的社会环境和互利共赢的开放环境。

四、展望广东对外开放的未来，明确今后奋斗的方向

广东对外开放40年取得了举世瞩目的成就，给我们带来了许多弥足珍贵的启示，其中最重要的一条就是，广东的发展与国家民族的命运紧密相连，在国家民族命运前进的逻辑中前进，在时代发展的潮流中发展。而今，中国特色社会主义进入了新时代，广东的改革开放也赋予了新使命，承载着党中央和习近平总书记的嘱托："希望广东坚持党的领导、坚持中国特色社会主义、坚持新发展理念、坚持改革开放，为全国推进供给侧结构性改革、实施创新驱动发展战略、构建开放型经济新体制提供支撑，努力在全面建成小康社会、加快建设社会主义现代化新征程上走在前列。""要求广东在构建推动经济高质量发展体制机制、建设现代化经济体系、形成全面开放新格局、营造共建共治共享社会治理格局上走在全国前列。"

展望未来，广东对外开放要坚持新理念和新思路，必须坚持"创新、协调、绿色、开放、共享"的发展理念，主动参与和推动经济全球化进程，发展更高层次的开放经济，推进体制机制创新，继续保持对外开放水平上在全国领先的地位，由外经贸大省成为外经贸强省。展望未来，广东应该更加努力地构建全面对外开放新格局，重点打造成"一带一路"建设的战略枢纽，充分利用国际国内的资源和市场，坚持"引进来"和"走出去"并重，加强创新能力建设和国际开放合作，形成陆海内外联动、东西双向互济的开放格局；加强粤港澳互联互通、资源要素流动、创新能力、产业技术、金融战略、公共服务、协同治理等方面的合作，打造世界一流的粤港澳大湾区和城市群；进一步建设好广东自贸区，探索建设自由贸易港，打造对外开放新高地。通过创新驱动形成开放型经济持续发展的新动能，通过产业转型升级提升开放型经济水平，通过加工贸易转型升级探索国际贸易新模式，通过"引进来"与"走出去"相结合构建对外开放新格局。

40年的辉煌已经定格，中国人民追求国家富强和幸福的脚步永远不会停止，新的使命意味着新的征程。经济全球化是不可逆转的时代潮流，未来广东经济实现高质量发展必须在更加开放的条件下进行。广东人民必将团结一心，推动习近平新时代中国特色社会主义思想在广东大地落地生根、结出丰硕硕果，努力实现"四个走在全国前列"，为实现中华民族伟大复兴的"中国梦"再创广东对外开放新辉煌，为全世界的经济发展贡献中国智慧和中国方案。

历史回顾编

1978年召开的中国共产党十一届三中全会,是中华人民共和国成立后改革开放的起点。在中国共产党的领导下,全国各族人民不断解放思想,不断创新理论,探索出适合中国国情、具有中国特色的对外开放道路。广东地处南海之滨,毗邻港澳,是中国海上丝绸之路的起点,具有得天独厚的地理优势,被中央赋予在改革开放中先行一步的重任。在广东省委、省政府的努力争取下,中共中央决定在广东进行改革和开放先行先试。广东充分运用政策优势、地理优势和人缘优势,通过设立经济特区、开展市场化体制改革,拉开了改革开放的帷幕,在全国率先构建了市场体系和对外开放格局。

党的十二届三中全会后,广东进入全面改革开放阶段,确定以城市经济体制改革为重点,不断加大开放力度,提高开放水平,成为市场化改革的成功典范、引进外资的窗口、出口换汇基地、中国对外开放的排头兵、中国改革开放的试验田和示范区。1992年,邓小平发表南方谈话,对深圳特区的经验给予了充分的肯定。党的十四大把实行社会主义市场经济体制写入党章,奠定了在全国实行社会主义市场经济的基础。邓小平南方谈话指明了广东对外开放的方向,广东积极实施市场多元化战略,加快开拓多元市场化的步伐,按照重点突破、多元发展、全方位开拓的要求,全面部署多元化市场发展目标。1997年,亚洲金融危机爆发,广东积极应对亚洲金融危机,及时研究并制定多项政策性措施。广东不断加大对外开放力度,使对外开放迈上了新台阶,呈现出向纵深发展的特征。

进入21世纪以来,广东利用中国加入WTO的机遇,深化对外投资国际化和增创发展新优势,大力推动"走出去"战略。广东通过不断扩大对外开放,提高对外开放水平,实施外向带动战略,积极参与国际市场竞争,扩大开放领域和格局。广东积极参与经济全球化进程,抓住国际产业转移的历史性机遇,成功应对各种挑战,全面实施CEPA战略,与香港、澳门开展全方位的合作,促进了对外贸易快速增长。

2008年,全球金融危机爆发。广东出口导向的经济模式以及低成本资源和廉价劳动力等优势受到了国际金融危机的严重冲击。面对传统粗放发展路径的现实制约和中国经济发展进入新常态的阶段性特征,广东坚持解放思想、开拓创新,不断优化经济结构,增强发展的内生动力,在对外开放的道路上实现了新的巨大跨越。

第一章　先行先试：广东对外开放①拉开大帷幕

发展中经济体在国内需求和外汇短缺的"双缺口"条件下如何实现经济起飞，这不但是增长理论和发展经济学讨论的核心问题，也是经济落后国家和地区一直在探索的实践性问题和发展模式的选择问题。从后进国家实践来看，首先通过内部的市场化改革，待本国企业具有一定的竞争力后再实行开放战略，成为东亚、东欧等国普遍采取的战略。与这些经济体不同，广东的经济起飞一直是开放部门引领下的市场化改革，形成了开放引领改革、开放倒逼改革的独特的"广东模式"。这一模式的逻辑首先是从农耕社会的封闭经济思想转向工业化社会的外向和开放的经济思想，解放思想为摆脱计划经济和突破政治禁锢起到了最关键的作用。之后，广东在空间上通过设立特殊功能区探索一系列对外开放制度变革，以转换外贸企业经营机制探索外贸体制改革，从而为后续在更深更广领域的改革开放奠定了坚实的基础。由于我国实行渐进性的改革开放，在长期的工作中逐步形成了"先试点、后推广"的思路，因此，广东担负着探索中国的改革开放之路的重任，广东的对外开放是否成功，在相当程度上影响了中国对外开放的进程。

---

① 根据中华人民共和国商务部令2018年第6号《外商投资企业设立及变更备案管理暂行办法》第三十三条："香港特别行政区、澳门特别行政区、台湾地区投资者投资不涉及国家规定实施准入特别管理措施的，参照本办法办理。"香港、澳门、台湾地区投资企业不属于外商投资企业，但参照外商投资企业管理。因此，本书中有关对外开放的阐述，例如"外商""外资"等，涉及香港、澳门、台湾地区投资的内容，是基于参照外商投资企业的角度来进行表述的。

第一节 改革开放伊始：开启序幕

人类经济发展史上一个突出的现象是，发展中经济体真正实现起飞的仅有东亚国家和地区的少数经济体，其原因是经济发展具有路径依赖的特征。演化经济学认为，能否摆脱和跳出原有的增长路径，决定了后发国家（地区）是走向繁荣还是陷入长期贫困。而摆脱路径依赖不但需要强有力的制度保障，也有历史的机遇和偶然性，它依赖于内部和外部的发展环境。

党的十一届三中全会前夕，国内经济低迷，欧美国家经济滞涨，亚洲"四小龙"崛起，中国与国际上许多国家建立了外交关系。具有划时代意义的党的十一届三中全会拉开了中国改革开放的序幕，从此，中国开始了波澜壮阔的思想解放和经济体制改革。广东在这个历史关头进一步解放思想，并争取中央的进一步放权，开始书写不一样的历史。

一、国内外形势

（一）国内形势

1. 国内经济：百废待兴

中华人民共和国成立后，中国也开始了和平时期的经济建设之路。经历"大跃进"、人民公社化运动、"文化大革命"后，中国国民经济比例严重失调。1976 年 10 月，"文化大革命"结束。1976 年，国内生产总值（GDP）仅为 2 943.7 亿，人均 GDP 为 316 元人民币[①]。近 30 年的计划经济体制导致了整体资源配置的低效率；加上"政治挂帅"，一切以阶级斗争为纲，把许多生产建设和改善人民生活的措施当作资本主义的生产方式和生活方式加以批判，严重扰乱了社会生产的正常秩序，同时扰乱了人民的思想，"以穷为由""以穷为荣"，劳动积极性被严重打击。国民经济濒临崩溃的边缘，改革迫在眉睫。

2. 党的十一届三中全会顺利召开

1978 年，是不平凡的一年。1978 年 5 月 11 日，《光明日报》头版刊登

---

① 国家统计局：《中国统计年鉴（1999 年）》，中国统计出版社 1999 年版，第 57 页。

题为《实践是检验真理的唯一标准》[①]的文章。5月12日，《人民日报》《解放军报》对其进行转载，一场规模空前的思想大解放运动在全国展开。12月13日，邓小平在中央工作会议闭幕式上发表了题为《解放思想、实事求是，团结一致向前看》的重要讲话，这使思想大解放的运动走向高潮。12月18—22日，中国共产党第十一届中央委员会第三次全体会议在北京举行。会议的中心议题是将邓小平的指示确定为"把全党的工作重点转移到社会主义现代化建设上来"。

党的十一届三中全会实现了党在中华人民共和国成立以来历史上具有深远意义的伟大转折，重新确立了实事求是的思想路线和以经济建设为中心的政治路线。从此，中国开始了波澜壮阔的思想解放运动，也拉开了中国改革开放的序幕，并日益深刻地影响着世界。

(二) 国际形势

1. 经济全球化为发展中国家的经济起飞创造了良好的外部环境

20世纪70年代后，对外开放成为无论是发达国家还是发展中国家都普遍采取的国家战略，经济全球化成为全球经济最显著的特征。对于发达国家而言，20世纪70年代初的石油危机造成的经济滞涨和布雷顿森林体系崩溃带来的国际货币体系危机，使得这些国家认识到，凯恩斯主义下的政府对经济的过度干预无法带来经济的真正活力，无法通过技术创新摆脱石油危机，也无法找到浮动汇率条件下国际经济金融的均衡状态。他们普遍认为是管制经济造成了经济的萧条。于是，从20世纪70年代开始，发达国家普遍放松管制，掀起了金融与经济的自由化浪潮，扫清了资本要素与商品在世界范围内自由流动的障碍。对发展中经济体而言，封闭经济无法获得经济起飞最起码的资本和技术积累，无法借鉴国际经验制定有效的经济战略。要打破因资本积累不足、技术不足和内需不足所造成的增长瓶颈，只有采取开放战略，充分获得全球化的增长红利才是明智的选择。全球化经济也为世界各国带来了较长的和平时期，全球化与和平为广东的对外开放提供了良好的外部环境。

2. 亚洲"四小龙"的崛起

20世纪60年代，西方发达国家开始进行产业结构调整，亚洲的香港地

[①] 《光明日报》特约评论员：《实践是检验真理的唯一标准》，载《光明日报》1978年5月11日。

区、台湾地区、新加坡和韩国利用发达国家向发展中国家转移劳动密集型产业的机会，推行出口导向型战略，吸引发达国家的先进技术和资金，重点发展劳动密集型的加工产业，在短时间内实现了经济的腾飞，一跃成为全亚洲发达、富裕的地区，被称为亚洲经济增长"四小龙"，也因此成就了"东亚奇迹"。"四小龙"的崛起无疑给广东改革开放提供了借鉴，也给广东改革开放带来最直接、最有力的支持。更重要的是，东亚地区产业转移的"雁行模式"并没有停止，当香港等地劳动密集型产业迫于成本压力向外转移时，因地利、人和的优势，广东则成为这些产业的首选之地。

二、广东经济：绝处逢生

（一）20世纪70年代的广东经济：满目疮痍

1. 广东经济发展缓慢

广东地处华南地区，是沿海边境军事斗争前沿；改革开放前，受僵化的计划经济体制和政治上"左"的思想的影响，广东始终不是国家项目投资的重点地区。我国"一五"时期的156个重点项目中，在广东投资的只有茂名石化一个项目。那一时期，广东与全国一样，还是以农业经济为主导的经济形态，社会经济十分封闭，经济发展缓慢。1978年，广东全省国民生产总值仅为184.73亿元，财政收入39.46亿元，城镇居民人均每月生活费收入仅为33.49元①。"三五"（1966—1970）、"四五"（1971—1975）和"五五"（1976—1980）时期的平均增长率分别为3.5%、6.0%和7.1%。物质供应匮乏，"四季如春没菜吃，鱼米之乡没鱼吃"②。计划经济下的价格管制，严重挫伤了农民和企业的积极性。计划种植、计划收购、计划定价，流通体制僵化，样样要凭证，粮票、鱼票、肉票、布票等限制人们消费。在计划经济体制主导下，广东经济难有起色和活力。

2. 逃港风潮越演越烈

中华人民共和国成立后至改革开放前的几十年间，深圳对面的香港作为亚洲"四小龙"之一，正处于经济发展的黄金时期，与满目疮痍的广东形成鲜明的对比。因此，接二连三的逃港事件发生了。1957年、1962年、

---

① 国家统计局：《广东统计年鉴（1991）》，中国统计出版社1991年版，第357-358页。
② 陈俊凤、卢荻、陈宪宇：《广东改革开放若干问题的回顾——朱森林同志访谈录》，载《中共党史资料》2006年第3期，第64-82页。

历史回顾编

1972年和1979年由深圳出发,共形成了4次大规模的逃港潮①。据广东省委边防口岸办公室1979年的《反偷渡外逃汇报提纲》显示,1954—1978年间,从广东省偷渡外逃的人数达56万人次,成功偷渡外逃的人数达14万人,参与者以广东籍为主。而1979年1—5月,广东省偷渡外逃的人数多达11.9万人,实际逃出2.9万多人,人数超过历史上最高的1962年②。长期的反偷渡斗争使得广东认识到,反偷渡不但要"堵",而且还要"疏",只要经济繁荣,偷渡问题就不会发生。这就更坚定了广东对外开放的决心。

(二)广东的历史性决定:对外开放

1. 习仲勋力主解放思想

对外开放以前,长期计划经济和以农业为主的生产方式使得农业文明成为广东乃至中国社会的主流思想,这严重地制约了广东向大工业化和城市化的进程。这是因为农业文明与工业文明存在巨大的差异:农业文明是小农的、封闭的,工业文明是规模化的、开放的;农业生产依赖于自然环境,而工业化生产对于制度环境的要求更高;农业文明强调财富"公平分配",而工业文明强调的是财富创造,并主张在财富创造中促进人类公平。因此,从传统的农业文明到现代的工业文明,是一场具有颠覆性的社会大变革,首先是在社会文化、政治与经济各个领域对传统文明的批评。对于当时的中国社会而言,首先在思想上进行彻底解放是对外开放的必要条件。1978年,习仲勋同志任中共广东省委第一书记,他积极支持关于真理标准问题的大讨论。1978年9月,在中共广东省委关于真理标准问题的学习讨论会上③,习仲勋指出,一定要好好利用关于真理标准问题大讨论的机会,深刻反思广东省社会经济发展中遇到的各种突出问题,紧密联系广东实际,用实践标准来总结中华人民共和国成立以来的历史经验教训。

1979年4月,邓小平赞同广东提出的试办对外加工出口区的设想,并定名为"特区",殷切希望广东"杀出一条血路来"。④ 1979年4月5—28日,中共中央在北京召开工作会议,习仲勋率先提出充分利用国内外的有

---

① 申晨:《"逃港风潮"与建立深圳特区》,载《中国档案》2008年第10期,第64-67页。
② 杨建:《七十年代末广东开展的反偷渡斗争》,载《岭南学刊》2000年第6期,第82-84页。
③ 陈弘君、陈宪宇、王莹、谢涛师、春苗:《带领广东"杀出一条血路"》,载《百年潮》2015年第6期,第22-29页。
④ 黄顺通:《中国经济特区的建立与发展》,中共党史出版社1996年版,第16页。

13

利形势，发挥广东的特点和人文地缘优势，希望中央放权，让广东先走一步。① 1979 年 5 月初，为迎接以谷牧为首的中央工作组的到来，习仲勋带领省委、省革委领导班子组织起草了汇报提纲和《关于试办深圳、珠海、汕头出口特区的初步设想》，② 并于 5 月 25 日向党中央、国务院上报《关于发挥广东优势条件，扩大对外贸易，加快经济发展的报告》。③

2. 中央赋予广东特殊和灵活的政策

广东省委班子紧锣密鼓地起草文件、集体讨论与修改、上报国务院，广东争取先行一步政策的想法获得党中央、国务院的批准。1979 年 7 月 19 日，中共中央、国务院批转《广东省委、福建省委关于对外经济活动实行特殊政策和灵活措施的两个报告》（中发〔1979〕50 号）④，主要内容包括：外汇收入和财政实行定额包干，一定五年不变；在国家计划指导下，物资、商业实行新的经济体制，适当利用市场的调节；在计划、物价、劳动工资、企业管理和对外经济活动等方面，扩大地方管理权限；试办深圳、珠海、汕头经济特区，积极吸收侨资、外资，引进国外先进技术和管理经验等。1979 年 12 月 17 日，习仲勋在广东省第五届人民代表大会第二次会议上作广东省政府工作报告，⑤ 指出实行特殊政策和灵活措施，先走一步是广东省未来两年调整工作中最重要的内容。

实行特殊政策和灵活措施，拉开了广东改革开放和创办经济特区的序幕。

第二节　对外开放的探索：经济特区

回顾中国的改革开放历史，可以总结出几个模式，其中，"苏南模式"和"广东模式"最具代表性，前者以乡镇企业的发展倒逼改革，后者则是

---

① 《习仲勋传》编委会：《习仲勋传》（下），中央文献出版社 2013 年版，第 454 页。

② 钟坚、郭茂佳、钟若愚：《中国经济特区文献资料（第一辑）》，社会科学文献出版社 2010 年版，第 328 页。

③ 中共中央文献研究室：《改革开放三十年重要文献选编》，中央文献出版社 2008 年版，第 53 页。

④ 钟坚、郭茂佳、钟若愚：《中国经济特区文献资料（第一辑）》，社会科学文献出版社 2010 年版，第 18 页。

⑤ 广东省档案馆：《改革开放三十年重要档案文献（广东）》，中国档案出版社 2008 年版，第 37 页。

历史回顾编

开放引领改革。广东之所以选择这样的路径,得益于其天时、地利、人和。天时是指恰逢中央的支持和特殊优惠的政策,以及港澳产业转移的良机;地利是指毗邻香港、澳门的优势;人和是指具有海外华侨优势,港澳人士中有80%以上的祖籍为广东。对外开放初期,它的目标、路径并没有先例可循,广东由此开始了摸着石头过河的探索。这个阶段,广东主要在两个方面进行了探索:通过设立深圳、珠海、汕头为经济特区,开始了特别功能区的发展探索;通过外贸企业体制改革,激活外贸企业,扩大出口,为下一步出口导向战略奠定了信心,也积累了经验。

一、设立经济特区

自从党的十一届三中全会确定改革开放总方针以后,1979年7月,党中央、国务院批准广东在对外经济活动中实行"特殊政策、灵活措施"。但在当时,对外开放的目标并不明确,路径和模式仍需要探索,"窗口"开多大也尚不清楚的情况下,中央政府给的"特殊政策、灵活安排"需要广东在实践中探索和提出。回顾一下从明清开始的中国开放历史可以发现,中国的开放历史就是丧权辱国和列强瓜分中国的历史,在这样的背景下,广东的对外开放势必要承担起巨大的政治、经济和社会风险。为此,广东采取的路径是在空间上通过设立特殊功能区并实行准自由贸易区进行对外开放的探索,待取得成功经验后再扩大到更大的珠三角地区乃至整个广东省。

(一)深圳、珠海撤县设市

改革开放以前,宝安、珠海两县地处珠江口,近海靠山,毗邻港澳,与九龙、新界和澳门相连,土地肥沃。蚝、鱼、蔬菜、水果、三鸟都是传统出口商品。发展出口商品生产,尤其是出口鲜活商品,开展来料加工,装配业务,条件十分有利。同时,两地海运条件优越,无结冰期。因此,把宝安、珠海建设好,对扩大对外贸易和对外交往,发展旅游,促进边防地区经济建设,巩固社会主义祖国大门,具有重大的政治和经济意义。

1978年10月23日,广东向国务院提交了《关于宝安、珠海两县外贸基地和市政建设的规划设想》①的报告。其主要内容包括:加速农业生产发展,大办农副产品生产基地,积极发展来料加工、转配业务和建材工业,

---

① 钟坚、郭茂佳、钟若愚:《中国经济特区文献资料(第一辑)》,社会科学文献出版社2010年版,第5页。

增辟游览点，办好商业服务行业和文娱场所，发展旅游事业。1979年2月14日，国务院批复《关于宝安、珠海两县外贸基地和市政建设的规划设想》①。为加强对宝安、珠海地区生产建设的领导，建立出口基地，发展对外贸易，中共广东省委决定撤县设市，省属直辖。1979年1月23日，中共广东省委公布《关于设立深圳市和珠海市的决定》②。1979年3月5日，国务院批复上述决定，同意将深圳、珠海撤县设市③。

（二）中共广东省委班子对设立经济特区的坚定支持

1980年4月14日，吴南生在关于广东省设置经济特区和制定特区条例问题的汇报中，解释了特区的内涵，指出必须采取"一快二宽"的方针④。8月26日，第五届全国人民代表大会常务委员会第十五次会议通过《广东省经济特区条例》⑤。然而，随着改革的推进，走私、投机行为猖獗，1980年第一季度广东省查获的走私案件达4000多宗，比上年同期增加一倍多，涉及全国20多个省市，严重损害国家的经济利益，破坏对外贸易和外汇管理，扰乱市场秩序，腐蚀干部，危害社会⑥。对此，中共广东省委、省政府高度重视，于1980年7月13日发出《关于坚决打击走私和投机倒把的指示》⑦，12月16日发出《关于在对外开放中加强反腐蚀斗争的决定》⑧，再次强调必须加强有关对外经济活动的管理工作，对违法乱纪和犯罪案件要抓紧调查处理。打击违反犯罪行为，但是"排污不排外"⑨。1983年2月24日，任仲夷同志在中共广东省委第五次代表大会上作《改革，前进，开创

---

① 钟坚、郭茂佳、钟若愚：《中国经济特区文献资料（第一辑）》，社会科学文献出版社2010年版，第3页。
② 广东省档案馆：《改革开放三十年重要档案文献（广东）》，中国档案出版社2008年版，第2页。
③ 钟坚、郭茂佳、钟若愚：《中国经济特区文献资料（第一辑）》，社会科学文献出版社2010年版，第11页。
④ 广东省档案馆：《改革开放三十年重要档案文献（广东）》：中国档案出版社2008年版，第68页。
⑤ 钟坚、郭茂佳、钟若愚：《中国经济特区文献资料（第二辑）》，社会科学文献出版社2010年版，第4页。
⑥ 《坚决打击走私和投机倒把活动》，载《南方日报》1980年7月25日。
⑦ 卢荻、刘坤仪：《80年代广东的反走私斗争》，载《百年潮》2000年第5期，第35–38页。
⑧ 广东省档案馆：《改革开放三十年重要档案文献（广东）》，中国档案出版社2008年版，第93页。
⑨ 王涛：《任仲夷与广东改革开放》，中共党史出版社2014年版，第350页。

新局面》的工作报告①，指出"六五"计划的主要任务，要全面贯彻党的十二大精神，继续实行中央批准的特殊政策，积极扩大对外经济贸易和技术交流。4月3日，刘田夫在广东省第六届人民代表大会常务委员会第一次会议上的报告中②提出，完成"六五"计划的主要措施是要全面系统地进行体制改革，包括外经外贸体制等8个方面。

可以说，正是由于中共广东省委班子在这一时期对经济违法犯罪行为的严厉打击以及对改革开放的坚定支持，经济特区的发展才避免了"望西都、意踟蹰"的困扰。

二、广东经济特区的艰难探索

中央的放权促成了广东深圳、珠海和汕头经济特区的设立，但在经济特区发展之初，走私、投机倒把活动成风，广东在加强反腐蚀斗争中继续坚定对经济特区的支持以及对外开放的信心。深圳由点到面进行全面改革和开放，珠海、汕头也根据自己的实际情况开始了特区的起步建设。大约在1985年和1986年，三个经济特区都形成了自己的发展风格，并且开始了它们第二阶段的发展。在这一阶段，在总结前期经验的基础上，开放也更加有序并且有力，其中深圳的对外开放成就最耀眼，其放开市场、创新体制的经验也迅速被全国复制，成为学习的典范。

（一）深圳经济特区由点到面的改革：1980—1985年

1980—1985年，是深圳"铺摊子"起步阶段，工业以"三来一补"为主要方式，以电子、服装、纺织、皮革等行业为重点，形成了劳动密集型工业结构。经济发展是一个系统工程，发展工业需要一系列的配套改革作为保障。因此，深圳这一阶段的改革由单纯发展外贸的点到各相关面的立法，比如土地、金融、企业、人才等领域。

1981年1月9—17日，广东省代表会议在广州举行。任仲夷在会上作了题为《经济要调整，政治要安定》的总结讲话③，指出特区建设要在搞好

---

① 广东省档案馆：《改革开放三十年重要档案文献（广东）》，中国档案出版社2008年版，第159页。
② 广东省档案馆：《改革开放三十年重要档案文献（广东）》，中国档案出版社2008年版，第217页。
③ 广东省档案馆：《改革开放三十年重要档案文献（广东）》，中国档案出版社2008年版，第113页。

规划的基础上抓紧进行，单有改革而无具体的法令、条例作保证，侨商和外商来投资时不放心，因此要立法。随后，广东特区管理委员会广泛深入地进行调查研究，起草了特区一系列条例和法规。深圳市政府也成立了专门的法制机构，包括立法工作组、条规处、市法制局、市人大常委会法律工作委员会等专门法制机构，研究并起草特区法规和政府规范性文件，深圳开始了对外开放的立法尝试。

1981年11月17日，广东省第五届人民代表大会常务委员会第十三次会议通过《广东省经济特区企业登记管理暂行规定》《广东省经济特区企业劳动工资管理暂行规定》《广东省经济特区入境出境人员管理暂行规定》《深圳经济特区土地管理暂行规定》《深圳经济特区行政管理暂行规定》①。这些暂行规定是深圳经济特区的立法尝试，也是各项经济管理从盲目无序走向规范发展的开端。

1983年7月8日，新中国历史上第一张股份制企业股票由深圳市宝安县联合投资公司向社会公开发行，催生了内地第一个股份制企业深宝安②。

1984年1月11日，广东省第六届人民代表大会常务委员会第五次会议通过《深圳经济特区涉外经济合同规定》《深圳经济特区技术引进暂行规定》③。

1985年，深圳成立全国第一家外汇调剂中心④，为中国内地建立规范化的外汇市场提供了有益的探索。

随着改革的推进，深圳涌入越来越多的移民，对他们的管理也产生了相关的政策制度。1985年，《深圳经济特区暂住人员户口管理暂行规定》⑤出台。1985年3月2日，广东省政府批转省劳动局《关于改革劳动工资管理体制的意见》，新招收职工推行劳动合同制，从而在政策上打破了用工制度上的终身雇员制这一"铁饭碗"。1986年2月22日，广东省六届人大通

---

① 钟坚、郭茂佳、钟若愚：《中国经济特区文献资料（第二辑）》，社会科学文献出版社2010年版，第145-154页。
② 深圳市宝安区档案局（馆）、深圳市宝安区史志办公室：《激荡三十年——我们的宝安》，海天出版社2010年版，第58页。
③ 钟坚、郭茂佳、钟若愚：《中国经济特区文献资料（第二辑）》，社会科学文献出版社2010年版，第167-178页。
④ 深圳市政府计划局：《深圳的全国之最》，海天出版社1990年版，第36页。
⑤ 深圳市政法委员会：《深圳经济特区治安策》，海天出版社1994年版，第276页。

历史回顾编

过了《深圳经济特区与内地之间人员往来管理规定》①,同年3月,深圳市人民政府出台了《深圳经济特区与内地之间人员往来管理规定实施细则》②,进一步规范特区管理线的日常管理工作。

正是借着法制的东风,深圳经济特区此后的经济发展才能顺利扬帆起航,这一阶段,系统化的改革试验为深圳日后的发展夯实了基础,也让华为、腾讯、华强、飞亚达、中兴、先科等知名企业义无反顾地在这片热土生根发芽。

(二)珠海经济特区奠基初创:1980—1985年

虽然没有深圳"惊天地、泣鬼神"的改革创举,但是作为广东省南部的一个默默无闻、经济落后的边陲小县,珠海在改革的浪潮中不甘落后,以"时不我待,只争朝夕"的干劲积极探索改革的路子。

对外法规引领外贸事业发展。1980年4月30日,珠海市对外经济工作委员会成立。1981年1月10日,珠海市人民政府颁布《关于引进外资的奖励办法》③,1984年4月,珠海市委、市政府颁发《关于进一步放宽引进、利用外资和搞活经济的若干规定》④。

通信服务、航运业助推内外交流。1980年4月21日,珠海至广州第一条电传自动转报电路开通。1984年4月28日,我国自行设计制造的第一台长话、市话、农话合一编码自动电话交换机在珠海市邮电局安装投产⑤。航运业也在这一时期蓬勃发展。1982年9月2日,珠海—香港客运通航暨联运公司、珠岐公司开业⑥。1983年7月15日,珠海(九洲港)深圳(蛇口)两市客运正式通航,首航是"岭南春"号客轮⑦。

旅游业、商业打造花园滨海城。1980年10月12日,由珠海市旅游公司与澳门珠海旅游发展有限公司合作经营的广东省第一家中外合作旅游项

---

① 深圳市政法委员会:《深圳经济特区治安策》,海天出版社1994年版,第280页。
② 深圳市政法委员会:《深圳经济特区治安策》,海天出版社1994年版,第280页。
③ 珠海市对外经济贸易委员会编纂小组:《珠海市对外经济贸易志》,广东人民出版社1995年版,第7-8页。
④ 珠海市对外经济贸易委员会编纂小组:《珠海市对外经济贸易志》,广东人民出版社1995年版,第12页。
⑤ 广东省珠海市地方志编纂委员会:《珠海市志》,广东人民出版社2013年版,第83页。
⑥ 广东省珠海市地方志编纂委员会:《珠海市志》,广东人民出版社2013年版,第80页。
⑦ 广东省珠海市地方志编纂委员会:《珠海市志》,广东人民出版社2013年版,第81页。

目——石景山旅游中心第一期工程竣工①。1982年12月10日，珠海宾馆开业接待宾客。1985年1月31日，时任国务院副总理万里到珠海视察，珠海国际高尔夫球场追加80亿日元投资签字仪式在珠海宾馆举行。1985年1月28日，由华润集团中艺（香港）有限公司、澳门珠江公司、澳月实业有限公司及珠海市、珠海经济特区35家公司机构参与，投资3亿元人民币兴建的珠海商业城，举行盛大奠基典礼②。

1984年1月，邓小平同志亲临珠海视察并题词"珠海经济特区好"③，表达了他对珠海建设成就的充分肯定和对广大特区建设者的殷切期望。

（三）汕头经济特区的起步：1981—1984年

与深圳、珠海相比，汕头经济条件相对较差，因此经济特区建设起步也稍晚于深圳、珠海。汕头经济特区成立于1981年11月14日，初始面积1.6平方公里。起步阶段，国家给汕头特区的任务是发展出口加工区，利用外资改造汕头市区老企业和发展旅游业。在中央批准的1.6平方公里范围之外，广东省根据汕头的实际情况，确定划出19.3平方公里作为农业控制区，发展出口创汇农业；划出1.7平方公里作为港口预留区，筹建码头④。汕头特区拓荒者们靠着用锄头和扁担肩挑背扛、挑沙铲土，硬是把特区第一期计划开发的0.2平方公里土地和第二期0.24平方公里土地一块块"啃"了下来，完成了"三通一平"工作。不久，第一家内联企业以及汕头特区自办的14家国营企业也陆续宣告成立。

这个阶段，虽然汕头特区的经济总量还很小，但是采用这种量力而行、注重效益的发展方略为之后的改革发展奠定了基础。

三、经济特区各项改革有序推进

（一）深圳体制改革有声有色：1986—1991年

在总结前期经验教训的基础上，深圳经济特区开始了有序、稳步推进的历程，也更关注经济发展的质量，开始走技术制胜之路。1986年4月

---

① 广东省珠海市地方志编纂委员会：《珠海市志》，广东人民出版社2013年版，第76页。
② 珠海市委政策研究室：《辉煌十五年·珠海卷》，光明日报出版社1994年版，第85—91页。
③ 邓小平：《邓小平文选（第三卷）》，人民出版社1993年版，第51页。
④ 钟坚、郭茂佳、钟若愚：《中国经济特区文献资料（第一辑）》，社会科学文献出版社2010年版，第333页。

历史回顾编

10—20日,中国深圳技术交易会在深圳经济特区举行,这是我国首次举办以出口技术为主的大型交易会①。

这一阶段,深圳建立以工业为主的外向型经济,全面推进市场取向的经济体制改革,改革从局部转向全局,从单项转向系统,从初步转向深入。20世纪80年代末90年代初,深圳初步形成了出口创汇的外向型经济格局。

规范外商投资。1986年11月29日,广东省第六届人民代表大会常务委员会第二十三次会议通过《深圳经济特区涉外公司破产条例》②,对破产清算等业务内容进行了规定。1987年4月26日,广东省人民政府颁布《广东省鼓励外商投资实施办法》③的通知,共列出30项实施办法。1990年6月8日,广东省人民政府颁布《广东省关于引导外商投资的若干规定》④,对鼓励发展、限制发展、禁止发展的内容作了相关规定。

企业、金融改革有序推进。1986年10月,深圳市政府发出《深圳经济特区国营企业股份化试点暂行规定》⑤,并在一部分企业中试行,这是我国政府部门颁发的关于国营企业股份化改革的第一个规范性文件。1987年,深圳市投资管理公司成立,在中国内地率先探索国有资产管理新体制。1987年9月27日,第一家证券公司——深圳经济特区证券公司成立⑥。12月29日,我国第一家由国家、企业、私人三方合股的股份制商业银行——深圳发展银行开业⑦,成为中国内地第一家向社会公众公开发行股票、第一家公开上市交易的股份制商业银行。1988年,深圳平安保险公司成立⑧,成为中国内地第一家由企业创办的股份制保险机构。1990年2月26—28日,广东省第七届人民代表大会常务委员会第十二次会议通过了《广东省经济特区

---

① 《国务院、科工委筹办"中国深圳技术交易会"》,载《信息交流》1986年第2期,第16页。
② 钟坚、郭茂佳、钟若愚:《中国经济特区文献资料(第二辑)》,社会科学文献出版社2010年版,第215页。
③ 广东省档案馆:《改革开放三十年重要档案文献(广东)》,中国档案出版社2008年版,第467页。
④ 广东省档案馆:《改革开放三十年重要档案文献(广东)》,中国档案出版社2008年版,第620页。
⑤ 张洪斌:《中国经济特区和对外经济法规(第2集)》,海天出版社1988年版,第45页。
⑥ 白和金:《中华人民共和国经济大事辑要(1978—2001)》,中国计划出版社2002年版,第160页。
⑦ 深圳市政府计划局:《深圳的全国之最》,海天出版社1990年版,第38页。
⑧ 深圳市政府计划局:《深圳的全国之最》,海天出版社1990年版,第40页。

抵押贷款管理规定》①，在搞活经济的同时保障了经济主体当事人权利。1990年12月1日，深圳证券交易所成立，标志着中国金融业的发展翻开了新的历史篇章。1991年5月15日，《深圳市股票发行与交易管理暂行办法》②颁布，标志着深圳股市走上规范化管理的轨道。

土地改革保驾护航。1987年12月1日，深圳市政府在中国内地首次公开拍卖一块国有土地使用权，引发广东土地使用制度的"第一场革命"③。同年12月29日，广东省第六届人民代表大会常务委员会第二十三次会议通过《深圳经济特区土地管理条例》④，对土地的有偿使用、土地使用权有偿转让等内容进行了规定。1988年，《深圳经济特区住房制度改革方案》⑤出台，"房屋是商品"的观念开始从深圳走向全国。

（二）珠海适时调整发展战略：1986—1991年

1986—1991年，为珠海建立工业为主的经济发展阶段。1988年4月5日，国务院批准再次调整珠海经济特区范围⑥，调整后总面积为121平方公里。珠海市委、市政府认真回顾和总结了过去几年经济发展中的经验教训，意识到要充分发挥特区"四个窗口"和"实验场"的作用必须适时调整发展战略，重点发展工业，"以工业为主导，农渔业、旅游业及商贸业综合发展"⑦。

这一时期，政策法规继续为特区外贸发展提供制度保障。1986年4月，广东省对外经济贸易委员会在珠海市派驻出口许可证签证组，就地办理珠

---

① 《中华人民共和国广东省经济特区法规汇编（第5辑）》，深圳市条法处编印1988年版，第26页。
② 《深圳市股票发行与交易管理暂行办法》，载《证券市场导报》1991年第1期，第7-10页。
③ 卢荻：《深圳土地"第一拍"：拉开我国地产市场的帷幕》，载《广东史志·视窗》2010年第3期，第38-43页。
④ 钟坚、郭茂佳、钟若愚：《中国经济特区文献资料（第二辑）》，社会科学文献出版社2010年版，第222页。
⑤ 深圳市住房制度改革办公室：《深圳经济特区住房制度改革》，海天出版社1992年版，第3-69页。
⑥ 钟坚、郭茂佳、钟若愚：《中国经济特区文献资料（第一辑）》，社会科学文献出版社2010年版，第175页。
⑦ 中共珠海市委党史研究室：《中国经济特区的建立与发展·珠海卷》，中共党史出版社1996年版，第54页。

海经济特区产品出口许可证①。1987年3月1日,珠海九洲港深水码头正式启用。这对于繁荣珠海特区经济,促进珠江三角洲经济发展有重要意义②。1988年3月,珠海市人民政府颁布《珠海市外商投资劳动管理暂行办法》③;同年4月,珠海市人民政府颁发《珠海市引进外资审批工作的若干规定(试行)》④。1989年4月,珠海市人民政府发布《珠海经济特区关于鼓励台湾同胞投资若干问题的规定》⑤。1990年5月,珠海特区管理委员会颁布《珠海经济特区关于进一步鼓励外商投资的规定》⑥。1991年5月9日,珠海市机电总厂、南方机械设备有限公司、印尼顶漆有限公司三方负责人在珠海宾馆签订了BT1000F2型饼干生产线出口合同,从而结束了中国机电产品中的成套饼干生产线只有进口没有出口的历史⑦。

(三)汕头经济特区稳步发展:1984—1991年

随着改革的推进,汕头"小特区"的缺陷逐步显露。1984年11月,国务院正式批准汕头经济特区的区域范围作适当调整,调整后面积为52.6平方公里⑧。区域面积的扩大,标志着汕头经济特区开始朝着建立以工业为主、工贸结合的综合性外向型经济方向发展。汕头经济特区由初创阶段进入发展阶段。

1986年年初,根据国务院经济特区工作会议提出的"抓生产、上水平、

---

① 珠海市对外经济贸易委员会编纂小组:《珠海市对外经济贸易志》,广东人民出版社1995年版,第14页。
② 珠海市对外经济贸易委员会编纂小组:《珠海市对外经济贸易志》,广东人民出版社1995年版,第15页。
③ 珠海市对外经济贸易委员会编纂小组:《珠海市对外经济贸易志》,广东人民出版社1995年版,第17页。
④ 珠海市对外经济贸易委员会编纂小组:《珠海市对外经济贸易志》,广东人民出版社1995年版,第17页。
⑤ 珠海市对外经济贸易委员会编纂小组:《珠海市对外经济贸易志》,广东人民出版社1995年版,第18页。
⑥ 珠海市对外经济贸易委员会编纂小组:《珠海市对外经济贸易志》,广东人民出版社1995年版,第20页。
⑦ 珠海市地方志编纂委员会:《珠海市志》,广东人民出版社2013年版,第85页。
⑧ 钟坚、郭茂佳、钟若愚:《中国经济特区文献资料(第一辑)》,社会科学文献出版社2010年版,第128页。

求效益"的方针①，汕头特区结合自己的实际，抓紧基础设施建设和生产性项目建设，投资环境有了明显改善。以工业为主、工贸结合的外向型经济的框架初步形成。1988—1991年，在国家对经济进行治理整顿的大环境下，汕头特区正确处理好治理整顿与改革开放、发展经济的关系，贯彻落实国务院1990年特区工作会议提出的"求稳定、求提高、求发展"的工作要求②，深化各项改革，以外引内联兴办实业发展生产力为中心，推进各方面工作的稳健发展。汕头特区的建设速度进一步加快，经济总量迅速壮大，社会各项事业取得较大的进展。

1991年4月，第二次扩大汕头特区范围后③，汕头特区继续深入贯彻执行党的基本路线，不断推进和完善具有汕头特色的外向型经济体系。

历经十余年，深圳、珠海和汕头经济特区的发展从最初的艰难探索到稳步扩大。在此过程中，基于各自的比较优势，这三个经济特区也走出了适合自身的发展道路，经济、社会与文化事业蓬勃向上，激励着国内其他地区奋进前行。

第三节　对外开放的探索：外贸体制改革

早期的对外开放最主要的内容就是外贸体制的改革，而外贸体制改革又推动了广东的市场化改革。广东的外贸体制改革主要包括：一是先行下放外经贸经营权和管理权，调动外贸企业积极性；二是出台积极发展"三来一补"政策，创造了灵活的外贸小环境，促进了来料加工贸易大发展，为吸收港澳台资、承接劳动密集型产业国际转移的起步创造了条件；三是20世纪80年代中后期，实行"大进大出、两头在外"的进料加工政策，产生了以加工贸易为主的新型贸易方式，使广东经济真正融入全球生产网络之中，为外向型经济的跨越式发展创造了适宜的政策环境。

---

① 何佳声、王颖捷：《迈向新世纪的广东经济特区》，广东高等教育出版社1999年版，第115页。
② 钟坚、郭茂佳、钟若愚：《中国经济特区文献资料（第一辑）》，社会科学文献出版社2010年版，第155–164页。
③ 钟坚、郭茂佳、钟若愚：《中国经济特区文献资料（第一辑）》，社会科学文献出版社2010年版，第207页。

一、原有外贸体制制约了对外贸易的发展

改革开放前的计划经济条件下,我国经济发展的指导思想和管理体制处于封闭状态,对外贸易被看作国内贸易的延伸,其目的仅仅是"互通有无、调剂余缺",对外贸易的功能是出口创汇,以满足一些国内不能生产或者紧缺的生产和生活资料的进口用汇要求。因此,对外贸易是计划经济控制最严格的领域之一(从货源分配到出口国别政策以及信贷、补贴、出口退税、外汇使用等),实行大一统的管理模式:统一成交、统一经营、统负盈亏。这种高度垄断的外贸经营和管理体制存在如下弊端:一是对外贸易由少数国有外贸公司垄断经营,无法调动各部门、各地方政府发展对外贸易积极性;二是实行国家统收统支、统负盈亏的外贸财务体制,不利于提高外贸企业的经济效益;三是由于价格体系不完善,国家对进出口差价补贴标准不一,导致了不平等的竞争,影响了外贸经营秩序;四是贸工(农、技)分离,不利于发挥工贸结合、贸农结合、技贸结合的整体优势,无法实现规模化经营;五是生产企业无外贸经营权,产销不见面,生产企业不面对国际市场,因而无法迅速准确地利用市场信息开发新技术新产品。因此,广东要率先开放,首先就要进行外贸体制的改革。

二、广东外贸体制改革的过程

1979年,中共中央、国务院决定对广东、福建两省实行"特殊政策、灵活措施",广东作为对外开放的排头兵,充分利用这一机遇,为探索外贸体制改革做了大量的工作。从1979年开始到1993年,外贸体制改革不断深化,根据改革的目的和主要内容,可以将广东外贸体制改革划分为三个阶段。

(一)探索阶段(1979—1987年)

这一阶段的主要目的是通过简政放权,调动地方政府和企业发展外贸的积极性,减轻政府财政负担。这期间改革的重点为:改变外贸垄断经营的局面,增设外贸口岸,下放进出口经营权,广开贸易渠道,冲破了高度集中的垄断经营体制;实行政企职责分开,要求行政管理部门最大限度地减少对外贸企业经营业务的行政干预,还企业经营自主权。由计划经济单一的指令性计划管理向指导性计划和市场调节相结合机制转变,计划管理商品目录开始减少,同时建立进出口许可证制度;探索工贸结合的途径,

批准一批大企业和企业联合体直接经营外贸业务，以及推行出口代理制，先后尝试了"四联合两公开"（联合排产、谈判、考察、办公，公开生产和创汇成本）制度，以及外贸公司向生产企业投资参股、联合经营、利益共享、风险共担的做法。但由于外贸体制改革受到外汇体制、财税金融体制以及计划、投资、物资分配体制的极大制约，在总体改革滞后的情况下，外贸体制改革只能在困境中不断探索。

（二）承包经营责任制（1988—1990年）

在前面外贸体制改革探索基础上，结合党的十三大确立的"有利于促进外贸企业自负盈亏、放开经营、工贸结合、推行代理制的方向，坚决地、有步骤地进一步深化外贸体制改革"的精神，广东率先进行了如下改革：在外贸企业中普遍推行外贸承包经营责任制，即核定承包出口收汇基数、上缴外汇基数、差价补贴基数，三项承包基数一定三年不变，并对轻工、工艺、服装三个外贸行业进行了扩大外汇留成比例、取消补贴、自负盈亏试点。这一阶段在组织架构上的重大变革是专业外贸公司实行总、分公司脱钩，各省级专业进出口分公司在扩大业务经营范围的同时，逐步将业务下放给地方、县外贸公司。承包责任制改革有效地改变了过去地方只对扩大出口有积极性而对亏损不承担责任的状况，责任权利开始趋于统一，各个经营主体和地方政府积极性开始提高。但由于承包制是建立在财政"分灶吃饭"的前提下，它未能触动旧体制中最不合理的部分，反而助长了地区封锁、市场分割等现象，外贸企业自负盈亏的机制没有完全形成。

（三）转换外贸企业经营机制（1991—1993年）

1991年开始，广东率先取消对外贸出口的财政补贴，从建立自负盈亏机制入手，使外贸逐步走上统一政策、平等竞争、自主经营、自负盈亏、工贸结合、推行代理制的轨道。主要改革内容包括：取消出口补贴，打破了"吃大锅饭"体制，既减轻了政府财政负担，又使外贸出口发展脱离了政府财政的约束，摆脱了过去"多补贴多出口，少补贴少出口，不补贴不出口"的局面，同时开始重视运用汇率、关税、出口退税等经济手段调节外贸。上述改革极大地调动了外贸企业出口积极性，广东的出口规模和外贸企业效益明显提升，广东出口总额从1979年的17亿美元增长到1993年的270亿美元，年均增长21.8%。对外贸易在广东国民经济中的地位愈加重要，也为广东全面的市场化改革奠定了坚实的基础。

三、探索新的贸易模式

发展中的经济体在工业化初期首先要解决两个问题：一是快速地提高工业资本存量，解决经济起飞阶段的资源硬约束问题；二是通过内部资源从农业部门向工业部门、从进口替代部门向出口部门转移，解决资源配置低效率的软约束问题。只有解决了这两个问题，才能够带来"比较优势效应"，实现"赶超"。在开放初期，广东通过引进来自港澳台的外资及其先进技术设备和管理经验，在全国率先发展"三来一补"的来料加工新型贸易方式，实现了工业资本的快速积累。同时，随着出口部门生产效率的提高，资源不断从农业部门向工业部门转移，又解决了资源配置低效率问题。广东首创的吸引港澳台投资+新型贸易方式契合了广东乃至中国当时的经济社会现实条件，也正是有了这样的贸易方式，才有了后续的出口导向的发展战略。

1978年，"三来一补"外贸形式首度出现。"三来一补"指来料加工、来样加工、来件装配和补偿贸易，它是广东在改革开放初期尝试性地创立的一种企业贸易形式。1978年7月，国务院发布了《开展对外加工装配业务的试行办法》，率先在广东、福建试点。同年8月，广东签订了我国第一份毛纺织品来料加工协议，在珠海创办了我国第一家加工贸易企业——珠海县香洲毛纺织厂。1978年9月15日，中国第一家专门从事"三来一补"的企业——东莞虎门镇太平手袋厂正式成立。1979年3月15日，由广东省华侨农场管理局与香港港华电子企业公司在北京签约，组建一个由归侨人员组成的、为港华电子企业公司加工电子产品的光明华侨电子厂；同年12月25日，经国务院外国投资委员会批准，将准备从事来料加工的光明华侨电子厂更名为广东省光明华侨电子工业公司，即现在的深圳康佳集团股份有限公司①，这是深圳也是我国改革开放后诞生的首家中外合资企业。

自此，以"三来一补"为起点的加工贸易拉开序幕。为鼓励"三来一补"企业发展，国家和广东省先后颁布了多项措施。例如，出台的《开展对外加工装配和中小型补偿贸易办法》，对开展加工装配和中小型补偿贸易给予审批、外汇、税收等方面优惠。其主要内容包括：放宽审批，增加外汇留成及适用优惠结汇折合率，免征进口料件关税和增值税，并在保险、运输、工资等方面提供便利。1979年3月，国务院出台《以进养出试行办法》，随后，广东颁布了实施细则，在当时外汇短缺的情况下，对"三来一

---

① 麦士敏：《康佳"中国创造"之道》，载《企业科技与发展》2008年第19期，第15页。

补"企业在进口用汇计划、允许外汇留成等方面给予很大的优惠。上述优惠政策,加上出现了历史性的机遇:1985年"广场协议"后,美元、港元贬值,使许多港澳商人愿意将增加的外贸订单转移到广东的深圳、东莞等珠三角地区生产,成为广东大力发展来料加工贸易的有利时机。广东也确立了发展来料装配业务的重点:发展轻工和纺织品来料加工,充分发挥现有生产潜力,注意发挥中小型企业和乡镇企业机制灵活优势,提倡工贸结合,争取承揽深加工产品,将深圳和珠三角其他地区列为重点发展区域。1979年1月31日,时任中共中央副主席、国务院副总理李先念批示同意广东省革命委员会、交通部拟定的《关于我驻香港招商局在广东省宝安建立工业区的报告》①。1979年2月2日,时任国务院副总理谷牧召集会议,研究落实在蛇口建立我国内地第一个出口加工区,蛇口炸响"中国对外开放的第一声开山炮"②,中国改革开放的号角嘹亮吹响,改革开放的乐章激情磅礴地奏起。

来料加工的快速发展提升了广东资源的利用能力,但在该贸易和生产方式下,广东企业仅仅承担着"委托加工",是一种被动的承接方式。更重要的是,在该贸易方式下,广东企业不能接触国际市场,无法获得国际贸易的技术外溢效应,甚至由于广东"三来一补"企业不是作为独立经济单元参与国际贸易,企业的资本积累也并不充分,还不能培育出广东的工业化能力。由此,广东如果想真正地融入全球生产网络,就要提升工业化能力,由开放初期的来料加工的被动型出口向"大进大出"的进料加工的主动型出口转型就要成为出口发展的必要条件。

20世纪80年代后期,广东珠三角地区整体被列为对外开放地区,国务院也明确提出发展"两头在外、大进大出"的加工贸易,同时提出要大力发展"三资"企业。广东利用其前期"三来一补"积累的优势,以及毗邻港澳的优势,将引进港澳台投资设立"三资"企业、大力发展加工贸易作为对外开放的战略重点,并明确了对进料加工的鼓励和扶持,放宽了对进料加工的限制,充分利用国家对加工贸易的保税制度,从而使加工贸易具有了事实上的自由贸易政策环境。

---

① 钟坚、郭茂佳、钟若愚:《中国经济特区文献资料(第一辑)》,社会科学文献出版社2010年版,第325页。
② 王硕:《深圳经济特区的建立(1979—1986)》,载《中国经济史研究》2006年第3期,第36-44页。

第二章　扩大开放：广东对外开放迈向新台阶

对外开放是一个积累经验和不断学习的过程。在开放的早期，广东对外开放的目标、模式和路径并不清楚，最初的对外开放被形象地表述为将过去基本关闭的大门打开，由点到线、由线到面不断地摸索，也即"摸着石头过河"，但究竟开多大、目标是什么并不清楚。邓小平南方谈话后，特别是1993年十四届三中全会提出了全面建设社会主义市场经济的基本框架，并首次明确提出了建设开放型经济的目标与任务后，广东对外开放目标逐渐地清晰，确立了将有效利用"两个资源、两个市场"、构建开放型经济体系作为对外开放目标，将出口导向确定为实现这一目标的具体路径，并进行了一系列的改革。其主要包括：完善投资环境、扩大外贸出口、大力吸引外资，尤其是欧美发达国家高新技术产业外资，同时继续深化外贸体制改革，形成了"广东经验"。广东的对外开放迈上了新台阶。

第一节　邓小平南方谈话指明前进航向

随着东欧剧变和苏联解体，世界上主要的社会主义国家放弃了社会主义发展道路，这无疑给新兴的社会主义国家——中国带来了巨大的挑战，更由此引发了新思考：社会主义向何处发展？

1992年初春，作为中国改革开放总设计师的邓小平进行了他最后一次也是最著名的一次南方视察。1月19—29日，邓小平先后到深圳、珠海两市和顺德县就坚持党的基本路线、坚持市场取向改革，特别是抓住当前有利时机继续加快改革开放步伐,集中精力把经济搞上去等发表重要讲话。①邓小平对深圳特区的经验给予充分的肯定,用一句话来讲就是"深圳的经验就是敢闯"。②

此次南方谈话肯定了特区的改革实验,解除了人们的疑虑,统一了国人的认识,明确表态,以最明晓、最朴质却也是最有力的语言,终止了市场经济姓"资"姓"社"的争论,为市场经济理论扫平了雷区,其发表后产生了重大影响,迅速在全国掀起新一轮改革开放浪潮,不仅保住了中国的改革开放路线,更为中国的前进指明了方向。

一、南方谈话的国际环境

东欧剧变、苏联解体以及美苏"冷战"结束,标志着两极格局的瓦解,世界格局发生了重大的变化,经济全球化成为世界经济的潮流。其主要表现为三个特征:一是信息技术的快速发展,以及运输成本大幅下降,使得基于全球价值链分工的全球生产网络的形成改变了全球经济格局,加快了生产制造环节从高人工成本和环境成本的发达国家向发展中国家转移,发展中国家和地区融入全球经济体系的进程加快,新兴经济体(地区)从此成为推动全球化和全球经济增长的重要力量。二是大型跨国公司成为主导全球经济的主要力量。随着全球价值链向纵深发展,跨国公司加强对全球价值链的掌控与治理,并对价值链的各个环节进行深度分解和全球资源的不断战略重组,由此主导了全球经济。据联合贸易和发展会议,20 世纪 90 年代,全球 4 万余家跨国公司控制着全球生产总值的 40%,国际贸易的 50%~60%,国际技术贸易的 60%,研究开发的 80%~90%。三是随着东欧剧变、拉丁美洲右翼政府执政等影响,以及东亚出口导向模式的巨大成功,许多发展中国家将对外开放、吸引外资作为国家战略,发展中国家和地区对跨国公司投资的争夺异常激烈。

二、南方谈话的国内背景

1989 年春夏之交的政治风波后,西方国家对中国采取全面制裁政策,国内面临改革开放姓"资"姓"社"的争论。在中国未来的发展方向面临

---

① 杜伟立:《八项政策给外商打开投资空间——石广生谈外商直接投资》,载《中国经济信息》1998 年 6 月 23 日。

② 罗海平:《我国市场经济形成与演进中的特区模式研究》,上海三联书店 2013 年版,第 209 页。

抉择的重要时期，1992年邓小平南方谈话以及1993年党的十四届三中全会，坚定了改革开放的发展道路，明确提出建设社会主义市场经济的基本框架，并首次明确提出建设开放型经济的目标与任务。这是中国改革开放史上重大的思想突破，将开放型经济体制作为社会主义市场经济体系的重要支撑，而非早期的"出口创汇、互通有无"的政策方针，明确了将国内经济与国际经济紧密联系的发展路径，提出了积极参与国际分工，充分利用两个市场、两个资源的思路，为广东的进一步对外开放创造了良好的政治环境。同时，改革开放在农村获得了巨大成功，以特区为试点的对外开放也取得了突出成就，中国的改革进入了难度更大的城市改革和工业改革时期，思路是简政放权，激发经济发展活力。其中，财税体制改革主要围绕分税制进行，极大地调动了地方政府经济发展的积极性，企业改革主要围绕着国有企业产权制度的改革，通过对国有企业"抓大放小"，将国有企业民营化，从而形成了多种所有制格局。农业和工业改革极大地推进了城市化进程，大量农业剩余劳动力被转移出来，中国在国际分工中的劳动力成本优势得到了凸显。

三、南方谈话的广东省情

（一）利用毗邻香港的优势吸引投资

香港贸易政策自由，经济高度对外开放，拥有健全的法律体制，采取低税率政策，资讯获取和流通高效便捷，竞争公平开放，营商环境便利，金融、通信和航运网络发达，为广东实施出口导向战略提供了机遇。20世纪80年代后，广东对外开放吸引很多香港企业迁到珠三角地区，先后兴办"三来一补"和"三资"企业，逐步形成以广东为加工制造基地、港澳为购销和与管理中心一体化的跨地域分工格局，建立了"前店后厂"的合作生产方式。香港企业的转型升级为广东带来了经济发展的极好机遇，来自香港的投资成为广东经济增长的重要力量。①

（二）利用华侨优势吸引投资

众所周知，广东是著名的侨乡，广大华侨心系祖国大陆，为祖国特别

---

① 蒋斌、梁桂全：《敢为人先——广东改革开放30年研究总论》，广东人民出版社2008年版，第28–33页。

是广东做出了很大的贡献。华侨出于对文化的认同和血脉的联系,出资建立了众多基础设施,其中包括学校、医院、道路、桥梁等基础设施,这在很大程度上改善了广东的投资环境,成为吸引外商投资的重要原因。早在20世纪80年代中期,祖籍广东的华侨、华人约有2 000万人,占全国华侨、华人总数的70%;港澳居民中,有70%左右的祖籍在广东。1978—1990年,广东接受华侨同胞的捐赠折合人民币达49亿多元,新建、扩建大中小学7 716所,新建、扩建医院卫生院870多间,修筑桥梁2 663座、公路7 793公里;全省实际利用外资达124亿美元,其中80%是华侨、港澳同胞的资金。①

(三) 特区经济发展迅速

党的十一届三中全会提出设立经济特区,广东成为改革开放的受益者。创办经济特区,是广东迈开改革开放坚实的一步。广东创办了深圳、珠海、汕头三个经济特区,为经济快速发展创造了良好的机遇。② 经济特区的开创为经济发展、体制和制度等各个层面的创新和改革提供了试验田,有效推动了各层面间的良性互动,机制和机制层面与时俱进,并进一步走向国际。经济特区在以上方面的持续创新,也为中国道路提供宝贵经验和重要指引。

(四) 广东的政策优势逐渐弱化

随着浦东的开放和之后的全国进入全面对外开放后,广东作为先试先行的政策优势不断弱化,全国统一了外贸政策和外资政策,取消了对外贸的补贴。广东面临着来自国内各地区对要素资源的激烈竞争。同时,中央对广东在改革开放中的引领和示范作用的要求也不断提高。1992年年初,邓小平视察广东,提出广东今后要加快经济发展步伐,继续发挥龙头作用,"力争用20年时间赶上亚洲'四小龙'"。同年召开党的十四大,要求广东力争20年基本实现现代化。1994年6月和1998年3月,针对中国全面进入改革开放的格局、广东优势弱化的状况,江泽民总书记两次向广东提出了"增创新优势,更上一层楼"③,提高开放水平的要求。

---

① 蒋斌、梁桂全:《敢为人先——广东改革开放30年研究总论》,广东人民出版社2008年版,第29-30页。

② 刘德军:《中国改革开放史研究述评》,济南出版社2008年版,第328-330页。

③ 广东省人民政府:《广东省国民经济和社会发展第九个五年计划纲要》,见百度文库网(https://wenku.baidu.com/view/34b88f176c175f0e7cd1373e.html)。

历史回顾编

第二节 大力引进和优化外资

广东实施外向型战略，不断加大对外开放力度，迈上了对外开放新台阶，对外开放呈现出向纵深发展的特征。广东进一步优化外商投资结构，拓宽利用外资领域，利用外资投向逐步拓展至基础产业、基础设施、高新技术以及其他第三产业领域。[①] 1992 年，广东实际利用外资约为 35.52 亿美元，截至 2000 年，该规模约为 121.82 亿美元，占全国实际利用外资的 35.7%，增长率高达 243%。

一、完善投资环境

（一）着力改善外商投资硬环境

为进一步改善投资环境，给外商投资创造更有利的环境和条件，进入 20 世纪 90 年代以来，广东在改善硬环境方面，加快基础设施建设，加快建立交通（如高速公路）的步伐，抓好能源、通信等基础设施建设。投资环境的持续改善至关重要，广东作为我国经济强省，在招商引资方面始终努力发挥着非常重要的作用，为我国经济发展赢得更多及更优的外商投资，推动我国经济健康、高速、可持续地发展。

（二）加强立法工作，提升政府服务效率

广东积极改进工作作风，加强立法工作，提高办事效率和服务水平，提供完善服务，切实减轻外资企业负担。1994—1996 年，广东省政府连续三年召开治理"三乱"电视广播大会，对全省外商投资企业反映的"三乱"问题进行清理，提出整改意见。1997 年 9 月，广东经过调查研究，为国务院减轻企业负担，办公室代拟利用外资企业收费管理办法，草拟了《关于利用外资企业收费的管理办法》，上报国务院。为有效减轻企业负担，广东从 1997 年开始，对外商投资企业的出资、生产经营、财务、外汇、进出口等方面进行联合年检，从而取代以往由各个部门分别对企业的年度业务检查。

[①] 《广东省志》编纂委员会：《广东省志：1979—2000：26：政权卷》，方志出版社 2014 年版，第 374-376 页。

（三）简化通关程序，提高通关效率

在通关方面，为改善通关环境，提高货物通关速度，广东简化外商投资企业和来料加工企业进出口通关手续，提高了通关效率。省外经贸部门与海关总署广东分署联合开发加工贸易企业与海关、外经贸部门的计算机联网的 GD998 工程，初步实现了海关、外经贸部门对企业保税进口货物的有效监管，由此受到国务院相关领导的肯定和支持。

此外，广东还改革了异地深加工结转制度，尤其是跨关区结转的监管方式，在全国率先实行"一次审批、分别报关、自动对碰、重点核查"的深加工结转计算机联网管理模式。为进一步提高通关效率，广东对大型高新技术企业设立便捷通关渠道，实行提前报关、联网报关、上门检验、加急通关和担保放行等渠道，有效地简化了通关程序。

（四）积极维护外商投资合法权益

广东还积极维护外商投资企业投资者的合法权益，加强对各级外商投资企业协会、外商投资服务中心的指导，充分发挥其为外商投资提供政策咨询、代办项目审批、工商、税务、海关登记等服务功能，接受外商投诉。审批、行政部门提高工作透明度，提供完善的服务。培育、发展和完善物资、劳务市场，为外商投资企业创造良好的生产经营环境。

针对改善投资软环境需涉及多个部门的情况，广东省政府确定由省外经贸部门牵头协调，加强与工商、税务、银行、外汇、海关、商检等部门的联合，为外资企业和"三来一补"企业排忧解难，研究新情况并及时解决新问题。为切实保护外商的合法权益，对各有关部门及时处理企业的投诉，依照法律进行公正地协调与解决。① 例如，2000 年，由广东省中级人民法院做出判决的关于广州市快快文化用品有限公司与万宝龙－辛普洛有限公司的侵害商标权纠纷的民事调解案例，就是维护外商合法权益的体现。快快公司销售的被控侵权产品，未经万宝龙公司许可，使用与万宝龙公司注册商标相同的商品，属于侵犯注册商标专用权的商品。② 法院判决快快公司停止侵犯万宝龙公司万宝龙－辛普洛有限公司"MONTBLANC"注册商标

---

① 黄永智：《广东外经贸之路——纪念改革开放三十周年》，广东人民出版社 2008 年版，第 55－56 页。

② 李伟文：《对商标权利人"产品鉴定"法律性质的辨析》，载《法制与社会》2013 年 5 月 5 日。

专用权的行为,维护了外商在华的合法权益。

(五) 大力推进经济技术开发区建设

1996年,广东省政府颁布实行《广东省经济开放试验区管理暂行规定》,批准51家经济开发试验区继续完善综合投资环境,加大对能源、交通和通信等基础项目的建设力度,构建与社会主义市场经济相适应行政管理体制、企业体制的改革力度。开发区在出口创汇、吸引外资、引进技术等方面做出了重大贡献。在经济发展中崛起的广州开发区已被人们视为全国开发区建设的典范之一。

二、优化利用外资

(一) 进一步优化外商投资产业结构

根据党的十五大精神和1997年12月的全国外资工作会议精神,广东重点鼓励外商向农业、高新技术产业、基础工业、基础设施、环保产业和出口创汇型产业投资,并将外资领域逐步扩大为金融、贸易、交通、保险、房地产、旅游等第三产业。[①] 同时,广东根据省情和自身优势,继续发展符合产业政策的劳动密集型项目和以出口为导向的加工贸易项目。1999年2月11日,《中共广东省委、广东省人民政府关于进一步扩大开放的若干意见》提出建立全方位、多层次、宽领域、高水平的开放新格局。2000年,广东省先后颁布《积极发展境外加工贸易业务的若干意见》《境外加工贸易企业资金管理暂行办法》等文件,要求各级政府部门与企业积极发展本省区域外加工贸易业务。同年2月4日,《中共广东省委、广东省人民政府关于推进海洋综合开发的意见》指出,要提高海洋产业对外开放水平和密切交流。[②]

(二) 进一步优化外商投资区域结构

20世纪90年代以前,外商投资主要集中在深圳、珠海、汕头三个经济特区和珠江三角洲的部分市、县(区)。在此之后,广东不断深化对外开放

[①] 王世勇、李跃新:《改革开放以来非公有制经济理论与政策研究》,中共中央党校出版社2008年版,第220-221页。

[②] 黄华华:《年轮——〈广东年鉴〉1987—2006年精选本》,广东年鉴社2006年版,第294-295页。

政策，进一步扩大对外开放地域，积极完善外商投资政策法规。充分发挥和利用经济特区、珠江三角洲地区利用外资的优势和有利条件，推动利用外资上档次、上水平；同时，逐步向东西两翼和山区辐射，促进东西两翼和山区利用外资的发展。① 由于地理位置较为偏僻，基础设施相对落后以及对外开放相对较晚，因此，广东的东西两翼（汕头、汕尾、潮州、揭阳、湛江、茂名、阳江七市）和山区（韶关、清远、梅州、河源、云浮五市）与经济特区和珠江三角洲各城市相比，经济发展相对落后，利用外资的起步相对较晚。1992年9月，经国务院批准，韶关、河源、梅州三个山区市列为沿海经济开放区，外商投资企业享受与珠江三角洲经济开放区相同的税收优惠。山区市、县利用外资工作全面启动，外商投资发展进入快车道。至2000年，东西两翼七市外商投资企业累计7 251家，占全省的14.54%；外商注册资本累计109.07亿美元，占全省的11.27%。山区五市外商投资企业累计2 310家，占全省的4.63%；外商注册资本累计39.70亿美元，占全省的4.10%。②

（三）多渠道多方式吸收外商投资

广东充分发挥毗邻港澳的优势，吸收香港和澳门的投资，与此同时，广东继续吸收台湾地区和东南亚国家的投资，不仅如此，广东还重点加大了对北美、日本、欧盟等发达国家和地区的招商引资。广东积极探索多种筹集外资的途径，对外资进行试点。例如，外商投资控股有限公司、外商投资特许权项目，利用项目运营权或收益权，采取国际通行的多种外资投资方式。同时，广东加紧了对相关法律法规的制定和经营机制的完善。鼓励国有大中型企业采取多种方式利用外资进行资产重组，盘活存量，改善经营机制，提高管理水平，同时还制定和完善了有关法律、法规，允许国有小型企业和集体企业对外合资、合作、出售。③ 广东进一步试行建设—经营—移交（BOT）投资方式和境外企业带资承包工程等方式；稳步利用国际证券市场引进外资。

---

① 《吸收外商直接投资注重之点》，载《中国外资》1998年6月15日。
② 《广东省志》编纂委员会：《广东省志：1979—2000：14：对外经济贸易卷》，方志出版社2014年版，第235-238页。
③ 宋锡祥：《我国利用外商投资的回顾与展望》，载《外国经济与管理》1998年第10期。

（四）大胆引进和积极引导跨国公司投资

继续吸收港澳台地区和华侨投资以及东南亚地区投资，同时，加大对欧盟、北美、日本等发达国家和地区的投资力度；研究并制定吸引跨国公司对广东进行投资的政策，坚持以市场换技术的原则，积极引导省内企业与跨国公司的合作。积极发挥广东地缘优势，加强与跨国公司的合作，在引进先进的资本、先进的技术、组织管理经验和营销方式的同时，还注重融入国际生产、销售和服务网络。推进跨国公司的专业优势与广东的产业、市场等优势互补，加强跨行业多领域的跨国合作，完善合作机制与模式，开创合作共赢新局面。

（五）认真办好原有外商投资企业

提升企业经营管理水平，完善外资管理体制，推动外商投资企业不断提高自身劳动生产率和技术水平，形成规模效益。在现行法律政策范围内，积极帮助解决外资企业的生产经营困难，减少企业发展阻力，促进现有外资投资企业健康发展。转变政府职能，优质高效地做好外资投资企业的审批服务工作，简化进出口审批手续，提高办事效率，推进政务公开，鼓励产品多出口，为外商投资企业的产品外销创造方便条件。做好外资投资企业的金融支持，帮助企业有效利用资本市场筹措资金，支持中外合资、合作经营企业发展。不断优化经济发展环境，激发外资企业再投资，逐渐扩大外资企业进入领域。①

第三节　出口导向战略引领对外贸易发展

1998年1月8日，时任省长卢瑞华在广东省第九届人民代表大会第一次会议上作政府工作报告，提出1998年的工作意见共11项，其中包括不断提高对外开放水平，促进外经贸发展。5月22日，时任省委书记李长春在中共广东省第八次人民代表大会上的报告中指出之后5年的基本任务和三大发展战略，其中一条发展战略就是外向带动，充分发挥对外开放优势，大

---

① 蒋斌、梁桂全：《敢为人先——广东改革开放30年研究总论》，广东人民出版社2008年版，第83－85页。

力发展外向型经济,也提到要增创发展新优势,确保经济持续快速健康发展。这一时期,广东出口贸易得到快速发展,贸易方式呈现多样化趋势,形成了以一般贸易、来料加工、进料加工为主,以补偿贸易、租赁贸易、出料加工、易货贸易、转口贸易等小型贸易为辅的局面。其中,在"九五"时期,加工贸易以年均11.2%的增长率发展,加工贸易已经成为广东最主要的贸易方式。

一、转换外贸企业经营机制

宏观上,我国1994年1月1日起实行以市场供求为基础的、单一的、有管理的人民币浮动汇率制(汇率并轨),实现了人民币在经常项目下有条件可兑换。这一金融和外贸体制的重大变革,为外贸发展奠定了良好的基础:牌价外汇和调剂外汇并轨后,进出口企业合同订单的利润、成本变得可预期和可测算,极大地鼓励了出口;实行银行对出口企业按结汇额的50%在外汇指定银行设立台账,企业超过台账余额的用汇仍可按照国家规定的办法到外汇指定银行办理。这一结售汇制的改革使得企业用汇有了更大的自主权。汇率改革背景下,广东继续深化外贸体制改革,主要包括:继续放开外贸经营权,加快民营企业进出口资格登记、申报和批准步伐,到2000年已经形成了专业外贸企业、有外贸经营权的生产企业、有外贸经营权的科研单位、有外贸经营权的商业物资企业、外商投资企业、有外贸经营权的民营企业等多种所有制形式,大经贸格局初步形成;加快完善出口退税制度,主要是做到及时足额、简化手续。由于当时出口企业的主要利润来源为出口退税,因此完善出口退税对于出口企业发展极其重要;进行外贸企业的现代企业制度改革,围绕转换经营机制目标,对国有外贸企业进行改革,主要方向是实业化、集团化、国际化的发展方向,先后培育了广新集团、广东纺织丝绸进出口有限公司等大型现代企业制度模式管理的外贸企业。

二、实施市场多元化战略

由于广东对外贸易伙伴主要以发达国家为主,广东出口的产品在数量和价格上多次遭遇发达国家对实施的市场配额和反倾销等限制措施,这使得广东对外贸易处于劣势地位。为了避免市场不稳定的风险,广东结合本省的实际情况,认真落实和实施市场多元化战略。①

1993年1月29日,时任省长朱森林在广东省第八届人民代表大会第一次会议上作政府工作报告时表示,1993年将突出十个方面的工作,其中包括继续扩大对外开放,积极开展多元化的国际经贸合作。同年5月21日,时任省委书记谢非在中共广东省第七次代表大会上的报告《为广东二十年基本实现现代化而奋斗》中指出了实现现代化的主要措施。其中,全方位扩大开放,在更高层次上参与国际分工,充分利用国际国内两种资源,开拓国内国外两个市场,是加快广东省现代化建设步伐的重要战略措施。②1996年3月5日,广东省人民政府在下达《广东省国民经济和社会发展第九个五年计划纲要》的通知中指出,要进一步扩大对外开放,积极参与国际经济合作和竞争,扩大对外贸易,扩大货物出口,拓展无形商品的出口。1998年6月9日,广东省政府颁布关于鼓励扩大外贸出口和利用外资的通知,提出全面落实出口退税政策措施等共八条。③

实施市场多元化战略,加快开拓市场多元化的步伐,广东按照重点突破、多元发展、全方位开拓的要求,全面部署多元化市场发展目标。广东采取了如下战略:巩固中国香港、中国澳门、美国、加拿大、西欧市场;积极开拓中东、非洲、南美洲市场;面对东南亚经济危机,广东把握机会,挤占东南亚原先的出口市场。由此,广东省逐步实现了发展中国家与发达国家出口对象合理分布的市场多元化格局。至2000年,广东已经与200多个国家和地区建立了贸易往来关系,对欧美、非洲等地区的进出口规模不断加大。④

三、实施科技兴贸战略

20世纪80年代初期,广东出口主要是以初期产品、低附加值、轻纺工业品为主,高附加值产品占出口总值的比重低。进入20世纪90年代,为适应经济全球化、科技全球化的新形势,贯彻"科教兴国"战略,加速发展

---

① 广东省商务厅:《广东商务发展报告2015—2016》,广东人民出版社2016年版,第29-31页。
② 《广东省志》编纂委员会:《广东省志:1979—2000:25:党派·群众团体卷》,方志出版社2014年版,第91-93页。
③ "辉煌的五年"成就展筹委会领导小组办公室:《辉煌的五年——十四大以来广东省经济建设和精神文明建设主要成就》,内蒙古人民出版社1997年版,第174-196页。
④ 魏红英:《服务型地方政府行政体制构建研究——以广东省县区级政府为例》,光明日报出版社2013年版,第43-46页。

高新技术产业，扩大高新技术产品出口，逐步由贸易大国向贸易强国转变，广东在原国家外经贸部的政策指引下，不断优化对外贸易出口结构，高附加值、高技术含量的产品出口大幅增加；初级产品比重不断下降，深度加工、产品质量和技术档次逐年提高，提高了广东出口的总体经济效益。广东外贸商品由1990年的13种（类）增加到了40多种（类），实现了初级产品向加工产品为主的转变后，又实现了转为向以机电产品为主的对外贸易发展方式。2000年，机电产品出口达499.81亿美元，占工业品比重达54.4%，比1995年提高11.8%。高新技术产品出口占工业品的比重由1995年的5.7%提高到19.2%。[1]

四、加大对出口的金融扶持

随着国际贸易法规的日益完善，一国对商品的直接出口补贴被禁止使用，而不受国际贸易规则限制的政策性金融支持受到越来越多国家——尤其是发达国家的青睐，广东设立出口发展基金和风险基金；优先安排外贸出口信贷，争取信贷规模与出口增长保持同步；建立专项信贷和发展基金，积极扶持技术出口。[2] 这使得外贸企业在"走出去"的同时，获得了健全高效的资金渠道和信用支持，增强了自身出口优势，减免了后顾之忧，促进了与出口国的双边贸易与长期合作发展。出台与出口相关的金融配套政策支持，有利于促进产品出口，特别是促进对我国具有重要战略意义的资本密集型和技术密集型产品的出口，从而优化广东产品出口结构，增强产品的国际竞争力，进一步引导相关配套产业发展，最终实现广东产业转型和结构优化升级的中长期战略目标。

五、以外向型改革积极应对亚洲金融危机

1997年，亚洲金融危机爆发。1978—1997年间，广东省年平均出口总额增长率保持在20%以上，但1998年的出口总额与1997年持平，这无疑反映了经济环境的问题。1998年，广东积极应对亚洲金融危机，及时研究并制定多项政策性措施。对于提高对外开放质量和水平的专题调研，广东省

---

[1] 《广东省志》编纂委员会：《广东省志：1979—2000：10：工业卷》，方志出版社2014年版，第8-10页。

[2] 蒋斌、梁桂全：《敢为人先——广东改革开放30年研究总论》，广东人民出版社2008年版，第82页。

外经贸委组织建议采取稳定外贸存量,扩大和优化利用外资增量,向国家争取扩大服务业开放试点范围,进一步采取让市场、让股权、放宽外商投资企业产品内销比例等措施,加快吸收国际大公司、大财团的投资等,报省政府参考。广东省政府在1998年6月和9月分别发布了《关于鼓励扩大外贸出口和利用外资的通知》和《关于鼓励外商投资企业扩大出口问题的通知》,鼓励外商投资和扩大外贸出口。同年10月,广东省召开了全省外贸工作会议,并于会后对全省21个市的外贸指标落实进行实地跟踪检查,为各市寻求有效措施,帮助企业解决实际困难。

1999年2月11日,广东省委、省政府印发了《关于进一步扩大开放的若干意见》,其22项政策意见中,涉及利用外资的有14项,要求全省坚持多层次开放并举的方针,进一步拓宽开放领域和区域,吸引世界前100强跨国企业的投资,全面推进粤港澳合作,等等。1999年8月,国务院办公厅转发原对外贸易经济合作部等部门《关于当前进一步鼓励外商投资意见的通知》,广东省外经贸委、省纪委、省财政厅、中国人民银行广东省分行、省国家税务局、省地方税务局、国家外汇管理局广东分局、广东出入境检验检疫局、海关总署广东分署等10个部门联合制定贯彻措施,扩大外商投资领域和区域,对外商投资的产品出口企业和先进技术企业,落实国家规定的优惠待遇,并予以减免场地使用费和其他服务性收费,为外商投资企业提供通关、退税、商品检验检疫等优质服务。经过一年的不懈努力,1999年,广东省出口总额实现776.82亿美元,比上年增长2.7%,缓解了亚洲金融危机带来的冲击。

2000年,广东省新签利用外资项目、合同外资金额、实际使用外资金额分别比1999年增长13.86%、27.19%和0.70%。[①] 出口总额达919.2亿美元,比上年增长18.3%,广东省对外贸易逐步从危机中走出来。外贸经营体制改革的深化使广东外贸经营主体进一步多元化。外贸专业公司、自营进出口企业,"三来一补"企业和"三资"企业成为推动广东对外贸易发展的主要力量,其贸易额由1995年的257.59亿美元增加到2000年的495.46亿美元,年均增长10.8%,高于同期全省贸易增速0.6%。[②] 外向型

---

① 《广东省志》编纂委员会:《广东省志:1979—2000:14:对外经济贸易卷》,方志出版社2014年版,第213页。
② 蒋斌、梁桂全:《敢为人先——广东改革开放30年研究总论》,广东人民出版社2008年版,第82-83页。

改革有助于缓解亚洲金融危机所带来的巨大冲击，推动了广东对外贸易的发展，促进了利用外资水平的提升和经济的增长。

第四节　深化粤港澳经济合作

在香港回归祖国之前，由于政治体制的限制，内地与香港之间的经贸往来受到很大的限制。1997年7月1日，香港回归，这是中华民族的盛事，关系着我国政治、经济、外交，也为广东与香港之间的经济联系和贸易往来扫除了一部分障碍。党中央、国务院高度重视香港平稳过渡和保持繁荣稳定。江泽民总书记多次指示，广东要为香港的平稳过渡和繁荣稳定做出新贡献，增创新优势，更上一层楼。广东省委、省政府贯彻落实中央的精神和指示，坚定不移地把推动新一轮粤港澳经济合作放在突出位置。①

一、加强合作研究

广东省政府在1996年年初提出加强粤港经济合作研究的工作要求，组织有关方面以民间形式积极开展工作。按照国务院港澳办的批示精神，广东在1996年5月成立了专家组进行课题研究，并于香港回归前夕形成了一个总体研究报告和14个专题报告。报告总结、分析和探索了粤港经济合作的特点、目标、重点、原则，为香港回归后的粤港经济合作提供了重要的指导。②

二、制定加强粤港经济合作的措施

第一，探索建立高层协调机构。中国大陆充分认同时任香港特首董建华在其首任施政报告中提出成立粤港高层协调机构的构想，使粤港两地加强各个领域的合作，做到互惠互利，共同繁荣。高层协调机构的构想完全符合粤港经济合作的需要。第二，加强口岸建设和衔接。深圳自从增开了皇岗口岸以后，两地的进出通道得到了加强，有效地缓解了人、货、车辆拥堵塞的现象。第三，加强粤港两地公安、边防等部门的合作。除定期会

---

① 黄华华：《年轮——〈广东年鉴〉1987—2006年精选本》，广东年鉴社2006年版，第292页。
② 蒋斌、梁桂全：《敢为人先——广东改革开放30年研究总论》，广东人民出版社2008年版，第86-87页。

晤、沟通信息、分析情况之外，还开展联合行动，在防范和遏制逃港现象和走私行为方面发挥了积极作用。第四，促进两地的民间组织和半官方机构的交流和合作。除了学术机构、大专院校间的科研、教育方面的合作与交流，还设立香港贸发局、香港生产力促进会等半官方机构的办事处等。第五，推动两地的大型基础设施项目的衔接。如设立了香港与内地大型基建协调委员会，使特大型伶仃洋跨海大桥和香港与深圳间的西部通道等基础设施建设项目取得了实质性进展。

加强粤港经济合作，为香港的平稳过渡和繁荣稳定发挥了独特的作用，使得香港在1997年虽遭受亚洲金融风暴严重冲击，但粤港经贸合作始终保持稳定的增长。可以说，广东的经济能持续、快速、健康地发展，香港经济保持稳定繁荣，得益于粤港双方经贸合作的发展。①

三、积极承接港澳产业转移

改革开放初期，广东的开放主要是对港澳的开放，香港作为广东外贸进出口的主要转口基地和世界转口贸易中心，2001年，同美国、日本分别成为广东前三大贸易伙伴。据不完全统计，广东为香港提供了制造业就业2/3以上的劳动力。由于拥有遍及世界100多个国家和地区的华侨优势，基于血缘优势，广东成为港澳台和华侨对内地直接投资的首选之地，而政策的先行一步和基础设施、投资环境的改善，使得广东的先发优势愈发明显。1979—2004年，广东吸引外商直接投资（FDI）投资达1 504.9亿美元，其中来自港澳台三个地区的投资达到1 087.67亿美元，占比高达72.3%。特别是霍英东、李嘉诚、李兆基、曾宪梓等香港富商均积极投资广东省，为广东改革开放做出了巨大的贡献。②

在香港经济迅速增长、产业转型和结构升级的背景下，香港的劳动密集型产业纷纷转移到广东，广东抓住自身资源禀赋，发挥比较优势，以优惠政策和廉价的土地和劳动力，积极承接港澳服装、玩具、纺织等劳动密集型加工制造产业转移，促进了广东经济的"原始积累"，并遵循比较优势发展战略。随着资本积累和技术提升，广东逐渐将主导产业转向技术密集

---

① 蒋斌、梁桂全：《敢为人先——广东改革开放30年研究总论》，广东人民出版社2008年版，第82-83页。
② 舒元等：《广东发展模式——广东经济发展30年》，广东人民出版社2008年版，第239-240页。

型产业和资本密集型产业（机电、电子通信业和交通运输设备业）。一方面，来自港澳和海外的直接投资有助于其自身获得更高的利润率；另一方面，广东基础设施的完善和投资环境的改善保证了产业转移规律的顺利实现。

第五节　增创特区新优势

进入20世纪90年代，随着我国改革的深入，对外开放深度与广度的加强，深圳、珠海、汕头等经济特区独有的先发优势已不复存在，特殊政策红利也已逐步减弱，要保持特区的发展，同时保持中国改革的示范区和对外开放的窗口作用，就必须坚持改革，争创新优势。

一、推动口岸管理体制改革

广东毗邻港澳，华侨众多，优势明显。经济特区是全省改革开放和两个文明建设中的"窗口"和"试验田"，为进一步发挥其作用和优势，建立特区新优势，促进特区经济水平迈上新台阶，广东对特区口岸管理体制进行了改革。①

（一）明确试验区发展路线，理顺开放区管理体制②

深圳于1996年成立了口岸委、口岸工委和纪工委；完成了深圳港监和蛇口港监的合并，成立了深圳水上安全监督局，简化了船舶进出口手续；简化了查验方式，卫检和动植检撤出货验通道，口岸货验通道也仅保留边检、海关两家单位；清理收费项目和收费标准，减少收费项目；增加口岸电脑自动化设备的投入，实现计算机联网，深圳因此成为全国口岸管理体制改革试点。珠海和汕头也着力在客运口岸旅检查验环节、口岸收费办法、口岸管理机构等方面进行改革。

（二）口岸管理体制改革取得实质性进展

1997年，深圳在口岸管理体制改革上，将卫检和植物检分别从文锦渡、

---

① 温宪元：《从南方谈话到科学发展观》，广东人民出版社2012年版，第38–40页。
② 《广东改革开放纪事》编纂委员会：《广东改革开放纪事1978—2008·上》，南方日报出版社2008年版，第119–120页。

历史回顾编

沙头角两个口岸货运通道撤出,全面实行新的监管模式。皇岗、文锦渡、沙头角三个陆路口岸,边检一般对货物、车辆不再进行检查,实现了海关一家为主检验的管理办法。卫、动、商"三检"方面,深圳加快了改革步伐,收费制度也逐步走向规范。深圳市出入境边检边防总站正式挂牌运作,使深圳口岸管理体制与国际惯例接轨迈开了重要的一步。

(三) 以体制对接保证进一步对外开放

1997年,三个特区进一步加大对外开放的力度,从政府管理体制转变和对外商实行国民待遇来改善投资软环境,以体制对接保证进一步对外开放。在开放更多投资领域,包括资源开发等方面,大胆吸引外资,并进一步研究和完善各种利用外资的办法。三个经济特区加大招商引资的力度,招商引资工作取得新的进展,对外商实行国民待遇也获得较好的效果。深圳市充分利用香港资本市场,扩大引进外资,加快市内企业在香港上市的步伐,发挥驻港企业的筹资功能;努力探索、积极争取建立"深港投资基金",在港推出深圳股票指数期货,B股在港上市,国有企业在港发行公司债券、扩大离岸业务等利用香港资本市场新路子。汕头市充分发挥侨乡的优势,以更加积极的姿态走向世界,借助外资实力,实行外向发展。[①]

二、大力发展高新技术产业

1995—1998年间,深圳市连续出台发展规划,推动科学技术进步,建立深圳市高新技术产业园区,这大大改变了深圳的面貌,深圳开始从一个集贸易市场的小渔村变成了一个中国高新技术企业的集聚区。深圳开始涌现一大批工程师和大学毕业生,一个个小渔村相继变为高新产业园区,一片片加工厂也演变为商业中心。

随着高新技术的发展,"荔枝节"已经不足以展示深圳的创新成果,不能准确定位深圳的城市功能,不能准确反映建设者的主要意愿。因此,深圳市领导开始探索符合深圳发展的新思路。1998年4月下旬,时任深圳市委书记张高丽和市长李子彬率领考察团队赴厦门、上海和大连等地进行实地考察。如何在深圳举办一个与特区功能定位相符合的节日?深圳的高新技术产业是当时着力打造和扶持的重点产业,张高丽提议将"荔枝节"改

---

① 蒋斌、梁桂全:《敢为人先——广东改革开放30年研究总论》,广东人民出版社2008年版,第80-81页。

为"科技节"。该次提议得到了一致赞同,并同时上报给时任中共中央政治局委员、广东省委书记李长春同志。李长春对此思路予以高度认可,他在"科技节"的基础上升级为"高新技术成果交易会"(简称"高交会"),并决定自1999年起每年秋季在深圳举办。①

1999年,深圳首届"高交会"召开,至今已成为中国科技第一展。自1999年首次举办至今,"高交会"历经近20年的发展,以"国家级、国际性、高水平、大规模、讲实效、专业化、不落幕"的特色,成为中国规模最大、在国际上颇具影响力的科技盛会,被称为"中国科技第一展"。借由"高交会"搭建而起的高端平台,深圳成为中国高新技术领域对外开放的重要窗口和高新技术产业化的主阵地。②

第六节 广东成为中国改革开放"试验田"和示范区

经过改革开放初期至20世纪90年代末20多年来的努力,广东坚持以邓小平南方谈话为原则,实行一系列改革措施,充分发挥广东外向型经济、出口创汇、吸引外资、引进技术、科技创新以及地缘优势,推动广东经济迈向新台阶。广东省实现了年均GDP 13.4%的增长速度,跻身全国经济强省的行列。③

对外开放引领了广东的改革和经济高速发展,出口导向型战略取得了突出的成就,这个时期也成为广东乃至中国历史上增长和财富积累最快的时期,广东的对外开放已经形成了外资和外贸双轮驱动格局,并始终引领中国对外开放。广东通过大力引进外资、引进先进管理、引进先进技术,担负着中国实施出口导向战略的使命并辐射全国各地。广东作为出口换汇基地,支持了内地的发展,从实施对外开放开始,广东的进出口总额已经连续38年位居全国首位,广东经济发展也为数以百万计的进城务工人员创造了就业机会,对我国农村脱贫贡献也十分巨大。同时,在开放战略引领下,广东在落实"三个代表"重要思想、市场化改革也走在国内前列。

---

① 蔡兵:《改革开放先行区》,广东人民出版社2016年版,第116 – 117页。
② 中共广东省委党史研究室:《广东经济发展探索录》,广东人民出版社2009年版,第363 – 364页。
③ 史美泗:《追梦的足迹——史美泗新闻作品选》,新华出版社2015年版,第179 – 180页。

一、"三个代表"重要思想在广东提出

2000年2月25日,时任中共中央总书记江泽民在广东省考察工作时指出:"总结我们党七十多年的历史,可以得出一个重要结论,这就是:我们党所以赢得人民的拥护,是因为我们党在革命、建设、改革的各个时期,总是代表着中国先进生产力的发展要求,代表着中国先进文化的方向,代表着中国最广大人民的根本利益,并通过制定正确的路线方针政策,为实现国家和人民的根本利益而不懈奋斗。"这是江泽民首次提出"三个代表"重要思想。①

二、广东成为中国市场化改革的"试验田"

对外开放和先试先行使得广东一直作为中国改革开放的"试验田",一方面担负着中国改革、创新、探索的使命;另一方面,广东制度改革的探索实验,为中国市场经济体制的建立和完善做出了重要的贡献。在此期间,广东经济体制改革步伐不断加快,社会主义市场经济体制基本框架初步建立。广东逐步从20世纪80年代中期的由计划商品经济过渡到90年代的社会主义市场经济体制,深化了以公有制为主体、多种经济成分平等竞争、共同发展的所有制体制,以资本为纽带的国有资产监督管理和营运体制,以商品市场为基础,要素市场为支柱的价格体系和市场体系,新型的社会保障体系,产权关系、投资机制、财税体制、市场机制等重大问题的改革。② 广东在全国率先放开粮食的购销和价格,取消粮簿,告别了延续近40年的粮食统购统销的传统体制,使粮食的购销走上了市场调节的轨道;放开物价、基础设施建设投融资的市场化、产权改革等制度改革的探索试验,为中国提供了宝贵的经验。③

(一)取消粮票,放开粮价

各地人才流动和进城务工人员进入广东务工,但由于各地之间的粮票不能通用,因此出现了障碍。广东各地开始寻找打破传统粮票制度的突破

---

① 温宪元:《从南方谈话到科学发展观》,广东人民出版社2012年版,第14-18页。
② 成龙:《特色理论阐发地》,广东人民出版社2016年版,第57-58页。
③ 吕雷、赵洪:《国运:南方纪实》,人民文学出版社2008年版,第513-514页。

口。① 1992年，经国务院批准，广东按照"计划指导，放开价格，加强调控，搞活经济"的原则，在全国率先放开粮食价格，并建立地方粮食储备制度。广东成为全国第一个取消粮票的省份。

随着粮票的取消、粮食价格的放开，广东逐步建立并健全粮食市场体系，解放生产力，调动农民积极性，因此，广东的粮食产量也连年攀升，到1997年，广东粮食产量达到1 966.75万吨，彻底解决了"米袋子"问题。②

（二）全面推行社保改革

1992年，广东社保改革在全国最早全面推开。1992年9月，广东省政府批复社会保险制度改革领导小组拟定的《广东省社会养老保险制度改革方案》，进一步提出"实行基础养老金、附加养老金和个人专户养老金相结合的办法"，并分别明确了基础养老金、附加养老金和个人专户养老年金的计发办法。

1993年6月，广东省政府发布《广东省职工社会养老保险暂行规定》；1993年11月，党的十四届三中全会确定的《关于建立社会主义市场经济体制若干问题的决定》明确了我国养老和医疗保险实行"社会统筹与个人账户相结合"的模式。1998年10月，广东省人大公布的《广东省养老保险条例》，把"统账结合"的养老保险制度上升为地方法规。

（三）成立国内首家跨地区产权交易机构

1993年2月8日，作为中国内地第一家跨地区产权交易机构，深圳产权交易所挂牌成立，有效地改善了中小企业资本交易的环境，满足了中小企业产权流动的客观需求。③ 广东建立的产权交易机构为地方企业拓展了融资渠道，盘活了地方经济，均衡了地区发展。

（四）加快建立现代企业制度

1994年5月25日，广东省政府批转省体改委、省经委《关于加快建立现代企业制度的意见》，提出国有企业改革由主要靠放权让利调整为致力明

---

① 叶非文：《中国经济区比较》，社会科学文献出版社2010年版，第124—125页。
② 蔡兵：《改革开放先行区》，广东人民出版社2016年版，第98—102页。
③ 成龙：《特色理论阐发地》，广东人民出版社2016年版，第55页。

晰产权的制度创新。8月4日，广东省政府确定广州味精食品厂、深圳华强电子工业总公司等5家企业列为全国100家建立现代企业制度试点。这是继放权让利、承包经营后进行的第三步改革。① 广东始终有组织地进行着各项工作，由局部试点到全面推开，各方通力合作，紧密配合，全面加快推进建立现代企业制度。②

---

① 《广东省志》编纂委员会：《广东省志：1979—2000：8：财政税务卷》，方志出版社2015年版，第520－522页。

② 国务院法制办公室：《中华人民共和国投融资法典》，中国法制出版社2016年版，第277－279页。

第三章 国际接轨：广东对外开放争当排头兵

进入新世纪后，经济全球化趋势不断增强，区域经济一体化步伐不断加快。2001年，中国加入WTO，2003年内地与港澳先后签署《关于建立更紧密经贸关系的安排》（以下简称"CEPA"），国内国际环境发生许多重大变化，给广东对外开放发展带来新的机遇和挑战。为更好应对新形势，增创新优势，形成全方位对外开放新格局，广东不断深化体制机制改革，采取了一系列与国际接轨的旨在全面提高对外开放水平的政策措施和新举措。

第一节 中国加入WTO与广东对外开放

一、中国加入WTO

2001年12月11日，中国正式成为世界贸易组织成员。我国政府按照加入WTO后的既定时间表，在降低关税、清理法律法规、改革行政审批制度和提高办事透明度等方面认真履行加入世贸组织的承诺，并取得了明显进展。例如，工业产品的关税从1997年的24.6%降低到2005年的9.4%左右。过渡期完成后，在某些领域里降得比较多，比如化工业、医药产品降到跟其他国家一样5%~6%的关税；汽车业从80%~100%降到2005年的25%，汽车零件的关税降到10%。就反补贴而言，2004年之前，西方国家以中国不是市场经济国家为由，很少对中国采取反补贴措施。但自2004年开始，这种做法开始发生变化，WTO其他成员发起反补贴调查的案例达100起以上，另外还有多起补贴措施被WTO成员直接起诉到WTO争端解决机制。在这些案例中，中国鲜有胜绩。补贴与倾销在性质上有明显不同。倾销主要是企业行为，而补贴则涉及国家管理经济的方式，因此补贴政策是一个具有整体性、全局性的问题,也因此补贴政策的合规性问题对我国整个产业政策会构成更大的挑战,这对广东省的低端工业、制造业造成了重大冲击。

二、广东积极深化外经贸体制机制改革

面对加入WTO带来的新机遇与新挑战,广东主动推进各项改革,加快政府职能转变,深化体制机制改革,在制度上逐渐与国际接轨,增创加入WTO的先发优势,全面提高对外开放水平。

(一)精简行政审批事项,下放审批权限①

广东始终坚持以开放促改革、促发展。为更好地把握中国加入WTO的历史机遇,在更大范围、更广领域、更高层次上参与国际经济合作与竞争,广东加大行政审批制度改革力度,努力在经济管理体制上逐步与国际接轨。2002年,广东在第一轮行政审批制度改革的基础上,集中对49个省直单位的所有行政审批事项进行清理审查,取消和调整的审批事项点占比35.4%。经过两轮清理,省本级政府精简的审批事项幅度近40%,省级政府下放给地级以上市政府的审批、核准事项213项。

(二)深化外贸经营权体制改革,推进外贸主体多元化②

1999年1月1日,国家对全国大型工业企业实行自营进出口权备案登记制,并且备案机关下放到省级外经贸主管部门,经营范围限定于自产产品的出口业务和生产所需的设备、零件、原辅材料的进口业务。加入WTO后,我国进出口审批制从2001年7月起正式进入了进出口经营资格的登记制和核准制分类管理。广东省登记机关有原省外经贸厅(现商务厅)及广州、深圳、珠海、汕头市原外经贸局(现商务局)。外贸流通经营核准机关是原外经贸部(现商务部)。为了扶持广东民营进出口企业发展,2003年原广东省外经贸厅利用在生产企业备案登记方面的自主权限,调整了生产企业申请自营进出口资格注册标准:珠三角地区为100万元,山区和东西两翼

---

① 蒋斌、梁桂全:《敢为人先——广东改革开放30年研究总论》,广东人民出版社2008年版,第88—90页。
② 舒元等:《广东发展模式——广东经济发展30年》,广东人民出版社2008年版,第232—233页。

地区为50万元。这使一批中小企业、民营企业获得自营进出口权的速度明显加快，到2003年年底，全省具有进出口经营权的民营企业达到1.47万家。此后，国家原外经贸部调低了企业进出口经营资格的注册资金条件，外经贸流通企业最低注册资本金从500万元降为100万元。国家和广东省对外经贸的渐进松绑，极大激发了企业开展外贸经营的积极性。截至2004年6月底，广东省拥有外贸经营权资格的企业达到24 240家，占全国的比重达18%，其中私营企业为19 368家。

2004年7月1日，我国对外贸易法正式实施，并按照对外贸易经营者备案登记办法要求，获取外贸经营权由许可制变为备案登记制，将外贸经营主体范围正式扩大到个人（非自然人），取消了生产企业和外贸流通企业的分别。全国可以办理备案登记的第一批政府部门就有48个，广东省有原省外经贸厅及广州、深圳、珠海、汕头市等原外经贸局，2005年7月增加59个机关，2006年10月增加46个地级市作为第三批备案登记机关，至此，广东省所有地级市原外经贸局全部拥有备案登记权。外贸经营权由审批制变为备案制，并免去了关于外贸经营资格的条件要求，这是外贸经营管理的重要变革，成为外贸经营管理的重要制度安排，越来越多的中小企业、民营企业参与外贸经营。截至2006年年底，广东省共有66 701家对外贸易经营者，占全国比例达到22.23%，其中，私营企业更是成为广东新的出口增长点。

（三）深化国有外贸企业改制，促进重点企业做大做强

广东积极深化国有外贸企业的公司制改造步伐，积极探索建立技工贸结合的外贸公司和中外合资外贸公司。通过资产重组和产权制度改革，促进大中型省属国有外贸企业做大做强。积极推进国有外贸企业战略性重组，鼓励外贸企业与生产企业走联合之路、技工贸一体化之路，形成生产、开发、出口一体化的大型综合商社，实现集团化、集约化经营。强化对大型、重点外贸企业的服务，在落实好重点联系挂钩工作的同时，建立了重点市、出口大户的联系制度，及时帮助企业解决遇到的困难，做好协调服务，为企业扩大出口创造良好条件。重点鼓励和支持珠三角地区培育一批高新技术产品年出口额超10亿美元的大型出口企业，形成高新技术产品出口基地。支持优势企业到发展中国家开展加工贸易和资源开发投资，带动原材料、设备、技术和服务出口。

（四）加快通关便利化建设步伐

为实现通关便利化，围绕"改善口岸通关环境，提高口岸通关效率"目标，广东省按照在上海举办的提高口岸通关效率现场会议精神，由原省外经贸厅统筹安排，成立"大通关"调研课题小组，就影响口岸通关效率问题开展专题调研，并制定了相应的改革措施。2003年，广东重点对广州、深圳、珠海的骨干口岸进行新建、扩建和改造，协调解决了深圳皇岗口岸旅检24小时通过，完善口岸电子执法系统，营造安全高效通关环境。2004年，海关、检验检疫、边检、交通、税务、外汇管理等部门不断完善快速通关、便捷通关措施，简化办事程序，减少查检环节，提高通关效率。

（五）深化加工贸易监管模式改革

在加工贸易监管模式上，广东不断加快实施加工贸易企业与外经贸部门和海关的联网监管。2004年，广东省政府下发了《关于加快推进我省加工贸易企业与外经贸、海关联网监管的通知》，通过加快实施联网监管，提高了广东加工贸易的监管水平和通关效率，为企业创造了成本低、效率高、效率好的经营环境。到2004年年底，全省年出口3 000万美元以上的476家大型加工贸易企业已基本实现联网监管。

第二节　粤港澳合作

广东省2007年的进出口总量居全国首位，占总量的三成左右。省外贸依存度也从40年前的14.4%上升到了当年的160%。对于一个省份经济而言，针对该外贸依存度的合理调整正是后续CEPA签订的现实原因。

一、外商投资的结构不平衡

广东在外商投资的来源地过度集中在亚洲和港澳台地区，而投资欧美发达国家的跨国公司则明显不足。直至2008年，主要的投资还是针对中小企业为主体的港商，占全省累计外资总额的2/3，来自欧盟和北美的投资比重不足10%。从这组数据上来看，广东省贸易失衡问题比较严重，这正是广东加入CEPA的重要促因。

这些结构失衡主要表现在技术结构方面，引进技术的层次低，用于技术进步创新效果不彰,与当地产业关联较弱。产业内部构成上分布不合理,2000—2004年,占广东全省总额的绝大部分外资都是珠三角地区,而东西两翼及北部山区则微乎其微。而珠江三角洲的外资又主要是港澳台资企业,这些企业多处于全球价值链低端的加工贸易型企业,整个经济结构呈现两头粗、中间细的"哑铃经济"结构。①

二、深化对外投资国际化和增创发展优势

广东省在2000年前后颁布了《积极发展境外加工贸易业务的若干意见》《境外加工贸易企业资金管理暂行办法》等文件,要求各级政府部门与企业积极发展本省区域外加工贸易业务,完善广东开放型经济体系的战略要点,以粤港澳区域合作为平台,采取"一体两翼"的推进战略,加快区域融合进程。"一体两翼"即以广佛城市圈为主体,以深圳—东莞和珠海—中山为两翼,双轮驱动和整体发动相结合,形成开放合作新格局;以推动跨境整合资源为重点,全面推进区域一体化进程。

广东对外开放的政策制度主要集中在深化对外投资国际化和增创发展新优势两大方面。鼓励本土优秀企业到国外投资,同时重视从技术经验层面引进外资;积极参与国际市场竞争,扩大开放领域和格局。全面实施CEPA,包括内地与香港特区的《内地与香港关于建立更紧密经贸关系的安排》、内地与澳门的《内地与香港关于建立更紧密经贸关系的安排》、中央政府与澳门特区政府签署的《内地与澳门关于建立更紧密经贸关系的安排》,扩宽粤港澳的合作层次,积极促进泛珠三角区域合作。②

CEPA的实施为香港现代服务业投资拉动珠三角发展进程提供了历史契机。珠三角地区应利用CEPA机制,也进一步扩大市场准入,加快引进香港生产性高端服务业来促进珠三角的产业升级,加大东西欠发达地区的招商力度。③

2003年6月29日,时任国务院总理温家宝访问香港,中央政府和香港特区政府共同签署了CEPA这一历史性协议。按照协议规定,货物贸易方面,由2004年1月1日起,273个内地税目涵盖的香港产品,只要符合原产地规则,都可享有零关税优惠。随着CEPA的签署和大珠三角战略的提

---

① 陈恩:《外资结构失衡是广东产业升级转型的瓶颈》,载《南方日报》2008年4月9日。
② 白津夫:《加快完善广东开放型经济体系》,载《广东经济》2008年第11期,第7-9页。
③ 陈恩:《外资结构失衡是广东产业升级转型的瓶颈》,载《南方日报》2008年4月9日。

出,广东与港澳经济联系更加紧密,粤港合作也进入全新的阶段,极大地改善了单一服务贸易关系。

随着港澳回归和中国加入 WTO,港澳与内地的经贸关系发生了明显的变化。一方面,广东和内地经济快速发展,与香港、澳门经济发展出现同构、竞争现象;另一方面,2001 年年底,中国加入 WTO,随着逐步全面对外开放的展开,港澳作为内地对外经济交往的中介受到较大冲击。CEPA 是在"一国两制"原则下成功实施的类似于自由贸易区的区域经济一体化协议,是内地与港澳制度性合作的新模式,其内容主要包括逐渐降低或取消内地与港澳的货物贸易关税和非关税壁垒;降低或取消内地与港澳在服务业的歧视性措施,逐步实现服务贸易自由化,促进投资贸易便利化。这一时期,合作的另一个特点是合作区域从以珠三角为主向山区和东西两翼同步推进,并将合作腹地向泛珠三角区域扩展。2003 年开始,泛珠三角区域合作[即广东、福建、江西、湖南、广西、海南、四川、贵州、云南八省(区)政府和香港、澳门特别行政区"9+2"]备受各界瞩目,并取得较大成果。2004 年,泛珠三角区域合作以《泛珠三角区域合作框架协议》签署为标志,经过中央和各级政府的共同努力,整体稳步推进。该区域合作项目在投资等基础设施与生态环境保护等领域均取得了重要的进展。而在 2004—2013 年,内地与港澳又补充签署了 10 份 CEPA 协议,以促进内地服务业开放与自由化进程,并将服务贸易各项条款提上 CEPA 的主要议题。

2003 年以来,CEPA 以及一系列的合作框架和规划的出台,促进了两地经济的发展,形成了两地制度的合作机制,提高了两地发展的关联度,促进了优势互补。具体来看,粤港澳合作主要有几个方面。

一是建立了两地经贸领域制度性的合作机制。通过 CEPA 安排,建立了港澳和内地的合作和沟通机制,推动和保障了经贸交流和合作顺利进行。同时,制度性安排也促进了内地深化改革。

二是实现了内地最高水平的对外开放。从 2006 年起,原产于香港、澳门的产品全部实现了零关税。截至 2015 年年底,内地累计进口香港 CEPA 项下货物 95.1 亿美元,关税优惠 52.8 亿元人民币。2015 年年底签署的《CEPA 服务贸易协议》"准入前国民待遇加负面清单"模式,全面对港澳开放的服务贸易协议,它标志着内地与港澳率先基本实现服务贸易自由化。2017 年签署的内地与香港《CEPA 投资协议》和《CEPA 经济技术合作协议》,明确在投资领域继续给予香港最优惠待遇,香港将继续保持内地对外开放的最高水平。

三是提高了内地与港澳的产业合作水平。一大批劳动密集型的中小型制造企业，形成了"前店后厂"的合作模式，并创立了"三来一补"的企业贸易形式。21世纪以来，CEPA协议的签订，以及自由贸易试验区的建立，使得广东对港澳服务贸易和投资的开放程度提升，粤港澳经济合作使过去"前店后厂"模式向共建产业园模式发展，加工贸易企业转变为服务业和先进制造业。广东与香港共建产业园涉及多个方面。此外，广州计划将南沙建成粤港澳物资聚集地，并且涵盖物流与服务业。深圳规划借助香港发展，将前海新区建成现代化基地。

第三节 "三来一补"与"香港因素"

在深化粤港澳合作基础上，建成若干国际性的发展中心，比如国际金融商务中心、国际航运服务中心、产业创新中心，促进深港建成世界级国际大都市，成为具有国际竞争力增长中心。

2003年以来，CEPA的签署和泛珠三角区域合作理念的提出，促进了粤港澳合作。从动态效应看，零关税优化了广东贸易结构，并将推动香港经济的转型和增长，扩大了对香港的出口规模。中央政府大力扶持与香港合作，成功地为后CEPA时代的广东经济发展助力。

广东省在CEPA框架下，提升粤港澳特别是高层次的互动合作。经济特区建立初期，由于"香港因素"，建立了"前店后厂"的关系。广东抓住了世界产业转移所带来的发展机遇，在改革的强推下，外贸保持高速增长，出口商品结构进一步优化，推动了纵深发展的粤港澳优势。

2003年，广东已成为中国第一大贸易省，进出口增速高达28%。机电产品增长37.3%，出口998.10亿美元，比重已达65.3%。高新技术产品增长553%，出口481.74亿美元，比重达31.5%。外商投资企业增长37.0%，出口953.73亿美元，私营企业出口增长1.7倍，为112.98亿美元，比重分别为62.39%和7.39%。与传统市场的经济贸易关系稳步推进，并不断开拓新的版图，贸易伙伴发展到世界绝大部分国家和地区。2004年6月，深港建立起重大事项协商沟通机制，不断加强融合口岸和跨界基础设施，在经贸、科技、教育等领域的合作不断深化。2007年5月，"深港创新圈"合作协议正式签署，目标是共建世界级大都市。

在这些迅猛增长的成绩背后，是中央政府为对外开放提供的重要支持。

例如，广州国际会议展览中心（琶洲展馆）首期占地41.4万平方米，建筑面积39.5万平方米，一、二层展厅13个，展示面积约13万平方米，室外展场面积2.2万平方米，于2002年年底正式投入使用，是亚洲最大、设施最先进的会展中心。自2004年4月起，第95届中国出口商品交易会全面启用琶洲展馆，同时在琶洲展馆和流花路展馆两馆分两期举办。琶洲展馆的投入使用，对于广州发展现代服务业、加快对外经济发展有重大的影响。

一、进一步推动经济社会又好又快发展

2005年8月，时任中共中央总书记胡锦涛到深圳视察，要求深圳"加快发展、率先发展、协调发展"，鼓励经济特区要继续发挥"试验田"和"示范区"作用，在制度创新和对外开放方面走在前面，为全国提供更多的有益经验。2007年年底，广东省委十届二次全会吹响"新一轮思想大解放的号角"，时任中央政治局委员、省委书记汪洋同志提出要以新一轮思想大解放推动新一轮大发展为目标，争当实践科学发展观的排头兵。广东省委、省政府出台《关于争当实践科学发展排头兵的决定》和《关于推进产业转移和劳动力转移的决定》，全省上下广泛动员，迅速行动，掀起了新一轮解放思想的热潮，全面转入科学发展轨道。

根据党的十七大和中央经济工作会议精神，按照广东省第十次党代会和省委十届二次全会的部署，为完成省十一届人大一次会议通过的《政府工作报告》确定的各项任务，以世界眼光、战略思维谋划广东发展，继续解放思想，坚持改革开放，积极推进自主创新，调整优化经济结构，加强节能减排和生态环境保护，更加重视改善民生和促进社会和谐，进一步推动经济社会又好又快发展，为争当实践科学发展观的排头兵迈出坚实的步伐。

二、实施"双转移"战略

经过改革开放飞速的发展，广东创造了举世瞩目的经济成就，并且产生了巨大的规模效应和外溢效应，为其他地区乃至全国经济社会发展做出了重要的贡献。时任广东省委书记汪洋曾用"两个历史性跨越""两个历史性转变"对此作了很好的概括：从一个经济比较落后的农业省份向全国第一经济大省的历史性跨越，从温饱向宽裕型小康迈进的历史性跨越，从计划经济体制向社会主义市场经济体制的历史性转变，从封闭、半封闭向全方位开放的历史性转变。多年来，广东省多项经济指标一直位居全国前列，

成为中国经济第一大省。然而,在全面转入科学发展轨道的关键时期,广东也面临一系列的发展难题,如人均发展水平落后、区域发展不协调、环境资源压力加剧、土地瓶颈制约突出、社会管理压力加大及人口结构素质不够优化等。站在新的历史起点上,为继续先行一步,勇当实践科学发展观的排头兵,广东省委、省政府果断推出了产业与劳动力"双转移"战略,以破解科学发展难题,推动经济发展方式转变,实现新一轮大发展和经济社会转型。

广东是国内开展加工贸易最早、加工贸易规模最大的省份。加工贸易已经成为广东外向型经济的主体,加工贸易顺差的持续增加,扩大了拉动广东经济增长的海外总需求,发挥了丰富的劳动力资源优势,换回了相对短缺的资源,推动了广东按照参与国际分工的要求调整产业结构,提高了经济运行效率,因而从总需求和总供给两个方面促进了广东经济的持续发展。[1]

加工贸易引进了先进的技术,推动了技术进步与产业升级,提升了广东在国际分工中的地位。进入新世纪,广东加工贸易转型升级明显提速。以 2006 年为例,广东加工贸易进出口值为 3 461.2 亿美元,同比增长 18.5%,占广东进出口总值的 65.7%,占全国加工贸易进出口总值的比重为 41.6%。其中,加工贸易出口为 2 083.9 亿美元,增长 19%;加工贸易进口为 1 377.3 亿美元,增长 17.7%。加工贸易出口产品中,机电产品和高新技术产品出口所占比重分别为 78.5% 和 44.5%。广东加工贸易深加工结转总金额达 1 032.2 亿美元,约占全省加工贸易进出口总额的三成。广东加工贸易出口带动国内配套产业的产值在 3 500 亿元以上。广东加工贸易增值率从 1996 年的 35.6% 上升到 2006 年的 51.3%。然而,作为我国加工贸易的主要聚集地,广东的领头羊作用更多地表现在规模和速度上,从转型升级角度看并未明显走在全国的前列,总体上仍未摆脱低附加值和非差异化加工为主的基本特征。[2]

结构性偏差主要表现为两个方面。一是伴随着经济增长,产业结构的构成呈现不协调的状态;二是随着结构的转型升级,不同结构呈现不匹配

---

[1] 陈延林:《广东加工贸易转型升级对策研究》,载《华南师范大学学报》2008 年第 4 期,第 51-52 页。

[2] 陈延林:《广东加工贸易转型升级对策研究》,载《华南师范大学学报》2008 年第 4 期,第 51-52 页。

的情形。广东的结构性偏差在这两个方面都较为明显。主要问题表现在以下几点。

产值结构滞后于GDP水平。广东2006年的产值结构为6.1∶51.7∶42.2。与标准结构中3 000美元的水平较为接近,处于工业化的中期,大体相当于中等收入国家的结构水平,不仅与GDP所处的工业化后期存在差距,而且与发达国家的结构差高达44.6。产值结构与就业结构显著偏差。广东2004年的就业结构为34.7∶36.9∶28.4,相当于标准结构中"500~800美元"的水平,与"1 000美元"水平的结构差为27.8,与"3 000美元"水平的结构差高达54.8。产业层次低。根据2004年全省第一次经济普查资料,产业结构的"三为主"(以轻型、偏轻型为主,以资源消耗型为主,以劳动密集型为主)问题突出。从第二产业内部看,产业轻型化依然明显,技术含量低,多为劳动密集型产业。①

面对以上问题,广东调整优化进出口结构,制定和完善发展现代产业体系的政策、规划;制定实施广东省关于发展现代产业体系的意见;出台广东产业结构调整指导目录,调整优化工业九大产业发展规划;完善加快现代服务业发展的政策措施,制定广东省关于加快现代流通业发展的若干意见;编制实施广东省专业镇特色产业和产业集群规划;重点发展金融、物流、信息、会展、中介等生产服务业;大力推进生产流通服务一体化;依托珠三角和东西两翼特色产业基地,发展创新型产业集群,构建沿海技术密集型产业带。②

作为我国改革开放的前沿阵地,广东省大力推进产业转型升级和区域统筹发展。首先,"双转移"战略目的是突破珠三角土地资源匮乏、环境承载压力加大、发展空间受限等突出问题,促进珠三角产业升级,同时带动经济比较落后的粤东西两翼和粤北山区加快发展。广东发展的重要问题是自主创新能力不强,产业竞争力主要依赖低成本竞争优势,缺乏核心技术和关键技术。其次,城乡区域发展不协调、不平衡。2007年12月25日,时任省委书记汪洋在广东省委十届二次全会第一次全体会议上指出这一问题。汪洋强调:"这些问题不解决,继续一成不变地按过去的发展模式加快发展,其结果不仅欲速不达,甚至会毁掉广东今天的发展成果,危及子孙后代发展的条件。再不解放思想,锐意进取,用改革创新来解决问题,广

---

① 高明芳:《广东产业结构分析》,载《新西部》2008年第16期。
② 国家统计局:《广东省统计年鉴》,中国统计出版社2007年版。

东排头兵的位置将难以自保,全面实现小康的目标将难以实现。"为此,广东省委、省政府认真制定并部署实施"双转移"战略举措。2008年5月,广东省委、省政府制定了《中共广东省委、广东省人民政府关于推进产业转移和劳动力转移的决定》及八项配套文件,决定用500亿元左右的资金推动产业和劳动力双转移,从欠发达地区完善基础设施、免费技能培训等8个方面进行扶持。①

广东省政府成立了以常务副省长为组长、分管副省长为副组长、省直9个部门组成的省推进产业转移和劳动力转移工作领导小组,领导小组办公室下设经济和信息化委员会。在此基础上出台了大量政策给予支持,包括《广东省委、省政府关于推进产业转移和劳动力转移的决定》《广东省产业转移区域布局指导意见》《广东省人民政府办公厅转发省国土资源厅〈关于支持产业转移工业园用地若干意见(试行)〉的通知》《广东省产业转移和劳动力转移目标责任考核评价试行办法》《关于抓好产业转移园建设加快产业转移步伐的意见》《广东省产业转移工业园管理办法》等一系列配套政策文件以及产业转移奖励资金管理办法,进一步完善了产业转移政策体系。

广东省委、省政府以科学发展观为指导,敢于直面难题、破解难题,正确理解经济发展方式根本转变的要义,并对此做出了创造性的回答。"广东用一个姿势快跑了十多年,现在放缓了一些速度,调整一下姿势,提高一下长跑动作的技术含量,应当是很正常的事情。"汪洋书记用这样一个生动的比喻来形容广东正在迎来的转变。他直言:只有进一步解放思想,顺应市场经济规律,广东才能赢得新一轮产业升级的先机,处于产业链低端、附加值低的企业,要么转移,要么转型升级,"转"才有出路。2007年年底,广东省委、省政府提出以"新一轮思想大解放"探寻广东发展思路,其重要举措就是纵深推进产业与劳动力"双转移"战略。2008年,国务院颁布了《珠江三角洲地区改革发展规划纲要》,广东打响了"一场事关前途命运的决战"——在新一轮国内外产业升级转移的坐标中,以升级转型谋求科学发展。②

到2008年,经过改革开放30年,广东省经济已取得突飞猛进的发展,GDP、人均国民收入水平均居全国之首,成为中国经济发展的一朵奇葩。盘点改革开放30年的发展成果,广东省外向型的劳动密集型产业是重要的引

---

① 蔡兵:《改革开放先行区》,广东人民出版社2016年版,第161–162页。
② 武艳杰:《科学发展在广东·经济篇》,广东教育出版社2013年版,第50页。

擎。但是,这些产业进一步发展面临诸多瓶颈,可持续发展的前景堪忧。主要表现在:大量的劳动密集型企业集中在珠三角地区,带来了庞大的就业人口。随着职工工资的不断上升,企业面临巨大的成本压力。在工厂和工人大量密集的背景下,可供开发的土地逐年萎缩,目前可供利用的土地不足5%。由于当地大多是"三来一补"企业,企业只管加工,缺乏核心技术和品牌,在国际产业链中处于低端位置,产品的附加值极低、利润匮乏。这些产业大部分是对外型产业,出口的产品往往遭遇知识产权壁垒、绿色壁垒的限制。并且,这些产业还不断受到国外经济波动的影响,2008年以来的经济危机导致了这些产业的出口订单急剧下滑,很多企业开始破产关闭。改革开放30年后,珠三角的经济发展逐渐感受到了"制约之痛",体会到了耕地锐减、环境污染、能源困局、成本攀升等"成长中的烦恼",这些给珠三角加工企业带来了多重的夹击。

第四章 转危为机：广东对外开放勇闯深水区

2008年爆发的全球金融危机是广东省经济发展模式的分水岭。危机前，广东省依托对外开放的先发优势、出口导向的经济模式，以及低成本资源和廉价外来劳动力等优势，30年来，其经济发展一直走在全国前列。然而，金融危机对这种模式提出了疑问。面对国际金融危机的严重冲击，面对传统粗放发展路径的现实制约，广东坚持解放思想、开拓创新、脚踏实地、真抓实干，把中央精神和广东实际结合起来，统一思想，坚定信心，先行先试，开拓进取，经济结构不断优化，发展的内生动力不断增强，南粤大地焕发出新的蓬勃生机和活力，在对外开放的道路上实现了新的巨大发展。

第一节 化挑战为机遇，积极应对金融危机

一、国际金融危机对广东进出口与经济增长的影响

广东经济在国际金融危机前的脆弱之处在于经济的外向度过高、经济严重依赖出口程度且出口市场过于集中，受国际经济环境影响较大。从广东产品出口来看，国际金融危机前高度集中，相当大的部分是通过港澳地区的转口贸易。港澳、日本、欧盟和美国这四个地区在2007年分别占广东出口的36.5%、6.7%、14.4%和23.9%[①]。广东2008年的外贸依存度高达

---

① 广东省统计局：《2007年广东省国民经济和社会发展统计公报》，见广东统计信息网（http://www.gdstats.gov.cn/tjzl/tjgb/200802/t20080229_53272.html）。

155%[1]。经济的外向度过高且出口市场高度集中于部分地区,当这些地区经济出现危机或陷入低迷时,广东经济受冲击就比较严重,国际金融危机对广东的影响因此也更为直接。

国际金融危机对广东国民经济的影响具体表现在以下几个方面:第一,外贸增幅回落。从2008年下半年开始,对外贸易增幅逐月回落,甚至出现负增长。2018年对外贸易增速比上年下降12.4%。其中,加工贸易出口增长大幅回落,2008年增长6.1%,增速比上年回落12%。第二,实际利用外资大幅下滑。2008年9月开始逐月下降,环比月均下降超过20%,12月实际吸收外资仅5.53亿美元,为2005年以来单月吸收外资最低值。第三,经济增长速度趋缓。2008年,广东GDP增长10.1%,与2007年相比回落4.6%,远大于全国的下降幅度。第四,工业企业所受冲击最大。2008年,广东工业增加值增长比上年回落8.8%,工业利润比上年下降15%。国际金融危机对广东经济的冲击可见一斑。

以对美国贸易为例,2008年1—11月,广东与美国贸易总值为839.1亿美元,比2007年同期增长5.8%,增速回落了5.4%。其中,广东对美出口715.3亿美元,增长5.8%,增速回落4.1%;广东自美国进口123.8亿美元,增长5.5%,增速回落13.4%;累计实现贸易顺差591.4亿美元,增长5.9%,占同期广东对外贸易顺差总额的52.7%。2008年10月广东对美国出口回落到73.9亿美元,增幅回落到1.8%,11月出现负增长,单月出口降至63.3亿美元,下降6.3%。11月当月,广东自美国进口9亿美元,下降25.8%[2]。贸易增速的回落,导致2008年广东经济增长速度迅速滑落,为亚洲金融危机以来的最低水平。

国际金融危机传递的信息表明,传统粗放的发展模式已难以为继,广东需要一次新的产业革命,以"壮士断腕"的勇气促进产业转型升级。从历史角度看,任何一次经济危机都是全球产业布局的"洗牌"过程,落后产能被淘汰,新型产业脱颖而出,成为引领新一轮经济增长的动力来源。因此,广东主动调整优化产业结构,通过推进产业转型升级来提升对外开放,这既是应对国际金融危机的重大举措,也是保持国民经济平稳健康可

---

[1] 广东省统计局:《2008年广东省国民经济和社会发展统计公报》,见广东统计信息网(http://www.gdstats.gov.cn/tjzl/tjgb/200902/t20090225_64670.html)。

[2] 景体华、戚本超:《中国区域经济发展报告(2008—2009)》,社会科学文献出版社2009年版,第252—263页。

持续发展的重要保证,更是转变经济发展方式、提高经济增长质量、应对各种经济风险的必由之路。

二、化挑战为机遇,通过产业转型升级提升开放型经济水平

2009年7月,时任广东省委书记汪洋表示,广东是中国改革开放起步最早的地区,但也是起点比较低的地区。国际金融危机对广东造成了巨大冲击,但更让广东认识到传统发展模式非常脆弱,难以为继。在世界经济需求旺盛的情况下,政府要求企业调整产业结构非常困难。此次国际金融危机通过市场经济周期性波动,淘汰落后,鼓励创新,促使企业主动转型升级,办到了政府想办但办不到的事情。

为有效应对国际金融危机,广东省委、省政府谋划早,出手快,出拳重,适时调整经济工作部署,制定了"三促进一保持"(促进提高自主创新能力、促进传统产业转型升级、促进建立现代产业体系,保持经济平稳较快发展)的总体工作思路,坚定不移地推进产业转型升级,以此提升开放型经济水平。

(一)未雨绸缪,科学决策,增强应对危机的预见性和主动性

2007年12月,广东省委十届二次全会鲜明地提出要进一步解放思想、转变经济发展方式,实现广东科学发展,要求全省各级干部克服自满情绪,增强忧患意识,克服狭隘视野,树立世界眼光,克服"见物不见人"的观念,坚持以人为本①。这次会议既厘清了全省各级干部群众的认识,为应对重大危机奠定了思想理论基础,也增强了应对危机的自觉性和主动性。会后陆续出台了产业和劳动力"双转移"的战略决策和相关配套措施,出台了不同地区分类指导的政府领导考核办法,将结构指标作为重要的因子纳入考核体系,形成了广东产业转移和转型升级的基本政策框架。2008年4月,广东省委的主要领导指出,"如果今天不积极调整产业结构,明天就要被产业结构所调整",要求全省各地各部门必须充分认清产业结构调整和转型升级的艰巨性和紧迫性,切实把这项工作抓紧抓好,以此为契机,推进开放型经济的提升。

---

① 汪洋:《继续解放思想,坚持改革开放,努力争当实践科学发展观的排头兵》,见中国共产党新闻网(http://cpc.people.com.cn/GB/64093/64094/6710462.html)。

在对危机的认识和判断上,特别是在"危"与"机"的把握上,广东的决策者们始终保持理性的清醒和坚定,旗帜鲜明地提出,国际金融危机是落后生产力之"危",是先进生产力之"机";是传统发展模式之"危",是科学发展模式之"机"。为此,广东省委、省政府在2008年下半年制定了"三促进一保持"的工作思路,加大力度推动广东产业转型升级。到2009年,进一步提出了应对危机必须把握和处理好"五个重大关系"(即国际市场与国内市场的关系、传统产业与现代产业的关系、就地转型与异地转移的关系、"拿来主义"与自主创新的关系、扩大投资与促进消费的关系)。这些科学判断和强有力的举措,增强了广东应对危机工作的原则性、系统性、预见性和主动性,危机带来的冲击逐步被有效地应对工作所克服。

(二)政府引导与市场机制"双轮驱动",推进产业转型升级

广东在推进产业转型升级的过程中,始终按照"政府引导、市场运作"的方针,充分发挥政府政策和市场机制的"双轮驱动"作用[①]。广东省委、省政府先后出台系列文件,包括《关于推进产业转移和劳动力转移的决定》(2008年5月)、《关于加快建设现代产业体系的决定》(2008年7月)、《关于促进加工贸易产业升级的若干意见》(2008年9月9日)、《关于加快高新技术产业开发区发展的意见》(2009年8月),并制定和颁布了一系列促进现代服务业发展的政策规划文件等[②]。2008年12月,国务院批准《珠江三角洲地区改革发展规划纲要(2008—2020)》(以下简称《规划纲要》),广东省委、省政府随后出台了《贯彻落实〈珠江三角洲地区改革发展规划纲要(2008—2020)〉决定》(2009年4月)。通过制订产业规划和区域发展规划,分类指导区域产业结构调整;制定激励性和限制性产业政策,在宏观上引导和推动产业转型升级;加强政府服务能力建设,搭建公共平台,帮助地方和企业推进产业转型升级。市场主体则根据政府政策和市场需求的变化,通过市场机制的基础性作用有效配置资源,促进生产要素向现代产业积聚。政策的引导作用和市场的资源配置机制有机结合,推动了广东

[①] 温思美、宋林:《加快产业转型升级,促进经济发展方式转变》,载《新远见》2010年第2期,第14-20页。

[②] 2009年8月广东省出台了《关于加快高新技术产业开发区发展的意见》,在促进服务业发展方面,广东省政府先后出台了《关于进一步促进服务业投资发展的若干意见》《关于加快发展生产性服务业的若干意见》《广东省现代服务业发展"十三五"规划》等文件。

的产业转型升级。

(三) 调整企业产品的市场结构,开拓开放型经济新市场

国际金融危机对广东尤其是珠三角企业的冲击,主要源自外需不足,这使广东的企业充分认识到,市场结构的调整与产业(产品)结构的调整同等重要,有了主动调整的积极性。

政府因势利导,把调整企业产品的市场结构,作为产业结构调整的重要组成部分,制定了一系列"扩内需、促消费、拓市场"的政策,促进企业转型升级。如深圳市通过培育消费热点、优化消费环境、加大政府预算内采购力度、推进"深货北上"等措施,政府搭台支持推动市内企业在国内举办各种展销会、订货会,构建国内市场营销体系,加大对企业参展的资金资助力度,拓展内需市场。东莞市一方面加大投资力度重点建设基础设施、现代产业体系、城市功能配套、生态环境等四大工程,另一方面通过组织民营企业考察、补贴参展费用,鼓励企业赴国内外城市展销,扶持100家外资企业开展内销试点等八大商贸促进工程等系列活动,全力开拓国内市场。2008 年,全市外资企业内销总额 1 673.5 亿元,增长 19.9%,占内外销总额的 30.3%,2009 年 1—8 月全市外资企业内销总额 971.6 亿元,占内外销总额的 31%①。

(四) 产业结构高级化与对外贸易方式转型升级成效卓著

到 2009 年年底,广东通过产业转型升级提升开放型经济水平以应对金融危机的战略已初见成效:外贸降幅逐月收窄,2009 年从 1 月份下降 31.1% 收窄至 9 月份的 8.3%。2009 年前三季度,进出口贸易总值为 4 269.7 亿美元,同比下降 17.7%,低于全国 20.9% 的下降幅度;实际利用外资从 2009 年 2 月开始持续实现正增长;实体经济快速复苏,增长势头超过预期。2009 年前三季度广东实现地区生产总值为 26 418.08 亿元,按可比价格计算,同比增长 8.6%,比上半年提高 1.5%,比一季度提高 2.8%,仅比 2008 年同期回落 1.8%,提前一个季度实现了全年预期 8.5% 的增长目标;工业企业效益逐月上升②。

在随后的几年里,广东持续积极应对国际金融危机冲击,坚持利用市

---

① 《加快产业转型升级促进经济发展方式转变》,载《南方日报》2009 年 11 月 20 日,A07 版。
② 《加快产业转型升级促进经济发展方式转变》,载《南方日报》2009 年 11 月 20 日,A07 版。

场倒逼机制坚定不移地推进产业转型升级，夯实开放型经济基础，促进高水平开放型经济建设。一是产业高级化步伐加快。2015年，广东现代服务业增加值占GDP和服务业增加值比重分别达30.6%和60.4%①。初步形成装备、汽车、航空、船舶等产业链齐全的先进制造业体系，先进制造业增加值占规模以上工业增加值比重从2010年的47%上升到2015年的47.9%，高技术制造业增加值占规模以上工业增加值从2010年的21.1%上升到2015年的25.6%②。二是加工贸易转型升级步伐加快。一般贸易占进出口总额比重从2010年的34.2%提高到2015年的42.1%，加工贸易比重则从2010年的56.9%下降至2015年的43.0%，加工贸易企业转型升级步伐加快，"委托设计＋自主品牌"方式出口占出口总额比重从2011年的45%上提高到2015年的约70%③。三是贸易伙伴更趋多元化，在巩固同美、欧、港三大传统贸易伙伴关系的基础上，与新兴市场国家的贸易往来快速发展，近两年与"一带一路"沿线国家贸易保持优于整体。

第二节 科学规划，推动形成高水平开放新格局

一、《规划纲要》全面提升珠三角地区改革发展的战略地位

珠江三角洲地区涵盖广东的广州、深圳、珠海、佛山、江门、东莞、中山、惠州和肇庆等市，是我国改革开放的先行地区，是我国重要的经济中心区域，在全国经济社会发展和改革开放大局中具有突出的带动作用和举足轻重的战略地位。

《规划纲要》明确把加快珠江三角洲地区的改革发展上升为国家战略，并赋予"科学发展、先行先试"的重大使命。这是党中央、国务院在新的历史时期从全局出发，对我国改革发展做出的新的重大战略部署，为广东

---

① 《加快现代服务业发展 促进广东经济转型升级》，见广东统计信息网（http：//www.gdstats.gov.cn/tjzl/tjfx/201608/t20160816_342016.html）。
② 《向全面小康奋进的五年——"十二五"时期广东经济社会发展综述》，见广东统计信息网（http：//www.gdstats.gov.cn/tjzl/tjfx/201608/t20160817_342271.html）。
③ 《向全面小康奋进的五年——"十二五"时期广东经济社会发展综述》，见广东统计信息网（http：//www.gdstats.gov.cn/tjzl/tjfx/201608/t20160817_342271.html）。

特别是珠江三角洲地区今后一个时期的改革发展从根本上指明了前进方向①。

(一)《规划纲要》对珠江三角洲改革发展形势的科学预判

改革开放以来,珠江三角洲地区充分发挥改革"试验田"的作用,率先在全国推行以市场为取向的改革,较早地建立起社会主义市场经济体制框架,成为全国市场化程度最高、市场体系最完备的地区。依托毗邻港澳的区位优势,抓住国际产业转移和要素重组的历史机遇,广东率先建立开放型经济体系,成为我国外向度最高的经济区域和对外开放的重要窗口,奠定了建立世界制造业基地的雄厚基础,成为推动我国经济社会发展的强大引擎,带动广东由落后的农业大省转变为我国位列第一的经济大省,经济总量先后超过亚洲"四小龙"的新加坡、中国的香港和台湾,为全国改革开放和社会主义现代化建设做出了重大贡献②。

在经济全球化和区域经济一体化深入发展背景下,珠江三角洲地区的外向型经济面临诸多结构性矛盾,比如产业层次总体偏低,产品附加值不高,贸易结构不够合理,创新能力不足,整体竞争力不强,等等,在国际金融危机不断扩散蔓延和对实体经济的影响日益加深的背景下,外需急剧减少与部分行业产能过剩交织在一起,原材料价格大幅波动与较高的国际市场依存度交织在一起,经济运行困难加大,深层次矛盾和问题进一步凸显。已经历改革开放的快速发展,珠江三角洲地区土地开发强度过高,能源资源保障能力较弱,环境污染问题比较突出,资源环境约束凸显,城乡和区域发展仍不平衡,生产力布局不尽合理,空间利用效率不高,传统发展模式难以持续。加之,社会事业发展相对滞后,人力资源开发水平、公共服务水平和文化软实力有待进一步提高,以及行政管理体制、社会管理体制等方面的改革任务仍然繁重,改革攻坚难度越来越大。

与此同时,珠江三角洲地区的改革发展也面临着重大机遇:国际产业向亚太地区转移的趋势不会改变,亚洲区域经济合作与交流方兴未艾,中国-东盟自由贸易区进程加快,粤港澳三地经济加快融合,以及我国仍处

---

① 《中共广东省委广东省人民政府关于贯彻实施〈珠江三角洲地区改革发展规划纲要(2008—2020年)〉的决定》,2009年4月10日。
② 国家发展和改革委员会:《珠江三角洲地区改革发展规划纲要(2008—2020年)》,2008年12月。

在重要战略机遇期,工业化、信息化、城镇化、市场化、国际化深入发展,经济发展具有很强的后劲;特别是经过改革开放几十年的发展,珠江三角洲地区积累了雄厚的物质基础,经济实力、区域竞争力显著增强,这些都为珠江三角洲地区加快改革发展提供了有利条件和广阔空间。推进珠江三角洲地区加快改革发展,充分发挥自身优势,着力解决突出问题,变压力为动力,化挑战为机遇,把国际金融危机带来的不利影响降到最低程度,加快推动经济社会又好又快发展,既是该地区转变经济发展方式的必然选择,也是我国当前保持经济增长的迫切要求和实现科学发展的战略需要①。因此,加快珠江三角洲地区的改革发展,推进珠江三角洲地区经济结构战略性调整,增强其辐射和带动环珠江三角洲和泛珠江三角洲区域的经济发展。对于贯彻"一国两制"方针,保持港澳地区长期繁荣稳定,提高我国的综合实力、国际竞争力和抵御国际风险的能力,以及深化体制机制创新,探索科学发展的体制机制新路径、新优势等都具有深远意义。

(二)《规划纲要》全面提升广东开放型经济水平

《规划纲要》以邓小平理论、"三个代表"重要思想为指导,以贯彻科学发展观为主线,明确界定珠江三角洲地区作为"探索科学发展模式试验区、深化改革先行区、扩大开放的重要国际门户、世界先进制造业和现代服务业基地、全国重要的经济中心"的战略定位。分别从"构建现代产业体系、提高自主创新能力、推进基础现代化、统筹城市发展、促进区域协调发展、加强资源节约和环境保护、加快社会事业发展、再创体制机制新优势、构建开放合作新格局"九个方面规划珠江三角洲地区的发展目标与发展内容,并对实施的保障机制做出规划。

《规划纲要》系统阐释了"国内发展与对外开放"的科学发展思想,在"城乡统筹发展、区域协调发展、国际区域合作"三个层面规划发展方向。提出按主体功能区功能定位,优化珠江三角洲地区空间布局,推动珠三角地区一体化,带动环珠三角地区发展。在构建开放合作新格局方面,着重于"推进与港澳更紧密合作、提升对台经贸合作水平、深化泛珠区域合作、加强与东盟等国际经济区域合作",旨在建立全方位、多层次、宽领域、高水平的开放新格局。

---

① 国家发展和改革委员会:《珠江三角洲地区改革发展规划纲要(2008—2020年)》,2008年12月。

有关提升广东开放型经济水平的内容在《规划纲要》中占有相当重要的位置，相关论述贯穿全文，主要集中在《构建开放合作新格局》一篇，可概括为"建设一个示范区，完成两方面量化目标，落实四项重点工作"。

在建设全国加工贸易转型升级示范区方面，支持在珠三角地区的港澳加工贸易企业延伸产业链条；鼓励加工贸易延伸产业链，扶持一批有规模、有优势的加工贸易企业从贴牌生产、委托设计向自主品牌转型，增强设计研发能力和品牌营销能力，增加内销业务，等等。

在服务贸易和本土跨国公司培育的量化目标方面，提出服务贸易占进出口总额的比重到2012年达20%、到2020年达40%的目标任务，同时要求到2012年培育国家级国际服务外包基地城市2～3个，建立一批国际服务外包基地；要求广东到2012年，重点打造3～5家销售收入达千亿元、具有全球影响力的跨国企业。到2020年，形成10个年销售收入超200亿美元的本土跨国公司的目标任务，加快"走出去"步伐。

《规划纲要》还着重强调广东要落实转变外贸增长方式、推进经济功能区建设、提升口岸功能水平、积极防范国际经济风险这四项基本工作。(1)鼓励不断创新对外贸易发展方式，优化外贸发展结构；积极推动外贸经营模式的转变，运用全球资源，延伸产业的国际链条，发展高端贸易；推进科技兴贸和出口品牌带动战略，扩大出口。(2)广东经济功能区的重大项目有海关特殊监管区域或保税监管场所，珠澳跨境合作区，珠海高栏港工业区，白云空港、宝安空港、广州港、深圳港等现代物流园区。涉及的重大项目包括广州国际生物岛、白云空港综合保税区。支持广州国家级开发区开展创新发展模式试验；支持珠三角地区保税加工业和保税物流业可持续健康发展。(3)推进粤港澳口岸重大基础设施建设；加大口岸查验模式改革力度；创新科技监管手段，提高口岸监管查验现代化水平；加快"电子口岸"建设。(4)"努力构建规范化、国际化的营商环境"，并"积极防范国际经济风险"[①]，为提升开放型经济水平提供与国际接轨的法治化商业环境与风险保障。

---

① 国家发展和改革委员会：《珠江三角洲地区改革发展规划纲要（2008—2020年）》，2008年12月。

二、贯彻《规划纲要》,实现广东对外开放新突破

(一) 围绕《规划纲要》合理部署,提高开放型经济水平

按照《规划纲要》提出的目标,广东围绕全面提升开放型经济水平这一总纲领,进一步细化方案,明确目标要求,量化定性指标,分解定量指标,落实工作责任①,主要从六个方面进行了具体落实。②

1. 突出重点,维护企业稳定发展

一是健全维护企业稳定发展联合工作机制。广东省有关部门联合制定《广东省外商投资企业突发事件预防及应急机制方案》(2009年8月),开展主要带队赴重点外经贸企业送温暖活动。二是出台《广东省外经贸应对金融危机保持稳定增长的若干意见》(2009年4月),召开全省外经贸工作会议、全省外资工作会议、每月召开进出口形势分析会、各市外经贸工作现场办公会,收集、梳理、上报各地市政府和企业反映的问题,省委省政府协调解决。三是加大支持力度。广东省财政在2009年拨10亿元设立加工贸易企业转型升级专项资金,拨19亿元用于扶持机电产品、高新技术产品和有自主知识产权、品牌产品出口以及一般贸易出口、发展电子商务等。四是分别与建设银行、工商银行、中国银行、国家开发银行和中国出口信用保险公司广东分公司签署战略合作协议,为外经贸企业争取500亿美元的贸易融资、长期贷款和信用额度等。2009年上半年,广东在四大银行融资的外经贸企业达2 610户,融资1 350.5亿元③。

2. 搭建贸易促进平台,多形式开拓国际市场

一是组织企业参加国际展会。发挥好广东省主要领导出访搭建的平台、广交会和高交会等境内外知名展会的交流展示平台的作用,建立粤港联合开拓国际市场的合作机制,为企业开拓国际市场搭建平台。2009年,广东外经贸部门主办或组织企业参加的各类经贸活动300多场。二是建成"广

---

① 《中共广东省委广东省人民政府关于贯彻实施〈珠江三角洲地区改革发展规划纲要(2008—2020年)〉的决定》,2009年4月10日。
② 国务院新闻办公室:《广东省举行外经贸战线贯彻落实〈规划纲要〉新闻发布会》,见国务院新闻办公室门户网(http://www.scio.gov.cn/template/6290/Image/NoPermission.htm)2009年8月24日。
③ 陈菲、周羽:《广东外经贸系统助企业应对危机争取融资》,见中国广播网(http://news.cnr.cn/gnxw/200908/t20090820_505438572.html)。

东易发网",并与"香港贸发网"合作共建"粤港国际商贸通",帮促企业开拓市场、抱团取暖。开辟"网上广交会"等平台,推动企业利用互联网开拓市场,大力发展电子商务。三是稳定重点企业出口。健全重点企业联系制度,集中支持1 500家拥有自主品牌、自主创新能力强、市场潜力大的大型出口企业,在出口退税、信贷额度、检验检疫、税费减免、口岸通关等方面实行弹性倾斜政策①。

3. 落实转型升级重点工作,推动加工贸易上水平

一是制订全省加工贸易转型升级工作方案,积极争取商务部落实"全国加工贸易转型升级示范区"的配套政策;制定《支持港澳台企业应对国际金融危机和加快转型升级若干政策措施》(2009年1月)。二是出台《广东省加工贸易转型升级专项资金管理办法》(2014年5月),发挥广东省加工贸易转型升级专项资金的扶持引导作用。三是推动加工贸易企业扩大内销,落实《关于推进外商投资、加工贸易企业扩大内销工作的指导意见》(2008年8月),成功举办首届广东省外商投资企业产品(内销)博览会(2009年6月)。四是扎实推进东莞加工贸易转型升级试点工作,加大指导和服务力度,积极开展专项调研,抓紧东莞加工贸易转型升级现场会各项筹备工作②。

4. 落实招商选资重点产业和项目,提高利用外资质量

一是加快推进现代产业招商引资。重点引进发达国家和地区的技术知识密集、产业链长的先进制造业和高新技术产业龙头项目。支持服务外包企业参加国际资质认证、开展人才培训等,承接国际软件外包和商务服务外包。二是积极引进世界500强企业投资,大力发展总部经济。引导跨国公司参与国有企业和民营企业改组改造。三是引导外资进园区集群发展。推动新加坡吉宝企业、裕廊国际公司在广东建立"知识城"和现代物流工业园等重点项目。四是加强特殊监管区建设,争取国家有关部门支持,积极推进特殊监管区的申报、升级等工作。

5. 落实国际经济合作事项,加快实施"走出去"战略

一是推动与东盟各国的投资合作。牵头加快推进与东盟四国建立经贸

---

① 国务院新闻办公室:《广东省举行外经贸战线贯彻落实〈规划纲要〉新闻发布会》,见国务院新闻办公室门户网(http://www.scio.gov.cn/template/6290/Image/NoPermission.htm)。

② 国务院新闻办公室:《广东省举行外经贸战线贯彻落实〈规划纲要〉新闻发布会》,见国务院新闻办公室门户网(http://www.scio.gov.cn/template/6290/Image/NoPermission.htm)。

对话协调机制,加强经贸互利合作。二是加快推进境外经贸合作区建设。进一步促进越南(深圳—海防)经贸合作区项目建设。三是发挥"走出去"专项资金扶持引导作用。重点鼓励和引导企业并购海外优质资产、建设境外营销网络、扩大境外资源合作开发以及加快境外经贸合作区建设等。积极引导有实力的企业利用这次国际金融危机带来的机遇,到国外购买经济实体和战略资源[①]。

6. 落实重点合作项目,提升粤港澳台及东盟合作水平

一是加强与港澳经贸合作和经济融合,创新合作方式和合作机制,促进广东外经贸结构调整和发展方式转变。二是加强与港澳特区政府、商协会及企业界的沟通联系。广东有关部门与香港贸易发展局、澳门贸易投资促进局签署了加强全面战略合作协议,落实 CEPA 及国家批准的服务业对港澳地区开放在广东先行先试的政策,促进服务贸易领域的深度合作。三是落实《广东省支持港澳台资企业应对国际金融危机和加快转型升级若干政策措施》(2009 年 1 月),完善联合工作机制,共同推进在粤的港澳台资企业转型升级。同时,抓住与台湾实现"三通"的机遇,大力发展对台贸易。四是扩大与东盟的相互贸易。加强《中国 – 东盟全面经济合作框架协议》(2002 年 11 月)宣传推广,重点进口东盟的能源资源、原材料、农产品等,使广东与东盟的贸易额有较大发展。

(二) 实施《规划纲要》,打造广东对外开放新格局

广东认真落实《规划纲要》,积极应对金融危机,攻坚克难,取得了良好的成效,促进了高水平对外开放新格局的形成,集中体现在四个方面[②]。

1. 外贸发展方式加快转变,抵御风险的能力增强

2009 年 1—7 月,广东实现进出口总值 3 127.1 亿美元,同比下降 19.7%。其中,出口 1 850 亿美元,下降 18%;进口 1 277.1 亿美元,下降 22.1%。实现外贸顺差 572.9 亿美元。2009 年下半年开始就出现了进出口降幅逐月收窄,进出口趋势好于全国,机电产品、高新技术产品出口降幅明显收窄,对香港特区、美国出口逐月回升,加工贸易进出口降幅逐月收

---

① 国务院新闻办公室:《广东省举行外经贸战线贯彻落实〈规划纲要〉新闻发布会》,见国务院新闻办公室门户网(http://www.scio.gov.cn/template/6290/Image/NoPermission.htm)。
② 国务院新闻办公室:《广东省举行外经贸战线贯彻落实〈规划纲要〉新闻发布会》,见国务院新闻办公室门户网(http://www.scio.gov.cn/template/6290/Image/NoPermission.htm)。

窄，深圳、东莞、广州等市出口降幅逐月收窄的态势，一举扭转了外贸的不利局面。

2. 吸收外资结构进一步优化，世界500强投资逐渐回升

一是实际吸收外资总体趋好。广东实际吸收外资从2009年1月下降10.7%，收窄到2009年1—7月，同比下降2.3%。二是部分发达国家和地区外资实现两位数增长。其中，来自韩国、日本、澳大利亚和中国香港的实际投资分别增长22.9%、19.6%、36.9%和13.2%。三是服务业实际吸收外资较快增长。服务业实际吸收外资增长4.6%，占广东实际吸收外资近四成。其中来自香港的服务业实际投资大幅增长23.6%，占广东服务业吸收外资的71.0%。四是世界500强企业投资逐渐回升。2009年1—7月，世界500强企业投资新设和增资项目35个，其中新设企业10家，投资总额增加13.2亿美元，合同外资增加5.4亿美元。

3. 境外投资合作升温，本土跨国公司加速形成

仅2009年1—7月，广东经核准新设境外企业119家，增资项目11个，协议投资额2.93亿美元；签订对外承包工程和劳务合作合同额60.6亿美元，完成营业额54.5亿美元，同比增长4%。一是境外资源开发合作稳步推进。广东农垦集团扩大与东盟的农业合作，在东盟投资设立3家橡胶加工厂的基础上，2009年在马来西亚投资7000多万美元，计划种植30多万亩橡胶，并筹建第四家境外橡胶加工厂。广新外贸集团、广晟集团收购澳大利亚有关资源企业的股份，加强与澳大利亚的资源开发合作。二是民营企业加快"走出去"步伐。2009年1—7月共核准112家民营企业赴境外投资，协议投资额占全省新设企业的71%。三是境外营销网络建设发展迅速，格力、TCL、美的等企业分别在巴西、越南、中国香港特区等地区设立品牌专卖（连锁）店，带动品牌产品出口。

4. 口岸建设全面推进，通关更加便捷

一是通关能力有新提高。一批重点口岸基础设施新建和改扩建顺利完成，并通过验收投入使用。二是口岸综合协调管理能力有新提高。妥善解决企业紧缺物资通关问题，稳妥应对和有效处理口岸突发事件。三是口岸各单位协作能力有新提高。充分发挥口岸联席会议制度，进一步提高了口岸各单位的协作能力。四是粤港、粤澳口岸通关水平有新提高。完善口岸合作机制，强化查验模式合作，联合应对突发事件，促进了粤港、粤澳通关效率进一步提高和通关环境进一步优化，为《规划纲要》的实施提供了良好的条件。

历史回顾编

第三节　习近平总书记重要讲话精神和指示批示精神引领方向

一、"三个定位，两个率先"的提出

2012年12月7—11日，党的十八大刚刚闭幕不久，习近平总书记来到广东视察。这是习近平总书记在党的十八大之后进行地方考察的第一站。从深圳、珠海、佛山到广州，习近平总书记的重要讲话，振聋发聩，向全党、全国发出了凝聚力量、攻坚克难的动员令[①]。

习近平总书记指出："这次调研，是我在党的十八大之后，第一次到地方调研。之所以到广东来，就是要到在我国改革开放中得风气之先的地方，现场回顾我国改革开放的历史进程，宣示将改革开放继续推向前进的坚定决心。"

在广东视察期间，习近平总书记发表了很多重要观点：改革开放是我们党的历史上一次伟大觉醒，正是这个伟大觉醒孕育了新时期从理论到实践的伟大创造；我国要走创新发展之路，必须高度重视创新人才的聚集，择天下之英才而育之；现在我国改革已经进入攻坚期和深水区，我们必须以更大的政治勇气和智慧，不失时机深化重要领域改革；实践发展永无止境，解放思想永无止境，改革开放也永无止境，停顿和倒退没有出路；我们要坚持改革开放正确方向，敢于啃硬骨头，敢于涉险滩，既勇于冲破思想观念的障碍，又勇于突破利益固化的藩篱，既不走封闭僵化的老路，也不走改旗易帜的邪路，做到改革不停顿、开放不止步。广东作为沿海发达地区，传统发展模式的弊端暴露得最早也最充分，对优化经济结构、转变经济发展方式迫切性的体会和认识也应该最痛切也最深刻；要继续大胆探索和扎实工作，力争在推进经济结构战略性调整、加快形成新的发展方式上走在全国前列；等等。

习近平总书记强调指出：广东在全国改革发展大局中具有举足轻重的地位，肩负着光荣而艰巨的使命。希望广东的同志再接再厉，高举中国特色社会主义伟大旗帜，全面贯彻落实党的十八大精神，以邓小平理论、"三

[①] 周志坤：《为实现"三个定位、两个率先"而奋斗——习近平总书记考察广东一年来》，载《南方日报》2013年12月4日，A01版。

个代表"重要思想、科学发展观为指导,紧紧抓住国家支持东部地区率先发展的机遇,努力成为发展中国特色社会主义的排头兵、深化改革开放的先行地、探索科学发展的试验区,为率先全面建成小康社会、率先基本实现社会主义现代化而奋斗(简称"三个定位、两个率先")。

二、"三个定位、两个率先":行动指南和总目标

在新的历史起点上,历史使命的召唤点燃了广东的激情。然而,以"排头兵、先行地和试验区"的要求分析外部形势、审视自身,广东面临着严峻的挑战:国际经济形势正在经历深刻而复杂的调整,作为中国第一外贸大省,外贸对广东的拉动作用越来越小;区域经济发展百舸争流,你追我赶,长三角、环渤海经济圈发展迅猛,对广东形成巨大的竞争压力;广东区域发展不协调的矛盾愈加凸显,珠三角一带经济领先全国水平,粤东西北地区却相当的落后,人均 GDP 仅为全国平均水平的 56.4%;身为首屈一指的经济大省,反而成底线民生保障弱省,多项救助指标位于全国倒数①。

为了不负习总书记的嘱托,实现广东"三个定位、两个率先",时任中共广东省委书记胡春华强调,要按照习近平总书记的要求,在全面深化经济体制改革、继续深化行政体制改革、加强和创新社会管理上进一步积极探索,坚定不移地通过深化改革开放,破解前进道路上遇到的困难和问题,实现"两个率先"的目标②。

考察结束后,广东迅速召开省委常委会议和电视电话会议,认真学习习近平总书记在广东考察工作时的重要讲话精神,研究贯彻落实意见。胡春华强调,习近平总书记提出的"三个定位、两个率先",是广东今后工作的前进方向、行动指南和总目标。要围绕这个总目标,把习近平总书记提出的深化改革开放、加快推进经济结构战略性调整、着力保障和改善民生、建设高素质干部队伍的要求,认真分解落实,成为各级各部门的工作任务。要立足当前,着眼长远,分阶段、有步骤地把总目标落到实处。要把习近平总书记的各项要求细化为一项一项的工作举措,落实到一个一个的具体

---

① 周志坤:《为实现"三个定位、两个率先"而奋斗——习近平总书记考察广东一年来》,载《南方日报》2013 年 12 月 4 日,A01 版。
② 胡春华:《总书记对广东的殷切希望就是我们工作的总目标》,见中国共产党新闻网(http://cpc.people.com.cn/n/2012/1226/c64094-20019670.html),2012 年 12 月 26 日。

工作中。要以奋发有为的精神状态完成各项工作任务,既富于理想,又脚踏实地,以实干创未来。要以好的作风树立广东干部的良好形象,凝聚党心民心,团结带领广大人民群众,为实现"两个率先"的目标不懈奋斗。

落实"三个定位、两个率先",当好对外开放排头兵

依照中央和省委、省政府的部署,广东牢牢把握改革开放这"关键一招",用对外开放增添发展动力、增创发展优势,从以下几个方面具体落实"三个定位、两个率先"①。

坚定不移推进改革开放,以行政审批制度改革和政府职能转变为突破口,努力建设服务型政府,有效激发市场主体活力,着力加强和创新社会管理,积极化解社会矛盾,维护社会和谐稳定,增添了发展动力、增创了发展优势,一些长期制约经济社会发展的突出矛盾正在得到破解。

为继续进一步理顺政府和市场、社会的关系,奋力改革激发市场主体活力,广东出台了《广东省企业投资管理体制改革方案》(2013年2月),该文件明确规定力争到2015年,广东企业投资项目审批事项将压减70%左右,办理时限将总体缩短50%左右,实现地级市以上投资审批和备案事项网上办理率达90%;出台十大重点领域信息公开的意见,其中明确规定省级"三公"经费预算单独编列提交省人代会;出台《广东省社会创新实验基地名单及共建项目》(2013年4月),初步分析项目名单,为社会组织"松绑"、城市及农村社区治理、流动人口管理、基层矛盾调解等成为重点创新实验的目标。

大力推进重大平台建设,以改革提升开放型经济水平。在圆满完成"四年大发展"之后,广东省委、省政府吹响了珠三角"九年大跨越"的征程,要求重点建设64个重大项目,把珠三角率先建成全国创新型区域,明确以广州南沙、深圳前海、珠海横琴、中新广州知识城、佛山中德工业服务区、东莞台湾高科技园六大平台建设为重要载体,把珠三角开放型经济提高到一个新的水平。

实践告诉广东,坚持全面开放,统筹推进各项建设,实现"三个定位、两个率先"也就更有信心,就能在实现中华民族伟大复兴的新征程上做出更多贡献,就能书写新的传奇。

---

① 周志坤:《为实现"三个定位、两个率先"而奋斗——习近平总书记考察广东一年来》,载《南方日报》2013年12月4日,A01版。

第五章　全面引领：广东对外开放构建新格局

党的十八大以来，以习近平同志为核心的党中央准确判断国际形势新变化，深刻把握国内改革发展新要求，提出了开放发展新理念，把我国对外开放工作推向新高度。广东省率先响应，着力推动创新驱动发展，重点建设"自由贸易试验区"，积极参与"一带一路"倡议，全面规划建设粤港澳大湾区，主动适应国际经济合作和竞争的深刻变化，进一步增强在新一轮对外开放中的引领门户地位。广东正焕发出开放型经济新体制的独特气质，构建对外开放新格局也取得了新的突破。习近平总书记所作的党的十九大报告，向全世界宣告党的十八大以后中国已站在新的历史起点上，中国特色社会主义进入了新的发展阶段，广东对外开放新格局更是充满着新时代的内涵和朝气。

第一节　实施创新驱动发展战略

2012年11月，党的十八大报告明确提出，强调要转变经济发展方式，实施创新驱动发展战略，走中国特色自主创新道路。之后，习近平总书记就创新发展发表了一系列重要讲话，强调必须把创新作为引领发展的第一动力，加快形成以创新为主要引领和支撑的经济体系和发展模式。创新发展时期，习近平总书记对广东创新驱动发展寄予厚望，多次做出重要指示、批示，要求广东大力实施创新驱动发展战略，做创新驱动排头兵，为全国实施创新驱动发展战略提供支撑。广东省在党和国家的领导下，积极推动创新驱动发展，在新时期深入改革，引领开放。

历史回顾编

一、领会创新驱动理念,指导广东对外开放

中国自改革开放以来,历经几十年的洗礼和发展之后,取得了辉煌成就,已成为世界第二大经济体,更成为"世界工厂"。新时期,由于支撑中国经济发展的要素条件正在发生变化,原本依靠投资驱动、规模扩张、出口导向的发展模式正面临劳动力、资源与环境成本的日渐提高的困境,以资源消耗为主、以投资为主要动力的经济发展模式日益受到严峻挑战,导致旧有的发展模式空间越来越小,不能再适应未来经济发展的需要。在新的经济形势下,如何继续保持中国经济社会可持续发展已成为社会的焦点问题[1]。在这种背景下,党和国家顺应时代发展的需要,适时提出了创新驱动发展,旨在积极推动中国经济发展的理念创新、体制创新与管理创新,进而带来科技创新、产业创新、发展方式创新等各个领域的创新,使得在创新驱动战略指引下的中国经济能够在未来几年之内清除内在弊病,巩固现有成果,创新发展思路,提高发展品质,提升综合实力。中央所提出的创新驱动发展,乃国家层面的破局之举。广东省同样面临发达国家先进技术和发展中国家低成本劳动力的"双重挤压",要素驱动、跟随式发展模式已经难以为继,唯一的选择是向上突围,实现创新驱动、引领型发展[2]。广东深刻领悟创新驱动内涵,指导广东省进一步扩大对外开放。

党的十八大报告中明确正式地提出:"加快完善社会主义市场经济体制和加快转变经济发展方式,实施创新驱动发展战略。科技创新是提高社会生产力和综合国力的战略支撑,必须摆在国家发展全局的核心位置。"[3] 强调要坚持走中国特色自主创新道路、实施创新驱动发展战略。这是党中央在改革开放新时期放眼世界、立足全局、面向未来做出的重大决策。实施创新驱动发展战略,对我国增强发展动力、加快转变经济发展方式和建设美丽中国都具有长远意义。

创新驱动发展有两层含义:一是中国未来的发展要靠科技创新驱动,而不是传统的劳动力以及资源能源驱动;二是创新的目的是为了驱动发展。实施创新驱动就是要推动自主创新,大力提高原始创新、集成创新和引进

---

[1] 陈宇学:《创新驱动发展战略》,新华出版社2014年版,第35页。
[2] 胡春华:《坚定不移实施创新驱动发展战略》,载《人民日报》2017年8月30日。
[3] 胡锦涛:《坚定不移沿着中国特色社会主义道路前进 为全面建成小康社会而奋斗——在中国共产党第十八次全国代表大会上的报告》,见人民网(http://cpc.people.com.cn/18/n/2012/1109/c350821-19529916.html)。

消化吸收再创新能力，形成具有自主知识产权的新技术；要推动协同创新，积极探索提高自主创新能力的全新组织模式；要推动体制创新，着力构建以企业为主体、市场为导向、产学研相结合的科技创新体系；要推动区域创新，积极发挥基层科技组织在实施创新驱动战略、建设创新型国家中的重要作用。①

二、实施创新驱动发展，推进广东对外开放

党的十八大以来，广东牢记习近平总书记的殷殷嘱托和党中央赋予的使命，坚定不移地把创新驱动发展战略作为广东经济社会发展的核心战略和总抓手，举全省之力推进创新发展。广东深入学习贯彻习近平总书记治国理政新理念、新思想、新战略和对广东工作的重要指示精神，坚定不移实施创新驱动发展战略，推动新旧动能转化取得实实在在的成效，加快形成创新型经济格局。②

（一）完善政策和制度体系，保障广东对外开放

广东省委、省政府高度重视加快创新驱动发展的重要性和紧迫性，强调要以实施创新驱动发展战略作为"核心战略"和总抓手。为加快实施创新驱动发展战略，广东省出台了一系列相关政策措施，构建促进创新发展的政策体系，从改革制约创新发展的体制机制入手，推动科技与产业、市场、资本高效对接，推动创新链与产业链、资金链、政策链紧密融合，修订和制定了自主创新促进条例、促进科技成果转化条例等法规，出台了加快科技创新的若干意见等 30 多份文件③，初步构建起有利于各类创新要素自由流动和高效配置的创新生态，充分体现了广东为实施创新驱动敢为人先，为创新发展创造良好的政策环境的决心。

为推进创新发展，打造国家科技产业创新中心，广东省率先出台了首部地方性自主创新法规，为深入推进实施创新发展战略保驾护航。2014 年出台《关于全面深化科技体制改革加快创新驱动发展的决定》，这是十八届三中全会以后，国内省市首个关于深化科技体制改革、实施创新驱动发展战略的顶层设计。2015 年推出的《关于加快科技创新的若干政策意见》从

---

① 辜胜阻：《创新驱动战略与经济转型》，人民出版社 2013 年版，第 3—6 页。
② 胡春华：《坚定不移实施创新驱动发展战略》，载《人民日报》2017 年 8 月 30 日。
③ 胡春华：《坚定不移实施创新驱动发展战略》，载《人民日报》2017 年 8 月 30 日。

创新券补助、科技企业孵化器建设用地和财政补助,以及科技成果转化收益和人才安居等方面,提出了多个在国内首次探索实施的重大创新政策[①]。同时,广东省委、省政府又出台了诸多其他相关配套文件,2016年对实施创新驱动发展战略的目标任务和重点措施进行了系统部署,并编制了相关领域的重要文件和系列重磅政策,把创新发展落实到一项一项具体举措上。广东省通过出台一系列相关政策措施,构建促进创新发展的政策体系,产生政策协同效应,动员全社会参与到创新驱动发展的建设热潮中,保障广东实现高水平发展和进一步对外开放。

(二) 创建创新开放示范区,带动广东对外开放

2015年9月,国务院正式批复珠三角国家自主创新示范区,赋予其打造国际一流的创新创业中心的使命。珠三角地区聚集了全省95%以上的创新资源,拥有全面创新的条件和基础。广东省把珠三角国家自主创新示范区实施创新驱动发展战略作为最重要的平台载体,集聚高水平创新资源,做好区域协同创新文章,打造带动全省创新发展的强大引擎,培育发展新企业新产业。贯彻落实《中国制造2025》,实施广东智能制造发展规划和"互联网+"行动计划,建设珠江西岸先进装备制造产业带,提升珠江东岸电子信息产业带发展水平,华为、腾讯等拥有核心技术的企业迅猛发展,战略性新兴产业快速成长,初步形成集群发展态势。[②]

通过编制的《珠三角国家自主创新示范区建设实施方案(2016—2020年)》《珠三角国家自主创新示范区规划纲要(2016—2025年)》等重要文件,广东以广州、深圳为龙头,以珠三角7个地市国家级高新区为主体,打造"1+1+7"全省创新型经济发展的新引擎。做强深圳创新产业优势,对标国际创新先进地区,打造中国的"硅谷"。发挥广州的科教和人才优势,打造全省创新发展的另一个"发动机"。珠三角其他7市立足各自优势,集中做大做强高新技术开发区。沿广深轴线建设科技创新走廊,集聚创新资源,带动东莞等珠三角城市,打造具有国际水平的创新经济带。[③]

[①] 王晓易:《企业解放思想 推动新业态发展》,载《南方日报》2015年3月10日,A07版。
[②] 辛均庆:《打造引领发展的强大引擎》,载《南方日报》2017年6月27日。
[③] 胡春华:《坚定不移实施创新驱动发展战略》,载《人民日报》2017年8月30日。

(三) 打造创新人才新高地，支撑广东对外开放

广东深化人才发展体制机制改革，出台24条务实管用措施，进一步向用人主体放权，为人才松绑。实施珠江人才计划等重大人才工程，努力汇聚国内外一流人才。2013—2017年间，省财政共投入26.8亿元，引进三批共105个创新创业团队和73名领军人才，包括2名诺贝尔奖获得者、22名国内外知名院士，汇聚高层次人才722人来粤创新创业，为创新发展提供了强有力的人才支撑。①

加快引进高端创新人才。广东省在全国率先探索实行"海外人才绿卡制度"，实施"珠江人才计划""扬帆计划""特支计划"等重大人才工程，培育引进一批产业发展急需的创新型人才和科研团队②。为支持广东自贸区建设和创新驱动发展，制定并实施了16项出入境政策措施，为外籍高层次人才和创新创业人才提供出入境和停居留便利，将极大提升广东省外国人出入境的便利水平，对优化广东省人才发展环境，吸引和集聚海外高层次人才到广东省创新创业，继而推动广东省自贸区建设、全国人才管理改革试验区（粤港澳人才合作示范区）建设，加速创新驱动发展战略实施步伐，促进广东经济社会发展，实现"三个定位、两个率先"目标具有重大意义。

广州开发区于20世纪90年代末首创并承办国家级留学人员科技交流会，大力实施"百千万人才金字塔"计划，从启动资金、场地补贴等方面支持人才创新创业，引进中央"千人计划"人才35名，聚集"两院"院士27名，成为国家级海外高层次人才创业创新基地；并建设国际教育枢纽和院士创新创业基地，设立海外人才工作站，引进诺贝尔奖获得者梅洛等国际创新团队，2 000多名海归人才创办企业700多家，实现国际创新资源为我所用。

(四) 拓展国际平台与项目，深化广东对外开放

广东省不断加强与以色列经济科技部、荷兰国家科学基金会、加拿大国家研究理事会、德国弗劳恩协会、俄罗斯科学院、乌克兰科学院等创新机构的常态化合作，深化与"一带一路"特别是海上丝绸之路沿线国家的科技交流合作。

---

① 胡春华：《坚定不移实施创新驱动发展战略》，载《人民日报》2017年8月30日。
② 黄宁生：《加快实施创新驱动发展战略》，载《南方日报》2014年11月1日，F02版。

历史回顾编

加快广州中新知识城、中乌巴顿焊接研究院、佛山中德工业园区、东莞中以水处理产业园、揭阳中德生态金属园区、汕头中以创新产业园区等重大平台建设发展。推进粤港澳台、泛珠三角地区等科技合作，深入实施"粤港创新走廊三年行动计划"，发挥南沙、前海、横琴等重大合作平台作用，着力构建粤港澳创新圈①。

广东广州开发区逐步实现以开放促进创新，与新加坡合作共建中新广州知识城，坚持科学开发，从容建设，打造具有世界影响力的知识经济高地和未来城市样板，推动创新体系得到质的飞跃，为实现创新发展创造一个更大的空间。以广州国际生物岛为载体，搭建了"中英、中以生物之桥"等国际合作平台，建设生物医药研发和产业化基地。开展中欧区域政策合作试点，推动民营企业在欧洲设立研发中心。努力构建"两城一岛"（中新广州知识城、广州科学城、广州国际生物岛）平台体系，努力构建中国科技创新和知识经济的新高地。

第二节 建设广东自由贸易试验区

2014年12月，国务院决定设立中国（广东）自由贸易试验区。广东自由贸易试验区涵盖三个片区：广州南沙新区片区（广州南沙自贸区）、深圳前海蛇口片区（深圳蛇口自贸区）、珠海横琴新区片区（珠海横琴自贸区），总面积116.2平方公里。2015年3月24日，中共中央政治局审议通过广东自由贸易试验区总体方案。2015年4月21日，中国（广东）自由贸易试验区在广州南沙区举行挂牌仪式。广东自贸试验区定位于依托港澳、服务内地、面向世界，方向为建设成为粤港澳深度合作示范区、21世纪海上丝绸之路重要枢纽和全国新一轮改革开放先行地，打造新一代对外开放高地。

一、建设广东对外开放新高地

广东以建设高标准广东自贸试验区为契机，健全对外开放新体制，重点完善法治化、国际化、便利化的营商环境。自2015年4月21日挂牌以来，广东自由贸易试验区成为对外开放的"试验田"，已取得包括外商投资

---

① 朱小丹：《2015年广东省政府工作报告》，见广东省人民政府网（http://www.gd.gov.cn/govpub/gzbg/szf/201502/t20150215_209570.htm）。

83

负面清单、国际贸易"单一窗口"等在内的多项创新成果,并在全省、全国得到复制与推广。广东利用"自由贸易试验区"这一开放新平台,创新开放型经济新体制,打造机遇之城,构建高水平对外开放门户枢纽。同时,加强国际交流合作,积极推行贸易投资便利化,广东正在成为全球企业投资首选地和最佳发展地。

(一)广州南沙新区片区:打造世界先进综合服务枢纽

南沙地处珠江三角洲经济区的几何中心,位于珠江出海口虎门水道西岸,是西江、北江、东江三江汇集之处,距香港 38 海里,澳门 41 海里,全区共 60 平方公里(含广州南沙保税港区 7.06 平方公里),分 7 个区块。南沙新区片区面向全球进一步扩大开放,在构建符合国际高标准的投资贸易规则体系上先行先试,重点发展生产性服务业、航运物流、特色金融以及高端制造业,建设具有世界先进水平的综合服务枢纽,打造成国际性高端生产性服务业要素集聚高地。同时,南沙片区推进粤港深度合作建设,着力打造广州国际航运枢纽核心功能区①。

南沙片区按照《中国(广东)自由贸易试验区总体方案》《中国(广东)自由贸易试验区建设实施方案》以及《中国(广东)自由贸易试验区广州南沙新区片区建设实施方案》要求,着力推进投资管理体制改革、大通关体系建设、营商环境优化、特色金融、粤港澳深度合作等方面创新工作,取得了阶段性成效。在硬件设施上,积极推进南沙港口建设,南沙港区三期工程已有 6 个 15 万吨级集装箱泊位建成投入试运营,相关配套基础设施如南沙商务机场、邮轮码头、远洋码头、物流基地等一系列重点工程加紧建设②;在软环境方面,南沙积极推动金融开放,出台"南沙金融 15 条",积极探索人民币资本可兑换,提出"支持在南沙新区开展全国内、外资融资租赁行业统一管理体制改革试点,研究制定内、外资统一的融资租赁市场准入标准",成立了融资租赁产业发展领导小组和工作小组,致力于南沙自贸片区统一的外资金融市场建设③。

此外,南沙于 2014 年 11 月开始推行企业设立登记"一口受理模式",

---

① 陈来卿、杨再高:《全球视野下中国(广东)自贸区南沙片区建设的战略思考·广州商贸业发展报告(2015)》,社会科学文献出版社 2015 年版,第 57-69 页。
② 姜玉龙:《2017 年港口货物吞吐量 5.5 亿吨》,载《南方日报》2015 年 3 月 17 日,A19 版。
③ 潘彧:《专家吁建南沙融资租赁交易所》,载《广州日报》2015 年 4 月 10 日,第 2 版。

历史回顾编

实现了"十一证三章"联办,南沙片区的"一照一码"改革率先在全国拓展至工商、质检、国税、地税、海关、统计、社保、商务等8个部门,实现企业登记注册"一照一码"条件下的"八照合一"。2015年实施"互联网+易通关",并首创海关快速验放机制、国际转运货物自助通关新模式、智检口岸以及以政府采购形式支付查验服务费用试点等创新举措。

(二) 深圳前海蛇口片区:金融创新和高端服务国际化

深圳前海蛇口片区位于深圳西部蛇口半岛西侧,珠江口东岸,地处珠三角区域经济发展主轴和沿海功能拓展带的十字交会处,毗邻香港、澳门,紧临香港国际机场和深圳机场两大空港,全区共28.2平方公里,分2个区块。前海蛇口片区依托深港深度合作,以国际化金融开放和创新为特色,重点发展科技服务、信息服务、现代金融等高端服务业,建设我国金融业对外开放试验示范窗口、世界服务贸易重要基地和国际性枢纽港,强化大前海区域开放、联动发展和深港跨境金融创新,推动国际外资开放和港深合作。

前海片区不断加强与其他国家的经贸往来与项目合作,展示出极强的包容性与开放性。早在2015年,深圳前海管理局与迪拜经济委员会签署合作备忘录,与中粮集团签署合作共建前海中粮集团亚太总部框架协议,与深圳华强集团签署合作共建前海华强集团海外总部的框架协议,前海金融控股公司与东亚银行签订包含合资证券公司合资合同等在内的多个重大项目,前海进入全新的发展开放阶段。此外,为解决国际贸易中出现的争端、纠纷,2015年9月,国家级法律查明平台"一中心两基地"落户前海,前海法院、深圳国际仲裁院、廉政监督局的建设,为前海营造法治化、国际化、便利化营商环境奠定了法治基础,实现法制开放[①]。

同时,前海利用其毗邻香港、澳门的优势,与香港、澳门展开深度合作。建立国家深港现代服务业合作平台,密切港澳合作,在税收、金融和人才等多个领域推出政策给予大力支持,如推出税收优惠、产业扶持和金融创新等政策支持深港合作;推出支持在前海注册、符合条件的企业和金融机构在国务院批准的额度范围内在香港发行人民币债券;推出近5 000套人才公寓等措施鼓励创新型机构落户前海。截至2017年8月底,前海蛇口

---

① 沈文金:《珠海加快职能转变建设善治有限政府》,载《南方日报》2014年3月7日,A08版。

自贸片区累计注册企业15.24万家，其中累计注册港资企业4 729家，注册资本达4 242.16亿元。2017年上半年，前海蛇口自贸片区港企实现增加值177.35亿元，占总量的19%，纳税59.48亿元，占总量的31.3%；完成固定资产投资66.75亿元，占总量的35.4%，港企作为片区经济支柱的作用日益显现。预计未来前海将建立10个面向香港优势和特色产业的港企聚集基地，孵化100家成型的港资创新企业。①

（三）珠海横琴新区片区：文化科教和国际商务先导区

珠海横琴新区片区位于珠海市南部，珠江口西侧，毗邻港澳，其最近处与澳门相距不足200米，距香港41海里，全区共28平方公里，分5个区块，周边有香港、澳门、广州、深圳四大国际机场和珠海、佛山两个国内机场。横琴新区片区依托粤澳的深度合作，重点发展旅游休闲健康、文化科教和高新技术等产业，建设成为文化教育开放先导区和国际商务服务休闲旅游基地，发挥促进澳门经济适度多元发展新载体、新高地的作用。

横琴片区积极对接国际高标准投资贸易规则，实现制度创新。横琴片区根据世界银行发布的《全球营商环境报告》10项评价指标为指南，与港澳营商环境逐一对照比较，寻找差距，以问题导向推进制度创新，对接国际规则。横琴在全国首发商事主体电子证照卡，将其作为企业的电子身份证；在全国率先出台地方促进自贸片区建设办法；制定对港澳负面短清单，比国家在自贸试验区外商投资准入方面的负面清单缩短了30%，这些创新举措都极大地便利了外商在横琴的投资与贸易，推动横琴以更加开放的姿态走向世界②。

横琴片区利用其邻近澳门的优势，推动与实现和澳门的深度融合。与澳门相连的横琴口岸已实现24小时通关，在人才引进和扶持上，横琴落实港澳居民个税差额补贴政策，补贴金额超过1 500万元；并在全国率先研究制定人力资本出资管理办法，出资人可以用研发技能、管理才能等人力资本出资入股；探索促进人才通关便利化措施，打造海外高端人才"出入境、停居留"便利环境，推行横琴人才绿卡，落实粤澳游艇自由行和澳门机动车便利出入横琴等政策；设立加快推进澳门投资项目建设服务窗口，探索试行"港资港模式，澳资澳模式"，并围绕粤港澳紧密合作，横琴进一步扩

---

① 数据来源：中国（广东）自由贸易试验区深圳前海蛇口片区官方统计公报。
② 王荣：《哪些高标准规则在横琴"落地"了》，载《南方日报》2016年4月21日。

大对港澳服务业开放力度，配合澳门建设"一中心一平台"。广东自贸区之大片区对比如表 5-1 所示。

表 5-1 广东自贸区三大片区对比

	广州南沙新区片区	深圳前海蛇口新区片区	珠海横琴新区片区
面积	60 平方公里	28.2 平方公里	28 平方公里
地理位置	广州唯一港口，西江、北江、东江三江汇集之处	毗邻香港	毗邻澳门
功能定位	现代产业新高地、世界先进水平的综合服务枢纽	金融业对外开放试验示范窗口、国际性枢纽港	文化教育开放先导区、国际商务服务休闲旅游基地
产业规划	以生产性服务业为主导	以现代服务业为主导	以高端服务业为主导
重点行业	航运物流、特色金融、国际商贸、高端制造	金融业、现代物流、信息服务、科技服务	旅游休闲、商务金融服务、文化科教、高新技术

此外，横琴片区金融制度创新也有突出表现。首先是创新账户管理制度，人民币基本结算账户审批业务在全国率先下放横琴新区内银行试行办理；其次是创新外汇管理制度，横琴新区 2014 年 8 月成为首批实施外商投资企业资本金意愿结汇地区。2015 年 2 月，外汇局珠海市中心支局创新推行横琴区内企业外汇登记业务代办政策；2015 年 4 月，成功办理境外放款业务，并实行直接投资外汇登记和境外放款上浮额度下放区内办理等两项自贸区创新政策。①

二、广东自贸区实践对外开放

广东自由贸易试验区的设立旨在进一步推动经济改革，释放政策红利，推动与国际接轨。自设立以来，广东自由贸易试验区逐步成为撬动中国改

---

① 郭家轩：《金融创新为琴澳"同城化"插上翅膀》，载《南方日报》2015 年 6 月 19 日。

革开放的新支点。在扩大投资领域开放、推进贸易发展方式转变、金融领域创新等方面形成一大批可复制、可推广的经验，涉及行政管理、贸易、金融等诸多领域，为广东进一步推进对外开放形成了新优势和新机遇。

（一）推动国际贸易自由化

贸易便利化是自贸试验区取得主要经验成果之一。广东自由贸易试验区基本实现了在没有海关监管、查禁的情况下，货物实现自由进出口。广东自由贸易试验区基本都实行了境内关外政策，货物在自贸区边界上的进出就相当于在国境意义上的进出，可以享受关税等多种。从广东三大自贸片区的进出口贸易量来看（见表5-2），从2013—2016年，深圳市进出口贸易额巨大，广州市和珠海市相较于深圳，贸易额较小，但深圳市和珠海市贸易额逐渐下降，只有广州市进出口贸易额呈上升趋势，而广州南沙自贸片区就贡献了其中的一大部分。

表5-2　三大自贸片区2013—2016年进出口贸易量

单位：亿美元

市别	贸易项目	2013年	2014年	2015年	2016年
广州	出口	628.07	727.07	811.70	781.77
	进口	560.89	578.69	526.92	511.32
	总额	1 188.96	1 305.76	1 338.62	1 293.09
深圳	出口	3 057.02	2 843.62	2 640.40	2 373.39
	进口	2 317.73	2 033.79	1 784.15	1 610.97
	总额	5 374.75	4 877.40	4 424.55	3 984.36
珠海	出口	265.81	290.15	288.11	273.29
	进口	277.07	259.44	188.26	144.02
	总额	542.88	549.60	476.38	417.32
	总额	7 106.59	6 732.76	6 239.55	5 694.77

资料来源：《广东统计年鉴（2017）》。

自贸区在贸易监管模式上采取"一线逐步彻底放开、二线安全高效管住、区内货物自由流动"的模式。监管重点从对货物的监管转变为对企业的管理。一线监管集中在对人的监管上，口岸监管单位只做必要的检验检疫措施，海关也从每批次逐一监管转向集中、分类、电子化监管模式，从而实现自贸试验区内人员与货物的高效快捷流动[①]。贸易便利化和自由化不仅是自贸试验区建设的目标和任务，同时也是自贸试验区对接国际的方法和手段，更是改革深入发展和开放进一步推进的标志。广东自贸试验区在现有的改革基础上将进一步推动贸易自由与便利化的发展，进一步放松现有的贸易壁垒和贸易束缚措施，推动区内要素、资源的自由流动和对外的便利化交流。

（二）推动国际投资便利化

从成立之日起，广东自贸试验区就采取了高标准的投资规则，对外资企业建立了宽进严管优惠政策。在一系列软硬件条件的支撑下，世界前20名的航运公司已在广州南沙港区开辟了覆盖多数"一带一路"国家的49条国际集装箱班轮航线，逐渐形成了一个崭新的市场准入和监管制度，实现"准入前国民待遇加负面清单"的创新管理模式。负面清单管理方式尤为重要，只要是未记录于负面清单上的投资事项，都被允许为合法的投资事项，这一管理模式的重点在于将非歧视、自由化和市场化确立为自贸试验区投资的主要原则。此外，从国家战略的大层面出发，广东自贸试验区与其他自由贸易试验区使用同一张负面清单，从本地投资现状出发，并兼顾我国对外签订的投资协议以及一系列的投资谈判，从而体现出新时代我国的国情与特色。[②]

广东自贸区通过实行统一的市场准入制度，减少和取消对外商投资准入限制，对包括采矿业、制造业、电力、煤气及水的生产和供应业以及服务业等领域制定了63条具体的开放措施，对外商投资率先实行准入前国民待遇加负面清单管理模式（宽进），鼓励跨国公司在区内设立总部。同时，在粤港澳大湾区共建框架下探索对港澳更深度的开放，按照《深化粤港澳合作　推进大湾区建设框架协议》，对港澳企业和港澳机构在自贸区进行创业投资设立更低的门槛，将前海、南沙、横琴三个片区作为重大的粤港澳合作平台，进一步取消或放宽对港澳投资者的资质要求、股比限制、经营

---

① 李丰：《广州参与自贸区建设对策研究：广州城市国际化发展报告（2014）》，社会科学文献出版社2014年版，第226－241页。

② 卜凡：《广东自贸区：加快形成高标准投资贸易规则体系》，载《21世纪经济报道》2015年4月21日。

范围等准入限制。

由于三大自贸片区获得60项省级管理权限下放,在投资便利化方面,审批时限压缩了50%;"三证合一""一照一码"的商事登记制度改革,在三大片区全面铺开,企业从申请到拿到营业执照的时间由1个月变成3天;在通关模式上,由于实施国际转运自助通关新模式,货物转驳时间由2天缩短为3小时,这都极大地促进了投资的便利与自由,反映在数据上(见表5-3),三大自贸片区从2013年到2016年签订的外资项目数、合同外资额和实际利用外资额均呈现逐年上升的特点。

表5-3 三大自贸片区2013—2016年外资利用情况

年份	项目	广州	深圳	珠海	总额
2013	签订项目(个)	1 092	2 056	272	3 420
	合同外资额(万美元)	711 432	669 998	237 064	1 618 494
	实际利用外资(万美元)	480 383	546 784	168 728	1 195 895
2014	签订项目(个)	1 155	2 490	330	3 975
	合同外资额(万美元)	803 977	1 089 526	299 592	2 193 095
	实际利用外资(万美元)	510 714	580 465	193 107	1 284 286
2015	签订项目(个)	1 429	3 359	649	5 437
	合同利用金额(万美元)	836 327	2 558 852	361 435	3 756 614
	实际使用金额(万美元)	541 635	649 731	217 787	1 409 153
2016	签订项目(个)	1 757	4 132	803	6 692
	合同利用金额(万美元)	990 123	5 219 268	905 590	7 114 981
	实际使用金额(万美元)	570 121	673 221	229 465	1 472 807

资料来源:《广东统计年鉴(2017)》。

(三)金融创新发展国际化

借鉴上海自贸区金融创新和制度建设经验,《中国(广东)自由贸易实验区总体方案》把资本项目开放、货币可自由兑换和简政放权等金融创新作为各项改革的重中之重。且广东自贸试验区在金融方面更进一步,尝试更多金融创新的内容,不仅包括金融"四化"的改革,即利率市场化、汇率国际化、人民币境外使用的扩大化、管理的宽松化,而且进一步探索离岸金融的内容，包括允许符合条件的外资金融机构设立外资银行，符合条件的民营资本与外资金融机构共同设立中外合资银行等。①

自广东自贸区挂牌以来，南沙、前海和横琴三大片区在金融改革创新方面都取得了实质性的进展。南沙在金融业领域得到了长足的发展，主要体现在金融机构数量、特色金融业和融资租赁业方面；前海金融业的改革创新主要体现在跨境人民币业务创新、小额贷款资产证券化和要素交易平台化三个方面；横琴则注重与广州南沙、深圳前海两大片区错位发展，利用离岸和跨境的优势，致力于建设香港金融中心的次中心，从而服务于澳门和珠江西岸的金融需求，力争成为香港金融西向拓展的桥头堡。

第三节　打造"一带一路"核心枢纽

"一带一路"作为中国首倡、高层推动的国际倡议，对我国现代化建设和发挥国际影响力具有深远的意义。作为海上丝绸之路发祥地之一的广东，致力于构建对外开放新格局，积极参与"一带一路"建设。广东省率先出台建设"一带一路"实施方案，提出将广东打造成为"一带一路"的核心枢纽、经贸合作中心和重要引擎，这意味着具有国际视野的"一带一路"倡议将引领广东形成对外开放合作新格局。

一、"一带一路"倡议提供重大历史机遇

"一带一路"是丝绸之路经济带和 21 世纪海上丝绸之路的简称，于 2013 年 9 月和 10 月由中国国家主席习近平首次分别提出，它充分依靠中国与有关国家既有的双多边机制，借助既有的、行之有效的区域合作平台，扩大对外开放与经济合作。

"一带"——丝绸之路经济带，是在古丝绸之路概念基础上形成的一个新的经济发展区域，包括西北 5 省区——陕西、甘肃、青海、宁夏、新疆，西南 4 省区（市）——重庆、四川、云南、广西。丝绸之路经济带是一个"经济带"概念（如图 5-1 所示），东边牵着亚太经济圈，西边系着发达的欧洲经济圈，被认为是"世界上最长、最具有发展潜力的经济大走廊"，并且丝绸之路经济带地域辽阔，沿线自然资源、能源矿产资源和旅游资源非

---

① 唐柳雯：《广东自贸区金融创新开启"2.0"时代》，载《南方日报》2016 年 6 月 16 日。

常丰富，被称为21世纪的战略能源和资源基地，这也为经济带上各城市的协调发展、联通合作提供了无与伦比的优势与机遇。①

"一路"——21世纪海上丝绸之路。自中国东南沿海港口，往南穿过南中国海，进入印度洋、波斯湾地区，远及东非、欧洲（如图5-1所示）。这一东西方交往的海上交通要道，被称为海上丝绸之路，主要包括上海、福建、广东、浙江、海南5省。海洋是各国经贸文化交流的天然纽带，共建21世纪海上丝绸之路，是全球政治、贸易格局不断变化形势下，中国连接世界的新型贸易之路，其核心价值是通道价值和战略安全。21世纪海上丝绸之路的合作伙伴并不仅限于东盟，而是以点带线、以线带面，增进同沿边国家和地区的交往，串起连通东盟、南亚、西亚、北非、欧洲等各大经济板块的市场链，发展面向南海、太平洋和印度洋的开放合作经济带，以亚欧非经济贸易一体化为发展的长期目标。②

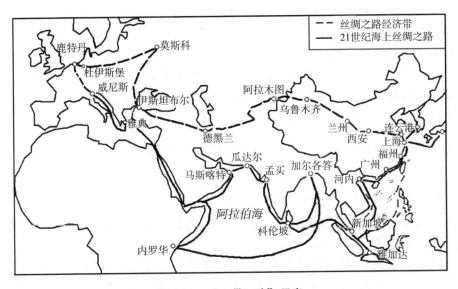

图5-1 "一带一路"示意

"一带一路"倡议，契合沿线国家的共同需求，为沿线国家优势互补、开放发展开启了新的机遇之窗，是加强国际合作的新窗口、新平台。"一带

---

① 赵磊：《一带一路》，中信出版集团2015年版，第51页。
② 赵磊：《一带一路》，中信出版集团2015年版，第51页。

一路"倡议在各国各地区平等的文化认同框架和理念下谈国际开放与合作,体现的是和平、交流、理解、包容、合作、共赢的精神。2015年3月28日,国家发展和改革委员会(简称国家发改委)、外交部、商务部联合发布《推动共建丝绸之路经济带和21世纪海上丝绸之路的愿景与行动》,并提出:要发挥新疆独特的区位优势和向西开放重要窗口作用,深化与中亚、南亚、西亚等国家交流合作,形成丝绸之路经济带上重要的交通枢纽、商贸物流和文化科教中心,打造丝绸之路经济带核心区;同时,要利用长三角、珠三角、海峡西岸、环渤海等东南沿海经济区开放程度高、经济实力强、辐射带动作用大的优势,加快推进中国上海、广东、福建等自由贸易试验区建设,支持福建建设21世纪海上丝绸之路核心区,推进浙江海洋经济发展示范区,充分发挥深圳前海、广州南沙、珠海横琴、福建平潭等开放合作区作用,深化与港澳台合作,打造粤港澳大湾区。①

二、深度参与"一带一路",加快广东对外开放

(一)增进政策引导与政治互信,优化广东对外开放布局

为加快实施新一轮对外开放,着力优化对外开放布局,广东不断加强对外开放的宏观引导,对接国家战略,出台《关于进一步提高对外开放水平的意见》,在全国率先制订参与"一带一路"建设实施方案,参与21世纪海上丝绸之路建设经贸合作专项工作方案,制订并落实进一步加强与欧洲、北美、东盟、非洲、中亚交流合作的实施方案。

同时,政府高层的互访与交流,增强了政治互信,形成了广东对外开放的新局面。2015年5月,中共中央政治局委员、广东省委书记胡春华访问澳大利亚、新西兰和斐济等国;2016年1月,在习近平主席和伊朗总统鲁哈尼的见证下,时任广东省省长朱小丹代表广东省政府与伊朗格什姆自贸区主席海密礼萨·莫门尼签署广东自贸试验区和格什姆自贸区关于促进合作关系的谅解备忘录;2017年3月,广东省省长马兴瑞访问澳大利亚,出席在悉尼举办的"第二届中澳省州负责人论坛"和"中澳经贸合作论坛",与中澳两地15位省州长和经贸界人士就加强地方合作、经贸合作和人文合作等进行交流;2017年6月,胡春华书记又访问了以色列、爱尔兰和英国等国。

---

① 国家发展和改革委员会等:《推动共建丝绸之路经济带和21世纪海上丝绸之路的愿景与行动》,见新华网(http://www.xinhuanet.com//world/2015-03/28/c_1114793986.htm)。

（二）加强基础设施建设与联动，加快广东对外开放步伐

广东加快推进国际商贸物流通道建设，充分发挥区位优势，全面推进海陆空跨境战略通道建设，深化港口、机场、高速公路、高速铁路和信息国际合作，与"一带一路"沿线国家的基础设施互联互通水平也不断提升。

广东省不断加强国际性交通基础设施的建设，并实现与"一带一路"沿线国家基础设施的联动与联通。开通陆地国际铁路货运中欧班列，打造广东（石龙）铁路国际物流基地，全力推进国际铁路货运"双子星"计划，加快建设广东（石龙）国际铁路物流基地和广东（广州）国际铁路经济产业区，开通运行"粤新欧""粤满俄"国际铁路联运专列和中欧货运班列，并依托虎门港实现与中亚五国的水铁联运。

（三）落实经贸合作平台与项目，开启广东对外开放新动力

广东与海丝沿线国家经贸合作不断加强。全面推进与沿线国家的贸易投资合作，着力打造优势互补、互利共赢的产业国际合作格局。广东创设并成功举办四届 21 世纪海上丝绸之路国际博览会（以下简称"海博会"），参展企业数量逐年增加，所签订的项目及金额也逐年上升。其中，广东省东莞市将海博会作为突破口，发挥了海上丝绸之路主力军的作用，与沿线国家建立了广泛的经贸往来；借助打造石龙、东莞港等国际交通和物流枢纽，形成了自身在"一带一路"经济往来中的节点地位。

广东积极推动"一带一路"合作项目落实，与"一带一路"沿线国家的经济联系也在不断加强。广东省政府积极落实与国家发改委签订的推进产业国际合作框架协议；中国—沙特吉赞产业集聚区被列入国家级产业国际合作示范区；近几届广交会中，到会的"一带一路"沿线国家采购商逐年增多，借助广交会平台，"一带一路"沿线国家已成为我国外贸的重要组成部分。广东省通过"一带一路"倡议推进国际合作项目的开发与实施，实现国际产业转移，将本地的生产要素，尤其是优质的过剩产能输送出去，让沿线发展中国家和地区共享发展的成果，同时也淘汰了本地落后的产业，推动产业的升级与换代，实现双赢，如与埃塞俄比亚共建埃塞华坚工业城，将员工送往广东东莞进行职业培训，为工业城培养一支管理、经营、技术的精英团队。

（四）支持跨境资金融通与开放，促进广东金融服务国际化

开展全口径跨境融资宏观审慎管理试点。广东自贸区根据央行文件开展全口径跨境融资宏观审慎管理试点，企业跨境融资最高限额由净资产的 1 倍提高至 2 倍，扩大境内外汇贷款结售汇范围，允许内保外贷项下资金调回境内使用，极大地便利了广东企业在"一带一路"沿线国家和地区的投资与贸易。

广东扩大金融对外开放，金融机构创新跨境人民币业务，积极构建国际化金融组织体系，扩大沿线国家人民币使用，推动金融机构跨境互设。广东与"一带一路"沿线国家跨境人民币结算业务的需求不断增加，人民币逐渐成为结算的主要币种，结算地位不断提高，结算金额也呈逐年增长趋势。广东自贸区跨境人民币业务政策发布后，允许南沙、横琴地区的银行机构向"一带一路"以及其他境外国家和地区发放人民币贷款，沿线国家获得了更广泛的融资资金支持。广东金融机构以香港为平台实现跨境资金的融通，招商银行、平安银行、广发银行和东莞银行等先后在香港设立分行或代表处，便利开展国际金融服务，广东省企业借此加快"引进来"与"走出去"的步伐，呈现空前活跃状态，欧美等发达国家对广东的投资势头强劲，投资额快速增长，广东对外投资规模也不断扩大，众多企业涌向了"一带一路"沿线国家和地区。

（五）推动民间合作与文化交流，丰富广东对外开放新内容

广东省与"一带一路"沿线国家文化交流合作发展势头良好，先后与沿线的 20 多个国家开展双边、多边文化交流合作，逐步提升广东文化在国际社会的影响力。2015 年，中德城市代表共同倡议发起"中德工业城市联盟"，谋求通过联盟城市间的优势互补、抱团发展，共同开拓"一带一路"沿线市场。到 2017 年，联盟成员队伍已由成立之初的 18 座城市发展至 25 座城市。

广东与"沿路"国家的旅游合作也不断加强。2015—2017 年，广东省每年都邀请太平洋岛国旅游业界组团参加广东国际旅游产业博览会（以下简称"旅博会"）和广东国际旅游文化节，专门为太平洋岛国设立展馆，免费为其策划、布展，协助太平洋岛国做好在旅博会的宣传推广工作。2017 年广东国际旅游产业博览会，聚集国内外 55 个国家和地区，共 3 000 家参展商、2 万位专业买家（其中境外买家 5 000 人）参展参会，近 30 个国家

使领馆的主要官员亲临旅博会现场。

同时，国际科教人文交流也更加丰富。截至2017年，广东省已同世界多个国家和地区建立了科技交流与合作关系，签署了多项科技合作协议，与诸多境外教育部门签署省级层面合作备忘录（协议），打造中国广东与英国、美国、加拿大、波兰、德国、瑞典及港澳台地区的教育合作交流平台，并新增多个具有法人资格的中外合作办学机构，包括香港中文大学（深圳）、深圳北理莫斯科大学、广东以色列理工学院。

第四节　共建"粤港澳大湾区"新增长极

在新时期，为进一步深化改革，建立全方位的对外开放格局，同时也为粤港澳地区继续保持经济发展优势，实现经济增长和粤港澳区域一体化，党和国家决定建设粤港澳大湾区，进一步深化粤港澳经济合作，扩大对外开放。2017年7月1日，在国家主席习近平的见证下，香港特别行政区行政长官林郑月娥、澳门特别行政区行政长官崔世安、国家发展和改革委员会主任何立峰、广东省省长马兴瑞在香港共同签署了《深化粤港澳合作，推进大湾区建设框架协议》（又称"四方协议"），从此，广东省进入携手香港、澳门共建粤港澳大湾区新增长极的新时代。

一、全面把握粤港澳大湾区

粤港澳合作不是新概念，"大湾区"概念提法也由来已久，在官方文件中，正式出现"湾区"的概念是2005年发布的《珠江三角洲城镇群协调发展规划（2004—2020）》。"大湾区"则于2015年国家发改委、外交部、商务部联合发布的《推动共建丝绸之路经济带和21世纪海上丝绸之路的愿景与行动》中首次被明确提出。2017年全国"两会"《政府工作报告》中有"研究制定粤港澳大湾区城市群发展规划"的提法，至此，粤港澳大湾区从区域概念正式上升为国家战略。同年7月，《深化粤港澳合作，推进大湾区建设框架协议》（简称"四方协议"）的正式签署则标志着粤港澳大湾区进入一体化共建时代。

粤港澳大湾区是指由广州、深圳、佛山、东莞、惠州（不含龙门）、中山、珠海、江门、肇庆（市区和四会）9市和香港、澳门两个特别行政区形成的城市群，是包括港澳在内的珠三角城市融合发展的升级版，升级成为先进制造业和现代服务业有机融合的最重要的示范区,是与美国纽约湾区、旧金山湾区和日本东京湾区并肩的世界四大湾区之一,是国家建设世界级城市群和参与全球竞争、对外开放的重要空间载体。粤港港大湾区地理范围如图5-2所示。

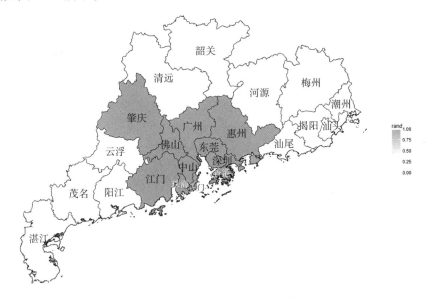

图5-2 粤港澳大湾区地理示意

"四方协议"首先就明确大湾区建设的目的是"为充分发挥粤港澳地区的综合优势,深化粤港澳合作,推进粤港澳大湾区建设,高水平参与国际合作,提升在国家经济发展和全方位开放中的引领作用,为港澳发展注入新动能,保持港澳长期繁荣稳定"。共建粤港澳大湾区世界级城市群,既是粤港澳区域经济社会文化自身发展的内在需要,也是国家区域发展战略的重要构成与动力支撑点,承载着辐射带动泛珠三角区域合作发展的战略功能;同时,也是国家借助港澳国际窗口构建开放型经济新体制的重要探索,是建设"一带一路"枢纽、构建"走出去""引进来"双向平台的重要区域支点;此外,也是构建港澳经济长远发展动力,成功实践"一国两制"、达到港澳长远繁荣稳定和凝聚港澳向心力的重要措施。

二、合力打造粤港澳大湾区

粤港澳大湾区是"开放之湾",是我国探索开放型经济新体制的"试验田"。广东正在把握这一新机遇，强化与港澳更紧密的合作，畅通人流、物流、资金流和信息流，合力打造国际一流湾区和世界级城市群，共建"湾区"新增长极。

（一）推动粤港澳基础设施的互联互通

广东以粤港澳基础设施的互联互通为突破口，强化与港澳交通联系，构建高效便捷的现代综合交通运输体系，实现互联互通。随着港珠澳大桥、深中通道、虎门二桥等跨珠江通道的完成，以及"一小时城轨交通圈"的建设，珠江三角洲经济版图与空间结构正在重构，"大湾区"在交通上实现闭合。粤港澳交通基础设施实现互联互通之后将促进三地出台切实措施，最大可能地促进彼此间人流、物流、资金流和信息流畅通流转，探索"大湾区"一国两制下港澳与内地之间的跨境与跨经济体制融合。同时，广东也正在整合空港和港口资源设施，推动大湾区内以广州港、深圳港为核心的珠三角港群发展，建设"粤港澳大湾区一体化港群"。

（二）健全粤港澳协调共容体制与机制

广东不断完善、健全与香港、澳门开放共容的政策机制。之前有 CEPA 系列协议，《粤港合作框架协议》与《粤澳合作框架协议》，自"大湾区"概念提出后，2016 年 3 月广东省出台了《关于深化泛珠三角区域合作的指导意见》，2016 年 11 月又出台了"十三五"规划纲要，2017 年 7 月又签署了《深化粤港澳合作，推进大湾区建设框架协议》，粤港澳大湾区世界级城市群发展规划也在编制中。

新时期里，广东省政府积极与港澳保持对话与沟通，致力于湾区共建，不断完善区域开放协调机制与制度。广东省实施 18 项涉及出入境签证、车辆入出境、边防通关检验、高层次人才落户、消防服务、三地警务协作等 6 个方面的服务举措，这些举措不仅对促进粤港澳大湾区建设和深化粤港澳合作发挥积极作用，更是对改革开放前沿人民日益增长的美好生活需要的积极回应。同时，第十二届全国人民代表大会常务委员会第三十一次会议通过决定，在广深港高铁香港特别行政区西九龙站实施"一地两检"，设立内地口岸区，完善通关软硬设施建设，加强粤港澳通关便利化和一体化，这一困扰粤港澳开放合作和一体化发展的重大体制障碍取得了重大突破。

(三)大力支持重大开放合作平台建设

广东积极推进深圳前海、广州南沙、珠海横琴自贸平台作为粤港澳区域合作开放平台进行开发建设。为激励粤港澳大湾区内部人才融合,广东已经在自贸试验区三个片区分别建立平台,分别是粤港澳(国际)青年创新工场、前海深港青年梦工场、横琴澳门青年创业谷,吸引港澳人才前来创业,扩大人才市场开放,并在深圳前海成立粤港澳大湾区企业家联盟,这一全新平台将吸纳集聚更多的企业家参与,增强粤港澳民间企业的沟通与对话,促进三地经济共同发展。广东省积极支持港深创新及科技园、江门大广海湾经济区、中山粤澳全面合作示范区等合作平台建设。《关于深化泛珠三角区域合作的指导意见》和"四方协议"中均强调要发挥合作平台示范作用,拓展港澳中小微企业的发展空间。广东省发布了沿海经济带综合发展规划(2017—2030年),重点规划了包括以上三大合作平台的"六湾区一半岛",实现区域统筹开放发展。

广东省利用"湾区"建设这一历史契机,成功举办了多届如 ICEE 中国(广州)国际跨境电商展暨跨境商品博览会和 ICEF 中国(广州)国际跨境电商暨高峰论坛等国际性开放平台,提出"打造粤港澳大湾区跨境电商新蓝海"的核心发展战略,促进跨境电商全产业链向高端化、精细化和高品质化延伸,共建粤港澳地区宜居宜业宜游的跨境电商优质生活圈的理念,将广东、香港、澳门作为一个整体面向世界,在更高意义上实现对外开放。

成就展现编

改革开放40年来，中国对外开放遵循先易后难，从简单到复杂，从单向开放到综合开放，逐步进入深水区，最后构建全面开放的新体系、新体制和新格局。广东对外开放也是从局部开放到全局开放，开放领域从产品贸易到引进"三来一补"投资，再到对资本及要素的开放；产业开放从制造业到服务业；投资合作从"引进来"到"走出去"；区域合作从粤港澳合作到多方位的世界各国合作，粤港澳合作从"前店后厂"到经贸紧密合作，再到粤港澳区域融合；广东对外开放程度不断扩大，开放型经济得到快速发展。

在外贸领域，逐步放松计划经济体制，沿着"外贸经营权—管理体制改革—市场机制—国际接轨—国际高标准"路径进行了较长时间的艰难改革，已经初步形成了高效的外贸体制；未来将对标高标准国际规则，推动广东经济高度开放，形成全面开放新体系。在不断开放的体制机制激励下，实现了广东外贸崛起，多年一直引领全国外贸发展，成为外贸大省；未来依托高标准体制机制，推动广东外贸从大省走向强省。

广东利用外资经历了从无到有、从小到大、从低层次向追求高质量的发展过程。广东在创新利用外资的体制机制方面取得了显著成效，最早设立经济特区，采取特殊政策和灵活措施，并依托各种开发区载体，以"三来一补"及其加工贸易方式引进了大批外资企业，多年来利用外资规模稳居全国前三。随着经济体制进一步开放，广东不断优化利用外资的产业结构、来源结构和内部区域布局，注重改善引资方式和形式，把引进外资与学习外商先进的技术及其管理经验相结合，促进外资质量从低效向高效方向的转变，促进了开放型经济可持续发展。

广东充分利用先行先试的政策优势，鼓励企业"走出去"积极参与国际投资，充分利用国际、国内两个市场，优化资源配置。早期通过贸易企业到中国香港、澳门设立"窗口"公司，建立营销渠道等，广东逐渐把投资领域转向制造业、商贸、房地产、金融保险和运输业、商业服务和研发领域等；投资实现了从劳务输出型到资源寻求型，再到基础设施建设和产业合作的转变，推动对外投资内涵从生产转移到技术转移的转变；投资方式逐步经历了从商贸领域到生产领域、从间接投资到直接投资；投资市场从港澳市场拓展到发达经济体，再到发展中经济体，并通过对"一带一路"沿线国家和地区投资，实现投资市场更加多元化。

广东金融体制开放一直囿于金融风险而采取了比较谨慎和稳妥的方式，缓慢推进对外开放的进程。首先，从金融体制改革先行一步，在金融组织、制度创新方面创造了多项"全国第一",基本形成多层次、多元化金融市场体系,金融环境生态体系逐步完善。其次,通过金融组织制度创新推动了广东金融国际化进程,在跨境贸易人民币结算方面率先试验并成功搭建结算平台,推动人民币离岸结算业务发展。最后,通过粤港澳合作平台,金融合作联络机制得到逐步完善,金融机构跨境合作不断密切,金融境外合作领域不断拓宽,金融市场合作与对接更加紧密,跨境融资服务及其管理取得丰富创新经验。

广东充分利用毗邻香港国际经济中心的区位优势,积极开展与香港、澳门的区域经济合作,通过区域经济一体化机制带动三地的经济发展。合作空间由早期的以深圳、珠海为核心向整个珠三角扩散,形成了从深圳—东莞—广州的珠江东岸制造业密集区,并不断拓展到整个珠三角粤港澳大湾区合作建设。合作领域从贸易合作到"前店后厂"式的产业合作,到跨境基础设施、口岸及物流、环境保护、科教卫生和文化等多领域全面合作。基于"一国两制"和CEPA框架,促使粤港澳合作机制不断创新,推动粤港澳大湾区融合发展,形成最具增长潜力和发展空间的世界级经济区域,从而引领内地不断扩大开放和完善开放型经济新体系和新格局。

第六章 广东对外贸易：
从贸易大省走向贸易强省

改革开放以前，中国实行严格的计划经济体制，广东也不例外，在外贸领域实行"统一对外、垄断经营、统负盈亏"的计划体制。自1978年党的十一届三中全会后，从20世纪80年代开始，在外贸领域，逐步放松计划经济体制，沿着"外贸经营权—管理体制改革—市场机制—国际接轨—国际高标准"路径进行了艰难探索和改革，已经初步形成了市场化外贸体制。

第一节 广东对外贸易体制改革

一、早期放权让利与经营体制的初步改革

1978年党的十一届三中全会后，1979—1986年这段时间是广东外贸体制改革起步阶段，主要围绕"下放外贸经营权"展开一系列外贸经营管理体制改革。1978年以前，整个经济体制属于计划经济体制。国家赋予了省和直辖市一级的口岸分公司出口经营权，地级城市和县级支公司收购产品的采购权，因而基层企业对出口创汇的积极性不高，而且出口环节比较多，对国际市场应变能力差。

从1980年开始，整个80年代，外贸体制改革的重点是打破外贸部门一家垄断局面，放权给地方和企业。从1985年下半年开始，广东省外贸分公司将外贸经营权下放到支公司，基层外贸公司直接面对国外市场，灵活快捷地解决出口商品的货源、收购、销售等问题；并对分公司和支公司进行分工，分公司负责大宗商品出口，开拓远洋市场业务，支公司主要经营港澳及东南亚市场。广东率先开始在外贸计划、财务、外汇、经营权、企业

管理等方面进行改革,完成从指令性计划到指导性计划的转变,基本建立起与"商品经济"发展相适应的外贸管理体制。主要借鉴"农村联产承包制"经验,在外贸领域开始进行"承包经营责任制"改革,省外贸局作为承担外贸承包经营责任制主要负责单位,以银行收汇、出口成本、盈亏总额三项指标为考核标准,制订外贸计划任务和调控指标;采取"条条承包、包到企业"的方式,逐层分解到省各专业外贸公司,地(市)、县口岸支公司等,构成外贸领域承包经营体制[①]。

总的来看,从宏观上看,政府仍然掌握"进出口许可证",在管理权限上统一对外,实行统一经营和分类经营体制;在微观上,逐步扩大地方的外贸自主权,部分地方试行独立核算、自负盈亏等,允许一些工业部门和大型企业从事外贸经营,初步形成了多层次、多渠道的经营格局。

二、外贸承包制与管理体制改革

20世纪80年代中期到90年代末,广东进行了外贸承包经营责任制的完善和管理体制的深化改革。80年代中期,在外贸领域试行承包制,总的原则是"自负盈亏、放开经营"。

从1987—1991年,全面推广和完善出口承包经营责任制。首先,积极推动外贸企业转换经营机制,逐步下放外贸经营权,推进外贸经营权由"审批制"转变为"登记制",推行代理制,并促进工贸结合。其次,进行企业制度改革,开展股份制试点,1986年,深圳推行了《深圳经济特区国营企业股份化试点暂行规定》,这是中国国营企业股份化改革的第一个规范性文件。最后,加大推行企业承包经营责任制的力度。1987年广东省政府发布《关于深化改革增强企业活力若干问题的通知》;1988年,着力推行外贸承包责任制,完善了承包经营考核制度。由国家核定地方的出口计划、出口收汇和上缴中央外汇数量。为完善企业承包经营责任制,保证完成国家下达的出口收汇、上缴国家外汇额度基数任务,广东省外经贸委对企业下达了五项承包指标:出口计划、自营出口收汇、上缴国家外汇额度、降低出口成本、上缴出口调节基金。这些指标层层分解,最终落实到人,调动了企业的积极性。广东107个专业外贸公司、工(农)贸公司和国营出口企业的代表从省政府接过了"1988年外贸出口承包任务书",广东结束了

---

① 马桦、张鹏、邓辉年:《广东外贸经营权改革历程回眸》,载《大经贸》2007年第5期,第76-79页。

"吃大锅饭"的外贸体制①。

20世纪90年代初期，广东外贸从以中央政府管理为主转变为以地方政府管理为主。1991年，对外贸企业进一步放开经营，尝试采取企业自负盈亏的管理方式，实行企业平等竞争，取消补贴，自负盈亏。从管理体制来说，政府通过运用价格、汇率、利率、退税、出口信贷等经济手段调控外贸经营活动，改变了单一的计划管理体制。

从1992年到20世纪末，广东外贸体制进入了市场机制导向的改革阶段。1992年1月，邓小平南方谈话要求加快体制改革，提出三个"有利于"，极大地促进了广东改革的积极性。1992年10月，党的十四大提出了改革总体目标，建立"社会主义市场经济体制"，进一步明确了我国改革开放的方向，坚定了我国改革开放的信念，加快了我国改革开放的步伐。在外贸领域，广东通过"变通"的办法，比如超计划生产部分实行外贸公司代理出口，调动了各方面参与外贸的积极性。随着外贸经营权的逐步下放，经营主体多元化格局逐步形成。各项指令性外贸进出口管理计划被取消了。广东省外经贸委从宏观上负责进出口计划和协调管理并从下达指令性外贸计划改为指导性外贸计划，计划管理将以市场为基础，企业根据市场情况自主制订进出口计划，自负盈亏；取消了进出口指令性计划，也对部分出口商品配额实行公开招标。在这种体制下，部分企业经审批取得外贸经营权，但主要限于流通领域的外贸企业。绝大多数生产企业不能直接参与外贸，不能与国际市场接触和参加国际竞争，只能被动地接受外贸企业的订货，不能按照国际市场需求及时间点生产。这种体制极大地限制了外贸发展，被称为"小经贸"格局，还有待于大幅度改革，构建"大经贸"格局。

从1994年起，广东把放开经营权和建立现代企业管理制度作为深化外贸体制改革的重点，而外贸进出口计划由各个企业自主决定。1994年5月，广东省政府批转省体改委、省经委《关于加快建立现代企业制度的意见》（粤府〔1994〕57号），提出国有企业改革由主要靠放权让利调整为致力于明晰产权的制度创新，开始建立现代企业制度。1995年12月，广东省政府转发《关于加快我省小企业改革的意见》（粤府〔1995〕98号），提出合并兼并、股份合作制、租赁经营、出售转让、嫁接改造、易地改造、抵押承包、破产拍卖8种改革形式，加快了小国有企业改革步伐，有力地推动了民

---

① 转引自谭宏业、李创荣《广东外贸发展对外贸体制改革的启迪》，载《广州对外贸易学院学报》1988年第4期，第30页。

营经济的发展。

这一时期广东进行了以汇率并轨为核心的新一轮外贸体制改革。在外贸大包干体制下，广东省向中央包干两个基数——出口外汇和换汇成本，即在一定换汇成本条件下上交规定数额的外汇，超过出口外汇上交基数的外汇按一定比例留成，归广东省政府使用。但是，由于商品进货价格、出口成交价格、流通费用及关税的变化，导致地方成本换汇成本产生波动，增加财政补贴负担，降低地方政府出口创汇的积极性。因此，国务院决定，从1994年1月1日起，实现双重汇率并轨，推行以市场供求为基础的、有管理的人民币浮动汇率制度；以银行结汇、售汇制度和出口退税等取代原先的外汇留成和上缴制度；允许在经常项目下进行人民币兑换。外汇体制改革为各类出口企业创造了平等竞争的良好环境，有助于提高广东出口商品的竞争力。

围绕"搞活"外贸这一主题，广东展开了逐步下放外贸经营权、推广外贸承包经营责任制和人民币汇率并轨三大改革，打破了国营外贸企业对商品、行业和市场的垄断格局。从宏观上打破外贸进出口计划体制，消除了外贸财政补贴和出口信贷保护，推动了外贸体制的市场化转型，促进了广东外贸的高速增长。截至1999年，广东拥有进出口权的企业已达3 534家，占全国外贸企业总数的12.0%[①]。相对于广东外贸规模来说，有进出口权的企业在全国中所占的比例明显较小。

三、对接WTO规则与政府职能转变

2001年，中国加入WTO，广东外贸体制进入了对接WTO规则的改革阶段。2004年《中华人民共和国对外贸易法》的颁布和实施，标志着我国对外贸易法制建设进入了一个新阶段，开始了我国涉及外贸领域的基本法与WTO规则全面接轨的改革。加入WTO以来，广东积极履行入世承诺，认真落实国家对外开放战略部署，推动政务公开与合规性行政工作，主动建立符合国际惯例的质量、安全、环境、技术和劳工等标准。主要进行了以下体制机制改革。

[①] 马桦、张鹏、邓辉年：《广东外贸经营权改革历程回眸》，载《大经贸》2007年第5期，第76–79页。

（一）积极转变政府职能，调整外贸管理体制

按照WTO要求的透明化原则，深化行政审批制度改革，累计取消省直机关审批、审核和核准事项1 558项，下放管理事项246项，明显提高了政策透明度和办事效率。在维护外贸秩序方面，开始建立公共信息服务体系，进行对外贸易调查、救济等服务内容。

（二）逐步建立起与WTO规则相适应的体制机制

按照WTO的非歧视原则、公平竞争的原则，广东调整和修改不符合WTO规定的地方性政策法规，清理一批"红头"文件及其制度[1]，比如深圳废止了政府以及各部门制定的878份文件[2]。建立健全外贸促进体系，完善检验检疫制度，实施"大通关"等贸易投资便利化措施，进一步降低关税总水平，大幅减少非关税措施，促进公平贸易。初步形成了高效协调的外经贸服务机制，运转高效的外经贸促进机制以及反应迅速、应对有效、反制有力贸易摩擦应对机制。

（三）在WTO框架下，中国内地与港澳签署CEPA以及连续10年的10个补充协议

CEPA的实施促进了粤港经贸合作重点从制造业转向商贸服务、金融、科技等服务领域。在商品贸易方面，关税降到了零税率，实现了商品自由贸易。在服务贸易领域，内地服务业不断扩大开放，香港服务业企业和专业人才可以自由进入内地；在贸易投资便利化领域，两地海关大幅度提高通关效率。CEPA及其系列协议首先在广东试验，先后在珠海、南沙、前海建立CEPA试验区。当然，CEPA协议中有部分条款仅适用于广东。例如，在零售业和旅游业方面的有关规定，这反映了粤港两地密切的合作关系。2009年8月，国务院正式批复《横琴总体发展规划》，赋予珠海横琴新区"粤港澳紧密合作示范区"功能；2010年6月，广东省在南沙成立了"实施CEPA先行先试综合示范区"，2012年，广州南沙获准成立新区，其《广州

---

[1] 肖文峰、吴少斌：《广东再次清理政府规章和规范性文件 27件被废止》，见新浪网（http://news.sina.com.cn/c/2002-01-03/434889.html）。

[2] 李桂茹：《积极主动适应入世挑战 深圳审查1700份红头文件》，载《中国青年报》2001年11月30日。

南沙新区发展规划》获得国务院批准;2010年8月,国务院批复《前海深港现代服务业合作区总体发展规划》,赋予深圳前海扩大金融等现代服务业开放。2008年国务院批准的《珠三角地区改革发展规划纲要》明确支持粤港澳合作发展服务业,鼓励CEPA在广东先行先试。中央先后批准了34项对香港、28项对澳门服务业开放政策在广东(主要是珠三角城市)先行先试①。

（四）加快外贸主体多元化步伐，允许私营外贸企业迅速发展

20世纪90年代的"放权"改革还没有触动旧有外贸体制外贸企业产权不转移的前提,没有扫除传统国家(政府)经营体制下固有的弊病,有必要进行外贸权限进一步下放,让民营企业直接参与外贸。依据"入世"承诺,我国进一步放开了外贸经营权。《中华人民共和国对外贸易法》(1994年版)第8条的规定,中国的自然人不能够从事对外贸易经营活动。新修订的《中华人民共和国对外贸易法》(2004年)对经营者范围扩大到个人。在这个阶段,广东企业外贸经营权逐步放开,受理机关及其审批权限不断下放,程序不断简化,条件不断放松,经营范围不断放宽,最后形成外贸队伍"千军万马"的大经贸格局。在放宽对外贸经营权方面,实行了渐进式的"松绑",取消了对商品和技术进出口经营权的审批,对外贸易经营者实行备案登记制度。扶持和促进中小企业开展对外贸易,加快了外贸主体多元化进程。2003年,广东省政府扶持民营进出口企业发展,外贸经营资格审批实行了从核准制向备案制转变。截至2004年6月底,全省拥有进出口资格的内资企业达到24 240家,占全国外贸企业比例回升到18%,其中私营企业19 638家。至2006年12月31日,广东共有66 701家对外贸易经营者,其中个体工商户4 970家。全省对外贸易经营者数量占全国总数299 979家的22.23%,比例明显回升。在这一时期,广东对外贸易经营者新增了42 461家,是2004年6月以前历年进出口企业累计数的1.75倍②。

（五）保护知识产权，防止侵害知识产权的货物和技术进出口

经过40年的努力,广东市场经济体制更加完善,贸易投资便利化程度

---

① 《梁耀文厅长介绍我省外经贸工作情况》,见广东人大网(http://www.rd.gd.cn/pub/rd-web/dhl/rdhyzy2/syjsc/jzzdh/201001/t20100130_98044.html),2010年1月30日。

② 马桦、张鹏、邓辉年:《广东外贸经营权改革历程回眸》,载《大经贸》2007年第5期,第76-79页。

大大提高，遵守国际规则、按国际规则办事的观念逐步增强，建立起了透明稳定、公平公正的商业制度。不断优化知识产权保护环境，加强了商品进出口侵犯知识产权和滥用知识产权行为的法制约束。

四、对标国际规则与外贸体制便利化

作为改革开放的先行地，广东40年的改革开放，实现了从计划经济模式向市场经济模式的转变。随着经济体制的改革，内外贸管理体制也发生了重要的变革。管理主体从统一到多元化，管理制度以"放宽""放权""放开"作为关键词发生演变，这是适应各个时期国内市场经济体制、国际经济规则的要求。在构建与国际接轨的开放型经济新体制目标下，广东在优化对内对外开放布局的同时，协调统筹国际国内两个大局，整合国际国内"两个市场、两种资源"将是制度变迁的方向。

以2008年国际金融危机为关键时机，开始了外贸转型升级。2008年以后，为应对美国次贷危机及全球金融危机的冲击，广东省政府出台多项文件，力促外贸转型升级。例如，广东省出台《关于促进加工贸易转型升级的若干意见》（粤府〔2008〕69号）、《推进加工贸易转型升级三年行动计划（2013—2015年）》（2013年）、《促进外贸稳定增长和转型升级若干措施的通知》（2015年）等。广东在外贸转型升级方面做了大量工作，加快贸易方式转变，推进加工贸易转型升级；实现增长方式由数量增长转向质量提升；着力引进高端创新要素，发展新兴产业；推动传统业态向新业态的转变。加强国际贸易风险的预警和防范，建立贸易摩擦应对综合服务平台，提高综合应对能力和水平。

广东以提升对外开放水平、实施互利共赢的开放战略为基础，开始了新时代的开放征程，着手优化对外开放格局，转变外经贸发展方式，构建开放型经济新体制。为响应国家政策，提出"加快构建开放型经济新体制是广东适应和引领新常态、进一步推动经济社会转型升级的主攻方向"。

2014年以来，以广东自由贸易试验区的建立和运作为主线，广东开始了实行高水平的贸易和投资自由化便利化政策，全面实行准入前国民待遇加负面清单管理制度，大幅度放宽市场准入，扩大服务业对外开放，保护外商投资合法权益。

（一）加快完善"小政府、大社会"体制，营造公平竞争的市场环境

在自由贸易试验区"先行先试"，积极推进简政放权和放管结合改革，加大产业开放体制的改革创新。重点是发挥市场对资源配置的决定性作用，政府职能集中到提供法律服务，对接国际规则，加快建设国际化法治体制机制建设，营造公平竞争的市场秩序，维护社会公平及和谐社会。

（二）构建与国际投资贸易通行规则相衔接的基本制度框架

广东在自由贸易试验区清理废除妨碍统一市场和公平竞争的各种规定和做法，防止市场垄断，全面推行公平竞争审查制度。大力推进贸易投资体制创新，破除贸易投资壁垒，实现资源高效率配置；创建公开透明、高效有序的新的贸易投资体制，包括建立与国际高标准开放规则接轨的贸易投资便利化、自由化规则体系，开放程度较高的投资负面清单，较高标准的劳工标准、环境标准和知识产权标准等。

（三）抓住建设自由贸易试验区的契机，进一步深化粤港澳合作

广东自由贸易试验区把CEPA及其补充协议纳入其制度框架，有效落实粤港澳合作框架协议；对香港和澳门扩大贸易、航运、金融、科技、文化和公共服务等领域的开放，深度推进粤港澳服务贸易自由化；推动粤港澳要素自由流动，进一步加强和提升粤港澳经贸交流合作，实现粤港澳开放型经济体制的对接交融。

（四）基于贸易投资一体化，加快双向投资规则国际化接轨

广东经济经过40年的快速发展，已经到了充分利用国际市场，提高国际竞争力的阶段。因此，需要加大使用外资和对外投资的力度，发展高水平的开放型经济，推动贸易向高端发展。在使用外资方面，重点面向发达经济体，引进关键技术设备、高端产业和优秀人才，加强与掌握核心技术的高新技术企业的合作，推动广东技术服务贸易发展。在对外投资方面，以东南亚及"一带一路"为优先方向，引导有条件的企业加快对外投资，积极与有关国家和地区合作设立产业园区，为广东企业"走出去"对外投资提供平台。

(五) 有效对接自由贸易试验区与"一带一路"的建设

充分发挥广东自由贸易试验区南沙、前海、横琴片区作用,深化与粤港澳合作,加快粤港澳大湾区建设;加强广州、深圳、湛江、汕头等沿海城市港口建设,强化广州等国际枢纽机场功能,发挥湛江、汕头等区域经济中心的作用,积极推动广东各地与"一带一路"沿线国家和地区的贸易往来和投资合作,力争使广东成为"一带一路"建设的排头兵。

第二节 广东外贸增长与外贸大省形成

改革开放40年来,广东外贸历经了20世纪70年代末期的缓慢起步、80年代的迅速发展、90年代的稳定发展、21世纪的转型升级和创新发展等阶段,不断推动广东从一个农业大省逐步转变为一个贸易大省、经济大省,其发展壮大的过程很大程度上得益于改革开放体制的逐步深化。

一、20世纪80年代初期广东外贸新起步和新突破

尽管广东处于沿海,毗邻港澳,而且一直有中国出口商品交易会(2008年改为中国进出口商品交易会,俗称"广交会")作依托,但是高度计划经济体制限制了对外贸易优势的发挥。直到1978年党的十一届三中全会召开后,计划经济逐渐放松,才有了广东外贸的新起步和一系列突破。1979年,中共中央、国务院批转《广东省委、福建省委关于对外经济活动实行特殊政策和灵活措施的两个报告》(中发〔1979〕50号),被称为"先走一步"的若干政策赋予广东对外贸易正式新起步;同年9月,国务院颁布《开展对外加工装配和中小型补偿贸易办法》,广东借此优惠政策,并依靠自身毗邻港澳台的地理优势,大力发展加工贸易。1978年,中国第一家"三来一补"企业——东莞虎门镇太平手袋厂正式成立,后来被称为中国利用外资的典范,后来该模式被全国其他地方广为采用①。1978年,广东进出口贸易额16.02亿美元,1979年达到20.22亿美元,1980年就上升到25.89亿美元,1985年超过50亿美元,达到54.61亿美元,这短短7年,年均增

---

① 唐志平:《东莞县太平手袋厂:全国首家"三来一补"企业》//《敢为人先——改革开放广东一千个率先》,田丰主编,人民出版社2015年版。

长19.02%。1985年广东进出口值仅占全国进出口总额的7.84%[①],这在全国是比较落后的。

随着外贸经营权的下放,实行外贸减亏增盈和外汇分成制度、出口退税政策,出口贸易得到激励,广东外贸出现了快速增长态势,不断登上新的台阶。1986年进出口值68.1亿美元,在全国外贸份额达到9.22%,在全国各省外贸排第一;1987年进口和出口都突破百亿美元,进出口值达到210.37亿美元,在全国外贸份额"跳跃式"达到25.45%;1988年,广东进出口值再次突破300亿美元,达到310.19亿美元,1989年达到355.78亿美元,那两年在全国外贸份额分别为30.18%和31.86%,接近"三分天下有其一"格局。

二、20世纪90年代广东外贸高速增长

进入20世纪90年代,根据国内外形势的变化,广东先后提出了"以质取胜"战略、"大经贸"战略、"科技兴贸"战略,调整和优化了广东产业结构,通过提升工业制成品的比重,机电产品、高新技术产品逐步成为出口的主要增长点;推动广东外贸规模不断扩大,在全国外贸份额再现新突破,1990年进出口达到418.98亿美元,在全国份额上升到36.29%;1991年广东外贸突破500亿美元,1995年突破千亿美元,达到1 039.72亿美元。在1997—1998年东南亚金融危机的影响下,广东外贸有所回落,1997年外贸1 301.2亿美元,1998年下降到1 297.98亿美元,下降了0.25%,之后强劲反弹,1999年达到1 403.68亿美元,2000年为1 701.06亿美元,分别增长8.14%和21.19%。整个20世纪90年代,广东外贸年均增速达到15.04%的高速增长。广东外贸在全国的地位达到高峰,1993年在全国份额突破40%,达到40.03%,最高份额是1994年的40.85%,其中出口份额为41.49%,进口份额为40.18%,之后数据有所回落。这个时期广东外贸在全国份额保持在35%以上,成为我国外贸大省。

三、新世纪中国"入世"后广东外贸超常规增长

进入新世纪,特别是2001年中国加入WTO后,对外贸易体制机制实行了一系列突破,给广东营造了一个良好的制度环境,促使了这一时期广东外贸"超常规"快速增长。1995年广东进出口值超过1 000亿美元,达到

---

① 本文以下数据除特别说明外,均来自历年的《广东统计年鉴》和《中国统计年鉴》。

1 039.72亿美元，之后实现了"翻两番"：2002年超过2 000亿美元，达到2 210.92亿美元；4年后翻一番，2006年超过5 000亿美元，达到5 272.07亿美元；7年后再翻一番，2013年超过1万亿美元，达到10 918.22亿美元。

在"超常规"增长背后，广东外贸增长已经显示出疲态，广东外贸增速已经低于全国平均水平。2000—2008年，广东对外贸易实现了年均18.99%的快速增长，其中，出口年均增长20.34%，进口年均增长17.25%；同期，全国相应指标分别为23.48%、24.42%和22.38%。2008年国际金融危机爆发，产生了巨大影响，广东外贸增速显著降低，同比增长7.80%，2009年出现负增长，为-10.59%。

这个时期，广东外贸的地位逐步下降，在全国的份额从2000年的35.87%，下降到2007年的29.13%。但是，2006年一般贸易出口达800亿美元，大幅增长50%，占广东出口的比重达到26.5%。这也是自2001年广东一般贸易被浙江超越5年后重新夺回全国冠军的位置。所以，这个时期广东一般贸易不稳定、不够强，社会各界认为广东外贸地位开始下降，出现了"大而不强"问题，如何实现"外贸强省"成为普遍关注的问题。

四、金融危机后广东外贸低速增长

受2008年国际金融危机的影响，广东外贸出口增速大幅下滑。2009年，广东外贸实现6 111.18亿美元，比上年下降10.59%，其中出口下降11.19%，进口下降9.72%；2010年出现大幅度反弹，进出口比上年增长28.44%，其中出口增长26.25%，进口增长31.54%。之后的广东外贸增速逐渐降低，2011—2016年各年增速分别为16.36%、7.73%、10.96%、-1.40%、-5.00%和-6.60%；其中出口分为17.34%、7.95%、10.85%、1.53%、-0.41%和-6.98%。

总体来看，国际金融危机后，广东外贸萎靡不振，2008—2016年，广东外贸年均增速为4.27%，其中出口为5.03%，进口为3.11%，比国际金融危机前一段（2000—2008年）的年均增速分别减少了14.72个百分点、15.3个百分点和14.14个百分点。显然，广东外贸整个进入低速增长的"新常态"。但是，广东外贸在全国份额保持在25%左右，出口份额为28%左右，进口份额为22%左右，在全国地位仍然保持领先地位。

总览广东40年改革开放的历史，外贸一直保持领先全国地位，自1986年起，广东进出口总额、出口总额连续31年位居全国首位。外贸经历了20

世纪80年代起步和连续突破,外贸规模的基数不断提升;90年代快速增长,在全国地位达到高峰;进入新世纪高基数、高增长的超常规增长;在国际金融危机后,进入低速增长的"新常态"。近10年来,随着全国其他地区对外贸易的快速发展,广东进出口总额所占比重有所下降,但仍保持1/4以上。中国跻身世界贸易主要大国,广东功不可没。

第三节 广东外贸增长方式与外贸强省建设

2008年,美国次贷危机引起国际金融危机爆发,迅速波及全球;2010年欧洲不少国家主权债务出现危机,爆发"欧债危机";2012年,日本"3·11地震"也引起了不小的冲击,随后新兴经济体经济增速降低。之后,各国为了治理经济危机,出现了连续几年的"量化宽松"货币政策。其间,国际需求萎靡不振,有必要进行深度的需求性结构调整。面临这样的国际经济环境,广东贯彻执行国家关于经济新常态"保增长、调结构、促转变"的策略,一方面保持经济平稳较快发展,另一方面利用危机推动产业结构调整和增长方式转变,争取做到"三促进一保持",即促进提高自主创新能力、促进传统产业转型升级、促进建设现代产业体系,保持经济平稳增长的政策。2011年,广东省政府颁布《关于促进进口的若干意见》(粤府〔2011〕126号),目的是结合产业转型升级,实施积极的进口促进政策,优化进口结构,促进平衡贸易;通过进一步优化进口贸易方式和商品结构,实现先进技术、关键设备和稀缺资源进口大幅度增长,从而实现广东外贸平稳增长,不断增强外贸竞争力,转变外贸增长方式,推动外贸强省建设。①

一、出口产品结构调整:资本与技术密集型产品份额上升

改革开放以前,广东出口商品以农副产品为主,占出口总额的比重逾六成,而轻纺、工矿产品出口不足四成。改革开放后,广东轻纺工业和加工业得到快速发展,轻纺产品出口的比重逐年上升,1990年达到64.8%,

---

① 陈万灵、陈麒宇:《广东对外贸易制度改革逻辑及其绩效》//《广东外经贸蓝皮书·广东对外经济贸易发展研究报告(2017—2018)》,陈万灵、何传添、刘胜主编,社会科学文献出版社2018年版。

农副产品所占比重则由改革开放初期的 38.7% 下降至 7.8%[①]。这个时期出现了外贸粗放经营的问题，出现了出口商品中技术含量低、高附加值商品所占比重小，以及外贸出口市场单一的问题，因此必须进行转型升级。

20 世纪 90 年代，广东产业结构不断优化，工业结构加速转型升级，逐步形成了以机电产品、高新技术产品为主导的出口商品格局。机电产业、高新技术产业等制成品属于资本与技术密集型行业，其比重不断逐步上升。1993 年，广东机电产品出口首次突破 100 亿美元，占当年出口总额的 36.6%；1998 年，广东高新技术产品出口首次突破百亿美元，占当年出口总额的 13.7%。

进入新世纪，机电产品、高新技术产品成为出口的主要增长点。2000—2007 年，机电产品和高新产品出口年均增速分别为 26.33% 和 33.86%，高于广东出口年均增速 22.24%，带动广东出口结构优化。2008 年，广东机电产品出口达到 2 836.37 亿美元，占出口总额的 70.17%，比 1993 年上升 33.6%。高新技术产品出口竞争力不断提升，逐步成为推动广东出口增长的支柱。2008 年，广东高新技术产品出口 1 486.73 亿美元，占出口总额的 36.78%，比 1998 年提高 23.1%，年均增长 30.60%，增速比同期出口高 12.4%。

2008 年是中国改革开放 30 周年，受国际金融危机和外部环境的影响，广东外贸进入全面调整阶段，大力推进贸易平衡发展，扩大高新技术设备的进口，积极扩大资源密集型产品的进口，以弥补省内资源的不足；同时，加快转变外贸增长方式，增强出口竞争力，提高抗风险和应对贸易摩擦能力。

近几年，机电产品和高新技术产品出口增速低于出口总值的增速。2016 年，机电产品出口 4 064.84 亿美元，高新技术产品出口 2 135.92 亿美元，其增速分别为 -7.17% 和 -8.32%。2008—2016 年，广东出口年均增速为 5.03%，其中机电产品为 4.6%，高新技术产品为 4.63%，导致机电产品和高新技术产品出口份额的下降，其占比分别为 67.91% 和 35.68%。机电产品出口份额比 2008 年减少了 2.26%；高新技术产品出口中份额比 2008 年减少了 1.1%，比 2013 年（高位 40.29%）下降 4.61%。由此看来，广东外贸结构升级转型不稳定，调整行动任重而道远。

---

① 唐英、谢洪芳：《日新月异、蓬勃发展的对外贸易——建国 60 年广东对外贸易发展情况综述》，见广东统计信息网（http：//www.gdstats.gov.cn/tjzl/tjfx/200909/ t20090904_ 69445. html）。

二、广东出口市场结构：从单一结构到多元化形成

改革开放前，广东的出口市场主要是前苏联和东欧各国、日本及港澳等地区。改革开放以后，1978 年与广东贸易往来的国家和地区达到 145 个，广东与世界各国的经贸联系越来越密切。广东凭借毗邻港澳的区位优势，推动外贸快速发展。1978 年对中国香港出口额超亿美元，达到 6.35 亿美元，占广东出口总额的 45.7%[1]，也说明广东出口集中度比较高，市场结构单一。从 20 世纪 80 年代到 90 年代，广东大力兴办"三来一补"企业，促进港澳地区技术、设备与内地劳动密集型产业充分结合，彼此贸易和投资不断攀升。进入新世纪，中国加入了 WTO，内地与香港签署 CEPA 协议，粤港澳三地合作范围进一步得到了扩展，合作水平不断得到了提高。

2000 年，广东出口份额排前 5 位的市场为：中国香港 34.30%，美国 25.70%，欧盟 13.68%，日本 8.43%，东盟 4.61%，其合计占广东出口的 86.72%。2007 年，广东的主要出口市场为：中国香港 35.19%，美国 20.02%，欧盟 14.76%，日本 4.68%，东盟 5.55%，其合计占广东出口的 80.38%，比 2000 年降低 6.34%，说明其他市场份额增加。

2016 年，广东出口份额排前列的市场分别为：中国香港 30.33%，美国 16.60%，欧盟 13.52%，东盟 9.76%，日本 3.94%，韩国 3.43%，合计占广东出口的 77.58%。可见，广东出口市场逐渐分散化。可以看出，日本市场份额不断下降，东盟市场份额不断上升。韩国市场从 2007 年的 1.62% 逐步上升，最大份额是 2014 年的 3.98%，接近同年的日本份额 4.01%。广东积极开拓拉美、非洲、中东、东欧等新兴市场。非洲市场从 2007 年的 1.87% 上升到 2010 年的 2.66%，2016 年达到 4.24%；拉美市场从 2007 年的 3.58% 上升到 2010 年的 4.49%，2016 年达到 4.25%。

香港是广东最大的贸易伙伴，广东是香港在中国内地各省份中最大的贸易伙伴，近几年广东对香港出口比重下降，对其他国家和地区出口份额有所上升。2016 年，排第 6~9 位的国家是：印度 2.48%，墨西哥 1.47%，澳大利亚 1.42%，阿联酋 1.31%。广东通过拓展"一带一路"沿线国家贸易，助推出口市场结构优化。2016 年，广东对"一带一路"沿线国家进出口占全省进出口总额的份额为 20.6%。其中出口份额为 21.1%，进口份额

---

[1] 唐英、谢洪芳：《日新月异、蓬勃发展的对外贸易——建国 60 年广东对外贸易发展情况综述》，见广东统计信息网（http://www.gdstats.gov.cn/tjzl/tjfx/200909/t20090904_69445.html）。

为 19.7%，分别比 2012 年提升 4.2%、5.7% 和 1.7%。因此，广东出口市场呈现逐步优化的态势。

三、外贸方式转变：加工贸易的兴衰与跨境电子商务的兴起

改革开放以前，广东对外贸易方式以一般贸易为主，兼有少量易货贸易和边境贸易。改革开放以后，广东充分发挥区位优势和政策优势，积极开展灵活多样的贸易方式，形成了以一般贸易、加工贸易为主，补偿贸易、租赁贸易、转口贸易等为辅的局面。改革开放初期，广东加工贸易以简单加工为主，出口产品主要是低附加值的劳动密集型产品。一般贸易和加工贸易作为两种主要外贸方式，其增速总是此起彼伏，不断波动变化①。1987—1990 年，加工贸易出现快速增长，年均增长 28.63%，快于广东外贸增速 25.82%；其中加工贸易出口增长 33.35%。

进入 20 世纪 90 年代，加工贸易进入平稳增长期，1990—2000 年，加工贸易年均增速为 15.46%，略快于广东外贸增速 15.04%，其中加工贸易出口年均增速为 16.19%。加工贸易在广东外贸总额占比为 64.25%，1990 年达到 68.66%。

进入 21 世纪，广东大力扶持一般贸易发展，一般贸易进出口稳定发展。加工贸易增速放慢。2000—2008 年，加工贸易年均增速为 16.71%，低于广东外贸增速 18.98%，远远低于一般贸易增速 22.85%。一般贸易快速增长必然引起其在贸易中的份额上升。2008 年国际金融危机后，加工贸易在贸易中份额连续下降，2016 年，广东一般贸易方式进出口额 4 162.8 亿美元，自 20 世纪 80 年代以来首次超过加工贸易额 3 705.81 亿美元，在贸易总额中占比分别为 43.58% 和 38.79%。同时，其他贸易方式的份额也不断上升，从 9.88% 上升到 17.63%。同期，加工贸易升级转型加快。从反映加工贸易升级转型的增值率看，从 1990 年的 25.44% 上升到 2000 年的 45.39%，2010 年达到 61.61%，2015 年为 76.73%，2016 年为 81.0%。2008 年以来，国家进一步加强转变贸易发展方式，推动加工贸易转型升级，加工贸易进出口增速有所放缓，一般贸易得到快速发展。广东加工贸易转型升级不断深化，加工贸易产业链不断延伸，企业技术水平和研发能力不断增强，初步实现了由贴牌加工（OEM）向委托设计生产（ODM）、自有品牌营销

---

① 陈万灵、唐玉萍：《世界经济危机对广东加工贸易及经济增长的影响分析》，载《国际商务》2010 年第 1 期，第 14－15 页。

（OBM）的转变，有力地推动了外贸增长方式的转变，有效地带动了广东加工贸易的发展。

近几年，基于跨境电子商务的进出口贸易呈现高速增长态势，其已经成为国际贸易体系中的重要方式。据中国电子商务研究中心报告显示，2016年，广东跨境电子商务进出口总交易额达228亿元，增长速度为53%，规模位居全国首位。其中，跨境电商出口额为134.9亿元，增速为34.7%，占全国跨境电子商务出口总额的56.7%；跨境电商进口额为93.1亿元，增速为93.4%。2013年开始，广东跨境电商主体在全国的份额超越浙江，成为全国最高的省份；2015年，全国跨境电商主体分布显示：广东24.7%、浙江16.5%、江苏12.4%、福建9.4%、上海7.1%、北京5.2%等。建立跨境电商海外仓业务的广东企业约有210家，建仓面积约达150万平方米，遍布欧美和"一带一路"沿线国家（地区）。

通过前期完善信息网络平台，广东跨境电商业务已经有了强大的基础，很多跨境电商此前已在广东布局，加上广州跨境电商试点城市的效应，两者叠加，广东跨境电商得到快速发展：一是广东自由贸易区邻近香港、澳门，拥有货源充足、送货速度更快的优势；二是广东自由贸易区一直致力于政策创新与配套政策的实施，其中包括海关；三是关于仓储、管理等优越条件的支持。

四、广东外贸主体结构调整：民营经济地位上升

改革开放以前，中国实行"统一管理，统一经营"的体制，外贸主体缺乏灵活性和自主性。改革开放后，广东在外贸主体改革方面，积极探索建立工业与贸易结合的外贸公司，促使外贸国有企业向实业化、国际化、集团化和股份化方向发展；随后，逐步放宽外贸经营权，形成了国有企业、集体企业、外资企业、私营企业和个体工商户共同发展的格局。1990年，广东国有企业进出口值290.58亿美元，占全省进出口总值的69.4%；外资企业进出口值125.67亿美元，占比为30%。

进入20世纪90年代，外资企业地位不断提升，成为推动广东对外贸易发展的重要力量。90年代末期，受东南亚金融危机影响，广东逐步重视以民营企业为代表的"内源型"经济发展，出台相关政策措施，鼓励和扶持民营企业发展，民营企业已成为拉动广东一般贸易出口的新增长点。

进入新世纪，国有企业、外资企业外贸增速比较低，民营企业外贸业务迅猛发展，为广东外贸发展注入新的活力，逐步成为外贸增长的主力。

国际金融危机后，国有企业出口自2012年之后连续负增长，2016年深度下滑，为-11.2%。2000—2007年国有企业出口年均增长5.58%，2007—2016年年均增长-2.85%。

外资企业出口仍占主导地位，其低速增长态势使得外资企业出口地位持续下降。金融危机前，2000—2007年年均增长24.71%；金融危机后，2007—2016年年均增长2.45%；2014年之后连续负增长，2014—2016年分别为-0.34%、-6.73%和-13.08%。

民营企业出口保持了较强的增长态势。国际金融危机前，2000—2007年年均增长56.73%；危机后，2007—2016年年均增长14.28%，民营企业已经成为未来出口增长的主力；近两年增速维持在5%～9%，2014年为5.14，2015年为8.33%，2016年增速有所回落，为2.16%。

从广东外贸主体构成看，国有企业出口占比相对稳定，外资企业出口占比大幅度下降，民营企业占比上升。受全球金融危机的影响，外资企业占比逐步下降，从2007年的63.25%下降到2016年的48.23%，降低了15.02%。民营企业出口占比持续上升，从2009年的22.94%上升到2016年的44.43%，提高了21.49%。广东各类出口主体地位逐步发生变化，民营企业成为未来出口增长的动力来源。

五、广东外贸区域协调发展："双转移"与粤东西北外贸发展

长期以来，广东外贸一直是全国外贸大省，但是，广东各内部区域发展并不平衡。广东对外贸易的出口规模主要集中于珠江三角洲地区，由于毗邻港澳，国际市场信息灵通，交通运输便捷，发展外贸优势明显。珠三角地区进出口规模占广东总规模的占比保持在90%以上，而粤东、粤西、山区欠发达地区仅占不到10%。

进入新世纪以来，2001年中国加入WTO，各地竞相开放，粤东、粤西和粤北山区获得发展机会，对外贸易发展速度逐步加快。2000—2008年，粤北出口年均增速21.21%，超过了珠三角（20.91%），粤东、粤西出口年均增速分别为10.91%和6.81%。近几年，广东不平衡格局略有改善。2008—2016年，珠江三角洲出口占比略有下降，从2008年的95.78%下降到2016年的94.40%；同期，粤东出口比重从2.29%上升到2.88%，粤西出口占比从0.81%上升到0.97%，山区出口占比从1.11%上升到1.74%。

从区域城市看，广东外贸主要集中于深圳、东莞和广州三个地区。深、莞、穗出口占比从2007年的72.3%下降到2016年的69.25%，其他城市出

口占比上升，珠江三角洲各个城市出口占比此起彼伏，深圳从 45.7% 下降到 39.65%，东莞从 16.3% 上升到 16.54%，广州从 10.31% 上升 3.06%。佛山从 7.09% 上升到 7.85%，珠海从 5.00% 小幅下降到 4.57%，中山从 4.68% 下降到 4.45%，惠州从 3.96% 上升到 4.99%。可见，外贸均衡发展得到一定改善，但是广东外贸区域协调发展问题仍是未来需重点改善的问题。

从区域创新来看，珠江三角洲仍然是广东创新中心。近几年，充分利用广东自由贸易试验区推行了一系列制度创新，重点在探索体制机制创新，政府部门之间的协调机制，外贸监管试点以及货物贸易便利化等方面取得了创新经验，并积极在广东全省推广复制，加上广东自由贸易试验区产业定位和发展，发挥了现代服务业和高端制造业的带动作用。

2008 年，广东提出了产业和劳动力的"双转移"战略，旨在推动珠三角劳动密集型产业向东西两翼、粤北山区转移。同年 5 月，广东省委、省政府先后颁布《关于推进产业转移和劳动力转移的决定》（粤发〔2008〕4 号）和《关于加快建设现代产业体系的决定》（粤发〔2008〕7 号）文件，目的是推动广东产业转型升级，实现增长方式转型。在"双转移"战略引导下，珠江三角洲一批劳动密集型、现代制造业向粤东西北转移，同时，珠三角地区通过将劳动密集型等产业转移到粤东西北地区，实现"腾笼换鸟"，引进资本密集型、技术更先进的高端产业，逐步实现珠三角产业转型升级。"双转移"实际上带动了产业和外贸转移，推动粤东西北外贸快速发展。2017 年 3 月，在全国人民代表大会上国务院总理李克强作的《政府工作报告》提出，深化内地与港澳合作，研究制订粤港澳大湾区城市群发展规划，发挥港澳独特优势；同年 7 月，习近平总书记亲自见证了《深化粤港澳合作 推进大湾区建设框架协议》的签署。随着粤港澳大湾区建设各项政策落实，广东区域协调发展将助力广东经济强力复苏，推动外贸快速增长。

六、广东服务贸易发展与外贸转型升级

改革开放 40 年来，广东抓住了国际资本转移的历史机遇，大力吸引外资和发展外向型经济，实现了货物贸易的快速发展。随着国际资本向服务业转移、制造业从生产型向服务型的转型升级，广东服务贸易成为广东转型升级的关键。

进入 21 世纪，受到加入 WTO 及其服务贸易规则的影响，广东服务贸易获得快速发展机遇。2003 年，中国内地与港澳签署 CEPA，并在 2004—2013

年连续签署了10个"补充协议",实现了货物贸易零关税,并促进贸易便利化,重点在于放宽服务行业投资准入。这对于广东服务贸易开放和发展起到重要促进作用,名义上是中国内地与港澳增强了服务业合作,扩大了内地服务业开放,促进内地与港澳的服务贸易自由化;实际上,CEPA及其"补充协议"首先在广东试验和落地实施,广东服务业向全世界开放,促进广东与全世界服务贸易的自由化[1]。因此,广东服务贸易获得了CEPA带来的发展机遇,2001年广东服务贸易进出口值为93.6亿美元,2008年达到426.82亿美元,年均增长24.20%[2]。为了进一步促进广东服务业开放和服务贸易发展,广东省人民政府先后发布《关于加快发展服务外包产业的意见》(粤府〔2012〕88号)和《关于加快发展服务贸易的意见》(粤府〔2013〕26号),目的是推进服务贸易发展,优化服务贸易结构和质量,把广东建成全国服务业对外开放的先行区,为转变对外贸易发展方式、提升开放型经济水平提供支撑。2008年国际金融危机后,国际资本转移推动了服务贸易快速发展。2016年服务贸易值为1 473.42亿美元(9 787亿元人民币),与2011年广东服务贸易值619.86亿美元比较,年均增长18.01%,其中服务出口增长10.82%,服务进口增长26.75%。近几年,服务外包业态发展比较快,对服务贸易发展起到重要的促进作用。2009年离岸外包执行额为13.71亿美元,2016年达到94.78亿美元,年均增长31.81%[3]。

比较而言,广东服务贸易发展还不充分,存在较大空间。首先,2016年,广东服务贸易额占全国服务贸易份额为22.4%,是我国服务贸易第一大省份,与货物贸易在全国的份额25%存在一定差距;其次,广东服务贸易多年逆差,近几年出现扩大的趋势,2013—2016年逆差分别为16.61亿美元、211.88亿美元、93.50亿美元和315.0亿美元,说明广东服务贸易竞争力比较弱;最后,广东服务贸易与货物贸易比值为15.42%,而全国的平均比值为18%,服务贸易发展与货物贸易发展不相称。因此,广东服务贸易规模和竞争力有较大的提升空间。

---

[1] 陈万灵、陈麒宇:《广东对外贸易制度改革逻辑及其绩效》//《广东外经贸蓝皮书·广东对外经济贸易发展研究报告(2017—2018)》,陈万灵、何传添、刘胜主编,社会科学文献出版社2018年版。

[2] 2008年以前服务贸易数据来自商务部的《中国服务贸易发展报告》(历年),中国商务出版社。

[3] 2011年之后的数据来自广东对外贸易经济合作厅的《广东商务发展报告》(历年),广东省出版集团、广东人民出版社。

广东服务贸易在外贸转型升级的过程中仍然具有重要地位,必须加快广东服务贸易发展。按照国家倡导的"创新、协调、绿色、开放、共享"五大发展理念,必须充分开发国际和国内两个市场、两种资源,大力推动服务领域供给侧结构性改革,促进服务业迈向高端水平,提升服务价值链的国际地位,为广东外贸转型升级做出了重大贡献。

总的来看,从近几年国内外形势看,广东"外贸强省"建设已出现不少积极因素:一是随着外需逐步回升,广东国际市场布局更趋多元化。二是外贸结构调整取得成效,"优进优出"取得积极进展。三是一般贸易地位逐步提高,加工贸易创新发展步伐加快。四是外贸新业态蓬勃发展,通过跨境电子商务的外贸占比不断扩大。五是服务业开放不断扩大,服务贸易呈现快速增长态势。

近几年来,广东采取了一系列措施,推进外贸供给侧结构性改革,推动外贸"稳增长、调结构"和提质增效,努力实现从外贸大省向外贸强省转变:一是兼顾一般贸易和加工贸易发展。扩大一般贸易发展,优化加工贸易发展,同时推动旅游购物出口向市场采购贸易方式转变。抓住广州、深圳国家跨境电子商务综合试验区建设等契机,发展基于跨境电商的外贸方式。二是加强自主知识产权和品牌建设,优化进出口商品结构,提高出口产品质量。三是鼓励业态创新和商业模式创新,培育外贸增长新动力。大力培育外贸新业态,打造外贸综合服务平台。四是积极引领"一带一路"建设,大力推进"走出去"对外投资,加强国际产业合作,以投资带动出口。五是扩大服务贸易发展规模,优化服务贸易结构,提高服务贸易输出能力和效益。表6-1反映了自1978—2016年来广东外贸增长及其地位变化情况。

表6-1 1978—2016年广东外贸增长及其地位变化

单位:亿美元

年份	广东进出口贸易	广东出口	广东进口	差额	中国外贸		
					进出口贸易	出口	进口
1978	16.02	13.98	2.04	11.94	206.4	97.5	108.9
1979	20.22	17.79	2.43	15.36	293.3	136.6	156.8
1980	25.89	22.33	3.56	18.77	381.4	181.2	200.2
1981	30.84	24.19	6.65	17.54	440.2	200.1	220.2

(续表6-1)

年份	广东进出口贸易	广东出口	广东进口	差额	中国外贸 进出口贸易	出口	进口
1982	30.75	22.74	8.01	14.73	416.1	223.2	192.9
1983	33.30	23.99	9.31	14.68	436.2	222.3	213.9
1984	36.32	25.15	11.17	13.98	535.5	264.1	274.1
1985	54.61	30.35	24.26	6.09	696.0	273.5	422.5
1986	68.48	42.90	25.58	17.32	738.5	309.4	429.1
1987	210.37	101.40	108.97	-7.57	826.5	394.4	432.1
1988	310.19	148.17	162.02	-13.85	1 027.9	475.2	552.7
1989	355.78	181.13	174.65	6.48	1 116.8	525.4	591.4
1990	418.98	222.21	196.77	25.44	1 154.4	620.9	533.5
1991	525.21	270.73	254.48	16.25	1 356.3	718.4	637.9
1992	657.48	334.58	322.90	11.68	1 655.3	849.4	805.9
1993	783.44	373.94	409.50	-35.56	1 957.0	917.4	1 039.6
1994	966.63	502.11	464.52	37.59	2 366.2	1 210.1	1 156.1
1995	1 039.72	565.92	473.80	92.12	2 808.6	1 487.8	1 320.8
1996	1 099.60	593.46	506.14	87.32	2 898.8	1 510.5	1 388.3
1997	1 301.20	745.64	555.56	190.08	3 251.6	1 827.9	1 423.7
1998	1 297.98	756.18	541.80	214.38	3 239.3	1 837.6	1 401.7
1999	1 403.68	777.05	626.63	150.42	3 606.3	1 949.3	1 657.0
2000	1 701.06	919.19	781.87	137.32	4 742.9	2 492.0	2 250.9
2001	1 764.87	954.21	810.66	143.55	5 096.5	2 661.0	2 435.5
2002	2 210.92	1 184.58	1 026.34	158.24	6 207.7	3 256.0	2 951.7
2003	2 835.22	1 528.48	1 306.74	221.74	8 509.9	4 382.3	4 127.6
2004	3 571.29	1 915.69	1 655.60	260.09	11 545.5	5 933.3	5 612.3
2005	4 280.02	2 381.71	1 898.31	483.40	14 219.1	7 619.5	6 599.5
2006	5 272.07	3 019.48	2 252.59	766.89	17 604.0	9 689.4	7 914.6
2007	6 340.35	3 692.39	2 647.96	1 044.43	21 765.7	12 204.6	9 561.2
2008	6 834.92	4 041.88	2 793.04	1 248.83	25 632.6	14 306.9	11 325.7

(续表 6-1)

年份	广东进出口贸易	广东出口	广东进口	差额	中国外贸		
					进出口贸易	出口	进口
2009	6 111.18	3 589.56	2 521.62	1 067.93	22 075.4	12 016.1	10 059.2
2010	7 848.96	4 531.91	3 317.05	1 214.86	29 740.0	15 777.5	13 962.4
2011	9 133.34	5 317.93	3 815.41	1 502.52	36 418.6	18 983.8	17 434.8
2012	9 839.47	5 740.59	4 098.88	1 641.71	38 671.2	20 487.1	18 184.1
2013	10 918.22	6 363.64	4 554.58	1 809.06	41 589.9	22 090.0	19 499.9
2014	10 765.84	6 460.87	4 304.97	2 155.90	43 015.3	23 422.9	19 592.3
2015	10 227.96	6 434.68	3 793.28	2 641.41	39 530.3	22 734.7	16 795.6
2016	9 552.86	5 985.64	3 567.21	2 418.43	36 628.88	20 836.16	15 792.72

资料来源:《广东统计年鉴》(历年) 和《中国统计年鉴》(历年)。

第七章　广东利用外资：从扩大规模到追求质量

习近平总书记指出，对外开放是中国的基本国策，利用外资是我们的长期方针。1978年12月，党的十一届三中全会召开，提出以经济建设为中心，实行改革开放。广东充分利用地处沿海、毗邻港澳、华侨聚集的独特区位优势，解放思想，大胆创新，迅速成为我国改革开放的前沿阵地。40年来，广东积极响应中央的号召，发挥"试验区、示范区"的带头作用，利用外资经历了从无到有、规模从小到大、质量从低到高的发展。

第一节　广东利用外资的改革与探索

习近平总书记在参加十三届全国人大一次会议广东代表团审议时强调指出，开创广东工作新局面，最根本的还要靠改革开放。作为中国经济体制改革的先行者与试验区，广东在吸收与利用外资方面不断探索，成果显著。2017年，广东省实际吸收外资达1 383.5亿元，增长6.4%，广东省利用外资工作在国务院第四次大督查中作为唯一入选的典型经验获得通报表扬。① 1979—2017年间，广东省吸收外商投资金额稳居全国前列，实际使用外资金额达4 770.3亿美元，年均增长率达15.6%，总体保持了持续增长的态势，其中，1984—2006年，广东省外商投资实际金额存量位居全国第一，占全国总额的24.3%；2007—2015年间，广东省吸收外商投资额稳居全国前三，仅个别年份低于江苏省与上海市。② 伴随着我国经济体制结构的调整

---

① 潘纳新：《广东省商务工作会议召开　利用外资工作获国务院通报表扬》，见中国商务信息网（http://igd.gdcom.gov.cn/rdxx/xwzx/201801/t20180124_26554.html）。

② 本文以下数据除特别说明外，均来自《广东统计年鉴》（历年）和《中国统计年鉴》（历年）。

成就展现编

与优化,广东充分利用国内国际两种资源,渐进式地在改革中谋求发展。

一、始于"经济特区"和"三来一补"的改革探索

中国利用外资的历史性突破,起步于兴办经济特区。[①] 在1979年7月,党中央、国务院批转广东和福建两省的报告,同意两省在对外经济活动中实行"特殊政策和灵活措施",允许两省扩大对外经济贸易,吸引侨资、外资,引进先进技术和管理经验,并同意在深圳、珠海、汕头、厦门四个地方开办"出口特区"(后改称为"经济特区"),拉开了广东改革开放先走一步和创办经济特区的序幕。但这一时期广东对外开放刚刚起步,深圳、珠海和汕头这三个经济特区的经济发展水平还相对落后,基础设施不健全,资金还很短缺,技术力量还很薄弱,广东利用外资工作的起步面临着挑战。因此,为了改善特区内的投资环境,广东省政府一方面出台一系列法规和政策,初步建立与完善特区的经济法律法规体系;另一方面紧抓特区内的基础设施建设,努力实现"四通一平"(即通道路、通电、通水、通电信和平整土地)。在政策与法规方面,1981年12月24日,广东省人大常委会颁布了经济特区五项法规,分别是《广东省经济特区入境出境人员管理暂行规定》《广东省经济特区企业登记管理暂行规定》《广东省经济特区企业劳动工资管理暂行规定》《深圳经济特区土地管理暂行规定》和《深圳经济特区行政管理暂行规定》。以上政策的发布与法规的制定,使特区内的立法和司法工作逐步完善,投资者的合法权益得到更好保障,为外商投资创造了良好的投资环境。在基础设施建设方面,三个特区都计划性地进行土地开放,搞"四通一平"基础工程,为外商投资办企业提供生产与生活支持。通过中央的大力支持与自身的不断探索,广东利用外资的成效开始凸显。以深圳经济特区为例,到1983年,短短4年的时间,深圳已与外商签订了2 500多个经济合作协议,总成交额18亿美元。到1986年年底,三个经济特区实际利用外资金额超过16亿美元,形成了相当规模的生产能力。

1978年9月15日,中国第一家"三来一补"企业——东莞县虎门镇太平手袋厂正式投资设立,该厂第一年就获得加工费100万,为国家获得外汇收入60多万港元。"三来一补"这种特殊的外贸形式充分利用了广东省的区位优势与政策优势,吸引港澳地区的劳动密集型企业向广东转移,弥补了广东经济特区建设初期资金不足与技术缺乏的问题,成为广东利用外资

---

① 崔新建:《中国利用外资三十年》,中国财政经济出版社2008年版。

的典范。"三来一补"企业的兴办,调动了港澳地区与其他发达国家的外商来华投资的积极性,有助于广东招商引资工作的起步,为其发展外向型经济奠定了较好的基础。此外,"三来一补"企业也培养了一批技术人才,为广东在这之后的利用外资工作提供了人才储备。

二、从"引资"到"引技""引智"的转变

习近平总书记指出,扩大对外开放,要坚持引资引技引智并举,以提升利用外资的技术溢出效应和产业升级效应。1984年5月,中共中央、国务院决定在国内进一步开放包括广州、湛江在内的14个沿海城市。同年6月9日,时任国务委员谷牧在广州听取广州、湛江市负责人的工作汇报时指出,广州有工业基础与科技力量,在珠江三角洲都已活跃起来后,"三来一补"之类一般的"大路货"已不再适应广州经济社会发展的需要,并认为广州、湛江两市应将今后的工作重点放在体制改革与引进外资的技术改造上。"三来一补"企业都属于劳动密集型企业,技术低,设备简陋并且耗能大,"前厂后店"的模式使产品的管理与技术完全控制在外商手中,已不适应中国利用外资发展的需要。自此,广东从产业政策上努力推动原有的"三来一补"企业逐步向"三资"企业转型,即广东利用外资的方式由初期的补偿贸易、加工装配为主转变为合资、合作、外商独资经营为主。国家对于兴办三资企业、推动"以市场换技术"也提供了政策支持,并在同年11月和12月先后批复同意湛江、广州两市兴办经济技术开发区。1986年4月,《中华人民共和国外资企业法》明确规定:"设立外资企业,必须有利于中国国民经济的发展,并且采用先进的技术和设备,或者产品全部出口或者大部分出口。"这从法律层面表明了"以市场换技术"的态度。1986—1987年,国务院出台了《关于鼓励外商投资的规定》(国发〔1986〕第95号)、批转国家计划委员会《关于中外合资、合作经营企业产品以产顶进办法》(计贸〔1987〕1924号)等政策文件,鼓励各地级政府改进产业政策,将吸收外资与加快企业技术改造结合起来。

从1984—1991年,在全国都无先例可循的情况下,广东遵循中央的指示,解放思想,大胆创新,率先大力发展"三资"企业,积极利用外资改造设备,提高技术水平,从"招商引资"向"招商引技"过渡,广东利用外资工作逐步成熟。这一时期,广东省共签订利用外资合同77 000多个,实际利用外资总额达136.5亿元,超出1979—1983年的近10倍。在硬件设施方面,广东省改革开放前10年用44亿美元从国外引进100多万台技术设

备和 2 400 多条生产线，让全省 70% 以上的企业改头换面。①

1992—2002 年，广东实际利用外资总额达 1 426 亿美元，超过改革开放前 12 年的 8 倍多。2002 年，为适应中国加入世贸组织的需要，更好地实施"外向带动"战略，增创综合投资环境新优势，广东省政府发布了《关于进一步优化广东投资软环境的若干意见》（粤府〔2002〕11 号），提出了七项意见，重点指出要加强吸收外资的规划与协调，着力调整优化吸收外资结构，重点引进世界 500 强企业投资，大力发展附加值高、关联带动大的项目，加大支柱产业、新兴产业、高新技术产业和服务业等领域招商引资的力度，促进全省产业结构的调整和优化。2004 年 12 月，广东省政府进一步发布《关于进一步优化投资环境做好招商引资工作的若干意见》（粤府〔2004〕126 号），指出随着国内全方位对外开放格局的进一步形成，广东省吸收外资区位优势逐步弱化；山区和东西两翼吸收外资的潜力未能充分发挥，因此应进一步优化广东省的投资环境，珠江三角洲要重点引进资金技术密集、附加值高的高新技术项目、服务业项目和龙头项目；加强分类指导，加快山区和东西两翼吸收外资的步伐，积极承接珠三角的产业转移；创新引资方式，加强人才培养和引进，为外商投资企业提供人力资源支持，包括加大对山区和东西两翼劳动力培训的力度。这一系列政策的颁布表明广东的招商引资工作已越来越重视利用外资的质量与区域间的协调发展，由"引资"向"引智"过渡，并取得了明显成效。到 2005 年，共有 176 家世界 500 强企业在广东省先后投资设立了 581 家企业，外商投资企业设立研发中心也达到 246 个。②

2008 年 5 月 29 日，时任广东省委书记汪洋正式提出"腾笼换鸟"的改革方案。在利用外资方面，合理有效地利用外资，进一步提高引进外资的质量和水平，优化利用外资结构，成为 2008 年以来的重点。为落实"腾笼换鸟"的产业转移政策，完善珠江三角洲地区的产业升级，广东省积极推动劳动密集型的外资企业从珠三角密集区向东西两翼沿海地区和边缘地区转移。将引进外资与调整产业结构、促进区域间的协调发展相结合，吸引发达国家和地区的跨国公司来粤投资。引进外资的重点投向了高新技术产业、装备制造业、现代服务业、环保节能业与现代农业，着力吸引跨国公司和更高技术水平的加工环节转移到广东省，促进产业链的升级换代。

---

① 舒元等：《广东发展模式——广东经济发展 30 年》，广东人民出版社 2008 年版。
② 蒋斌、梁桂全：《敢为人先——广东改革开放 30 年研究总论》，广东人民出版社 2008 年版。

2008年以后，广东利用外资合同数量均有所减少，但项目的平均规模增大。以2012年为例，全省项目平均规模首次突破500万美元，达到579万美元，比上年同期增加86万美元，同比增长27.1%。广东来自发达国家外资保持增长，外资来源多元化。① 广东服务业利用外资自2008年起迈上了新的台阶，全省服务业实际利用外商直接投资占比由2007年的36.4%提高至2013年的72.3%，超过了工业成为利用外商投资的主要领域。广东省利用外资的产业结构更加优化，总体规模稳步提升。

三、"放管服"改革与国际化、法治化、便利化营商环境建设

习近平总书记指出，投资环境就像空气，空气清新才能吸引更多外资。过去，中国吸引外资主要靠优惠政策，现在要更多靠改善投资环境。在扩大开放方面，需要创造更有吸引力的投资环境。党的十九大报告中特别强调，要实行高水平的贸易和投资自由化、便利化政策，全面实行准入前国民待遇加负面清单管理制度，大幅度放宽市场准入制度，扩大服务业对外开放，保护外商投资合法权益。发展引资竞争新优势，不是竞相比优政策，而是要营造稳定公平透明、法治化、可预期的营商环境。

2014年3月，习近平总书记在参加十二届全国人大二次会议广东代表团审议时对广东寄予厚望，希望广东继续在全面深化改革中走在全国前列，实施更加积极主动的开放战略。2014年12月，广东成功跻身于全国四大自贸试验区之一，中国（广东）自由贸易试验区成立，包含广州南沙、深圳蛇口前海、珠海横琴三大片区。广东自由贸易试验区的成立，进一步提升了广东对外开放的水平，为广东利用外资提供了新的发展机遇。2016年5月，李克强总理在《政府工作报告》提出，要持续推进简政放权、放管结合、优化服务，不断提高政府效能（简称"放管服"）。近年来，广东省政府认真贯彻落实党中央、国务院简政放权、放管结合、优化服务的改革部署，坚持简政放权、规范透明、宽进严管、便捷高效的原则，深入推进广东自贸试验区投资管理体制改革，简化项目审批流程，提高审批透明度，强化后续监管，在推动投资管理模式创新方面探索更多可复制推广的新经验、新做法。

2016年6月13日，广东省政府印发了《关于复制推广中国（广东）自

---

① 徐谦、洪秀霞：《2012年广东外商直接投资情况分析》，见广东信息统计网（http://www.gdstats.gov.cn/tjzl/tjfx/201306/t20130618_122605.html）。

由贸易试验区第三批改革创新经验的通知》（粤府〔2017〕67号），通知围绕深化商事登记改革优化政务环境、创新进出口监管模式推进贸易便利化、深化粤港澳金融创新等方面，推出了自由贸易试验区20项创新举措经验，并要求在全省范围内复制推广。随后，广东全省各个地市通过复制自由贸易试验区改革创新经验，在优化营商环境、提升投资贸易便利化水平、优化政务服务等方面均取得了明显成效。经过两年的建设，自贸试验区成为广东吸收外资的主要增长极。截至2016年年底，广东自由贸易试验区共入驻金融机构和创新型金融企业超过5万家，居全国自由贸易试验区的首位①。2017年第一季度，广东自由贸易试验区吸收外资项目1 199个，合同利用外资157.3亿美元，增长68.8%，占同期全省总量的59.3%，拉动全省合同利用外资增长34.9%②。

2017年12月4日，广东省政府发布《广东省进一步扩大对外开放积极利用外资若干政策措施》（粤府〔2017〕125号）（简称《外资十条》），在多个领域放宽外资准入限制，进一步推动广东形成对外开放新格局。《外资十条》重点加强对高端外资、高端人才的吸引力，比如世界500强企业、行业龙头企业及研发创新机构，推动广东省外资向更高层级、更高质量发展。对于外籍的人才进入广东，特别是进入自贸区，广东省还有国家批准的六条便利政策，比如在出入境口岸上免签，由72小时放宽到140小时，为外籍高层次人才来广东开展创新创业活动提供了非常便利的条件。

截至2017年，广东自贸区改革创新建设成果显著，形成在全省复制和借鉴推广的改革创新经验共111项，外资负面清单由122项缩减到95项，对138项行政许可事项启动"证照分离"改革试点。与挂牌前相比，"贸易便利化""投资便利化"和"跨境金融"三大指数分别增长了27.5%、42.1%和62.2%，世界500强企业在区内设立企业411家，行业龙头企业在区内设立总部型企业178家。③

---

① 《广东自贸区打造金融开放"升级版"，人民币成跨境往来主要货币》，见中国（广东）自由贸易试验区广州南沙新区片区网（http://ftz.gzns.gov.cn/zwgk/qydt/201706/t20170605_347175.html）。

② 商务部：《2017年一季度广东外经贸形势分析》，见商务部官网（http://www.mofcom.gov.cn/article/resume/dybg/201706/20170602588818.shtml）。

③ 潘纳新：《广东省商务工作会议召开 利用外资工作获国务院通报表扬》，见中国商务信息网（http://igd.gdcom.gov.cn/rdxx/xwzx/201801/t20180124_26554.html）。

第二节　广东利用外资的发展状况

一、全景回顾：近40年广东利用外资规模变化

习近平总书记2015年在美国华盛顿州当地政府和美国友好团体联合欢迎宴会上的演讲中强调，中国开放的大门永远不会关上。中国利用外资的政策不会变，对外商投资企业合法权益的保障不会变，为各国企业在华投资兴业提供更好服务的方向不会变。改革开放40年来，正是遵循这三个"不变"，中国成功吸收了大量的外资，给中国现代化建设提供了必要的资金、先进的技术、宝贵的管理经验、众多的国际化人才，对促进中国经济发展发挥了积极的作用。作为中国改革开放前沿，广东利用外资无疑是其中成功的典范。

"我国对外开放的历程恰是利用外资的过程。"[①] 1978年12月，党的第十一届三中全会决定实行改革开放的基本国策，拉开了中国对外开放的序幕，中国各地区引进外资的工作也由此展开。作为中国对外开放的"窗口"与"试验区"，40年来，广东主动顺应国内经济政策的变化，勇于探索，积极引进外资，发展外向型经济，取得了全国瞩目的成就。根据国家统计局与广东省商务厅公布的资料[②]，1979—2017年间，广东实际使用外资金额达4 770.3亿美元，协议利用外资金额达8 098.1亿美元，其中实际利用外资总额占全国实际利用外资总额的近1/4，达24.60%。从历年广东省利用外资规模在全国的地位来看，1979—2002年，广东省连续23年在全国吸收外商投资规模[③]排名第一，2003—2015年，广东省利用外资规模基本保持全国前三的地位。从合同利用外资与实际利用外资的增长速度来看，虽然有小幅波动，但整体保持了增长的态势，年均增长速度分别达18.84%和16.17%（如图7-1所示）。从部分时点来看，2016年实际利用外资额达234.07亿美元，与1979年实际利用外资额相比增长了256倍，较1991实际

---

① 商务部研究院研究员、北京新世纪跨国公司研究所所长王志乐接受《中国发展观察》采访时特别提及这一点。

② 潘纳新：《广东省商务工作会议召开　利用外资工作获国务院通报表扬》，见中国商务信息网（http://igd.gdcom.gov.cn/rdxx/xwzx/201801/t20180124_26554.html）。

③ 1979—2003年为实际利用外资额，2004年后为外商投资企业年底在华注册登记投资额。

利用外资金额增长了9倍。1994年,广东省实际利用外资规模首次突破了100亿美元,2008年则突破了200亿美元,在这14年间实现了成倍的增长。整体来说,改革开放40年,广东利用外资的规模一直居于全国前列,并随着对外开放的深入发展在不断扩大,基本保持平稳上升的趋势,但增速自2008年后有所放缓。

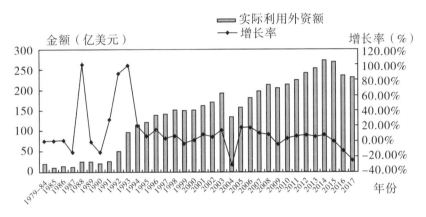

图7-1　1979—2017年广东省实际利用外资规模变化

数据来源:《广东统计年鉴》(历年)。

改革开放以来,广东利用外资的方式包括外商直接投资与间接投资两类。1979年,广东外商直接投资额为3 072万美元,占利用外资总额的33.62%;间接投资额为6 069万美元,占比为66.38%。这说明在实行改革开放的初期,广东引进外资以间接投资为主。在1980—1991年期间,广东外商直接投资额的比重波动较为明显,从1980—1984年,广东外商直接投资比重从57.6%增长至84.13%,但到1988年这一比重又回落到37.67%,并于1991年增长至70%。从广东利用外商直接投资比重较大幅度的波动中我们不难看出,改革开放的前12年,广东对于如何吸收与利用外资仍处于起步与探索阶段。1992年以后,广东利用外商直接投资额比重虽略有起伏,但整体保持了增长的态势,占比保持在70%以上,远超过利用外商间接投资额比重。2008年,广东利用外商直接投资额比重首次超过90%,到2016年稳步上升至99.75%,广东利用外资的方式基本以外商直接投资为主(如图7-2所示)。

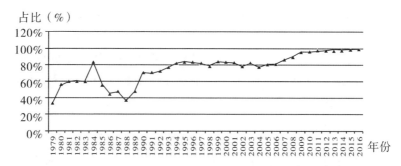

图 7-2 1979—2016 年广东实际利用外商直接投资比重变化

数据来源:《广东统计年鉴》(历年)。

回顾广东改革开放 40 年利用外资的历程,广东利用外资主要有四个大突破:一是 1978 年中国将对外开放确定为一项基本国策,拉开广东利用外资的序幕;二是 1992 年邓小平同志发表南方谈话,明确了对外开放的基本国策,为利用外资在理论层面和政策层面清除了障碍,广东进入了利用外资的迅速成长时期;三是 2001 年中国加入 WTO,中国改革开放全面与国际接轨,广东利用外资的步伐进一步加快;四是受 2008 年金融危机的影响,全球经济增速放缓,增大了利用外资的不确定性,广东利用外资呈现放缓趋势的同时,广东也抓住了这次历史性机遇,促进产业结构的转型与升级,提高利用外资的质量与水平。相应地,改革开放以来,广东省利用外资也大体经历了四个阶段。

二、广东利用外资的起步探索(1979—1991 年)

1978 年年底,党的十一届三中全会顺利召开,并将对外开放确定为基本国策之一,提出要充分利用外国的资金和技术,促进中国社会主义现代化建设。广东得风气之先,积极响应中央的号召,希望能率先推进对外开放进程。1979 年 4 月,习仲勋同志在中共广东省委召开四届三次常委扩大会议上明确指出广东发展对外开放的有利条件,希望中央放权,让广东先行一步。同年 7 月,中央批准广东省在对外经济活动中实行特殊政策和灵活措施,给予广东对外开放更大的自主权,并同时在深圳、珠海、汕头设立经济特区,给予特区内外商直接投资一些特殊的优惠政策,为特区内吸收外商直接投资提供了有利的条件。

在中央政策的支持下,广东率先对如何实行对外开放,如何更好地吸收与利用外资进行了大胆地探索。

(一) 在改善外商投资环境方面

广东省政府根据利用外资工作的需要,出台了一系列的法规、政策与措施,整体改善了广东省的外商投资的政策环境。比如,广东省人大常委会 1981 年颁布了针对经济特区内的五项单行法规,广东省政府颁布了《广东省鼓励外商投资实施办法》(1987)、《广东省外商投资企业劳动管理规定》(1989)、《广东省关于引导外商投资的若干规定》(1990) 等,对外商投资企业管理、重点鼓励外商投资发展等做出了相关规定。同时,加强广东省内各地区的基础设施工程建设,建立便捷的交通运输网络,为外商来广东投资创造良好的生产与生活环境。

(二) 在创新吸收外资的形式方面

广东省举办"三来一补",开办"三资企业"(合资经营、合作经营、独资经营企业),利用外资的形式逐步向多元化发展。举办"三来一补"业务利用了广东毗邻港澳的区位优势,吸收港澳华侨来广东投资办厂,打开了广东对外开放的局面,促进了广东利用外资的起步。而"三资企业"的开办,将吸收外资与加快企业技术改造结合起来,有利于提高利用外资的效益。

(三) 区域推进方面,广东根据省内各区不同区位、经济发展水平,分阶段实行了不同的开放战略

到 1992 年,广东已拥有三个经济特区(深圳、珠海、汕头),两个沿海开放城市(广州、湛江),四个经济开放区(珠江三角洲、梅州、河源、韶关) 以及六个高新技术区,形成了多层次的全方位对外开放格局,有利于利用外资工作的全面展开。

1979—1991 年,广东省累计签订外资项目 11 万余个,实际利用外资总额达 149.35 亿美元;实际吸收外商直接投资额由 1979 仅为 3 100 万美元增长到 1991 年的 18.23 亿美元,12 年间增长了近 60 倍,年均增长率为 6.37%。通过改革开放前 12 年对利用外资工作的探索,广东利用外资的局面基本打开,实际利用外资规模稳居全国第一。外资的利用也增加了广东改革开放初期建设资金来源,有效缓解了经济发展初期资金的不足,促进了广东经济的发展。

三、广东利用外资的迅速成长(1992—2001年)

1992年,邓小平在南方谈话时特别提到了广东,"广东应继续发挥龙头作用,力争用20年的时间赶上亚洲'四小龙'"。1994年6月,时任中共中央总书记江泽民向广东提出了"增创新优势,更上一层楼"的要求,希望广东能更好地应对国内改革开放全面铺开、广东优势弱化的情况。广东在这一时期,坚决贯彻中共中央的指示,实施外向带动战略,进一步扩大对外开放,引进外资掀起了高潮,进入了迅速发展阶段。

从广东利用外资规模的增速来看,1992年,广东实际利用外资金额达48.61亿美元,比1991年的25.83亿美元增长了88.25%;1993年达到96.52亿美元,比1992年增长了98.55%;1994年突破100亿美元大关,1996年达到138.99亿美元。1997年以后,受东南亚金融危机的影响,广东利用外资的增速减缓,来自香港、澳门以及日韩的投资减少,并在1999年呈负增长态势。但在2000年后广东吸收外资状况明显好转,在2001年实际利用外资金额达157.55亿美元。整体来说,这一时期广东利用外资的规模增长迅速,年均增长率达14%,与1979—1991年的年均增长率相比提高了一倍。

从广东利用外资的产业结构来看,1992年后,广东对农业利用外资采取了一系列的措施鼓励外商投资农业。广东省委、省政府先后在《关于进一步加快农村改革开放和农业现代化建设若干问题的决定》(1993)和《关于推进农业产业化若干问题的决定》(1996)中提出要进一步扩大外商投资农业领域的要求。这一系列农业利用外资措施的制定和实施,使广东农业实际利用外资大幅度增加,而外商投资的引入同时也为广东农业增加了资金与技术投入,有效地提高了广东传统农业的耕作技术和管理技术水平,对农业的产业结构升级具有重大意义。而1997年9月,东南亚金融危机爆发,给我国引进外资工作带来许多难题。对此,1997年全国利用外资工作会议提出了在继续保持吸收相当规模外资的同时,将更加注重改善吸收外资的产业、地区结构,以促进我国产业结构的调整与技术进步。广东认真贯彻中央对利用外资工作的指示,调整省内的产业政策与利用外资政策,积极引导外商投资投向跨国大型企业、高新技术产业和农业的综合开发,利用外资的领域也逐步扩大到金融、贸易、交通、保险、房地产业、旅游等第三产业。1992—2001年,广东利用外资的产业结构逐步优化,尤其是农业和服务业的引进外资工作得到了较大的发展。

从广东利用外资的方式来看,1992—2001 年,广东继续把吸收外商直接投资作为利用外资的重点。1979—1991 年间,广东实际利用外商直接投资占实际利用外资总额比重的波动幅度较大(如图 7-2 所示),而 1992—2001 年这 9 年间,广东实际利用外商直接投资占比基本保持了平稳的增长,维持在 70%~90% 的区间。这说明 1992 年以后,广东利用外资的方式以吸收外商直接投资主,采用国际租赁等间接方式吸收外资越来越少。

1992—2001 年,广东 9 年共签订外资项目 137 281 个,累计实际利用外资总额达 1 260 亿美元。广东利用外资规模与 1979—1991 年相比扩大了 8 倍多,年均增长速度由第一阶段的 6.37% 提高至 14%,利用外资规模在全国排名稳居第一。这一阶段,广东引进外资工作成长迅速,有效地推动了广东外向型经济的发展。

四、广东利用外资与国际规则接轨(2001—2008 年)

2001—2008 年,广东利用外资与国际规则进行逐步接轨。2001 年 12 月 11 日,中国加入世界贸易组织,中国改革开放全面与国际接轨,为广东利用外资提供了新的机遇。一是广东省内的投资环境进一步改善与规范。2002 年,广东省人民政府发布了《关于进一步优化广东投资软环境的若干意见》(粤府〔2002〕11 号),从简化外商投资企业业务审批程序、降低外商投资企业经营成本、推进口岸改革、改进外汇服务办法、切身保护外商投资企业合法权益等方面来落实外商来广东投资的国民待遇,优化了广东的外商投资环境。二是广东的开放领域进一步扩大,利用外资结构不断优化。21 世纪后,全球开始了新一轮的生产要素重组和产业转移,广东抓住了这一历史性的机遇,着力调整与优化吸收外资的结构,重点引进世界 500 强企业来广东省投资,大力发展高附加值、关联带动大的项目,加大支柱产业、新兴产业、高新技术产业和服务业等领域的招商引资力度,以促进产业结构的优化升级。三是将吸收外商投资、引进技术与提高本土企业的自主创新能力结合起来,以提高广东企业的国际竞争力。21 世纪经济全球化的加速使国际竞争态势愈发激烈,科学技术成为产业竞争的决定性因素。2005 年 10 月,广东省委、省政府发布了《关于提高自主创新能力提升产业竞争力的决定》(粤发〔2005〕14 号),提出要增强自主创新能力,走开放型的自主创新之路,认为广东要改变过去过多依赖国外技术的方式,充分利用国外先进技术资源,提高开发核心技术的能力。这一时期,广东大力支持外资企业来广东设立研发机构,尤其是鼓励世界 500 强和有实力的外资企业在粤设立研发机构。例如，对具有研发机构的外资企业，广东将优先认定为高新技术企业，并给予一定的税收优惠。

2001—2008年，广东更好地与国际接轨，继续成为外商投资的热土，引进外资工作全面展开。2001—2008年，广东省共签订外资项目9万多个，包括一批重大利用外资项目。整体上扩大了广东利用外资的规模和质量，促进广东省产业结构的优化，增强了广东在国际市场上的竞争力。这一时期，广东实际利用外资总额1 380.5亿美元，并在2008年突破了200亿大关，基本保持稳步的增长态势，年均增长率为3.8%，较前20年增长速度有所减缓。2004年广东实际利用外资金额出现了负增长，由2003年的189.41亿美元降低至128.99亿美元，在2007年又回升至196.18亿美元。2001—2005年，除2003年外，广东省利用外资规模仍居于全国首位，2003年、2006—2008年，广东利用外资规模在全国排名第二，略低于江苏省。广东省在2001—2008年间利用外资的增速虽有所减缓，但利用外资的规模仍在不断扩大，利用外资的领域更加多元化，产业结构更为合理。外商直接投资比重稳步提升，并且呈现出第一产业平稳发展、第二产业规模扩大、第三产业的服务业快速增长等特征，这些特征表明，广东利用外资结构更趋合理，利用外资的质量有所提高。

五、广东利用外资的转型与升级（2009—2017年）

2008年由美国次贷风波引发的金融危机对中国吸引外资带来了很多不利影响，增大了利用外资的不确定性，中国引进外资整体呈现放缓趋势。广东作为中国对外开放的窗口，金融危机带来的影响尤为严重。2008年国际金融危机爆发以来，广东利用外资的增速明显放缓。2008年，广东实际利用外资金额为212.67亿美元，2009年外资金额降至202.87亿美元，呈现出负增长态势，2010年后虽有所回升，但增速减缓。2009—2016年，广东实际利用外资年均增长率为1.8%，与前三个阶段相比，增速降低较为明显。这一时期，从广东利用外资规模在全国的地位来看，虽仍位居全国利用外资规模的排名前列，但基本略次于江苏省，排名第二，2013年和2015年，排名第三。同时，广东实际利用外资规模占全国实际利用外资规模的比重也从2008年的16.03%降低至2015年的14.64%。这一时期，广东利用外资增速减缓、利用外资规模在全国排名降低的现象不难理解。一方面，由于全球经济体系在金融危机中重新洗牌，各大生产要素要进行重大调整，导致跨国企业投资能力下降，投资信心不足，中国引进外资的优势弱化，使中国利用外资规模整体增速减缓，迫切需要促进产业结构的优化升级，提高技术创新能力。这一时期对中国来说，利用外资"质"比"量"更重要。另一方面，2008 年以后，中国对外开放已在全国全面展开，广东省原本的政策优势与劳动力优势弱化，其他省份吸收外资的区位优势逐渐显现出来，因此整体排名略有浮动。

2009 年以来，进一步提高利用外资的质量与水平，拓宽利用外资的领域，促进产业转型与升级成为广东利用外资的重点。2010 年 9 月，广东省政府在《关于进一步做好对外招商引资工作的若干意见》（粤府〔2010〕117 号）中提出，要进一步优化利用外资结构，引导外资投向高端制造业、高新技术产业、现代服务业、新能源和节能环保领域，促进外商投资向集群化、高级化发展。重点引进境外研发机构，对珠江三角洲地区外商投资企业向粤东西北地区转移，给予政策优惠，提倡利用外资方式多样化，鼓励并购、参股等方式参与外商投资。2013 年 3 月，广东省政府发布《广东省人民政府关于加快发展服务贸易的意见》（粤府〔2013〕26 号），指出要推进实施粤港澳服务贸易自由化，促进服务贸易领域对外开放和招商引资，促进服务业利用外资的发展。2014 年 12 月，广东自由贸易试验区的建设促进广东进一步吸收外商投资，降低外商投资限制，扩大外商投资领域。

2017 年 12 月，广东省政府颁布实施《外资十条》措施，从进一步扩大市场准入领域、加大利用外资财政奖励力度、加强用地保障、支持研发创新、加大金融支持力度、加大人才支持力度、加强知识产权保护、提升投资贸易便利化水平、优化重点园区吸收外资环境、完善利用外资保障机制 10 个方面拿出切实可行的举措。《外资十条》的出台，有利于进一步推动广东形成对外开放新格局，重塑广东营商环境新优势，打造法治化、国际化、便利化营商环境，重点加强对高端外资、高端人才的吸引力，推动广东省外资向更高层级、更高质量发展。

随着一系列政策的实施和引导，广东利用外资的结构更加合理。2009—2016 年，广东共签订外资项目 52 000 多个，实际利用外资总额 1 907.843 亿美元，与 2001—2008 年实际利用外资金额 1 380.50 亿美元相比，增长了 520 多亿美元，实际利用外资规模进一步扩大。2016 年引进投资总额 1 亿美元以上的外资大项目有 147 个。服务业利用外资规模在 2009—2016 年间稳步提升并于 2016 年超过工业领域利用外资，成为广东利用外资的主要产业领域。2017 年，广东省实际吸收外资达 1 383.5 亿元、增长 6.4%，新设立（含增资）投资总额超 1 亿美元的项目达 191 个，增长 13%，来自欧美等发达国家实际外资增长 19.1%。

第三节　广东利用外资的结构优化与质量提升

习近平总书记指出，要适应我国加快转变经济发展方式的要求，着力提高引资质量，注重吸收国际投资搭载的技术创新能力、先进管理经验，吸引高素质人才。利用外资不是简单地引进资金，更重要的是，引进外资搭载的先进技术、经营理念、管理经验和市场机会等，带动我国企业嵌入全球产业链、价值链、创新链。作为中国利用外资的大省，广东利用外资的结构不断优化、质量不断提升。

广东作为中国对外开放的先行者，多年来一直凭借着良好的区位优势和政策优势以及敢为人先的开放心态走在中国利用外资的最前端，成为迄今为止最吸引外商的投资地区之一。而随着国家政策的改变和发展重点的转移，以及国内其他地区的进一步发展，广东的投资环境优势正在逐渐减弱，并且经济高速发展的负面影响也逐渐显现。2008 年是广东利用外资结构变化与重心转移的转折点。2008 年，由美国次贷危机引起的全球金融危机对广东利用外资影响较大。金融危机后，广东利用外资的增速减缓，利用外资规模占全国比重缓慢降低。显然，在新一轮的产业升级过程中，仅仅依靠低廉的劳动力成本和优惠的条件已不再是吸引外资的主要条件。在这一时期，如何跟上全球化的步伐，提高利用外资的质量与水平，拓宽利用外资的领域，促进产业转型与升级成为广东利用外资的重点。下面将从广东利用外资的方式、来源地、地区分布与行业分布几个方面，具体来分析 2008 年以来广东利用外资的内涵优化与结构转型之路。

一、广东利用外资的方式及变化

广东利用外资的方式主要有利用国际直接投资和利用国际间接投资两大类。与间接投资相比，外商直接投资灵活性大、风险小，可将引进外资与学习外商先进的技术与管理经验相结合，有利于提高引进外资的质量。

20 世纪 90 年代后，广东利用外资逐渐以外商合作、合资、独资等外商直接投资方式为主。1990—2008 年，广东外商直接投资占实际利用外商投资总额的比重基本维持在 70%～80%；而 1979—1989 年，这一比重仅在 30%～60% 的范围内波动。从中我们不难看出，90 年代后广东利用外商直接投资占比得到了较大幅度的增长。这主要得益于90年代后政府政策的鼓励和投资环境的改善。到2008年,广东外商直接投资占实际利用外商投资总额的90.13%,占比首次突破了90%,并在2008后保持持续增长的态势,到2016年,这一比重增长至99.75%,其他方式仅占比0.25%。由此可见,2008年以后,广东利用外资方式已基本为外商直接投资。

从广东利用外商直接投资的方式来看,主要有合作、合资、独资、外资投资股份制等方式。而外商对广东投资这四种方式的比重结构在1978—2016年这近40年随着时间的推移发生了重大变化。从实际利用外商直接投资来看,利用外商直接投资主导方式由"合作"向"独资"演变,基本表现出投资方式从低资源投入、规避风险型的方式向资源投入高、控制性与战略性强的方式的演变规律。① 而在2008—2016年这9年间,广东利用外商直接投资方式的内部结构进一步优化。外商独资企业在2008—2016年无论是实际金额还是合同金额,所占比重均保持70%~80%的水平,为外商投资的主导方式。合作企业的实际金额与合同金额占比则进一步降低,到2016年均不足1%。外商投资股份制企业2008—2015年间实际金额与合同金额的占比仍处于1%左右的较低水平,但在2016年得到了快速的发展,所占实际金额比重增长至12.66%,所占合同金额比重增长至7.48%。外商投资股份公司可以通过向社会公开募股的方式来扩大资金来源,与合资、合作、独资企业只能通过固定投资者的股权投资和借贷来融通资金相比,为外商在中国直接投资提供了更有利的条件。

二、广东外资的来源地构成及变化

从投资来源地情况来看,资金来源遍及世界各地,世界上50多个国家和地区已经进行了对广东直接投资行动。总体上,无论是外商投资合同金额,还是实际金额,从投资来源的地区分布和投资数量分析,呈现出亚洲领先,拉丁美洲紧随其后,欧洲、大洋洲、北美洲基本持平的局面,而港台地区的直接投资则居于主导地位。

香港是广东利用外资最主要的来源地。截至2016年年末,香港累计对广东投资实际金额达2 559.27亿美元,占广东累计实际使用外资总额的比重为63.85%,排名第一;维尔京群岛437.1亿美元,比重为10.9%,排名第二;日本136.03亿美元,比重为3.39%,排名第三;新加坡110.85亿美

---

① 崔新健:《中国利用外资三十年》,中国财政经济出版社2008年版。

元,比重 2.77%,排名第四;中国台湾 86.35 亿美元,比重为 2.15%。排名前五的国家和地区累计占广东实际使用外资总额的比重为 83.06%。美国、中国澳门、萨摩亚、开曼群岛、韩国分别为排名第六至第十的国家和地区,所占比重分别为 2.12%、2.04%、1.71%、1.10%、1.08%。排名前十的国家累计比重为 92.12%(如图 7-3 所示)。

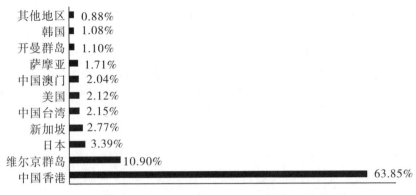

图 7-3 1979—2016 年外商对广东直接投资前十位的国家和地区

资料来源:《广东统计年鉴》(历年)。

从改革开放 40 年来外商对广东直接投资的来源地国家和地区分布可以看出,海外华侨投资居于对广东投资的主导地位,发达国家或地区对广东直接投资的规模有限。中国香港、新加坡、中国澳门、中国台湾的投资者大部分可归于华侨投资。[①] 这说明 40 年来,广东凭借着国家政策的扶持和自身毗邻港澳的区位优势,吸引了众多的华侨投资。此外,维尔京群岛、萨摩亚、开曼群岛等自由港地区也是对广东直接投资的热点地区,三个地区累计对广东直接投资占比达 13.71%。而欧美等发达国家对广东直接投资规模则相对较少。

从广东改革开放 40 年来吸收外资来源地的整体规模变化来看,2008—2016 年这 8 年间,广东实际利用外商直接投资累计总额达 2 063.58 亿美元,而 1979—2007 年近 30 年间,广东实际利用外商直接投资累计总额为 1 944.91 亿美元,说明 2008 年以后广东实际利用外商直接投资的规模已超

---

① 崔新健:《中国利用外资三十年》,中国财政经济出版社 2008 年版。

过过去 30 年的总和。而在来源地的结构变化方面，2008—2016 年，广东累计实际利用外商直接投资排名前十位的国家和地区与 1979—2007 年近 30 年间大体一致。香港、澳门、台湾、新加坡等地的华人投资居于主导地位，来自欧美发达国家的外商对广东实际直接投资所占比重仍然偏低，2008—2016 年仅美国跻身前十名，比重为 1.11%。而维尔京群岛、萨摩亚群岛等隶属于发达国家的自由港地区对广东直接投资的发展保持了良好的态势，开曼群岛作为后起之秀，在 2008—2016 年间得到了较大的发展，排名冲进前十名。韩国在 2008—2016 年间对广东直接投资规模进一步扩大，排名稳步提升，占比达 1.45%。2017 年，广东招商引资的大项目增多，新设立（含增资）投资总额超 1 亿美元的大项目达 191 个、增长 13%，来自欧美等发达国家实际外资增长 19.1%，其中来自美国实际外资增长 30.6%。

总体而言，2008 年后，广东吸收外商直接投资的来源地整体结构与前 30 年相比变化并不明显，港澳台地区的主导地位并未改变，自由港地区对于广东吸收外商直接投资则愈发重要。

从外商对广东直接投资的主要来源地所签订项目平均规模的变化来看，2008 年后，对广东直接投资排名前十的国家和地区所签订项目的平均规模整体有较大幅度的提升。以香港为例，1979—2007 年间，来自香港的投资者与广东签订的直接投资协议总计 99 000 多个，协议金额达 2 037.52 亿美元，签订协议的平均规模为 205.49 万美元。2008—2016 年间，广东吸收香港直接投资协议总计 4 万多个，协议金额达 2 828.51 亿美元，协议平均规模达 693.23 万美元。2008—2016 年间，来自香港的投资者与广东签订的直接投资协议数量与前 30 年相比减少了一半，但协议平均规模增长了 3 倍。此外，2008 年后，来自英国、荷兰等发达国家或地区与广东签订项目的平均规模也得到了大幅度增长。

2008 年以来，广东对外商直接投资项目的规模与质量要求变得更为严格。2010 年，广东省政府发布的《关于进一步做好招商引资工作的若干意见》（粤府〔2010〕117 号）中明确指出，要建立利用外资重大项目库，对于投资大、技术含量高、带动面广、影响重大的外商投资项目，将优先推荐为省重点项目并提供政策扶持。2008—2016 年期间，虽然广东吸收外资的主要来源地整体结构无明显改变，来自欧美发达国家的外商直接投资比重增长缓慢，但广东吸收外商直接投资的项目平均规模增长迅速，重大项目增多，项目质量提高，促进了广东利用外资结构的优化。

三、广东利用外资的区域分布及其变化

由于广东各地区经济状况、资源禀赋差异以及我国区域性利用外资政策的直接影响,广东吸收外商直接投资的地区分布呈现出显著的非均衡特征。广东引进外资工作是由经济特区的创办而逐步展开的。1980年,深圳、珠海、汕头成为最早开放的经济特区。1984年,国家进一步开放广东广州、湛江两地为沿海开放城市。1985年,中央决定把珠江三角洲与长江三角洲、厦漳泉三角洲列为经济开放区。由于这种梯度推进的开放政策,自改革开放以来广东实际利用的外商投资绝大部分都集中在珠江三角洲地区,利用外资的区域分布极不平衡。

2008年,广东省委、省政府《关于推进产业转移和劳动力转移的决定》(粤发〔2008〕4号)中提出"双转移战略",具体指将珠三角劳动密集型产业向东西两翼、粤北山区转移;而东西两翼、粤北山区的劳动力中一些较高素质劳动力,向发达的珠三角地区转移。"双转移"战略的提出对广东利用外资的区位转移与区域间均衡发展有十分重大的意义。然而,从2007—2016年广东利用外资的地区分布状况来看,广东利用外资地区分布不平衡的问题仍然十分严峻。2007年,珠江三角洲地区利用外资金额占广东利用外资总额的88.7%,而东翼、西翼和山区占广东省利用外资的比重分别为3.1%、1.9%和6.3%,三个地区加起来占比仅为11.3%,所占比重远低于珠三角地区。2008—2016年间,珠三角地区利用外资占比从2008年的88.4%增长至2016年的96.7%,到2016年,东翼和西翼地区利用外资所占比重仅为0.9%,不足1%,而山区利用外资占比也逐步减少,由2008年的6.4%降低至1.5%。

从广东各市利用外资的规模占比来看,2007年、2012年、2016年广东利用外资排名前六的地区是一致的,分别为深圳、广州、东莞、佛山、惠州和珠海这六个在珠江三角洲区域的城市。江门、肇庆、中山、顺德、清远、河源、汕尾基本为排名6~10位的城市,所占比重相对较小(见表7.1)。从广东各市利用外资签订的协议数量与协议平均规模来看,除广州和珠海外,各地区签订外资协议的数量在2007—2016年均有所减少,但签订协议的平均规模却进一步扩大了。尤其是实际利用外资规模排名在第6~10位的江门、肇庆、中山、清远几个地区,平均协议规模在2007—2016年增幅明显,在2016年,这几个地区的平均协议规模已与深圳、广州、东莞、珠海、佛山等地的规模相当,甚至更大。以肇庆为例,2007年肇庆签订协

议平均规模为437.88万美元,到2016年,这一数据增长至3 217.48万美元,平均协议规模扩大了近8倍,平均协议规模超过了实际利用外资占比排名第一的深圳市和排名第二的广州市。这说明在广东省相关政策的引导下,广东省引进外资项目正逐步向珠江三角洲外围地区牵引,但利用外资的区域分布不均问题还需在未来的发展过程中逐步解决。

表7.1 广东协议利用外资规模排名前10的地区及其份额变化

排名	2007年		2012年		2016年	
	地区	占比(%)	地区	占比(%)	地区	占比(%)
1	深圳	21.38	深圳	22.21	深圳	28.83
2	广州	19.19	广州	19.43	广州	24.42
3	东莞	12.36	东莞	14.31	东莞	16.82
4	佛山	9.18	佛山	9.98	珠海	9.83
5	惠州	7.17	惠州	7.34	佛山	6.30
6	珠海	6.01	珠海	6.14	惠州	4.89
7	江门	4.57	肇庆	4.89	江门	2.04
8	肇庆	4.52	江门	3.69	中山	2.03
9	中山	4.29	中山	3.41	顺德	1.89
10	清远	2.61	顺德	3.07	肇庆	1.59

数据来源:《广东统计年鉴》(历年)。

四、广东利用外资的产业结构及变化

改革开放以来,随着外资的不断流入,广东的三大产业利用外资结构也在变化。2008年以前,广东利用外资以第二产业居多,第三产业次之,第一产业微乎其微,与中国整体利用外资的产业结构基本一致,呈现出明显的"重工重商轻农"格局,农业利用外资尤其不足。2008年以后,广东利用外资的第三产业服务业发展迅速,在2016年首次超过第二产业成为广东利用外资的主导产业。第一产业利用外资的规模在2008—2009年有所增长,但在2009—2016年相对缓慢减少(如图7-4所示)。

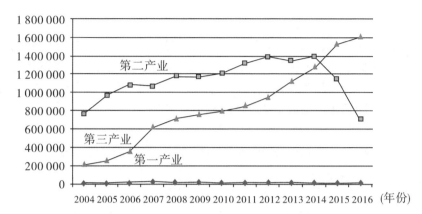

图7-4 2004—2016年广东外商直接投资产业结构变化情况（单位：万美元）

数据来源：《广东统计年鉴》（历年）。

2008年以后，广东利用外资的产业结构变化主要表现在第三产业即服务业利用外资的迅猛发展上。2010年7月，广东省政府颁布实施《关于开展质量强省活动的意见》（粤府〔2010〕84号），提到要全面落实CEPA及其补充协议，进一步加大服务业对港澳扩大开放政策在广东先行先试的力度，带动提升广东服务业质量。2014年5月，广东省政府发布《关于进一步促进服务业投资发展若干意见》（粤府办〔2014〕22号），提出加快推进服务领域对外开放，提高服务业引进外资的质量。在广东省政府的积极引导下，全省服务业实际利用外商直接投资从2007年的62.3亿美元一路攀升至2016年的160.9亿美元。这一阶段服务业占全省实际利用外商直接投资比重逐步提高，从2007年的36.4%提高到2016年的68.9%，超过工业成为广东利用外资的主要领域。另外，服务业利用外资的行业结构也得到进一步的优化，金融业、商务服务与租赁、信息服务、科技服务等与产业升级相关的现代服务业实际利用外资比重提高，房地产业实际利用外资比重则在2008年后有所下降。

从第二产业利用外资的行业结构来看，制造业居于主导地位，但2008年后，制造业占第二产业实际利用外资的比重缓慢降低，2014—2016年降幅增大，由2014年的93.19%降低至2016年的80.79%。电力、燃气及水的生产和供应业所占比重在2013年后逐步提高，由2013年的4.62%增至2016年的11.49%，建筑业也由2013年的0.65%增至2016年的7.54%。广东省政府积极实施国务院发布的《工业转型升级规划（2011—2015年）》

（国发〔2011〕47号），提高工业领域利用外资水平、加快实施"走出去"战略和推动加工贸易转型升级。2013年后，制造业占比减少，而电力、燃气及水生产和供应业、建筑业等与产业升级相关的生产行业蓬勃发展，体现出广东第二产业利用外资水平提高，利用外资结构不断优化的趋势。

第八章　广东对外投资：从"走出去"战略到"一带一路"建设

改革开放40年来，广东充分发挥毗邻港澳的地缘优势、华人华侨众多的人缘优势以及国家给予的政策优势，强调"引进来"，也更加注重"走出去"，鼓励产业企业走向世界，推动装备、技术、标准、服务"走出去"，积极参与国际经济技术合作与竞争，充分利用国内外两个市场，提升开放型经济发展水平。在这个过程中，广东对外开放水平迈上新的台阶，经济效益不断显现。随着"一带一路"倡议的实施，广东企业"走出去"的步伐加快，广东对外投资发展前景良好。因此，以"走出去"战略和"一带一路"倡议为背景，梳理广东省对外投资的五个历史发展阶段，从广东省对外投资的发展过程、总量规模、市场布局、行业结构、主体来源和重点项目等六个方面分析其发展现状，并分别探讨在"走出去"战略与"一带一路"倡议背景下，广东对外投资的发展变化和发展趋势。

第一节　广东对外投资的探索

改革开放以来，在推进加快贸易出口和外资利用的同时，广东对外直接投资进入了新的发展阶段，特别是在实施"走出去"战略后，广东省委、省政府加大对企业"走出去"的鼓励和引导，使广东对外直接投资得到快速发展①。总的来讲，改革开放之后，广东"走出去"的实践与探索大体经历了以下四个发展阶段。

---

① 石柳、张捷：《广东省对外直接投资与产业"空心化"的相关性研究——基于灰色关联度的分析》，载《国际商务（对外经济贸易大学学报）》2013年第2期，第52-64页。

成就展现编

一、对外投资的探索与调整阶段

从20世纪70年代末到20世纪末,我国对外投资处于探索阶段。党的十一届三中全会确立改革开放方针后,企业对外投资活动受到高度重视,在国家政策的鼓励下,一些国内企业纷纷在海外投资建厂。1979年8月13日,国务院发布了《关于进一步扩大和升级信息消费持续释放内需潜力的指导意见》,强调推进经济改革,鼓励企业走出国门。这是中华人民共和国成立以来第一次正式把发展对外直接投资作为政策确立下来。至此,我国企业开始了对跨国投资的探索①。

作为中国改革开放的前沿阵地,广东凭借优惠的开放政策,推动一些窗口型企业、贸易企业纷纷到香港、澳门设立对外开放的"窗口"公司,建立营销渠道等。1981年,广东省在香港设立粤海企业有限公司,在澳门设立南粤贸易有限公司,广东省第一家境外合资企业也在澳大利亚落地。同年,广州市首次走出国门在境外设立企业,广东对外直接投资的序幕就此拉开。随后,广东省各级政府部门和国有外贸企业在港澳地区和其他地区建立起企业办事处和中外合资的贸易公司。这一时期,广东外经贸公司在海外建立起非贸易性的合营企业,是广东对外直接投资的尝试性初步探索。1982—1991年间,广东对外直接投资取得了不少的重要早期成果。在对外劳务方面,广东对外劳务合作合同数在7 000宗以上,对外劳务合作金额约4亿美元;在对外承包工程方面,广东对外承包工程合同200多宗,承包金额共约4.1亿美元。从20世纪80年代末到90年代初,经过几轮的整顿,外经贸公司保留了外向型、实业型和技术引进型的骨干企业。1991年,广东省已经在港澳、北美、东南亚、欧洲以及中东、南美等地区投资兴办500多家企业,其中,200多家贸易类企业,300多家生产性企业。总之,这一时期,广东企业对外直接投资规模较小,但每年的整体投资趋势递增;投资布局遍布世界,但主要投资区域仍然以港澳地区和一些发展中国家为主。

1992年,在党的十四大会议上,邓小平提出了扩大对外投资以及跨国经营的指导思想,把中国经济体制改革和对外开放推向了一个新的发展阶段,企业获得了更大的经营自主权,中国与其他国家的经贸往来日益加强,

---

① 赵林妹:《经济全球化背景下我国对外直接投资发展模式探索》,载《财经科学》2004年增刊,第69-71页。

对外直接投资成为促进结构调整、开拓国际市场的有效途径①。发展跨国经营被广东的各个地区和企业置于进一步扩大改革开放，促进经济发展的战略高度上。广东实施了外向带动战略，进一步发展了外向型经济。广东企业加大了对外直接投资的力度，企业对外投资金额和海外子公司数量快速上升，对外直接投资领域也逐步拓宽，涵盖了制造业、对外贸易、房地产、金融、运输业等。这一时期广东企业对外直接投资迅速增长，促成了广东跨国投资的小高潮，但投资方式较为有限，仍然以贸易为主。

20世纪90年代中后期，广州卷烟一厂、珠海格力电器股份有限公司、江门中裕摩托集团等一批企业尝试利用闲置设备，陆续到柬埔寨等东南亚发展中国家和巴西等南美地区设立加工装配厂，开展境外加工贸易，广东的"海外兵团"也开始逐步形成和发展壮大。与此同时，广东在对外投资方面也进行了不少阶段性调整。1993年，一方面，由于国内经济发展过热、经济结构不合理；另一方面，由于一些境外企业受到短期利益目标的驱动，盲目决策导致投资效益普遍低下。因此，国家出台了抑制经济过热的宏观调控政策并实施了外汇管理体制改革②。1997年，由于亚洲金融危机的影响，广东对外直接投资增速减缓，并逐渐进入了调整期。亚洲金融危机后，随着国内通胀率逐渐下降，国际收支逐步好转。1999年，国务院办公厅发布了《关于鼓励企业开展境外带料加工装配业务的意见》（国办发〔1999〕17号），并出台了配套政策措施，为广东企业开展境外加工贸易提供了一系列的优惠政策，广东对外直接投资出现恢复性增长。至1999年年底，广东在境外设立的企业有62家对外直接投资的项目规模也不断扩大③，由境外加工贸易而引发的海外投资成为广东对外直接投资的新增长点。2000年，广东省对外投资企业已经达到624家，其中贸易型企业占了大部分，单个企业的对外投资规模也呈现快速上升趋势，投资额从几十万美元的项目发展到几千万美元。广东海外投资分布于世界50多个国家和地区，主要还是集中于港澳地区，同时也注重对北美、欧盟、日本和东南亚等地区的重点市场开拓。广东对外直接投资总额达到了1.78亿美元，投资包括了贸易、金

---

① 黄晖：《中国经济增长区域差异的制度分析》，载《经济地理》2013年第1期，第35－40页。
② 李晓峰、丁肖丽、徐若愚：《广东对外直接投资的优势、问题及对策建议》//《广东外经贸蓝皮书——广东对外经济贸易发展研究报告（2011—2012）》，陈万灵、李铁立、袁欣编，社会科学文献出版社2012年版。
③ 陈万灵、李铁立、袁欣：《广东外经贸蓝皮书——广东对外经济贸易发展研究报告（2011—2012）》，社会科学文献出版社2012年版。

融、劳务、农业、旅游、运输、医疗、房地产、资源开发、咨询服务等领域。

二、对外投资的迅速发展阶段

从2000—2005年,广东对外投资进入快速发展阶段。2000年3月,全国人大九届三次会议正式提出"走出去"战略。为了深入贯彻落实国家"走出去"战略,2000年7月,广东省政府颁布了《积极发展境外加工贸易业务的若干意见》(粤府〔2000〕45号),强调紧握加入世贸的良好时机,积极发展对外贸易合作,鼓励企业走出国门。广东省政府第一批"走出去"重点扶持企业有40家,其中以TCL、华为、格力、科龙为首的优势企业"走出去"了并取得了巨大的成功。广东在柬埔寨投资建设卷烟工厂,企业资本在3年内就实现增值3倍。以美的、格力、TCL等为代表的家电巨头,一方面加强国内资本运营,通过收购和投资扩大国内市场份额,另一方面开始走上国际化的道路,积极对外投资扩张。以广东的两家企业美的和格力为例。首先,美的从对东芝、万家乐的收购开始,参与了荣事达－美泰克的产权重组项目,并展开对小天鹅的收购项目。美的通过一系列的对外投资项目,已经发展为销售额千亿元的家电龙头企业。其次,家电大型企业格力一方面在丹阳、重庆、合肥等国内市场进行投资扩张,另一方面在巴西、越南建立起家电生产基地,逐步建立起"中国制造"的金招牌。可见,广东家电企业都在寻求发展空间,说明广东轻型化工业面临国内市场竞争激烈的局面。

这个时期,国家进行了经济政策和体制调整。2000年,中央确立了"走出去"战略,推动企业参与境外竞争与合作[1]。在此背景下,中国政府为鼓励企业"走出去"而逐步完善政策支持框架。2004年,国务院《关于投资体制改革的决定》改革了项目审批制度,简化对外投资审批,完善监督管理制度。同年,国家发布了《关于跨国公司外汇资金内部运营管理有关问题的通知》,简化了手续,放宽了对外投资外汇管制,缓解了境外公司运营资金和外汇使用的瓶颈。

2001年,中国加入世界贸易组织,促使广东对外直接投资快速发展。"十五"期间,广东企业在境外投资设立企业474家,协议投资额20.3亿

---

[1] 宋荣华、郝耀华:《"一带一路"战略引领中国企业"走出去"》,见人民网(http://world.people.com.cn/n/2014/1227/c1002-26285988.html)。

美元，其中，中方投资14.68亿美元，年均增长77.6%；境外工程承包规模进一步扩大，对外承包工程和劳务营业额从2000年的4.6亿美元增长至2005年的27.8亿美元，累计完成营业额70.4亿美元，年均增长31.4%[①]。

在这个阶段，广东对外投资呈现出以下特点：一是投资主体转向以大中型生产企业为主，民营企业成为新兴力量。华为、TCL、中兴等一批民营或民间资本参股的大中型企业和集团的国际化经营步伐明显加快。2005年，民营企业对外直接投资占全省各类企业境外投资比重首次超过50%。二是投资领域不断拓宽，包括制造加工、交通运输、商业服务等诸多领域，资源开发成了广东境外投资合作的新热点。三是投资区域从港澳为主逐步向其他国家和地区拓展，投资业务遍及全球80多个国家和地区，其中，在北美地区投资占境外投资比重达35%，成为继港澳后的第二大投资流向区。

三、对外投资的稳步发展阶段

随着"走出去"战略的深入实施和对外经贸体制深化改革，2006—2012年，广东对外直接投资进入稳步发展阶段。"十一五"期间，广东核准的非金融类境外企业近1 500家，协议投资金额61.41亿美元，比"十五"期间增长29.8%，业务遍及世界五大洲的100多个国家和地区。在这期间，广东累计签订承包工程、劳务合作和设计咨询合同22.64万个，合同金额401.64亿美元，年均增长24.2%，完成营业额343.28亿美元，年均增长25.9%[②]。

在此阶段，随着中国内地与香港和澳门签署CEPA，中国-东盟自由贸易区合作机制逐步形成，广东对外直接投资迎来了新的发展机遇。随着投资主体的不断扩大，广东对外投资领域也不断拓宽，从推销产品出口，到非贸易性投资合作，再到以投资制造业为主。其中，以开发利用境外资源为新热点。广东省粤电集团立基有限公司、农垦集团公司、金润和能源物资有限公司分别在印度尼西亚（以下简称"印尼"）、泰国和菲律宾投资煤炭开采、热带作物加工和铁矿石开采等合作项目。一些有实力的民营企业陆续到缅甸、菲律宾等国家考察，开发当地的矿产资源。

---

① 苏力：《广东企业进军全球价值链上游　设立境外企业6492家》，见金羊网（http://news.ycwb.com/2016-06/22/content_22323755.htm）。

② 陈万灵、李铁立、袁欣：《广东外经贸蓝皮书——广东对外经济贸易发展研究报告（2011—2012）》，社会科学文献出版社2012年版。

成就展现编

伴随着境外投资途径增多,经济贸易合作区成为发展的新途径。2006年前,广东对外投资主要是具有实力的企业到海外投资办厂;2006年后,对外投资从单枪匹马走出去,到利用国家政策集群式走出去,越来越多的广东企业开始进军国际市场,整合利用国内国外市场的资源,提升企业自身综合竞争力,做大做强。"尼日利亚广东经济贸易合作区"是经我国商务部、国家发改委批准的境外经贸合作区之一,得到中尼两国政府众多优惠政策及强大的支持,是广东省政府外经贸重点项目,由广东新广国际集团等公司负责建设。该项目启动后,带动本省及其他省一大批优势产业入驻。2007年,深圳有关投资联合体获准筹建"越南中国(深圳)经济贸易合作区"。合作区位于越南广宁省安兴县区域内,距越南首都河内125公里,距芒街国际口岸175公里,规划占地面积160万平方米,以电子信息和服装加工为主导产业,分为电子信息区、服装区、综合服务及配套区。合作区工业用房规划总建筑面积184万平方米,仓储规划建筑面积30万平方米,公建(包括办公、科研展示、配餐等)规划建筑面积8万平方米。整个合作区项目建设期为3年,2007年完成规划设计、工程勘察等前期工作,2008年正式开始进行项目建设,首批企业当年入园。合作区投资主体由中航集团、中深国际公司、海王集团等10家企业组成,由中航、中深国际、海王以及部分有入园意向的企业共同组建深越联合投资公司对越南合作区项目进行投资、建设、经营。该公司注册资金人民币1亿元,中航、中深国际、海王集团三家企业为发起股东,合计持有超过公司2/3的股份。广东在尼日利亚、越南设立经济贸易合作区,作为集群式"走出去"的一种全新方式,可谓是"一箭双雕":一方面解决贸易摩擦问题,加大出口力度,缓解国内某些行业产能过剩的问题;另一方面也可以减少过多的外汇储备,缓解外贸顺差增长过快的压力,并成为实施中国自主品牌战略的有力措施。

总之,这一阶段企业对外投资踊跃,积极在中国的港澳、美国等地设立生产基地和建立营销网络,在东盟、澳大利亚和非洲等地开展境外资源合作开发以及建设境外经济合作区。投资项目高技术含量逐渐凸显,通信工程、成套机电设备安装工程、船舶维修等大型项目增多,一批拥有自主品牌的企业,如华为、中兴、康佳、创维、TCL、格力、美的等不断壮大,有相当的国际知名度和较大的国际市场份额。这些企业已经在全球范围内进行产业整合,逐步从产业链的参与者向主导者转变,大力提升了广东的国际竞争力。

四、对外投资的大规模推进阶段

在全球化和经济一体化的大背景下,中国继续支持企业战略性对外投资,2013 年提出"一带一路"倡议,推动了广东对外投资飞速增长。投资存量稳居全国各省份前列,多数年份广东对外投资流量居全国各省前列。

随着"一带一路"建设带来更多"走出去"的新机遇,广东实施了新一轮对外开放战略,着力优化对外开放布局,出台了《关于进一步提高对外开放水平的意见》,在全国率先制订参与"一带一路"建设实施方案、参与 21 世纪海上丝绸之路建设经贸合作专项工作方案,制订并落实进一步加强与欧洲、北美、东盟、非洲、中亚交流合作的实施方案①。近年来,广东全力推进国际铁路货运"双子星"计划,加快建设广东(石龙)国际铁路物流基地和广东(广州)国际铁路经济产业区,开通运行"粤新欧""粤满俄"国际铁路联运专列和中欧货运班列,并依托虎门港实现与中亚五国的水铁联运②。2016 年,石龙站中欧班列累计发车 135 列、出口集装箱 7 624 标准箱;大朗站中欧货运班列自 2016 年 8 月首发后连续运营 13 次,总货值达 4 052 万美元,并于当年 11 月开通国内首列铁路联运南亚班列③。为加强与沿线国家的对外投资合作,广东还着力打造优势互补、互利共赢的国际产能合作格局,创设并成功举办 3 届广东 21 世纪海上丝绸之路国际博览会,共有近 4 000 家企业参展,签订项目 1 800 多个、金额 5 833 亿元④。全面深化与重点国家的项目和园区合作,广东省政府与国家发改委签订推进国际产能合作框架协议,首期 25 个启动项目已取得初步成效;中国-沙特吉赞产业集聚区被列入国家级国际产能合作示范区⑤。

2015 年和 2016 年前三季度,广东对外投资的大规模推进阶段的突出表现还体现在跨国并购的快速发展方面(见表 8.1)。

---

① 省委常委会审议《关于进一步提高对外开放水平的意见》,见《南方日报》网络版(http://www.gd.gov.cn/gdgk/jjqs/201401/t20140130_193109.htm)。
② 李天研:《广东对"一带一路"沿线国家投资年均增长 36.4%》,见人民网(http://gd.people.com.cn/n2/2017/0919/c123932-30749943.html)。
③ 王永飞:《2015 年新疆西行国际货运班列累计开行 135 列》,见人民网(http://xj.people.com.cn/n2/2015/1229/c374475-27427661.html)。
④ 肖文舸等:《全方位对外开放 释放发展新活力》,见南方网(http://www.southcn.com/nfdaily/nis-soft/wwwroot/site1/nfrb/html/2017-10/20/content_7675909.htm)。
⑤ 温柔:《为全国构建开放型经济新体制提供有力支撑》,见南方网(http://epaper.southcn.com/nfzz/269/content/2017-11/06/content_178636323.htm)。

表 8.1 近年来我国部分省市出境并购项目数量及金额

	"十二五"时期		2015 年		2016 年前三季度	
	项目（个）	金额（亿元）	项目（个）	金额（亿元）	项目（个）	金额（亿元）
北京	225	10 888.20	74	935.28	19	711.76
上海	90	1 103.02	45	723.57	13	41.12
江苏	69	352.53	38	221.20	16	234.44
浙江	91	278.04	37	146.31	30	218.63
山东	43	636.47	22	212.70	12	568.75
广东	123	350.06	58	183.39	2	961.40

资料来源：Wind 资讯。

通过"十二五"时期比较发现，广东企业出境并购共计 350.06 亿元，落后于北京 10 888.20 亿元、上海 1 103.02 亿元、山东 636.47 亿元和江苏 352.53 亿元。但是，2015 年后，广东企业境外并购开始迅猛发展，当年广东全省出境并购达 183.39 亿元，为上一年的 5.3 倍；2016 年前三季度出境并购达到 961.40 亿元，比上一年同期增长 424.3%，出境并购额仅次于北京，居全国第 2 位。更可喜的是，广东出境并购主要集中在长期占据全球产业链上游，并在研发、设计和品牌营销方面占有较大优势的欧美发达国家。2015 年，"十二五"时期，广东出境并购基本上是深圳的企业所为，深企出境并购额占全省的 71.7%。但近两年来，佛山、汕头、江门和广州的企业在出境并购方面也开始有良好表现。其中，2015 年江门市出境并购额达到 33.00 亿元；2016 年前三季度，佛山的企业出境并购 322.26 亿元，仅次于深圳的 603.42 亿元。2016 年，广州珠江钢琴集团以约 1.77 亿元取得德国百年钢琴老店舒密尔——欧洲著名的高端钢琴品牌和最大的钢琴制造商——90% 的股权，美的集团将并购目标瞄准了世界机器人制造巨头德国库卡。

第二节 广东对外投资的发展状况

改革开放以来，广东充分利用了政策优势、区位优势和国际分工调整、产业转移的机遇，形成生产要素的集聚洼地，全国的劳动力、资金和人才汇集广东，港澳台及国外资本也注入广东，构建了从经济特区、沿海开放城市到沿海经济开放区，从珠三角到粤东、粤西和粤北，从进出口贸易、招商引资到加工制造业，从第一产业、第二产业到第三产业，多方位、宽领域和分层次的对外开放格局。广东开放型经济得到了稳步推进，特别是中国加入WTO之后，广东省对外投资合作发展迅速，总体规模持续扩大，市场进一步拓展，行业结构不断优化。"十二五"以来，广东省对外投资合作明显提速，期间广东省企业累计实现对外直接投资351.1亿美元，占改革开放以来广东省对外投资存量的58.4%，年均增长46.1%[①]。

一、广东对外投资的总量规模

广东对外开放格局独具特色，对外投资总体成效卓著。随着广东经济社会的发展，省内企业积极响应"走出去"战略，通过对外直接投资进入国际市场。对外直接投资的迅猛发展，使广东既是招商引资大省，也是对外投资大省，具有国际直接投资的双重地位。多年来，广东对外直接投资流量一直稳居各省前列，多次领跑全国。2010年广东对外直接投资16亿美元，名列全国地方省份第4位。经过多年对外投资发展，2016年广东对外直接投资流量为229.62亿美元，仅次于上海。自"走出去"战略提出以来，越来越多广东企业进军国际市场，进行全球性布局。2004年，经过广东省核准和备案的新设境外企业和机构26家，大部分分布在香港和东南亚地区，全年对外工程承包合同额为16.83亿美元，累计完成营业额16.13亿美元；对外劳务合作合同额为2.74亿美元，营业金额为2.83亿美元。2015年，经过广东省核准和备案的新设境外企业和机构上升至1 559家，分布在86个国家和地区，增（减）资项目337个，合计新增中方协议投资额259.5亿美元，同比增长104.9%；中方实际投资额122.6亿元，同比增长10.9%，仅次于上海和北京。2015年全年对外工程承包新签合同额累计207.2亿美元，同比增长35.9%；累计完成营业额198.8亿美元，同比增长60.2%。新签劳务人员合同工资额14亿美元，劳务人员实际工资收入11.8亿美元，同比分别增长0.68%、77.9%[②]。

---

① 王诗琪等：《粤企"出海"新趋势：瞄准发达市场求先进技术》，见南方网（http://epaper.southcn.com/nfdaily/html/2016-07/17/content_7565671.htm）。

② 中国服务外包研究中心：《中国对外投资合作发展报告（2016）》，见中华人民共和国商务部网（http://fec.mofcom.gov.cn/article/tzhzcj/tzhz/upload/zgdwtzhzfzbg2016.pdf）。

二、广东对外投资的市场布局

在区域上,在"十一五"之前,广东"走出去"主要集中在香港和东南亚这些距离相对较近的地区,这些地区与广东的文化相近,在这些地区进行投资对广东企业国际化能力的要求相对较低。进入"十二五"时期以来,广东企业"走出去"从早期集中于香港逐渐向世界其他地区发展,对东南亚、中东、非洲、欧盟和北美洲等地区的投资日益增多,尤其是对欧盟和美国这些发达地区的投资增长迅速[1]。但尽管如此,广东企业"走出去"仍然主要集中于以香港和东盟为主的亚洲地区,区域集中度较高。从对外直接投资的区位选择来看,2011年,广东非金融对外投资总量中,香港及亚洲地区占比56.7%,欧洲占比15.4%,美洲占比11.2%,非洲占比8.5%,大洋洲占比8.2%。目前,亚洲仍是广东省对外直接投资的第一大目的地,2015年中方协议投额达到了197亿美元,占对外直接投资的比例为75.95%;大洋洲占比11.4%,北美洲占比6.26%,拉丁美洲占比3.68%,非洲占比1.97%,欧洲占比0.74%。

近年来,"一带一路"沿线国家及北美、非洲地区投资增长迅猛,成为广东省对外投资的热门点。2014年,广东对"一带一路"沿线国家实际投资为17.2亿美元。2015年,同比增长44.7%。2016年,广东对沿线国家的实际投资超过40亿美元,增长65.3%。其中,2015年广东对印尼、印度、越南和巴基斯坦实际投资增速同比均超过100%;其中,对印尼投资更是达到1.34亿美元,同比超过4倍。对北美地区全年协议投资额达到16.2亿美元,同比增长142.4%,投资主要流向房地产业、批发零售业、医药制造和计算机、通信及其他电子设备制造业等行业,实际投资达到9.7亿美元,同比增长54.2%。对非洲协议投资同比增长317.2%,实际投资增长137.2%[2]。

三、广东对外投资的行业结构

在行业领域上,进入"十二五"以后,广东企业"走出去"领域不断

---

[1] 商务部新闻办公室:《"十二五"以来特别是党的十八大以来 我国开放型经济发展的辉煌成就》,载《人民日报》2015年10月20日。

[2] 中国服务外包研究中心:《中国对外投资合作发展报告(2016)》,见中华人民共和国商务部网(http://fec.mofcom.gov.cn/article/tzhzcj/tzhz/upload/zgdwtzhzfzbg2016.pdf)。

扩展到资源开发、境外研发和营销网络上。广东对外投资的行业前期主要集中于批发和零售业、租赁和商务服务业和房地产业，近几年，其份额有所下降。2011年，批发和零售业、租赁和商务服务业和房地产业的份额分别为36.3%、28.64%和10.64%，但2015年批发零售、租赁和商务服务业的实际对外投资分别为23.2亿美元和28.5亿美元，同比分别下降27.7%和25.2%，份额分别下降为21.8%和26.8%①。

自进入"十二五"时期以来，广东的境外资源开发从无到有，并且增长迅速，境外煤炭、石油、矿产、橡胶等基础自然资源和能源资源的合作开发和综合利用已成为广东企业"走出去"的新热点。广东制造企业"走出去"也从过去的简单加工装配逐步向设立境外研发机构和建立营销网络方向发展，继珠海格力电器股份有限公司在巴西设立空调生产基地之后，TCL集团股份有限公司、美的集团股份有限公司、中集集团等大企业也加快实施跨国经营战略，陆续在境外设立了生产基地、营销网络和研发机构。

随着国家和广东省国际产能合作战略的推进，制造业、采矿业投资快速增长。2015年，广东省对外投资制造业17.7亿美元，增长228.4%，实现增长翻一番②。其中，31个项目的投资协议额超千万美元，其中珠海艾派克科技在美国协议投资约1.6亿美元进行再生耗材生产及销售、东莞华宝鞋业在埃塞俄比亚协议投资8 000万美元建设、制鞋厂是其中较大的项目。全年制造业对外实际投资同比增长155.8%，占对外投资比重达到7.8%，同比上升4.4百分点；采矿业对外实际投资同比增长541.9%，占对外投资比重达1.9%，相比2014年同期上升1.5%。

四、广东对外投资的主体分布

广东对外投资主体高度集中在珠三角地区，粤东、粤西和粤北"走出去"未形成规模。2007年，珠三角深圳、广州两地企业对外直接投资占全省达80%；2015年，珠三角深圳、广州、珠海三地企业对外直接投资占全省比重达60%，其中深圳、广州两市占比54.9%。虽然近年汕头、湛江、揭阳等市企业"走出去"的步伐加快，但由于粤东、粤西和粤北地区产业

---

① 中国服务外包研究中心：《中国对外投资合作发展报告（2016）》，见中华人民共和国商务部网（http://fec.mofcom.gov.cn/article/tzhzcj/tzhz/upload/zgdwtzhzfzbg2016.pdf）。

② 广东省统计局：《2016年广东省国民经济和社会发展统计公报》，见广东统计信息网（http://www.gdstats.gov.cn/tjzl/tjgb/201703/t20170308_358320.html）。

基础薄弱,"走出去"企业尚未形成规模,对外投资规模占全省比重仍然偏小。

从企业主体看,民营企业作为"走出去"主体的重要组成部分,对广东实施"走出去"战略发挥着越来越不可忽视的作用。近年来,广东民营企业加快"走出去"的步伐,特别是自2014年商务部修订出台新的《境外投资管理办法》(商务部令2014年第3号),改核准制为以备案制为主、核准制为辅的管理方式,大大激发民营企业的对外投资积极性,广东民营企业不断拓展投资领域,跨国经营水平不断提升。2014年1—11月,民营企业协议投资的境外企业达1144家,同比增长21.4%,占同期全省的80.7%;新增对外协议投资额接近69亿美元,同比增长62.4%,占同期的66.5%[①]。2015年,中国对企业"走出去"加大政策倾斜,促进广东企业加快"走出去"的步伐。2015年新增对外协议投资达到了259.5亿美元,增长了104.9%,而民营企业的投资额占比达到90%以上。

广东政府大力培育本土跨国企业,本土跨国企业的成长脚步越来越快。中国"入世"以来,广东本土企业主动出击,加大投资中东、南美、东盟、非洲、中南亚等新兴市场。在"十一五"时期,广东累计核准境外投资的中方协议投资总额达到75亿美元,是"十五"时期的5倍。2012年,广东省政府发布《关于支持企业开展跨国经营加快培育本土跨国公司的指导意见》(粤府〔2012〕44号),明确加快培育本土跨国公司。2016年,广东省政府发布《2016年支持大型骨干企业发展重点工作任务的通知》,强调加快实施跨国公司培育工程,支持企业开展境外业务。目前,随着广东本地企业国际化快速发展,广东已形成一批具有一定影响力的大型本土跨国公司,其中的突出代表是华为、中兴、美的、格力、广晟、广新外贸、中集、TCL、比亚迪、中金岭南、广东农垦等。大型跨国企业是最有实力和能力"走出去"的,它们成功的国际化战略,已经对其他企业起到了积极的示范与引领作用。尤其是华为,积极发挥核心优势,参与全球竞争,其在国际市场上的成功,已成为众多省内甚至国内企业学习的榜样。

在中国企业联合会和中国企业家协会发布的中国前100大跨国公司中,广东入选的8家跨国公司跨国指数最高的是华为和中兴,分别为40.12%和39.17%,此外,超过20%还有TCL、中金岭南和广新外贸,达到10%的有

[①] 中国服务外包研究中心:《中国对外投资合作发展报告(2016)》,见中华人民共和国商务部网(http://fec.mofcom.gov.cn/article/tzhzcj/tzhz/upload/zgdwtzhzfzbg2016.pdf)。

美的，还有 2 家低于 10%①。广东 8 家跨国公司平均跨国指数为 23.46%，虽然远高于全国 12.93% 的平均值，但与联合国贸发会议统计的 2012 年世界 100 大跨国公司相比，差距明显。甚至与发展中经济体和转型经济体的 100 大跨国公司相比，也存在很大差距。根据联合国贸发会议，2012 年世界 100 大跨国公司平均跨国指数为 62.25%，发展中和转型经济体 100 大跨国公司平均跨国指数为 38.95%。只有华为和中兴达到发展中和转型经济体 100 大跨国公司平均跨国指数水平，而没有一家达到世界 100 大跨国公司的跨国指数平均水平②。

五、广东对外投资合作的重点项目

广东对外工程承包合作重点项目包括广东建工对外建设有限公司参与马六甲海洋工业园建设项目、广新集团印尼广青镍业有限公司项目、粤电集团参与印尼电力合作项目、中国－白俄罗斯工业园广东子园区的建设项目、碧桂园在马来西亚建设海外智慧城市项目、广东省建筑装饰材料行业协会在马来西亚巴生港投资广东建材直营基地项目、广东宏达建设集团有限公司在印度投资产业园项目等③。2015 年，华为对外工程承包完成营业额占广东总体的 87.2%，走在广东省对外工程承包的最前列。跟进跨国公司在广东省投资合作项目包括推进中德金属集团（德国）有限责任公司与德国弗劳恩霍夫研究所合作建设德国先进技术推广中心项目、珠海横琴与德国西门子合作建设横琴德国城等投资合作项目。与此同时，广东的自有品牌企业的海外生产制造和加工贸易业务均取得了瞩目的成绩，以华为、中兴通讯和 TCL 等企业最为人所关注。

（一）华为开拓发展中国家市场

2001 年，华为把目标瞄准市场规模较大的俄罗斯和南美等发展中国家，掀开华为大力进军国际市场的序幕。其中 2001 年，华为在俄罗斯的销售额达到 1 亿多美元，2003 年，华为在独联体国家的销售额达到 3 亿多美元，

---

① 中国企业联合会和中国企业家协会：《关于公布 2016 中国跨国公司 100 大及跨国指数的通知》，见 http：//www.cec-ceda.org.cn/view_sy.php? id=32009。
② 马扬、张建：《全球经济颓势难减中国企业"走出去"热情》，见人民网（http：//finance.people.com.cn/n/2012/0902/c70846-18896792.html）。
③ 宗和：《广东：高标准建设自贸区 抓好涉海项目实施》，见人民网（http：//fj.people.com.cn/ocean/n2/2016/0215/c354245-27734037.html）。

在众多独联体国际设备供应商中位列前茅。然而，由于南美市场环境持续恶化以及来自北美供应商的激烈竞争，华为在南美市场的发展较为缓慢。紧接着，华为着力开拓东南亚以及中东、非洲等区域市场。在泰国，华为连续多次获得了大型销售订单。另外，华为在沙特和南非等相对发达的地区，也获得了较好的发展。华为专项开拓发达国家市场。在西欧方面，华为的网络产品系列通过与德国当地著名代理商合作，以德国为跳板，成功进入德国、法国、西班牙、英国等发达国家和地区。在北美方面，北美市场作为全球最大的电信设备市场，企业竞争激烈，准入门槛较高。华为通过低端产品进入北美市场后，才开展主流产品的业务。

同时，为了适应国际化进程，推动产品国际化，华为不断加强产品科技研发。1999年，华为在印度成立产品研究所。随后，华为相继陆续在美国、瑞典、俄罗斯建立了研究所，并不断引入了当地高端的人才和先进的技术，为华为的研究提供了支持。到2006年，华为已完成亚太、欧洲、中东、北非、独联体、拉美、南非、北美八大区的布点，涵盖了移动、核心网、网络、电信和终端等业务。目前，华为已然是全球前50强的运营商，跻身于全球顶级通信运营商的供货商行列。华为在全球设立了20多个地区部门，100多个分支机构，其产品与服务遍布全球100多个国家和地区，服务覆盖10亿多用户，营销及服务网络遍及全球。2015年，华为全球销售收入约634亿美元，海外收入占比58%，从这个指标来看，华为可以说是个真正国际化的公司。

（二）中兴通讯国际化战略

进入21世纪以来，中兴通讯开始围绕市场、人才、资本三大要素实施国际化战略，展开对海外市场的全面开拓。这段时间，中兴通讯加大对亚洲和非洲等发展中国家和地区的投资合作，巩固了市场基础，提高了品牌影响力，成为当地主流的设备供应商。随后，中兴通讯深入发展国际化战略，进军印度、俄罗斯、巴西等市场巨大和人口众多的发展中国家市场。中兴由此进入了稳定发展阶段，并为进入欧美高端市场奠定了良好的基础。2004年，中兴把公司的重点发展方向定位于国际市场，并成功在香港联交所挂牌上市。2005年开始，中兴进入了突破性历史发展阶段。中兴制定和实施有效的本土化战略和跨国运营商战略，通过与全球100多家大型跨国运营商开展全面合作，成功进军欧洲和北美等发达国家市场。2007年，中国"走出去"战略不断深化，对外投资的国家和地区不断扩大，投资领域拓展速度加快。在此背景下,中兴的海外收入额约占全球收入额的 60%;本土化战略取得了巨大成效,员工本土化率达到 60%;公司业务遍布 140 多个国家和地区,中兴的无线设备产品份额更是在发达国家市场逐步提升,实现全面突破。2007 年中兴的主营收入达到了 340 多亿元,其中海外收入达到了 197 亿元,无线通信设备新增合同数量名列行业第一位,并成了美国《商业周刊》"中国十大重要海外上市公司"中唯一上榜的中国通信设备企业①。中兴通讯的产品已销往全世界包括亚洲、南亚、北美、欧洲、拉美和非洲等,成为其最大的全球化成果。

在产品研发方面,中兴通讯在海外市场共设立了 15 个研究中心以及 9 个海外培训中心,为全球 140 多个国家的 500 多家运营商提供创新性、客户化的产品和服务。另外,中兴大规模进军手机行业,经过几年的发展,已成为中国最大且与三星、LG 并驾齐驱排名全球第六的手机厂商。

(三) TCL 集团国际化之路

TCL 在运用资本运作方面走出了一条适合本企业发展的市场国际化之路。2003—2004 年的两年内,TCL 分别与法国汤姆逊和法国阿尔卡特合资组建了 TCL 汤姆逊电子有限公司和 TCL 阿尔卡特移动电话有限公司,一跃攀升为全球彩电产量最高的企业和手机制造商巨头。2005 年,TCL 首先进入俄罗斯、印度尼西亚、印度、墨西哥等发展中国家市场投资设厂,并主要在港澳地区、东南亚地区和欧美等国家和地区设立企业共 43 家,初具跨国企业雏形。目前,TCL 的全球销售机构遍布全球 80 多个多家和地区,业务网络遍布全球 170 多个国家和地区,在全球拥有 26 个研发中心,10 多家联合实验室以及 22 个制造加工基地。2017 年,海外销量占了 TTE 全球彩电销量的 60%,全球的员工队伍也超过了 7 万名,其中海外员工占比超过了 10%。

第三节　国家"走出去"战略与广东对外投资

随着"走出去"战略的不断深化,广东省对外投资合作规模迅速发展

----

① 布鲁斯·艾因霍恩、Einhom、赵斌:《ZTE 中兴　廉价手机正当时》,载《商业周刊》2009 年第 6 期。

壮大，广东省的对外投资形式正从单一形式逐渐发展多样化投资。另外，国内市场竞争越发激烈，产品生存空间逐渐缩小，亟须实施国际化战略以寻求海外市场。因此，企业纷纷"走出去"开拓国外市场和投资合作，建立企业的品牌优势。

一、从劳务输出型为主到资源寻求型为主

中国对外直接投资起步较晚，20世纪80年代初，投资方式以海外工程承包和劳务输出为主要形式。这种对外投资形式的出现，标志着中国对外经济投资模式转变为企业化。广东对外工程承包和劳务输出，亦是在当时国际国内的特殊环境条件下发展起来的。从省内来说，广东省劳动力资源丰富，经济各部门已具备了一定的物质技术基础，工业门类齐全，并拥有一支实力雄厚的工程设计和施工力量，广东也具备了发展劳务承包活动的条件。1970—1980年，中国一共签订了755项承包与劳务合同，合同涉及了45个国家和地区，总金额达到12多亿美元[①]。在此背景下，广东省对外承包的项目规模不断扩大，对外承包和劳务输出成为广东参与国际经济竞争与合作的重要方式之一，表明长期实行的对外经济投资合作方式从以政府援助为主到以企业化为主的对外竞争与合作，再向以提高对外投资综合效益的方向转变。

进入21世纪初期，中国实施"走出去"战略，广东对外直接投资迅速发展，而以资源寻求型为主的对外投资也逐渐成为广东企业对外投资最为重要的投资方式。随着对外承包和劳务输出发展以及国内乃至省内的经济规模快速扩大，省内资源短期问题越发明显，资源紧缺已成为广东经济发展的制约因素，广东企业发展也因此受到严格约束。根据《BP世界能源统计年鉴（2017）》的统计数据，中国已成为世界最大的能源消费国，占全球消费量的23%左右。在这一背景下，中国企业迫切改变资源供给路径，纷纷"走出去"寻求海外资源供给。因此，越来越多的广东能源企业正依托"走出去"战略寻找机遇，填补油气等资源的巨大需求缺口。目前，广东企业"走出去"最为主要的对外投资类型是资源寻求型投资，在广东所有对外投资项目和总金额中，自然资源类投资项目占41%，资源型投资金额占51%。从行业来看，广东对外投资在矿产类、基础建设类较多。广东企业实现了海外资源开发从无到有、从有到优的转变。例如，广东省大型企业参

---

① 孙建中：《资本国际化运营：中国对外直接投资发展研究》，经济科学出版社2000年版。

与"走出去"项目中取得了良好的发展。例如,广东省农垦集团、广东省广晨集团、广东中金岭南公司、广东省广新外贸集团、广东省粤电集团等省属大企业积极投资澳大利亚、东南亚的自然资源开发项目。伴随着国际大宗商品市场的价格波动,资源类、矿产类投资收益波动较大,但从国家战略角度来看,资源寻求型投资有其特殊的价值和意义。

二、从生产转移为主到技术转移逐步扩大

广东是全国最早承接生产国际转移的地区,经过多年的产业集聚,广东尤其是珠三角地区已经形成了规模庞大的产业集群。广东产业转移也遵循了国际产业转移的路径①,经历了从生产转移为主到技术转移为主的过程。通过对外直接投资实现传统产业的"转移价值",将广东竞争优势不足的产业转移到其他国家,这可以为优势产业发展准备空间和资源,使生产要素自由流向国内新兴产业,加强对新兴产业的重点扶持,促进新兴产业高质量发展。生产要素从传统产业向新兴产业转移是要素流动重组的过程,为新兴产业的发展提供坚实的物质基础,促进产业转型升级②。但因为存在着种种矛盾,生产要素从传统产业中退出会存在着要素自由流动藩篱,而通过对外直接投资可以在不触发矛盾的基础上顺利向相对落后的国家转移传统产业,从而释放新兴产业所需要的生产要素,加速产业结构调整升级。

2000年,广东省政府发布《积极发展境外加工贸易业务的若干意见》(粤府〔2000〕45号),重点扶持第一批符合"走出去"优势条件的40家企业,推动企业生产转移。随着"走出去"战略的提出,广东企业境外营销网络建设实现了从少到多的目标,逐步进入了目标市场。在家电企业方面,以美的集团、格力电器、TCL集团为首的广东品牌家电企业加快向海外市场扩张,进一步推进在海外市场布局产品销售机构和布控产品销售网络,提高海外市场占有份额。在服装企业方面,广东优势企业纷纷走向海外设立服装专卖店,例如汕头凯撒、潮州名瑞、广州卡奴迪路公司、珠海华意公司、广州广英公司等通过设立专卖店开拓欧洲、北美等市场。另外,广东省境外生产基地从小到大,在当地及周边地区的市场份额稳步扩大,广东企业如格力、美的等在海外市场投资设立生产基地,扩大了企业在当地

---

① 根据国际产业转移的经验,当规模足够大时,企业会出于扩大产能或降低生产成本等需要,自发地向成本较低的欠发达地区转移。
② 朱汉清:《要素转移与产业转移的比较研究》,载《经济学家》2010年第12期,第58-63页。

和周边地区的销售份额,另外,康佳、TCL、美雅、华为、科龙等一批优势企业也迈出了"走出去"的步伐,多家企业在东南亚、南美洲等地区相继建立了生产基地。广东的纺织、家电、建材等传统优势行业通过境外投资,在资源富集地区掌握了原材料货源,在市场辐射广、劳动成本低的地区转移富裕的产能。

随着"走出去"战略的不断深化,尤其是进入"十二五"期间,一方面,广东省对外投资合作明显提速,规模也得以快速扩大;另一方面,广东经济步入"新常态",需要主动积极引领新常态。因此,提升广东企业"走出去"的质量成为发展新趋势,对外投资内涵逐渐从生产转移向先进技术方面转移,并形成了生产转移与技术转移并存的多元化投资形式。尤其是高端装备制造业加快了"走出去"的步伐。近年来,广东一大批高素质的企业,在"走出去"中不断成长。广晟、省农垦、广新外贸等广东企业境外资源开发合作项目取得了突破性的进展;华为、中兴、美的、格力等企业的境外生产基地和营销网络建设也得以扎实推进。广东的纺织、家电、建材等传统优势行业通过境外投资在欧美发达国家学习了技术管理等生产要素,到意大利等人才资源丰富的地区建立设计室,等等。

当前,随着中国入世承诺基本履行完毕以及"走出去"战略的深入发展,广东的外向型经济进入"新常态"。目前广东对外经济发展模式发生了较大改变,正从出口和利用外资为主转向进口和出口、利用外资和对外投资并重,从数量速度型转向质量效益型转变,从低成本的劳动密集型产业向高端核心的技术密集型产业转变。因此,为推动广东企业更高质量地"走出去",广东省更加积极地应对技术性贸易壁垒,引导和支持广东企业对接国际标准,形成质量品牌效应,推动企业不断提高出口产品的质量。

三、海外并购与绿地投资并重联动

从广东对外投资的方式看,逐步经历了从海外并购到海外并购与绿地投资并重的转移。1982—1991年是广东省对外并购的萌芽阶段。伴随着改革开放拉开了序幕,广东企业的海外并购从无到有,在"走出去"战略的支持下,促成了广东企业对海外并购的初次尝试。由于刚刚涉猎海外并购,广东实际完成的交易数目和交易金额普遍较小。1982年,广东省首次在澳洲设立了生产性企业。随后,一大批优秀的外经贸企业陆续走出国门,通过合资、独资等合作方式开拓海外市场,业务遍布50多个国家和地区。

1992—2001年是广东海外并购稳步发展的阶段。随着中国改革开放的深入发展,广东企业资金逐渐充裕,海外市场成为企业扩张的目标市场。这一时期,广东企业具有强烈的对外并购动因倾向。例如,广东能源企业具有资源寻求动因,为降低能源成本,多针对海外市场的矿产和能源行业企业进行并购;又如部分广东企业为了实施其金融国际化战略,选择海外的金融行业的企业作为并购的目标企业;又如针对电信业、交通运输业的并购,主要是为了获得西方先进的技术。这段时期内,广东海外并购的主体企业基本是具有雄厚财力和背景的中央企业和国有企业为主,并购涉及的行业虽然趋于多元化,但基本上仍集中在关系国家经济发展的战略性资源和经济金融领域。

我国加入WTO之后,大量广东民营企业在国家"走出去"战略的政策支持下,积极对外投资合作,发起对海外市场的扩张。因而广东企业扩大了对海外企业的并购规模,拓宽了海外并购的范围,促进了广东企业的海外并购多元化。2008年以后,由于受到金融危机的影响,全球经济增长下行,海外资产价格走低。越来越多广东民营企业从经济危机中恢复,紧握机遇,积极对外进行企业海外并购,促成了广东企业海外并购的新一轮高潮。在"走出去"战略深化的背景下,2008年以来广东省内企业发生的国内国外并购事件逐年上升,尤其在2011年和2012年上半年发生的密集并购事件。海外并购占国内国外并购事件的比重曲线上升,由2008年的1.77%上升到2009年的3.04%。从2011年开始,广东企业采取海外并购方式"走出去"的对外投资比重增长较快。海外并购事件占比由2011年的1.80%猛增到2012年上半年的8.8%[1]。尽管如此,广东省的海外并购仍然处于起步发展阶段。据统计,仅有2%左右的广东企业在"走出去"中进行了海外并购。在并购规模方面,广东企业的并购规模依旧不大,多数企业甚至很小,有实力进行大规模并购且并购金额超过1亿美元的企业较少[2]。

绿地投资指跨国公司以"一篮子"生产要素投入方式在东道国兴建全新的企业,形成新的生产能力[3]。近年来,随着"走出去"战略和"一带一路"建设的深入推进,广东企业在对外投资方式的选择上更多倾向于绿地投资的方式,其中主要以广东的国有企业为主。在绿地投资模式下,广东

---

[1] 吴波:《聚焦粤企国际化征途》,见金羊网(http://culture.ycwb.com/2013-12/06/content_5570206.htm)。

[2] 钱玮珏:《一切都在发生变化》,载《南方日报》2013年12月12日。

[3] 刘军:《企业异质性与FDI行为:理论研究进展综述》,载《国际贸易问题》2015年第5期,第124-132页。

企业"走出去"的主要动机是市场和效率导向，即开拓国际市场和降低生产成本。因此，广东企业的绿地投资主要分布在"一带一路"的发展中国家和地区，投资行业偏重初级产品、劳动密集型和产能过剩类行业（钢材、水泥、平板玻璃、电解铝）以及租赁与商务服务业、批发和零售业，相对忽视技术密集型产业和服务业的投资。据商务部的数据，"一带一路"沿线国家和地区在2016年获得的中国绿地投资达145.3亿美元，成为中国海外投资的强劲增长点。目前，广东企业"走出去"绿地投资方兴未艾，不少企业正前往探索发展中国家，如在埃塞俄比亚、越南、泰国、马来西亚等国投资设厂。这些企业寻求利用境外发展中国家的劳动力、原材料及其他资源扩大生产业务，同时希望开发当地的消费品和工业物料市场。目前，海外并购和绿地投资是广东企业对外投资的两大模式。伴随着中国与"一带一路"沿线国家深入推进多边经贸合作体系，广东对"一带一路"沿线国家的绿地投资将会持续高速增长，一批跨境国际合作园区项目将有序推进。

第四节 "一带一路"建设与广东对外投资

自2013年"一带一路"倡议提出以来，广东积极对接国家倡议，落实国家部署，出台了一系列政策及指导性文件，全方位、多层次地推动企业加强与"一带一路"沿线国家在产业园建设、基础设施建设、贸易、投资、科技、金融、文化等领域的深度合作，取得了一系列务实有效的丰硕成果。截至2017年7月，广东"走出去"企业共1 655家，其中，选择投资"一带一路"相关国家的企业占了45%，投资额较2014年增长了120%，广东对外投资正在蓬勃发展。

一、从单个企业投资到产业平台合作

国际产业分工经历了垂直型模式向产业间水平模式的转变。垂直型分工模式是指技术和附加值程度较高的工序与较低的工序之间存在的分工。进入20世纪80年代以来，发达国家把本地的劳动密集型产业、制造业或者低端产业转移到一些发展中国家或地区，在一定程度上促进了这些发展中

国家和地区当地的经济发展①。进入21世纪,发达国家对发展中国家的产业转移层次有所提高,国际产业转移的重心从低端产业和劳动密集型产业逐步转向技术密集型产业、新兴产业、服务业、高端产业等。自"一带一路"倡议提出以来,中国的产业转移已由原来单个项目、单个企业的转移转向整体产业链水平转移,一系列的产业链整合、境外合作园和合作平台应运而生,这使得产业转移的水平上升到一个新的台阶。

广东企业在经过多年的探索和经验总结后,越来越青睐于"抱团出海"投资"一带一路"而非单打独斗。"抱团出海"模式在扩大和提升企业自身发展的同时,更能够带动整个产业链共同走出去,从而更好地对外输出广东的优势产能。就基础设施领域而言,广东企业投资"一带一路"呈现产业链化"出海"趋势,广东企业在公路、铁路、桥梁、港口、机场、电信、核电等项目建设上具备国际竞争力。例如,佛山的知名陶瓷企业的业务范围遍布80多个国家,在海外建立起近300个销售网点。为了开拓"一带一路"市场,蒙娜丽莎一方面与碧桂园、万科等房地产企业巨头合作,另一方面也与本地企业合作,联合共同开拓海外市场。又如,联塑集团计划在5年内投资100亿元人民币在全球建设20个自主海外营销平台项目"领尚环球之家",为参与企业提供展示、销售、物流、仓储、跨境电商、信息化管理等全产业链服务,推动全产业链配套"走出去",带动泛家居产业企业"抱团出海"。

当前,在"一带一路"背景下,广东企业以民营企业为主体,通过贸易出口、对外投资、并购重组等方式,实施国际化战略和国际产能合作,"走出去"步伐明显加快。同时,广东产业投资"一带一路"动因主要分为成本寻求、市场寻求、技术寻求以及海外产业园合作建设,呈现出多元化特征,促进了广东企业"走出去"整合全球产业链。在这一阶段,广东企业在全球价值链的角色发生了较大变迁。广东企业角色正从过去全球产业链分工的追随者、参与者,向全球产业链整合的主导者转变;从过去行业标准与研发技术的追随者,向科技与产业变革的引领者转变;从过去贴牌与代工生产的依附者,向自主品牌与国际品牌的创造者进行转变。

在"一带一路"背景下,广东积极打造与"一带一路"沿线国家交流平台。广东已成功举办广东21世纪海上丝绸之路国际博览会暨国际论坛、

---

① 李晓华:《国际产业分工格局与中国分工地位发展趋势》,载《国际经贸探索》2015年第31卷第6期,第4-17页。

第二届对非投资论坛。加强与沿线国家国际产能和装备制造合作，重点推进"一带一路"沿线中白—白俄罗斯工业园广东光电科技产业园、沙特（吉赞）—中国产业集聚区、埃塞俄比亚—广东工业园等境外合作园区建设。加快将广东（石龙）铁路国际物流中心打造成连接"一带一路"的重要节点，积极推进中俄贸易产业园（东莞）建设[1]。加强与沿线国家开展贸易合作。广东与"一带一路"沿线国家和地区特别是"一带一路"沿线国家地区的经贸合作明显升温，发展势头良好。

广东高水平打造粤港澳大湾区以对接"一带一路"。广东将对标国际一流湾区和世界级城市群，把粤港澳大湾区建设成为全球创新发展高地，全球经济最具活力、世界著名优质生活区，世界文明交流高地和国家深化改革先行示范区[2]。广东将以建设大珠三角世界级城市群为重点，促进粤港澳跨境基础设施全面对接，加强创业创新合作，营造宜居宜业环境。首先，广东省推动广州发挥省会城市辐射带动力；其次，推动了深圳与香港共建全球性金融中心、物流中心、贸易中心、创新中心和国际文化创意中心；再次，鼓励并支持珠海与澳门合作共建世界级旅游休闲中心。重点支持江门大广海湾片区、中山翠亨新区加强与港澳合作。打造粤港澳世界级旅游目的地。深入推进粤港科技创新走廊、深港创新圈、粤港澳创业创新合作示范园区建设，将粤港澳地区建设成为亚太地区以及"一带一路"沿线重要的创新中心和成果转化基地。

二、对外承包工程与基础设施建设

20世纪60年代开始，广东开始承包对外援助建设项目，共承担援助了160多个项目，建设项目主要分布在与广东气候条件相当的非洲、拉丁美洲和东南亚、南亚等区域。自"走出去"倡议提出后，广东承担的援助项目逐步增长，并以大中型项目为主。从2001—2007年，广东投资设立的境外企业近2 100家，协议投资累计超过了6 700千亿美元，年均增长率达到77.6%[3]。在这期间，对外援助建设的广东企业主要集中在制造业、建筑业等传统行业。而这些传统行业，尤其是加工类制造业，往往面临着转型升

---

[1] 刘倩：《中白工业园中国（广东）光电科技产业园六月开建》，见南方网（http://kb.southcn.com/content/2017-01/12/content_163590388.htm）。
[2] 庄楠楠：《粤港澳大湾区格局瞄准世界级》，载《南方日报》2017年4月23日。
[3] 广东省人民政府：《广东企业加快"走出去"近年重点发展海外承包工程》，见广东人民政府网（http://www.gd.gov.cn/govpub/rdzt/kdnx37t/tdghqgx/201002/t20100222_114243.htm）。

级、要素成本上升、价格上升、产能过剩等压力,当地与广东省的产能互补性强,为广东产业转型升级提供了良好机遇。

自"一带一路"倡议提出以来,广东对外承包工程进入了快速发展阶段。广东在"一带一路"国际工程承包及劳务合作成绩斐然,仅2016年,对外承包工程完成营业额就达到181.64亿美元①。广东企业在"一带一路"沿线国家和地区积极开展国际工程承包,一方面通过输出劳务减轻了国内就业压力,另一方面带动了相关设备和材料的出口。广东对外承包工程一方面带动了国内相关产品、装备、技术和服务"走出去";另一方面,这部分优势企业在"走出去"提升自身企业竞争力的同时,也为当地经济发展做出巨大的贡献,树立起品牌效应,为企业品牌赢得政府和群众广泛的赞誉,树立了"优质广东"的形象。

广东"走出去"战略和"一带一路"倡议的对外投资方式呈现多元化发展,对外投资范围也随之拓宽。广东对外投资方式已从以往出口贸易、劳务输出、对外承包工程,逐渐发展到投资办实业、基础设施建设、生产制造、资源开发等综合性投资经营。广东对外投资涉及的行业和项目也已经从远洋捕捞、渔业加工、农牧养殖业扩大到以境外资源开发等项目。随着"一带一路"建设深化,广东不仅推动对外承包工程项目落地发展,更鼓励实力强劲的企业走出国门,加大对"一带一路"沿线国家在铁路、公路、港口、电力、信息通信等基础设施建设的投资合作建设,实现区域之间互联互通。随着"一带一路"倡议的深入推进,广东企业发挥自身技术、资金、管理等优势,积极对外扩大海外市场,拓宽市场业务范围。目前,广东企业已经到全球60多个国家和地区签订了一大批对外承包工程项目和基础设施建设项目。在深入推进"一带一路"发展的背景下,广东企业不仅逐渐适应经济常态化的压力,摆脱了产能过剩的困境,更为共建"一带一路"承办了基础设施建设项目,实现了对海外市场的劳动力输出、知识输出和技术输出。

三、从互补性投资到产业链整合投资

自"一带一路"倡议提出以来,广东高度重视与"一带一路"沿线国家和地区互补性投资建设,并积极开展紧密科技合作,构建与国际高标准

---

① 广东省统计局:《2016年广东国民经济和社会发展统计公报》,见广东统计信息网(http://www.gdstats.gov.cn/tjzl/tjgb/201703/t20170308_358320.html)。

技术规则接轨的国际技术合作机制体制，着力打造国际水平的技术合作高地，加大先进技术、优质管理和高端人才引进力度，加速高端生产要素和资源聚集，培育有全球竞争力的国际技术合作中心。

广东企业对"一带一路"沿线国家和地区逐渐呈现出五大合作发展趋势，主要表现为从与发展中国家进行优势互补，再到与发达国家进行产能合作和研发合作，推动产业链整合投资发展的转变特征。

（一）实现"一带一路"沿线国家和地区布局与国外产业互补

广东企业面临着国内生产要素价格上升，成本上升，国外逆全球化潮流和贸易保护抬头等多重压力。一方面，广东传统优势产业，如纺织、轻工、家电等加快将加工组装的生产环节从本地市场转向劳动力成本较低、生产要素价格较低、市场广阔的"一带一路"沿线国家转移；另一方面，广东企业加快布局"一带一路"发达地区和欧美发达国家，加强对发达国家的销售布局、研发中心设立，并引入海外高端生产要素，实现海外布局与国内产业协同互补。

（二）装备制造业的投资重点逐渐向全球价值链的两端延伸，加快对产业链整合的投资

广东装备制造业借助"走出去"战略和"一带一路"倡议，加快对外直接投资的步伐，拓宽海外营销业务点的布局，引入海外高端人才和先进科技技术，促进了广东装备制造业转型升级、提升价值链和产业链整合。目前，广东企业积极对欧美地区以及"一带一路"发达地区投资设厂和并购重组。另外，随着中德经贸关系日益紧密，一大批德国先进制造业和现代服务业相继落户广东，如世界大型光源制造商欧司朗在佛山设立亚太总部，德国库卡机器人、德国最大的环保企业瑞曼迪斯等一批企业也入驻中德工业服务区。

（三）广东新兴产业通过布局北美市场开展"技术回流型"投资

北美市场作为全球科技创新的制高点，具有极度发达的技术密集型制造业。广东医疗生物企业通过对北美科技企业进行并购重组，设立研发中心，以获取核心的高端制造技术。此外，新能源领域、新材料、智能制造等产业通过海外投资并购的方式，向国内引入国外先进的技术、供应链、

销售网络，促进企业全球产业链加速整合，提高了广东省内产业链的技术水平。

（四）广东企业对"一带一路"的开发建设呈现投资导向多样化的新阶段特点

一是以资源导向为特点。越来越多的广东企业赴"一带一路"沿线地区投资建设自然资源开采加工基地。近年来，由于经济危机的影响，国外资源公司和能源公司的资产规模普遍缩小，而且部分国家放低了对自然资源企业的投资门槛，这为广东企业以相对较低的成本获取战略性自然资源提供了机遇[1]。二是以服务业市场导向为特点。广东房地产行业经过多年的发展，资金充裕，投资经验丰富，纷纷挺进北美、欧洲、东南亚的发达国家市场开展投资。而当前的"一带一路"沿线国家，如印度、斯里兰卡等发展中国家，其房地产行业发展缓慢，房地产市场广阔，也逐渐吸引了广东省企业进驻开展智慧城市投资建设。广东房地产行业的投资方式主要分为两种，一种是以城市综合运营商模式进驻当地，另一种是以商业地产与建材批发零售业相结合的高端商业开发模式。

---

[1] 商务部驻广州特派员办事处：《广东企业进军全球价值链上游》，见商务部驻广州特派员办事处网（http：//gztb.mofcom.gov.cn/article/g/f/201606/20160601343729.shtml）。

第九章　广东金融开放：从规模大省到国际化强省

金融是全面深化改革和构建开放型经济新体制的关键领域。广东金融在改革开放40年的历程中，积极创造外在条件，以改革带开放，以开放促发展，探索金融改革新模式，努力争当提升中国金融业国际竞争力的主力军和实践金融科学发展观的排头兵。随着改革开放的不断深入，其绩效也逐步显现。广东地区生产总值总量连续29年居全国首位，社会融资规模、上市公司数量、保费收入、支付系统业务量、跨境收支总额、结售汇总额、金融机构总资产等主要金融总量指标继续保持国内领先地位，还创建了全国首个"互联网+"众创金融示范区，建设国内第一条民间金融街，设立全国第一家民营银行暨互联网银行，发布国内首个跨境金融指数，发放国内第一笔滩涂承包经营权抵押贷款等。

在深化金融改革和扩大金融开放取得良好成效的基础上，广东围绕"构建开放型经济新体制"的政策框架，着力优化对外开放格局，积极推动国际金融合作创新发展。跨境人民币结算业务量连续8年居内地各省（自治区、直辖市）第一，为广东银行业金融机构与境外同业深化业务合作开辟了新的领域；以深圳前海、广州南沙、珠海横琴为平台，以粤港澳金融合作为重点，加强与"一带一路"沿线国家的金融交流；逐步启动广东自由贸易试验区的各项建设，并按照高标准推进对接国际投资贸易规则体系的建设，强化基础设施互联互通，着力推进经贸投资合作；法人金融机构在境外开拓市场，"走出去"步伐加快，同时不断引入境外战略投资者，引"智"和引"制"效果逐步显现。总的来说，广东立足于金融开放，持续推动规模大省的建设，不断提升金融服务国际化水平，逐步开启金融国际化的新征程。

第一节　广东金融体制改革与规模大省形成

一、广东金融业改革与发展历程

广东金融的迅速崛起与率先发展在很大程度上源于金融体制改革开放中的"先行一步"。通过推进金融领域的改革，扫除了阻碍金融发展的各类体制和机制的障碍，进而解放和发展了金融业的生产力。广东金融业在改革开放的不同时期，都在中国金融对外开放的进程中扮演着重要的窗口角色。在国家相关政策的有力支持下，广东以敢为天下先的精神，坚持先行先试、以改革促发展，全力推动金融体制机制改革。回顾广东金融业的改革和发展历程，大体上经历了以下几个阶段[1]。

（一）广东金融改革缓慢起步和低水平发展时期（改革开放初期到1997年亚洲金融大危机爆发）

在改革开放初期，广东经济和金融都相对落后，这主要表现为发展基础薄弱且资金底子薄。具体而言，广东银行业金融机构人民币存款余额在1978年末只有71.01亿元。但是，随着改革开放的深入，资金瓶颈压力逐渐得到缓解，广东银行业金融机构资金积累水平开始逐步提高。广东银行业金融机构各项存款余额在1988年年末跃居全国第一，占全国9.8%的份额，并且该占比首次超过各项贷款余额的占比。自此之后，广东由于受到经济对外开放的良性影响，整体处于高速增长阶段。加之地方政府大力推进经济体制改革，深入贯彻经济对外开放政策，扩大了金融开放的影响力。但这一阶段广东金融业发展的相对成本逐年提高，整体的投入产出效益呈下降趋势，从而影响广东的持续发展能力和竞争力，给进一步发展埋下一些风险隐患。从全社会范围看，资金的投入产出效益呈下降趋势。到1996年，广东的投资效果系数（当年新增GDP/当年全社会固定资产投资总额）基本在0.5以下。

20世纪90年代，三次大的金融危机给世界各国的金融业和地方经济的发展带来了负面的影响，而在这一阶段的广东也是金融风险的"重灾区"。

---

[1] 梁德思：《加快广东金融业对外开放的政策思考》，载《时代金融》2017年第29期。

金融风险给金融业和地方经济发展都带来了严重的负面影响。为妥善处置历史遗留的金融风险问题，推动金融业转入科学发展轨道，广东在金融体制改革的过程中采取了诸多举措以完善金融生态体系。

1. **提升各类金融机构资本实力及抵御风险的能力**

主要举措及探索包括推动股份制商业银行、城市商业银行、农村信用社、信托公司、财务公司、证券公司等法人金融机构重组和改革，引入战略投资者，完善股权结构，强化公司治理，逐步建立现代金融企业制度；支持大型国有控股商业银行、政策性银行、全国性股份制商业银行、保险公司在粤分支机构深化管理体制和经营机制改革，加强内控机制建设，提高服务水平和经营效益；培育和筹建村镇银行、汽车金融公司、货币经纪公司、本外币特许兑换机构、第三方支付机构等一大批新型金融服务机构，填补了金融组织机构种类的多项"空白"，使地方金融业态更加丰富。

2. **加快金融信用体系建设步伐**

广东各级地方政府积极加强与人民银行驻粤机构的协调配合，建立健全社会信用体系，建设联席会议制度，不断完善信用信息采集和共享机制。以信用体系建设为重点，推进全省特别是粤东西北地区金融生态环境的整体改善。通过全省的公共信用信息管理系统建设，建立起广东省企业和个人信用评价标准体系及守信激励和约束机制。

3. **加强金融法制建设**

督促国有控股股东带头做好投资者保护工作，配合上市公司依法履行信息披露义务和各项公开承诺；支持和引导投资者以及消费者依法维权，探索建立仲裁、诉讼与调解的对接机制，降低维权成本；普及金融特别是证券期货基金等知识；各地承担起处置本地区上市公司风险和退市维稳责任，建立侵害中小投资者合法权益事件的快速反应和处置机制。此外，探索开展规范引导地方性立法试验，推广开展金融仲裁业务，加强金融债权司法保护力度，严厉打击非法集资、洗钱、非法证券期货活动等金融违法犯罪活动。

（二）广东金融市场整顿与金融规模扩充时期（从1997年亚洲金融危机爆发到2007年）

1997—2007年，国际金融危机事件频频发生，国际金融市场表现出明显的不稳定性，潜伏着各种重大金融风险。在这一阶段，由于受国际金融市场的影响，广东经济的发展形势不容乐观，金融体系也面临着大量金融机构破产和倒闭的震荡局面。早在1989年，广东的金融业增量就已经达到25.89亿元，占当年GDP增量的11.5%。而到2001年和2002年，金融业增量迅速由正数变为负数，2003年才又缓慢恢复。在这一时期，中国政府适时地放缓了金融开放的步伐，为了改善和整顿金融市场混乱的发展局面，广东及时投入了人力和物力并关停了180多家地方中小金融机构。经过改革整顿，广东金融业进入了一段相对稳健但增速也趋稳的"蛰伏期"。直到2001年中国正式加入WTO，作为进出口贸易大省的广东，金融体量不断扩容，金融业增加值居全国首位。

在2003年新一轮金融监管体制改革后，广东逐步形成了新的发展格局，主要表现为：由人民银行分支行负责执行货币政策、防范和化解系统性金融风险、维护地区金融稳定，并提供基础性金融服务，而由中国银监会、证监会和保监会驻粤机构分别负责监管银行、证券、保险业机构。此后，广东银监局、证监局和保监局积极改进监管方式和手段，突出合规监管和风险监管，稳妥推动国际银行业新监管标准实施，加强证券经营机构常规监管，强化保险机构偿付能力监管，金融监管的专业性和有效性进一步增强。

（三）广东金融体制改革深化（从2007年提出建设金融强省发展战略到现在）

2008年国际金融危机发生之后，为应对金融危机对实体经济带来的冲击，广东金融业贯彻落实中央的决策部署，按照省委、省政府提出的"支持创新、支持实体经济、支持对外开放合作"的总体要求，建设金融强省的重要战略。广东省委、省政府出台了《关于加快发展金融产业建设金融强省的若干意见》（粤发〔2007〕15号）、《广东建设金融强省"十一五"规划》（粤府办〔2007〕78号）、《广东省金融改革发展"十二五"规划》（粤府办〔2011〕81号）等主要规划和政策文件。广东地方各级逐步搭建金融产业政策框架，广州、东莞等市制定了支持地方金融产业发展的政策措施，深圳颁布了《深圳经济特区金融发展促进条例》[市四届人大常委会公告第72号（58）]。这些配套政策措施为全省金融业的改革、创新和对外开放营造了良好的政策环境。

随着改革不断推进，广东金融业主动适应形势变化，积极争取为国家全面创新改革试验区域，出台了《广东省人民政府关于加快科技创新的若干政策意见》（粤府〔2015〕1号）和8项配套政策措施，为进一步巩固和提高广东金融业的竞争优势，着力实施金融自主创新战略，并在金融组织创新、市场创新、产品创新、技术创新和制度创新等方面寻求新的突破。主要举措及探索包括如下几个方面。

1. **完善金融、科技、产业融合的创新服务体系**

逐步加快建设金融、科技、产业相互融合的创新试验区，并在全省逐步推广。以省内各高新区为重点布设银行科技支行，积极发展服务科技型企业的银行业金融机构；在省内各高新区、产业园、专业镇推广设立特色小额贷款公司；支持符合条件的企业集团发起组建企业集团财务公司，支持符合准入条件的出资人设立汽车金融公司、专业保险公司、融资租赁公司等，发展特色金融服务；支持发展以大数据、云计算、移动互联为技术支撑的产业链和供应链金融服务新模式，鼓励发展相关信息技术管理企业；加强培育指导，支持有发展潜力的互联网和科技创新企业改制上市，推动企业利用多层次资本市场开展兼并收购和促进产业整合升级。

2. **完善创业风险投资机制**

推进实施省战略性新兴产业创投计划，逐步建立适应市场化规则的引导基金运作模式；引导支持股权投资企业积极参与全国中小企业股份转让系统和区域股权交易市场交易；完善广东省股权投资企业监管体制和扶持政策，引导符合条件的私募基金登记备案，发挥地方私募基金自律组织作用，有效保障投资者合法权益。此外，建立完善金融、科技、产业融合创新的风险分担机制，鼓励市县政府设立重点产业和科技型企业信贷风险补偿基金，完善全省高新区内科技担保服务体系，扩大科技保险试点。

3. **积极推动交易平台创新发展**

广东在全国率先推出如《中共广东省委广东省人民政府关于加快建设创新驱动发展先行省的意见》（粤发〔2015〕10号）等一揽子政策，提出了15条政策措施，分别从拓宽多元化融资渠道、建设金融平台和机构体系、完善金融保障机制等方面着力。此外，进一步探索建设新的合作模式，分别在10个国家级高新区设立工作试点，涉及科技金融综合性服务中心、科技保险、科技小贷、科技担保资金池、科技金融基金等。另外，积极支持各地开发中小微企业融资公共服务网络平台，提供"一站式"特色融资服务，并适时推动全省联网运行。逐步推动互联网金融创新发展，鼓励和规范众筹网站、网络借贷平台等新兴业态发展；加强建设广东金融高新区"科技板"、广州股权交易中心、"中国青创板"等服务平台。截至2016年，已超过2万家的企业在3家场外交易市场（OTC）注册挂牌，累计融资的资金占全国的 20%,大约为 2 000 亿元①。

近年来,广东金融强省的各项建设已逐渐体现出成效,广东金融业与经济形成良性循环的局面,整体的发展态势还表现出"创新有效、发展有序、服务有力、风险可控"的特征。据广东统计信息网的数据,2016 年,广东金融业增加值为 6 502 亿元,再创新高,约占 GDP 的 8.2%,拉动经济增长 1%。截至 2016 年年末,广东省金融机构的资产总额达到 24.3 万亿元,本外币存款余额 17.98 万亿元,是 2008 年的 3.2 倍,本外币贷款余额 11.09 万亿元,是 2008 年的 3.29 倍。

2017 年,党的十九大不但把"以创新为首的新发展理念"作为新时代坚持和发展中国特色社会主义的 14 条基本方略之一,将"创新驱动发展战略"明确为全面建成小康社会决胜期必须坚持的七大战略之一,对加快建设创新型国家作了重大部署,还提出了"健全金融监管体系,守住不发生系统性金融风险的底线"的要求。按照国家在金融改革创新领域的总体部署,广东逐步完善金融监管协调机制,推动金融业信用建设,加强金融消费者权益保护,搭建金融业综合统计平台,并采取了诸多举措以建立起宏观审慎管理和微观审慎监管相互配合的金融稳定长效机制。

1. 推动货币信贷管理创新

人民银行驻粤分支机构着重加强经济金融运行监测,改进货币政策工具管理,强化信贷政策和产业政策的协调配合,不断优化信贷结构。一方面,创新监测分析机制,夯实货币政策传导基础;另一方面,加强货币政策工具管理,贯彻从紧货币政策。做好地方法人金融机构的贷款规划,贯彻落实利率和存款准备金率调整政策,加强利率定价指导,完善政策效应反馈和监测研究;规范再贷款管理,指导金融机构办理特种存款②。

2. 推动资本市场监管创新

广东证监局继续以服务广东加快转变经济发展方式为主线,以改革创新为动力,促进广东资本市场持续稳定健康发展。一方面,全面推行监管模式改革。在上市公司监管、证券期货经营机构监管领域完善事中事后监管机制,深入推进监管转型。全面推行"前后台分工协作"的功能监管模式,优化监管资源配置,强化以"风险和问题"为导向的现场检查,加大专项检查、核查力度,增强违法违规案件线索发现能力,加大行政执法力

---

① 郭家轩等:《广东金融改革创下多个全国第一》,载《南方日报》2017 年 4 月 18 日。
② 《广东年鉴》编纂委员会:《广东年鉴》,广东年鉴社 2017 年版。

度。另一方面，严厉打击证券期货违法违规行为。2007年，广东省政府下发《转发国务院办公厅关于打击非法发行股票和非法经营证券业务有关问题的通知》（粤府办〔2007〕14号），成立广东省打击非法证券活动协调小组，建立公安、工商、证监等部门在打击非法证券活动中的分工协作机制。

3. 推动外汇管理创新

国家外汇管理局广东省分局深入推进外汇管理重点领域改革，促进贸易投融资便利化，强化跨境资金流动管理，打击外汇违法违规行为，维护辖区外汇市场秩序，确保改革红利传导到实体经济。外汇管理的创新方式主要包括：逐步整合并汇总外汇业务信息，尝试将企业外汇业务档案数据库系统在全国试运行，率先开办小额货币双向兑换业务，完善企业贸易信贷调研系统，建立了企业信息服务平台；继续推进出口无纸化退税试点工作，创新外商投资企业外汇资本金结汇管理方式，在提高服务效率的同时抑制了"关注企业"多收汇；放宽辖内分支局境外投资外汇资金来源审查权限，支持企业"走出去"；宣传普及外汇管理政策法规和知识，提高外汇政策的透明度和普及度，为有效实施外汇管理政策创造良好的舆论环境；开展外汇资金流入和结汇专项检查，完成外汇指定银行短期外债专项检查，严厉打击外汇违规违法行为，拓展跨境外汇资金集中运营业务。

4. 推动金融服务管理创新

广东在推动区域金融基础设施建设的同时，加强对金融机构的业务指导和监督管理，引导金融机构不断完善普惠金融服务体系。一方面，支付体系建设与监管业务不断创新。广东省贯彻落实国家推进信息化自主可控技术战略，银行机构开展银行卡以及行内系统国产密码算法改造，提升金融信息技术的自主可控能力；省级移动金融可信服务管理系统（TSM）建设完成并上线投产等。另一方面，征信系统建设与监管业务不断创新。广东省征信系统逐步开展非银行信息采集工作，住房公积金、企业环保、欠税等信息纳入信贷征信体系；稳步推进信贷市场信用评级试点和农户信用评价体系建设试点工作。

二、规模大省的形成及其金融市场体系建设

改革开放以来，广东不断提高金融服务实体经济效率，加强金融市场体系建设，健全多层次、多元化、互补型、功能齐全和富有弹性的金融市场，发挥市场在金融资源配置当中的决定性作用，金融改革的体制性目标越来越明确，改革开放的绩效也逐步显现。

2017年，广东实现地区生产总值达89 879.23亿元，连续29年居全国首位。广东经济对全国经济增长的贡献率超10%。截至2016年年末，全省金融业资产总额25万亿元，其中，银行业资产总额22.11万亿元，证券期货业资产总额1.80万亿元，保险业资产总额1.08万亿元。全年广东金融业实现净利润2 710.58亿元，其中，银行业实现净利润2 260.37亿元，证券期货业实现净利润379.94亿元，保险业实现承保利润70.27亿元[1]。其中，广东的中外资金融机构贷款余额增速最高，比全国平均高1.5%。并且，社会融资规模、上市公司数量、保费收入、支付系统业务量、跨境收支总额、结售汇总额、金融机构总资产等主要金融总量指标继续保持国内领先地位，规模大省的地位得到巩固。

（一）金融服务基础设施的建立与健全

改革开放以来，随着金融体量的不断壮大，广东金融产品和服务创新处于全国内地前列，广东金融业服务实体经济的能力也有了显著的提升。为了满足各企事业单位和居民个人对金融服务的综合化、个性化需求，广东金融业在服务创新方面充分体现了"敢为天下先"的首创精神，为了完善金融服务基础设施并推动新旧动能转换，广东推出一揽子政策，在全国率先实施金融服务创新驱动发展。

1. 征信服务助推社会管理取得重大进展

建立了广东省中小微企业信用信息和融资对接平台，推动组建广东征信行业协会，与相关部门联合对失信企业实施跨部门协同监管和联合惩戒，开发全省统一的农户信用信息系统。截至2016年年末，广东省农户信用信息系统已覆盖省内104个县（区），共采集农户数据达380万条。全年全省金融机构依托农村信用体系累计对62.1万户信用农户发放贷款合计1 033亿元[2]。

2. 支付结算服务惠民工程建设成效明显

其中，票据自动清分系统、广州电子缴税入库系统、会计集中核算系统、人民币银行结算账户管理系统、中国现代化支付系统、广东金融服务结算系统在广东各地区先后建成，支付结算网络逐步覆盖全省、联结全国、辐射港澳。依托广东金融结算服务系统，推广跨地区跨行通存通兑服务，

---

[1]《广东年鉴》编纂委员会：《广东年鉴》，广东年鉴社2017年版。
[2]《广东年鉴》编纂委员会：《广东年鉴》，广东年鉴社2017年版。

成就展现编

为居民提供方便、快捷的跨地区跨行存取款服务①。

3. 银行卡交易网络建设在全国率先发展

广东银联是以广州为中心、覆盖全国、连接港澳和国际卡组织的大型网络平台,也是中国内地最早、最大型的跨行跨地域金融服务网。其中,广东地区实现银行卡跨行交易在2016年达32.3亿笔,交易金额5.8万亿元。截至2016年年末,广东地区银行卡发行总量6.5亿张。其中,信用卡发行总量0.4亿张,借记卡发行总量5.6亿张。广东地区活跃POS商户153万户,活跃POS终端183万台,分别占全国的9.5%和9.4%②。

4. 支持重大项目建设

近年来,国家开发银行广东省分行支持深茂铁路、汕湛高速、广佛肇城际轨道、广州地铁等重大交通项目建设;在支持广东自由贸易试验区建设方面,中国银行广东省分行推动自由贸易试验区业务发展,实现跨境人民币贷款、大宗商品远期交易、跨境直贷等多项广东自由贸易试验区业务首发;中国建设银行广东省分行与中国建设银行澳门分行合作,为中电投珠海横琴岛多联供燃气能源站项目发放总额为1亿元的跨境人民币贷款;广东粤财信托有限公司与中交粤财基础设施投资基金管理(广东)有限公司合作发起设立信托计划,筹集资金22.23亿元,支持珠海市横琴新区综合开发项目建设。

(二) 多层次、多元化的金融市场体系的建立及其成效

广东金融市场历程是从无到有,并伴随着市场门类不断丰富,交易规模持续扩大的特征。目前,广东已基本形成功能相互补充、交易场所多层次、交易产品多元化的金融市场体系,在资金融通、风险管理、信息传递和宏观调控等各个方面都发挥着重要的作用。

1. 信贷市场融资和服务机能明显提升

党的十九大报告明确提出,"深化金融体制改革,增强金融服务实体经济能力,提高直接融资比重,促进多层次资本市场健康发展。健全货币政策和宏观审慎政策双支柱调控框架,深化利率和汇率市场化改革"。此外,还对发展改革工作提出了新的更高要求,指出"以供给侧结构性改革为主线,推动经济发展质量变革、效率变革、动力变革"。广东金融系统执行稳

---

① 马经:《广东金融30年:先行先试铸造金融强省》,载《南方金融》2008年第11期。
② 《广东年鉴》编纂委员会:《广东年鉴》,广东年鉴社2017年版。

健货币政策和宏观审慎管理政策,灵活运用各种货币政策工具及其组合,为经济结构调整和转型升级营造适宜的货币金融环境,有效促进社会融资成本降低,积极支持广东供给侧结构性改革和实体经济发展。主要成效表现为以下几个方面。一是信贷资金量不断增加,逐步体现金融作为经济发展"第一推动力"的作用。广东银行业机构本外币各项存款余额截至2016年年末约为17.98万亿元。若分币种来看,人民币各项存款余额达17.10万亿元,而外币各项存款余额则为1 052.8亿美元[1]。二是信贷结构不断优化,进而促进产业结构和消费结构逐步升级。为满足各类型企业的周转性融资需求,流动性资金的贷款方式逐步多元化。截至2016年年末,广东银行业机构本外币各项贷款余额11.1万亿元,是2008年的3.29倍[2]。2016年,广东成为全国首个全年社会融资规模累计新增额超过2万亿元的省份,也是全国直接融资规模最大的省份[3]。三是银团贷款发展迅速,满足了重点项目建设、企业集团发展等领域额度大、期限长的信贷融资需求;消费信贷规模快速扩大,投向范围涵盖多个领域,有力地促进了消费结构升级。

2. 货币市场和银行间债券市场交易活跃

引导省内法人金融机构在银行间市场发行普通金融债、次级债,拓宽金融机构补充附属资本的渠道,鼓励省内企业在银行间市场发行超短期融资券、短期融资券、中期票据、企业债,支持中小企业以"区域集优"模式发行集合票据,广东在拓宽企业直接债务融资渠道方面取得了积极进展。2016年,广东金融机构在国内银行间拆借市场累计交易金额为34.38万亿元,占全国交易金额的17.9%,居国内各省(自治区、直辖市)第二位。其中,质押式回购交易金额151.06万亿元,占全国的13.3%,居国内各省(自治区、直辖市)第二位;买断式回购交易金额15.80万亿元,占全国的23.9%,居国内各省(自治区、直辖市)第一位;正回购交易金额112.37万亿元,逆回购交易金额54.50万亿元,净融入资金57.87万亿元。现券市场累计交易金额49.49万亿元,占全国交易金额的19.5%,居国内各省(自治区、直辖市)首位[4]。

3. 多层次资本市场发展取得新成效

主要举措及其成效包括如下几个方面:一是培育企业上市资源。通过

---

[1]《广东年鉴》编纂委员会:《广东年鉴》,广东年鉴社2017年版。
[2]《广东年鉴》编纂委员会:《广东年鉴》,广东年鉴社2009年版、2017年版。
[3]《广东年鉴》编纂委员会:《广东年鉴》,广东年鉴社2014年版、2017年版。
[4]《广东年鉴》编纂委员会:《广东年鉴》,广东年鉴社2017年版。

与地方政府和有关部门协作,推动和支持符合条件的企业上市或到"新三板"挂牌。截至2016年年末,广东上市公司474家,其中,主板市场160家,中小企业板市场191家,创业板市场123家。2016年12月5日,深港通开通,标志着广东资本市场对外开放迈出新步伐。在开通后不到一个月的时间里,深港通累计资金净流入达151.6亿元人民币。此外,合格境外有限合伙人(QFLP)试点稳步推进。截至2016年年末,深圳已设立QFLP管理企业118家,发起设立外资QFLP基金20只,基金规模36.1亿美元。境外投资者参与碳排放权交易规模不断扩大。截至2016年年末,深圳有境外投资者参与的碳交易量达987.4万吨,交易金额达2.4亿元人民币[1]。二是多渠道扩大直接融资。继续支持符合条件的上市公司和企业通过定向增发、配股、发行优先股和公司债券、资产证券化等方式扩大直接融资,为广东"稳增长、调结构"提供支持。三是促进区域性场外交易市场快速发展。配合地方政府研究制定区域性股权市场的相关监管制度,督导辖区交易场所规范运作。四是引导私募市场规范发展。建立辖区私募基金电子档案和信息统计体系,完善私募基金监管机制,推动辖区私募基金规范发展。

4. 外汇市场交易活跃

1994年1月1日起,我国开始实行以汇率并轨和银行结售汇制为主要内容的外汇管理体制改革。1994年4月28日,中国外汇交易中心广州分中心正式启运,为建立全国统一的银行间外汇交易市场、调剂广东外汇余缺、促进广东外向型经济持续、快速、健康发展发挥了重要的作用。2005年7月,人民币汇率形成机制改革后,广东各行汇率风险防范意识增强,及时将结售汇风险头寸在银行间市场进行平补,即期外汇市场交投异常活跃,均创历史新高。2006年,广东金融机构在银行间外汇市场累计成交额达到1 618.6亿美元,广东金融机构结售汇总额约为2 299.5亿美元,且外汇批发和零售市场的交易规模处于全国首位。2008年金融危机后,广东省银行间外汇市场保持平稳发展,外汇批发市场交易规模居全国前列,外汇交易中心广州、深圳分中心交易量连续多年保持全国18个分中心前三名。2016年,广东银行间外汇市场累计成交金额37 581.43亿美元。分区域看,广州、深圳、珠海和汕头4个外汇交易分中心成交金额分别为13 940.48亿美元、23 436.73亿美元、203.17亿美元和1.05亿美元。截至2016年年末,中国外汇交易中心广州分中心拥有即期外汇交易会员29家,比2008年年末

---

[1] 《广东年鉴》编纂委员会:《广东年鉴》,广东年鉴社2017年版。

增加 15 家；外汇远期、掉期和货币掉期交易会员各 5 家，都比 2008 年年末增加 1 家；期权交易会员 4 家，外币对会员 11 家和外币拆借会员 23 家①。

第二节　广东金融国际化建设与对外开放

金融是现代经济的核心，扩大金融业对外开放是我国对外开放的重要方面。在中国金融业对外开放的进程中，广东作为中国经济开放的先行地，最早、最直接与世界其他国家和地区进行经济交流。改革开放以来，广东经济持续快速发展，金融业保持良好的发展态势，外向型金融业务不断发展，金融对外合作机制日趋完善。2016 年 3 月 9 日，中共中央政治局常委、国务院总理李克强在参加十二届全国人大四次会议广东代表团审议时，强调广东是国家发展的重要支撑，是改革开放的"排头兵"。

一、外向型金融业务持续发展

改革开放 40 年来，广东金融组织创新走在全国前列，在金融改革开放的进程中，曾多次争创多项全国"第一"。在 1978 年改革开放后，国内引进的第一家外资银行营业性机构是于 1982 年设立的南洋商业银行深圳分行，引进的第一家外资保险公司是民安保险公司深圳分公司。第一家证券公司是在 1985 年试办的深圳经济特区证券公司，第一家法人外资银行（珠海南通银行）也于同年成立。2005 年，随着美国新侨投资集团的入股，深圳发展银行发展成了国内第一家由外资控股的全国性股份制商业银行。2006 年，继广东发展银行的重组成功，开创了国内中资商业银行股权转让比例最高的纪录②。

经过改革开放 40 年的快速发展，广东金融组织体系逐渐完善。在改革开放之初，组织体系主要由人民银行和农村信用社两家金融机构组成，而今已初步形成了多元化的金融组织体系，即由人民银行和金融监管部门负责调控和监管，并以商业银行为主体，银行、证券、保险、信托、基金等机构并存的体系。另外，CEPA 进一步鼓励、协助和支持香港、澳门与内地银行、证券和保险机构之间的业务交流，"外向型"金融业务也逐步发展。

---

① 《广东年鉴》编纂委员会：《广东年鉴》，广东年鉴社 2017 年版。
② 马经：《广东金融发展：历程回顾与横向比较》，载《南方金融》2007 年第 1 期。

（一）银行业对外开放不断扩大

截至2016年年末，广东有法人银行业金融机构208个，银行业资产总额22.11万亿元，从业人员34.76万人。广东银行业金融机构资产总额为22.11万亿元，负债总额为21.35万亿元，实现净利润2 260.37亿元，资产利润率为1.08%，盈利能力保持在较高水平①。截至2016年年末，已有来自全球19个国家和地区的58家外资金融机构在广东省内设立了265家外资银行营业性机构，从业人数9 811人，资产总额5 640亿元，法人机构5个②。截至2016年年末，广东已成为全国外资银行最多的省份，共有4家港资银行法人机构、24家分行、82家同城支行、66家异地支行、1家代表处③；同时实现了澳门银行首次进入广东、台资银行首次在穗设立营业性机构等重大突破④。

（二）证券业对外开放不断扩大

从境内上市的公司数来看，截至2015年年末，广东省境内上市的公司数一共有445家。其中，境内上市外资股（B股）有23家。鉴于B股吸纳国外资金的内涵特征，在某种程度上可以作为广东省证券业"引进来"的一个佐证，进一步肯定了广东证券业在执行"引进来"战略取得的成果。另外，境内上市公司（H股）达到31家，充分反映了广东证券"走出去"战略的实施步伐⑤。2015年，广发证券国际化业务成功对接香港、英国和北美三大国际资本市场；广发基金在英国设立子公司，华泰长城期货在美国设立子公司。广发证、易方达基金、广发基金等机构的香港子公司获得RQFII、QFII资格，累计获批RQFII额度、QFII额度分别为338亿元人民币、10.37亿美元。以国家放宽境外上市准入条件为契机，通过政策通报、实地走访等方式，推动支持符合条件的企业开展境外并购融资业务，实现新突破。保利地产通过香港子公司发行公司债券5亿美元，拓宽房地产企业的直接融资渠道。至2015年年末，广东省（含深圳）赴港上市企业198

---

① 《广东年鉴》编纂委员会：《广东年鉴》，广东年鉴社2009年版、2017年版。
② 中国人民银行广州分行货币政策分析小组：《广东省金融运行报告》，载《南方金融》2017年第8期。
③ 《广东年鉴》编纂委员会：《广东年鉴》，广东年鉴社2017年版。
④ 唐子湉：《广东外资银行数量全国最多》，载《南方日报》2016年6月17日，A05。
⑤ 《中国金融年鉴》编写委员会：《中国金融年鉴》，中国金融年鉴杂志社有限公司2016年版。

家，居全国首位，IPO 历年累计融资额 2 778.4 亿港元，融资总额达 6 474.62亿港元。

截至 2016 年年末，广东省证券业有法人证券公司 26 家，比 2008 年增加 3 家；法人基金公司 29 家，比 2008 年增加 9 家；法人期货公司 21 家，比 2008 减少 3 家。证券业总资产 16 848.4 亿元，基金规模 30 955.2 亿份，期货公司总资产 1 172.6 亿元[①]。2016 年 9 月，恒生前海基金管理公司开业，是 CEPA 框架下内地首家由港资控股的合资基金管理公司。国家开发银行广东省分行支持南方电网、美的集团开展国际产能和装备制造合作项目建设，全年向"一带一路"沿线国家和地区累计提供融资金额 15 亿美元。中国进出口银行广东省分行牵头组建贷款银团，支持马中关丹产业园 350 万吨钢铁项目建设。中国工商银行广东省分行作为牵头发起人之一，参与筹组广东省首只"一带一路"专项基金——广东省丝路基金。中国农业银行广东省分行在广州南沙、珠海横琴设立两个"粤港澳跨境业务创新基地"，先后推出跨境双向人民币资金池、境外人民币贷款、个人经常项下跨境人民币等金融业务，全年累计办理自由贸易区资金池业务 122 亿元、跨境人民币贷款 15 亿元。广州农村商业银行通过"跨境融租通"产品帮助企业融入经营资金，有效补充外贸企业营运资金，积极支持外贸企业发展。南方电网财务有限公司下属保险经纪公司参与国家"一带一路"建设，为老挝南塔河水电站、中国—老挝铁路等项目提供保险经纪服务。

（三）保险业对外开放不断扩大

2008 年以来，广东省保险业充分发挥资金融通、社会管理和独有的经济补偿功能，努力服务经济建设和社会发展，为广东建设经济强省和金融大省做出了积极贡献。2017 年，广东保险业累计实现原保险保费收入（中外资）4 304.60 亿元；其中，财产险原保险保费收入（中外资）1 105.34 亿元，外资总额为 25.77 亿元；人身险原保险保费收入（中外资）3 199.26 亿元，外资总额为 408.63 亿元。广东保险业累计赔付支出（中外资）1 142.38 亿元；其中，财产险赔付支出 549.07 亿元；人身险赔付支出 593.31 亿元。

---

① 《广东年鉴》编纂委员会：《广东年鉴》，广东年鉴社 2009 年版、2016 年版、2017 年版。

二、金融对外合作机制日趋完善

2018年3月7日,在参加十三届全国人大一次会议的广东代表团审议时,习近平总书记强调,要以更宽广的视野、更高的目标要求、更有力的举措推动全面开放,加快发展更高层次的开放型经济,加快培育贸易新业态、新模式,积极参与"一带一路"建设,加强创新能力开放合作;抓住建设粤港澳大湾区重大机遇,携手港澳加快推进相关工作,打造国际一流湾区和世界级城市群。从广东金融对外开放的历程看,自深圳被赋予改革"试验田"和对外开放"窗口"功能以来,广东率先进行了一系列开放试验,粤港澳金融合作、自由贸易试验区的金融开放逐步推进,对外交流也持续扩大,往来业务日益深化,对外合作机制日趋完善,外向型金融发展迈上了新台阶。

(一)全面深化粤港澳金融合作

充分利用CEPA机制和创建自由贸易园区的契机,推动粤港澳金融市场双向开放,合作发展跨境人民币贷款业务,推动广东企业赴港上市、发行人民币债券和募集人民币产业投资基金;支持符合条件的港澳金融机构在广东新设合资证券、基金机构,配合国家有关部门推进粤港两地基金产品互认。进而推进QDII2试点,实现深交所与港交所更大程度上的互联互通,推动两地同步上市的金融产品、跨境保险产品和服务的创新发展。

(二)逐步健全外向型金融服务机制

2007年,广东金融高新区由省政府授牌成立,历经10年发展建设,辐射亚太地区的现代金融产业后援基地已初步建成。金融高新区继续优化"金融、科技、产业三融合"的空间发展布局,这一发展特色引领珠三角地区进一步依托"一带一路"倡议和"互联网+"众创金融,进一步推动"城产人"的融合发展,探索"信用为本,跨界融合",不断扩大金融开放的程度,完善开放型经济新体制,呈现金融后援基地、产业金融中心、互联网+众创金融的"三足鼎立"之势。截至2017年7月,金融高新技术服务区已吸引344家金融机构及知名企业落户,包括中国人民银行广东金融电子结算中心、PICC南方信息中心、友邦金融中心、法国凯捷BPO运行中心、毕马威全球共享服务中心、德迅集团亚太资源共享中心等。项目总投资额达665亿元,涉及银行、保险、证券、服务外包、私募创投、融资租赁、互联网金融等。该地区还吸纳了 5 万名金融白领人才进行创业和就业[①]。

此外，广东省内各金融高新技术服务区的外包产业园集聚效应和作用日益显现，多家国内外知名金融机构在珠三角地区设立了软件研发中心、金融创新研发中心、数据备份中心、数据处理中心、客户服务中心、国际结算单证处理中心等后台服务机构，金融后援产业成为广东金融产业新一轮大发展的重要增长点。

（三）不断加强与"一带一路"沿线国家的金融合作

主要举措及探索包括：一是吸引沿线自由贸易区企业和产品进驻。探索建立与"一带一路"沿线国家（马来西亚、印度尼西亚、泰国、伊朗、阿联酋等国家）的自由贸易园区建立合作机制。其中，与伊朗格什姆自由贸易区成功实现对接，签署了广东自由贸易试验区和伊朗格什姆自由贸易区关于促进合作关系的谅解备忘录；推动马来西亚巴生港工业园区投资的跨境电商海外仓项目、印尼力宝集团投资的东盟项目投资交易中心等一批项目落户广东自由贸易试验区。同时，鼓励在广东自由贸易试验区设立沿线自由贸易园区商品国别馆，扩大沿线自由贸易园区商品进口。此外，加快建设广东自由贸易试验区"走出去"综合服务平台；参与"一带一路"沿线重点国家和地区自由贸易园区和产业园区建设，推动管理、人才和服务输出；支持招商局"前港中区后城"模式推动"一带一路"沿线重点港口网络布局工作。二是积极引进欧美大型金融机构区域总部或功能性总部。深化与国际大型基金管理机构合作，积极开展境外绿地投资、并购投资，探索组建省级人民币海外投资基金，鼓励有条件地区组建针对欧美中小企业的海外并购基金，鼓励金融机构为广东"走出去"企业提供跟进投资、捆绑信贷、融资担保、风险管理等综合服务。在汕头、东莞、中山深化开展粤台金融合作试验，建立与东盟国家金融交流机制，与东盟贸易人民币计价和结算规模逐步扩大，与新加坡人民币离岸市场互动措施持续推动。

（四）加速落地自由贸易试验区金融创新政策

在对总体金融制度进行安排时，广东通过建设自由贸易园区和 21 世纪

[①] 黄倩蔚、郭家轩：《广东金融五年成绩单靓丽出炉，主要金融发展指标创多个全国第一》，载《南方日报》2017 年 8 月 26 日，004 版。

海上丝绸之路，采取有助于风险管理的账户体系和投融资汇兑便利措施，并逐步扩大有利于跨国公司总部外汇资金集中运营管理的试点，逐步实现投资和贸易的便利化。其中，为推动广东自由贸易试验区跨境人民币业务创新措施的落地，人民银行广州分行发布《关于支持中国（广东）自由贸易试验区扩大人民币跨境使用的通知》，针对个人经常项下和直接投资项下跨境人民币业务、跨国企业集团跨境双向人民币资金池业务等方面制定实施细则，不但推出了"账户e路通"，实现了开立银行基本存款账户与企业设立登记"一站式"办理的便利化，还创新性地推出粤港电子支票联合结算、金融IC卡跨境支付等各项金融服务。

第三节 广东金融国际化踏上新征程

随着广东金融业在改革开放中不断发展，广东具备了进一步深化改革、扩大开放的良好基础，以改革带开放，以开放促发展，不但将促进金融强省建设在新的起点上再创新高，也将促进国际金融开放合作跃上新台阶。其中，法人金融机构在境外开拓市场，"走出去"步伐加快。除此之外，法人金融机构不断引入境外战略投资者，对于改善股权结构、强化公司治理、转换经营机制、完善风险控制、开发金融产品等方面起到了积极作用，引"智"和引"制"效果逐步显现。与此同时，聚焦创新驱动发展，积极推动金融与科技、产业的融合发展，运用现代信息技术打造场景金融、智慧金融，助力广东形成以创新为主要引领和支撑的经济体系和发展模式。

党的十九大报告指出"要主动参与和推动经济全球化进程，发展更高层次的开放型经济"。2018年3月7日，习近平总书记参加十三届全国人大一次会议广东代表团审议时希望广东在形成全面开放新格局上走在全国前列，为广东适应经济全球化新形势、加快形成参与国际竞争合作新优势指明了方向。在此背景下，广东金融需要凭借改革开放的先行优势把握新时代下的新机遇，着力优化对外开放格局，积极推动国际金融合作创新发展，逐步开启金融国际化的新征程。其中，围绕开放型经济新体制和粤港澳大湾区建设，深化粤港澳金融合作，加强与"一带一路"沿线国家的金融交流，以金融国际化促进经济的国际化。市场多元化战略的实施不断深入，与世界500强企业及欧美发达国家的经贸合作持续增强，所引进的外商直接投资项目累计3.2万个，利用外资的数额达1 240亿美元。广东在对接国际投资贸易规则体系上先行先试，在全省范围内推广首批27项改革经验，自由贸易试验区的各项建设逐步启动，5.6万家企业入驻广州南沙、深圳前海蛇口、珠海横琴三大片区，也进一步推进了泛珠三角区域的合作，累计4 508个产业经贸合作项目正式签约。此外，广东还积极参与"一带一路"建设，与海上丝绸之路沿线14个国家的进出口数额达到8 504亿元。同时支持企业"走出去"，累计约5 600家企业协议在境外设立。同时，金融创新的政策也在加速落地，广州南沙、珠海横琴新区外汇管理改革试点的实施细则进一步提出，推动自由贸易区版资金池、双向发债及金融机构境外贷款等跨境人民币业务的顺利开展。随着"账户e路通"的推出与推广，实现开立银行基本存款账户与企业设立登记的"一站式"办理。此外，在金融服务创新方面，不断推出金融IC卡跨境支付、粤港电子支票联合结算等举措。总的来说，这些成为广东踏上金融国际化征程的重要突破点。其中，跨境人民币业务、粤港澳金融合作、广东自由贸易试验区的金融开放表现突出。

一、改革先行：跨境人民币业务发展迅速

近年来，伴随着中国经济地位的提升和对外交流的扩大，人民币日益为国际所接受，已在东南亚、中亚及其他周边国家（地区）开始流通。人民币国际化有助于形成以人民币离岸市场为载体、人民币区域化为核心内容的金融开放格局。特别是在次贷危机后，人民币国际化意愿明显加大。人民币境外流通主要体现在与周边国家在边贸、旅游和其他经济交往中，境外非居民对人民币广泛的可接受性，并在境外形成了一定规模的人民币流量和存量。初期人民币主要通过非金融渠道的现钞方式进行跨境流动，即出入境人员合法携带和跨境非法走私携带。随着国家对人民币跨境流动的政策引导，越来越多的人民币跨境流动将纳入银行体系。

人民币在香港的流通规模和兑换是随着两地经贸和人员往来的密切而不断扩大的。人民币在澳门流通主要是通过民间力量推动的，人民币主要通过贸易、旅游等形式流入澳门。澳门博彩业历史悠久，十分发达，赌资形式流入的人民币资金也占有一定比例。人民币在中国台湾经历一个由不承认到逐步放宽、趋于承认的过程。2002年7月，中国人民银行正式批准大陆商业银行与台湾办理直接通汇业务，台湾居民私下接受人民币作为流通手段，人民币可在岛内部分旅游景点使用。随着两岸经贸往来的密切，大陆台商及家属已超过百万人，人民币与新台币兑换规模加大。2008年6

月 30 日，台湾岛内商业银行正式开通人民币和新台币的双向兑换业务，人民币在岛内兑换实现合法化。

随着中国改革开放的不断推进，促进了中国与区域经济的融合，也进一步促进了人民币在周边国家和地区作为计价和结算货币的普遍使用，这包括了在越南、泰国、缅甸、朝鲜、蒙古国、俄罗斯、尼泊尔等国家的边境贸易。2008 年 12 月起，中国人民银行响应周边国家和地区的需求，先后与韩国、中国香港、马来西亚、印尼、白俄罗斯和阿根廷货币当局签署了 6 份双边本币互换协议，总规模达到 6 500 亿元人民币①。

（一）跨境贸易人民币结算在广东先行先试

2009 年 4 月 8 日，在国务院第 56 次常务会议上，决定了人民银行会同有关部门在上海市和广东省广州、深圳、珠海和东莞先行开展跨境贸易人民币结算试点。2009 年 7 月 1 日，人民银行联合财政部、商务部、海关总署、国家税务总局和中国银监会发布《跨境贸易人民币结算试点管理办法》（银发〔2009〕10 号）。2009 年 7 月 3 日，人民银行发布《跨境贸易人民币结算试点管理办法实施细则》（银发〔2009〕212 号），统一规范跨境贸易人民币结算业务。

2009 年 7 月 6 日，第一笔跨境贸易人民币结算业务在上海市办理。隔日，广州、深圳、珠海、东莞 4 个城市相继开展跨境贸易人民币的结算业务。随后，国家税务总局和海关总署先后下发《关于跨境贸易人民币结算出口货物退（免）税有关事项的通知》（国税函〔2009〕470 号）和《关于跨境贸易人民币结算试点有关问题的通知》（监管函〔2009〕255 号），明确了试点企业申报办理跨境贸易人民币结算方式出口货物退（免）税时无须提供出口收汇核销单、企业申报出口货物以人民币申报时可不提供外汇核销单、企业可以跨地区以人民币申报出口货物等事项，对跨境贸易人民币结算出口退（免）税及人民币报关等问题作具体规定。

试点工作正式铺开后，中央驻粤金融监管机构和广东省相关政府职能部门按照"统筹协调、稳步推进"的原则推进试点工作。一是成功搭建了人民币跨境结算平台，陆续推出相关配套的金融产品。完善人民币跨境收付信息管理系统（RCPMIS）的建立；加强各金融机构与港澳金融同业的互

---

① 中国人民银行货币政策分析小组：《中国货币政策执行报告》，载《金融时报》2009 年第四季度。

动与合作,加快金融产品和服务创新步伐,向境外企业提供人民币贸易融资等创新产品,为境外参加银行办理人民币购售业务和账户融资。二是不断扩大境外试点地域的"活动半径"。与广东省发生跨境人民币结算业务的国家(或地区)分布在亚洲、欧洲、南美洲三大洲。三是逐步显现贸易便利化政策的正向效应。与外币结算进出口货款相比较,在采用人民币结算后,资金到账时间明显加快,并且有助于企业规避汇率风险且节省汇兑成本[1]。

(二) 广东跨境人民币业务不断发展和完善

2009年7月7日,跨境贸易人民币业务结算试点当天,中国工商银行、中国农业银行、中国银行、中国建设银行、交通银行广东省分行及中信银行广州分行6家银行,分别通过清算行或代理行方式,成功进行跨境贸易人民币结算业务,广东省内银行与香港银行往来业务12笔,资金清算772.44万元;其中,汇出汇款9笔,金额752.65万元,汇入汇款3笔,金额19.79万元。截至2010年年末,广东省发生跨境人民币结算业务17 043笔,全年结算量达2 177.17亿元。其中,进口12 402笔,金额1 618.92亿元;出口1 386笔,金额108.80亿元;服务贸易等其他经常项目收付款3 045笔,金额288.99亿元;资本项下资金收付210笔,金额160.46亿元[2]。

一方面,截至2016年年底,广东累计办理跨境人民币结算业务金额11.70万亿元,占全国结算金额的26.1%,继续位居全国各省(自治区、直辖市)首位,业务范围覆盖212个境外国家和地区。广东办理跨境人民币结算业务的企业(机构)42 950家,办理业务的银行业机构(含网点)2 983家,与境外发生业务的国家和地区208个。人民银行广州分行发布《广东南沙、横琴新区跨境人民币贷款业务试点管理暂行办法》(广州银发〔2015〕180号),在广州南沙、珠海横琴开展跨境人民币贷款业务。跨国公司跨境人民币资金集中运营业务创新稳步推进。截至2016年年底,广州、佛山、东莞、珠海、中山、惠州、江门、肇庆、湛江、清远和云浮等地市共设立跨境双向人民币资金池297个,涉及企业2 233家,共有169家主办企业办理跨境资金收付业务,累计收付金额2 667.13亿元。跨境电子商务

---

[1] 中国人民银行广州分行货币政策分析小组:《广东省金融运行报告》,载《南方金融》2017年第8期。

[2] 《广东年鉴》编纂委员会:《广东年鉴》,广东年鉴社2011年版。

成就展现编

使用人民币结算业务继续推进。截至2016年年底,广东已办理55笔支付机构备案,跨境人民币支付业务结算金额达923.41亿元①。

另一方面,依托"一带一路",广东与"一带一路"沿线国家跨境人民币结算规模也在不断扩大。2017年上半年,广东与"一带一路"沿线国家跨境人民币结算规模达1 879.3亿元,占全国的26.0%。截至2017年6月末,广东与"一带一路"沿线国家跨境人民币结算规模达14 369.2亿元,人民币逐渐成为广东与沿线国家跨境结算的主要货币②。针对企业境外发展的资金需求,跨境产品和业务正在不断丰富和完善,多家银行正通过创新跨境投资贷款、并购以及供应链融资等业务,帮助企业充分利用境外较低利率资金,降低融资和汇兑成本。跨境人民币业务的全面开展,为广东银行业金融机构与境外同业深化业务合作开辟了新的领域,带动了人民币账户融资、贸易融资、人民币购售等国际业务的发展。

二、合作示范:粤港澳金融合作不断完善

广东毗邻港澳,在"一国两制"方针的指引下,粤港澳三地的金融联系变得更加紧密,金融合作的深度与广度也不断加强,进而开创了融合发展、互利共赢的新局面。随着当前世界金融格局的深刻调整,内地金融改革的不断深入,粤港澳金融合作面临着新的机遇和挑战。推动粤港金融合作再上新台阶,对于加快推动广东金融强省建设、巩固香港国际金融中心地位、提升粤港区域经济的国际竞争力具有十分重要的意义。

(一) 粤港金融合作的战略定位

从国际金融中心格局演变的历史和现状来看,世界主要金融中心的交替发展与经济大国的崛起密切相关,而且随着20世纪60年代以后世界经济多极化格局的发展,国际金融中心在空间分布上呈现多元化、多层级扩展的趋势。尤其值得关注的是,随着亚洲经济尤其是东南亚地区新兴经济体的迅速崛起,全球金融重心有向该地区转移的趋势。在中国实施国际金融中心建设战略的过程中,粤港在金融资源配置能力、金融基础设施、金融合作关系等方面都有条件担当起重要的角色。粤港澳大湾区是以自由贸易区形式来发展的区域合作系统,需要整合城市群、港口群、机场群等各种公共

---

① 《广东年鉴》编纂委员会:《广东年鉴》,广东年鉴社2017年版。
② 郭家轩、梁涵:《广东金改助力开放型经济发展》,载《南方日报》2017年8月25日,A07版。

社会资源，打通人才、资金、信息等资源要素交流通道，实现相互之间的分工协作。在此之前，不论是大珠三角还是泛珠三角经济合作区（9+2），都体现了珠三角在区域合作方面的不懈努力，粤港澳大湾区规划将会明确合作的规则、内容、范围、方式等，呈现出一套完整的公平化、市场化、效率化的区域可持续发展范式。

根据国际和国内经济金融形势的新变化，同时考虑粤港区域在中国金融总体发展格局中的历史地位和特殊优势，金融部门将强化金融开放发展与粤港澳大湾区城市群建设规划的联动，营造国际化、市场化、法治化的金融服务环境，促进金融资源的跨境流动和优化组合，打造联通中国与世界金融市场、具有重要影响力的国际金融中心区域，支持、引领广东省以至全国新一轮金融改革和对外开放。

（二）粤港澳金融合作的主要领域及进展

2000年以来，广东贯彻落实《粤港合作框架协议》《粤澳合作框架协议》及内地与港澳签署的服务贸易自由化协议，大力推动粤港澳金融业融合发展。推动粤港、粤澳支付结算金融基础设施的发展进程，在支付结算服务产品方面不断创新，并逐步推动人民币的国际化。目前，粤港澳地区已承担着粤港澳资金流转动脉的作用，分别建成了以人民银行全国性支付系统为中枢，银行机构行内业务系统为基础，区域性资金清算系统为补充的支付清算网络。2003年，内地和香港签署了关于建立更紧密经贸关系的安排（CEPA），进而标志着广东与香港金融机构合作迈上新台阶。在金融服务领域，CEPA扩大了对香港金融服务业的开放领域，降低了香港金融机构进入内地的门槛，为香港银行在广东开设分支行开通"绿色通道"。广东还先后实施货物贸易和服务贸易外汇管理改革，进一步落实外汇管理简政放权的措施，不但促进了三地贸易的发展，还提高了粤港澳三地的贸易便利化水平。2016年，粤港澳跨境贸易收支达到7万亿元人民币，约占全省与境外贸易跨境收支的比重的57.3%[①]。

具体而言，粤港澳金融合作的主要领域取得了如下积极进展。

1. 金融合作联络机制逐步完善

粤港金融合作例会作为经中国人民银行总行授权、由中国人民银行广

---

① 黄倩蔚、郭家轩：《广东金融五年成绩单靓丽出炉，主要金融发展指标创多个全国第一》，载《南方日报》2017年8月26日，004版。

州分行于 2004 年 4 月与香港金融管理局共同建立的定期联络机制。经过 13 年的运作，已经成为粤港两地金融管理部门进行沟通交流和政策协调的重要平台，为进一步强化粤港金融合作与协调奠定了基础。历次例会就粤港经济金融形势进行深入交流，推动粤港两地在跨境外汇结算系统建设、人民币清算安排、反洗钱、反假币等方面的合作，并就跨境资金流动监测、金融机构跨境互设、资本市场合作、广东金融机构和企业赴港发行人民币债券等议题进行了探讨和磋商，达成了多项共识。

2. 支持香港银行人民币业务稳健开展

中国人民银行驻粤机构采取有效措施，支持香港银行人民币业务的开展。一是切实做好跨境现金调拨服务。二是支持香港人民币清算行设立人民币代保管库。三是支持香港人民币清算行接入内地现代化支付系统。四是支持香港人民币清算行通过中国外汇交易中心深圳分中心进行人民币平盘交易。五是开通粤港人民币支票业务。六是积极推进粤港货物贸易人民币结算试点工作。按照《跨境贸易人民币结算试点管理办法》（银发〔2009〕10 号）和《跨境贸易人民币结算试点管理办法实施细则》（银发〔2009〕212 号）的有关规定，中国人民银行广州分行及时制定操作指引，切实加强组织指导，做好系统调试工作，有效保证了粤港货物贸易人民币结算试点的顺利启动。

3. 跨境外汇结算系统建设不断加强

粤港跨境外汇结算系统的建立和完善，是粤港金融合作取得的重大成果，有效提高了广东与香港地区之间跨境资金流动的清算效率，有力推动了粤港更紧密的经贸关系的发展，对于促进广东与香港的金融和经贸合作发挥了重要的保障作用，也为进一步拓展和深化两地之间全方位的经济合作创造了有利的条件。2016 年，粤港票据联合结算系统处理港元票据业务的金额达 39.1 亿港元；粤港外币实时支付系统处理港元和美元的结算金额分别达到 519.8 亿美元和 972 亿美元[1]。粤港电子支票联合结算试点也已正式启动，广东首次实现内地与香港支票电子结算，省内的试点银行机构可受理香港电子支票的跨境托收。

4. 金融机构跨境互动关系日益密切

2003 年，CEPA 的签署标志着粤港两地金融机构的合作进入了一个全新

---

[1] 中国人民银行广州分行货币政策分析小组：《广东省金融运行报告》，载《南方金融》2017 年第 8 期。

的阶段。在金融服务领域，CEPA扩大了对香港金融服务业的开放领域，降低了香港金融机构进入内地的门槛，为香港银行在广东开设分支行开通"绿色通道"。在CEPA效应的促进下，广东在引进香港金融机构方面取得了明显成效。港资金融机构在广东的市场拓展表现出：机构数量增加，辐射地域扩大，经营规模扩大，人民币业务发展迅速，零售业务拓展力度加大的特点。金融机构跨境互设也在稳步推进。其中，港资银行积极在广东增设支行网点，这表明港资银行更加注重拓展内地个人金融服务市场，中国人民银行广州分行也积极支持香港银行在广东扩大经营网络并拓展金融业务。截至2016年年末，广东共有4家港资银行法人机构［永亨银行（中国）有限公司、中信银行国际（中国）有限公司、华商银行、大新银行（中国）有限公司］、24家分行、82家同城支行、66家异地支行、1家代表处；澳门首家根据CEPA协议在广东设立的分行——大西洋银行广东自由贸易试验区横琴分行获批筹建；由恒生银行与深圳市前海金融控股有限公司合资设立的恒生前海基金管理有限公司获中国证监会批准筹建。此外，广东金融机构也积极实施"走出去"的战略。目前，招商银行在香港开设了分行，广东发展银行、深圳发展银行在香港设立了代表处，平安保险、广发证券、招商证券、广发期货、中国国际期货、南方基金、易方达基金等非银行金融机构也相继在香港开设全资或合资子公司。

5. 金融市场合作与对接更加紧密

为提高广东与香港的金融效率，逐步推进两地金融市场的互动与融合。一是完善境外上市企业外汇管理，支持广东企业赴港上市。针对企业的实际需求，外汇管理部门不断加强和改进境外上市外汇管理，放宽境外账户开立期限限制，延长境外上市公司募集资金调回境内的时限，允许境外募集资金经批准可投资于境外并户行发行的保本结构型产品。此外，在香港回归后，多家广东大型企业加入H股、红筹股行列，在香港公开发行上市。此外，一批广东房地产企业先后在香港上市，使粤港两地房地产市场和证券市场的互动关系大为增强。二是稳步拓宽机构投资者的境外投资渠道，促进广东和香港资本市场共同发展。这既有助于促进广东金融市场的发育和完善，也有助于促进香港国际金融中心地位的提升。根据QDII的各项法规和政策，指导和支持辖内基金管理公司申请合格境内机构投资者资格及境外投资额度。

三、创新试验：广东自由贸易试验区的金融开放

广东自由贸易试验区的实施范围共计116.2平方公里，涵盖广州南沙新区片区60平方公里，深圳前海蛇口片区28.2平方公里，珠海横琴新区片区28平方公里。其中，在广州南沙新区片区，重点发展航运物流、特色金融、国际商贸、高端制造等产业，建设以生产性服务业为主导的现代产业新高地和具有世界先进水平的综合服务枢纽。在深圳前海片区，重点发展金融、现代物流、信息服务、科技服务等战略性新兴服务业，建设中国金融业对外开放试验示范窗口、世界服务贸易重要基地和国际性枢纽港。在珠海横琴新区片区，重点发展旅游休闲健康、商务金融服务、文化科教和高新技术等产业，建设文化教育开放先导区和国际商务服务休闲旅游基地，打造促进澳门经济适度多元发展新载体。从2015年4月21日挂牌至2015年年末，自贸区累计设立5.6万家新企业，其中，超过220家企业的注册资本达到10亿元以上，共计吸引合同外资1 566亿元人民币。

中国自由贸易试验区的试验重点是对外开放体制的改革，包括贸易体制、投资及其产业开放体制、金融体制和政府体制改革等。围绕落实《中国（广东）自由贸易试验区总体方案》，国家层面出台17项配套政策，省直和中央驻粤单位出台37项相关配套细则和文件，覆盖投资、贸易、航运、金融、财税、法律服务、知识产权、文化等重点领域，形成自由贸易试验区建设的初步配套政策支撑体系。从金融开放体制看，近几年，广东自由贸易试验区形成了跨境电子商务支付系统与海关系统对接、简化外汇业务办理流程这两项可复制、可推广的金融创新成果[①]。具体而言，主要进行了以下卓有成效的改革[②]。

（一）跨境金融服务不断完善

跨境人民币贷款业务试点范围从前海扩大至南沙、横琴片区，前海跨境人民币试点业务累计备案金额超过1 100亿元，实际提款金额则超350亿元。与香港金融机构合作人民币银团融资、跨境人民币资金池、赴港发行人民币债券、贸易融资资产跨境转让等业务。香港汇丰、恒生、东亚等机

---

① 《广东省人民政府关于复制推广中国（广东）自由贸易试验区第二批改革创新经验的通知》，广东省人民政府文件。
② 《广东年鉴》编纂委员会：《广东年鉴》，广东年鉴社2016年版。

构在前海筹建了合资证券和合资基金公司，澳门国际银行、汇丰银行等设立自由贸易区分支行或代表处。银联多币种卡在横琴新区全国首发，前海成为全国首批外债宏观审慎管理试点区域，发行国内首只符合国际惯例公募房地产信托投资基金产品和10亿元离岸人民币债券。

（二）金融管理和服务流程不断优化

广东省第一批60项省一级管理权限向三个片区下放，58项市一级管理权限向南沙下放；"智慧自由贸易试验区"建设不断推动；自由贸易试验区的电子政务系统已进驻省网上办事大厅，初步建成企业专属网页通用版，企业的所有涉税事项可实现网上办理。建设事中事后监管体系，在横琴、南沙和前海探索建立集中统一的行政执法体系；横琴率先推行行政违法行为提示清单，被商务部列作政府智能化监管服务模式创新并在全国推广；推进社会信用体系建设，与市场化征信机构相对接的信用大数据平台和信用服务市场体系在前海搭建，归集了区内7万多家企业信用数据。

（三）现代金融聚集效应明显

其中，除了传统银行、证券业、保险业等持有牌照的金融机构外，大量PE、互联网金融、融资租赁、商业保理、小额贷款等新型金融业态在区内集聚发展，包括重大金融资产交易中心在内的金融创新平台相继成立，如广东省金融资产交易中心、珠海产权交易中心、前海股权交易中心、前海保险交易中心、前海金融租赁交易中心等。

第十章　区域经济合作：从 CEPA 到粤港澳大湾区

　　一个国家经济发展是产业不断高级化和资源在空间不断优化配置的过程。回顾中国经济空间格局的历史演变可以发现，从农业社会的以黄河中下游为核心演变到近代工业化的以长江三角洲下游地区为经济中心，并且在工业化内生的规模经济和集聚经济作用下，这个格局逐渐固化为中国经济空间结构的特有现象。中华人民共和国成立后，东北、京津地区的工业发展，以及"大三线""小三线"建设，虽然在一定程度上降低了长三角的经济集中度，但真正改变中国经济空间格局的是粤港澳地区经济的崛起，空间上使得中国经济由"一驾马车"带动的格局，改变为由长三角、珠三角和京津冀地区"三驾马车"共同带动，成为中国经济腾飞的核心动力。改革开放 40 年来，粤港澳城市群通过区域经济一体化机制带动三地的经济发展，三地的经济发展又推动一体化向深入发展，可以说，粤港澳地区的发展史就是区域经济一体化的推进史。在中国改革开放 40 年之际，回顾三地的经济合作过程，总结其基本条件、发展历程、产生的影响，不但对该地区今后的发展具有重要的现实意义，也可为其他地区提供发展经验。

第一节　区域经济合作的探索

　　改革开放以来，广东与港澳间的经济合作一直是广东改革开放的先锋和主力，与港澳的经济合作不但使广东经济融入全球化浪潮，成为全球生产网络不可或缺的一环，成为全国最先开放、开放程度最高的地区，而且通过粤港澳的合作推动广东的经济改革，使得"开放"与"改革"的发展路径融为一体。与包括长三角地区在内的其他地区不同，广东早期对外开放就表现出"以港澳为特定指向"和"外资带动出口"的开放模式。从深圳和珠海设立经济特区为主线的区域经济合作,扩大到整个珠三角全面的融入与港澳地区的经济合作,而后通过吸引港澳外资形成的早期"前店后厂"的合作模式,极大地带动了广东的改革发展,使得广东的市场化改革走在了全国的前列。到2003年CEPA的签署,标志着粤港澳合作的动力机制已经由早期自发的"自下而上"发展到"自上而下"政策推动阶段,为粤港澳合作赋予了国家的制度保障,也由早期的制造业为主的合作向服务业合作的过渡,再到经济、社会全方面融合。从2017年提出的构建粤港澳大湾区战略开始,标志着该地区将进入深化合作新的阶段。下面我们将粤港澳作为一个区域,从整体经济发展水平和合作的内涵将粤港澳经济合作划分为起步探索、调整优化、快速发展和深化发展四个阶段(如图10.1所示)。

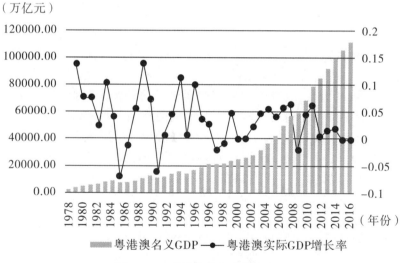

图 10-1 粤港澳合作发展阶段

数据来源:广东数据来自历年《广东统计年鉴》,香港GDP及其平减指数数据来自香港政府统计处,澳门GDP数据来自世界银行数据库,为不变美元价格,按照当年美元与人民币汇率核算为人民币。

一、起步探索阶段

中国内陆与港澳的经济合作从1978年开始,到1997年香港回归中国这

成就展现编

段时间属于起步探索阶段。1978年改革开放初期,我国首先通过在深圳、珠海等地设立面向港澳的经济特区,实施对外开放,从而开启了粤港澳合作的序幕。可以从"推力"和"拉力"两个角度来理解粤港澳合作的初始动力。从"推力"上看,经过20世纪60年代和70年代20余年的高速发展,香港制造业面临劳动力成本、土地成本高企的困境,香港已经无法满足靠低成本战略发展的劳动密集型制造业的生产,产业向低成本地区转移势在必行。此时恰逢深圳、珠海设立特区,为香港制造业转移提供了历史性机遇,大量港资企业向以深圳为主的珠三角地区转移。从"拉力"上看,改革开放之前,广东作为是我国的"边境"地区,工业化进程缓慢,经济发展水平低。在计划经济条件下,国家大型投资不会落地广东,因此作为经济起飞阶段工业化、城市化所要求的资本积累严重不足。因此,资本成为能否实现经济起飞的关键要素,对港资企业的投资需求巨大。另外,粤港澳地区地缘相邻、人缘相亲,而且港澳历史上曾经就是广东行政区划的一部分,港澳人士中有80%以上祖籍为广东,且三地最通用的语言同为粤语,三地的生活习惯、民俗民风非常相似,也是港资企业大量向广东转移的重要原因之一。

正是由于港资企业北移,形成了香港服务、广东生产的"前店后厂"的垂直产业链分工,这种分工合作充分发挥了粤港澳各自的比较优势,利用珠三角充足的劳动力和土地资源①,有效地利用了香港发达的全球贸易网络资源和航运空运设施,"前店后厂"模式是在优势互补的基础上形成的区域间合作。"前店后厂"模式顺应了全球产业链转移趋势,在合作初始就使各方获得了巨大的收益,实现了合作共赢,从而使粤港澳合作不断地向高级阶段演化。这个时期的合作也带动了粤港澳地区经济增长,其实际GDP由1978年的2.73万亿元增加到1997年的6.67万亿元(如图10-1所示)。

这个时期的合作可以总结出如下几个特点:从合作的动力机制上看,由于开放初期我国还处于摸索阶段,因此对于粤港澳的合作并没有清晰的、长远的战略目标,加之香港和澳门尚未回归,中央和广东省政府并没有出台具有针对性的推动粤港澳经济合作的政策,此时合作的动力机制主要是来自于港澳企业跨境发展的利润追求和广东乡镇地方政府招商引资的冲动,

---

① 土地资源在珠三角经济起飞阶段起到的作用不仅仅是为资本提供了载体,更重要的是,珠三角的集体土地在工业化初期快速地实现了由农业用地转变为工业用地,由此带来了集体土地的"资本化"。

是建立在香港利用其完善的国际商业网络，负责产品的研发设计、市场销售、财务管理、原料采购等管理职能，而广东充分挖掘其劳动和土地成本低廉的比较优势基础上的，是典型的以市场化为动力的"自下而上"的合作。到20世纪90年代中期，约80%的香港制造业企业在珠三角设厂，其中塑胶业（80%～90%）、电子业（85%）、钟表业和玩具业（90%）都转移到了珠三角地区[1]；从合作的空间看，由早期的以深圳、珠海为主向整个珠三角扩散，其中，尤以珠江东岸的东莞凭其廉价的劳动力和土地资源成为港澳资本集聚的主要空间载体，最终形成了从深圳—东莞—广州的珠江东岸制造业密集区。这个时期，由于澳门和珠海的经济辐射能力不足，加之长期珠江东西两岸的交通无法连接，使得珠江西岸的发展落后于东岸，形成了珠江两岸发展水平不对称的合作空间格局。

二、调整优化阶段

从1997年香港回归到2003年CEPA签署，这段时间属于调整优化阶段。早期"自下而上"靠市场力量推动的功能性经济合作充分利用了粤港澳三地的比较优势，形成了以香港为龙头的"港主服务、粤主制造"分工格局，三地间形成了紧密的经济联系，区域经济合作的增长效应得到了充分发挥。广东成为世界制造业基地，而香港也成功实现了由出口导向型制造业基地转变为服务主导的经济体。制造业的就业占比由1980年的45.9%大幅降到2001年的8.9%，对GDP的贡献由近25%降至5.2%，而服务业对GDP的贡献比重升至90%以上。到2003年珠三角对港澳地区出口额占其总出口额的35.9%，港澳成为广东最大的贸易伙伴。2002年，珠三角近1 300万工人被香港近5万家企业所雇佣，香港机场和葵冲码头70%的物流来自于珠三角[2]。由此可见粤港间经济联系之紧密。

"自下而上"的合作动力机制充分发挥了市场力量和广东乡镇等地方政府对经济增长的强烈愿望。但在香港、澳门回归前，三地合作没有中央政府的有效制度安排和顶层设计，粤港澳合作必然遭遇发展的瓶颈。比如，基础设施的连接、人员和货物的通关便利化等问题都需要政府的制度安排

---

[1] 薛凤旋、杨春：《外资：发展中国家城市化的新动力：珠江三角洲个案研究》，载《地理学报》1997年第3期。

[2] 黄永智：《粤港经贸合作新机遇——简析〈内地与香港关于建立更紧密经贸关系的安排〉》，中山大学出版社2003年版。

予以解决。另外，1997年亚洲金融危机对香港形成了巨大的冲击，港资企业向珠三角扩散明显放缓，香港经济对广东的辐射能力减弱。1997年和1999年香港、澳门先后回归，为粤港澳合作由市场引导的功能性合作向政府间的制度性合作转化提供了良好的外部环境。由此，中央政府和粤港澳三地政府的角色发挥着越来越重要的作用，粤港澳合作进入了优化调整时期。但三方区域合作涉及问题复杂，从中央政府到广东省政府和港澳特别行政区政府间合作还处于不断摸索阶段。这里的"问题复杂"主要包括：第一，粤港澳合作涉及三个关税区、不同的法律法规体制、政府的行政体制也存在巨大差异，涉及港澳的政府间协调事宜还超出了广东省政府的事权范畴，合作的交易成本较大；第二，当香港制造业企业近80%已经转移到珠三角后，服务业领域尤其金融等生产性服务业的合作涉及市场准入、标准认定，甚至法律法规等超出经贸领域的深层次问题，在港澳回归的初期这些问题尚无暇顾及，这也阻碍了合作向更高层次发展；第三，港澳回归初期，国际社会对香港的发展抱有观望甚至"看衰"态度，加之2003年SARS危机也使香港经济遭到重创，跨国公司对香港投资大幅降低，制造业已经转移到内地，香港经济面临产业空心化问题，香港房地产市场、劳动力市场、资本市场失衡，泡沫经济造成价格刚性导致香港经济竞争力下降，经济向服务业转型压力巨大，此时香港在粤港澳合作中的带动作用明显减弱。

粤港澳三地经济合作进入了调整期，三地政府已经认识到政府间的正式制度安排、协调机制构建对合作的深入发展必不可少。在中央政府授权下，1998年建立了粤港合作机制——粤港合作联席会议制度，标志着粤港合作有了协调机制。自1998年起每年一次，会议的议题有早期的沟通情况、互通信息，以及主要限于经贸领域问题的讨论，经过近20年的不断完善，联席会议讨论研究的内容已经涵盖了跨境基础设施、物流、口岸、环境保护、贸易投资、卫生防疫、科技文化、教育、知识产权等诸多方面，该机制对粤港澳经济合作起到了重要的作用。

三、快速发展阶段

2003年CEPA的签署，开启了粤港澳要素流动的大门，直到2012年，这10年，CEPA制度安排为粤港澳合作提供了更大的空间，推动粤港澳合作进入快速发展阶段。

为使内地与港澳间的经济合作更加紧密，促进港澳经济繁荣，2003年6月和2004年10月，内地与香港、澳门政府分别签署了《内地与香港关于建立更紧密经贸关系的安排》和《内地与澳门关于建立更紧密经贸关系的安排》(CEPA),从法律上保障了港澳与内地的经济联系,港澳与内地间建立了超越 WTO 一般规则的更紧密经贸关系,通过赋予广东 CEPA 先试先行权,为粤港澳合作给出了特殊的制度安排。CEPA 核心内容包括货物贸易、服务贸易和贸易投资便利化三个方面,总体目标是逐步减少或消除内地与港澳之间实质上所有货物贸易的关税和非关税壁垒,逐步实现服务贸易自由化、投资便利化,减少或消除港澳与内地之间实质上所有歧视性措施。

前期 CEPA 以货物贸易为实施主要抓手,第一批对原产港澳的 273 个项目从 2004 年 1 月 1 日起享受零关税进入内地市场,而在此前这些产品的关税高达 23%～35%(如表 10-1 所示)。零关税的措施比中国加入 WTO 承诺的关税更加优惠,一步到位的零关税使得香港获得了巨大优势,港产产品抢占了广东市场。据香港总商会估计,零关税政策将每年为香港节省约 7.5 亿港币。而澳门在 2004 年 1—9 月有 51 宗货物零关税进入内地市场,货物值达到 139.1 万澳元。

表 10-1 CEPA 对港澳产品关税

CEPA 签署后零关税商品种类(2004 年 1 月实施)	中国"入世"承诺的关税率(%)(2004 年)	2004 年实际关税率(%)
电机及电子产品	5～30	5～30
塑胶产品	8.4～12.7	6.5～10.8
纸制品	5～13.3	5～10.4
纺织成衣	5～21.3	5～19.4
化学制品	5.5～20.7	5.5～15.8
药物	3～6	3～6
钟表	14～23	12.5～25
首饰	26.7～35	23.8～35
化妆品	18.3～22.3	14.2～19.2
金属制品	4～10.5	4～10.5
其他	5～24.2	5～25

资料来源:《内地与香港关于建立更紧密经济关系的安排》及其《附件:内地对原产香港的进口货物实行零关税的产品清单》,2003 年。

成就展现编

CEPA为港澳产品进入内地市场节省了大量关税,降低了港澳产品进入内地市场的成本。截至2017年5月31日,全国累积受惠进口货物750.4亿元,涉及21个大类港产货物,香港共计签发15万份香港CEPA优惠原产地证书,前后共计198家香港厂商受益于零关税。内地进口的香港CEPA项下货物受惠货值由实施首年的8.6亿元增至2016年的59.1亿元。实际受惠进口的商品范围也在化工产品、纺织制品、塑料制品等10类商品的基础上扩大至食品、光学仪器、机电产品等13类商品,涉及的税号由60个增至200多个。

CEPA还是一个开放系统,在合作内容上涉及众多领域,可以根据实际需要不断地增加新的内容,目前已经与港澳政府签署补充协定达十余份,主要涉及服务贸易自由化(《服务贸易协定》《关于内地在广东与香港基本实现服务贸易自由化的协议》)、投资便利化和科技文化合作等方面(《投资协定》和《经济技术合作协定》)。其中,2016年6月《服务贸易协定》实施以来,内地已经全部开放153个部门,占全部160个服务贸易部门的96%,港澳专业团体与中国内地监管机构签署多项专业资格认定协议,协助港澳专业人士进入内地市场。

从区域经济一体化的发展程度和水平看,CEPA及其补充协定主要涉及的是商品和要素的跨境自由流动,这尚属于区域经济一体化发展的自由贸易区阶段和共同市场阶段,远远没有达到区域一体化组织成员间以确立共同发展目标为标志的"完全一体化阶段"。但2008年国家发改委发布的《珠江三角洲改革发展规划纲要(2008—2020)》首次将珠三角9市与港澳的紧密合作纳入规划,标志着粤港澳区域有了国家层面的总体规划,并将其作为一个区域整体实施建设和设定发展目标。按照规划要求,到2020年,形成粤港澳三地分工合作、优势互补、全球最具核心竞争力的大都市圈之一。为落实此纲要要求,2009年2月,粤港澳三方在香港联合举行"第一次共同推进实施《珠三角地区改革发展规划纲要》联络协调会议",明确提出,粤港澳三地政府联合开展《环珠江口宜居湾区建设重点行到计划》。

这个阶段合作的主要特征不但表现为政府推动的制度化愈加显著,合作领域不断扩大,而且合作的区域空间还扩大到包括广东、福建、江西、广西、海南、四川、云南、贵州等9省和香港澳门2个特别行政区的泛珠江三角洲地区。这一沿珠江流域的广大地区是我国规模最大、范围最广、异质性最大的区域合作组织,2003年11月创立初期占全国人口的1/3,面积的1/5,经总量的1/3,外贸出口的40%。显示出粤港澳经济合作在我国区域合作中的引领作用。

四、深化发展阶段

由于受到 2008 年国际金融危机影响，以高度国际化为特征的粤港澳地区面临严峻挑战。2012 年后，中国经济进入"新常态"，需要新的增长点带动中国经济转型发展，作为我国经济最活跃地区之一的粤港澳地区合作随之进入深化合作阶段。

从粤港澳内部看，截至 2012 年，经过 30 余年的发展，区域合作也面临挑战。比如由市场力量推动的合作潜能已经释放，需要新的制度红利激发合作活力；粤港澳间互补性下降，经济竞合中挑战不断扩大；原有的合作机制和组织架构表现出的局限性需要进一步整合等。突破上述合作发展瓶颈，唯有在更高层面上进行顶层的制度安排和总体目标的设计，由此开启了新的合作发展阶段。

这个阶段最明显的特征是粤港澳合作被纳入国家发展战略，将这一跨境经济合作区域作为带动中国经济转型发展的重要的核心区域之一。同时，为降低粤港澳合作的交易成本，还赋予广东更大的涉及港澳的事权。2010 年 3 月，广东省与香港签署《粤港合作框架协议》，首次为粤港澳合作做出明确发展定位，提出推动粤港经济社会共同发展，建设世界级新经济区，提升香港国际金融中心地位，加快广东金融服务业发展，发挥香港服务业和广东制造业优势，打造世界先进制造业和现代服务业基地、现代流通经济圈、优质生活圈和世界级城市群等目标。到 2014 年 12 月，广东还分别与港澳签订了三地基本实现服务贸易自由化的协定，这是内地首次以准入前国民待遇加负面清单方式与香港签订的服务贸易自由化协定，广东省率先与港澳基本实现服务贸易自由化。

粤港澳大湾区的提出标志着粤港澳合作由最初的产业合作到政府间合作发展到区域经济社会共同治理阶段。2015 年 3 月底，国家发改委、外交部、商务部联合发布了《推动共建丝绸之路经济带和 21 世纪海上丝绸之路的愿景与行动》，提出"充分发挥深圳前海、广州南沙、珠海横琴、福建平潭等开放合作区作用，深化与港澳台合作，打造粤港澳大湾区"。这是国家层面首次提出"粤港澳大湾区"概念，之后在国家、广东省乃至港澳的各类发展规划和计划中，粤港澳大湾区建设均作为我国区域发展战略的重要支点。如 2015 年 11 月，广东省"十三五"规划建议中将"创新粤港澳合作机制，打造粤港澳大湾区，形成最具发展空间和增长潜力的世界级经济区域"作为广东省"十三五"期间的重要任务。2016年3月,国家"十三五"规划纲要提出"支持港澳在泛珠三角区域合作中发挥重要作用,推动粤港澳大湾区和跨省区重大合作平台建设"。同样在2016年3月,国务院发布《国务院关于深化泛珠三角区域合作的指导意见》,指出"优化区域经济发展格局,充分发挥广州、深圳在管理创新、科技进步、产业升级、绿色发展等方面的辐射带动和示范作用,携手港澳共同打造粤港澳大湾区,建设世界级城市群。构建以粤港澳大湾区为龙头、以珠江—西江经济带为腹地,带动中南、西南地区发展,辐射东南亚、南亚的重要经济支撑带"。

2016年12月,粤港澳大湾区城市群规划的编制被提上日程,国家发改委提出启动包括粤港澳大湾区等几个"跨省级行政区域城市群"在内的规划编制,将香港和澳门与珠三角9市(广州、深圳、珠海、佛山、江门、东莞、中山、惠州、肇庆)作为一个整体进行规划,规划由国家发改委牵头,会同广东及港澳地区共同编制。2017年3月,李克强总理在全国两会作的《政府工作报告》中,提出"要推动内地与港澳深化合作,研究制订粤港澳大湾区城市群发展规划,发挥港澳独特优势,提升在国家经济发展和对外开放中的地位与功能"。这标志着粤港澳合作已经上升到国家战略规划层面,也被列为国家的年度计划。

为落实中央政府关于建设粤港澳大湾区战略,2017年3月,广东省与香港、澳门签署了《深化粤港澳合作推进大湾区建设合作框架协议》,共提出七大重点合作领域:推进基础设施互联互通,进一步提升市场一体化水平,打造国际科技创新中心,构建协同发展现代产业体系,共建宜居宜业宜游的优质生活圈,培育国际合作新优势,支持重大合作平台建设。这标志着粤港澳合作进入了由中央政府牵头协调、地方政府主导的治理模式已经形成,合作进入协同发展全面推进新的发展阶段。

2017年,为落实CEPA补充协定和大湾区建设,香港与内地还签署了投资协定、经济技术合作协议。经济技术合作协定新增了"一带一路"和次区域经贸合作,其中将在12个重大合作领域便利及促进贸易和投资,推动深化泛珠三角区域特别是粤港澳大湾区经济合作,同时支持在南沙、前海、横琴自由贸易试验片区进一步扩大对香港服务业的开放,如金融、交通、航运、商贸、专业服务和科技等。这是内地首份采用准入前国民待遇加负面清单模式的投资协定。

总的来看,粤港澳合作是一个在同一主权下的不同关税区间的合作,目前经过40年合作的发展,合作领域不断扩大、合作程度不断深入、合作制度安排不断完善，为粤港澳三地的经济社会发展注入了活力，带动了三地的经济发展，也提升了整体区域的国际竞争力。

第二节　粤港澳区域经济合作的成就

一、实现了合作共赢，提升三地国际竞争力

从理论上看，经济一体化通过资源在更广大空间重新配置和优化，会给参与国（地区）带来增长效应和结构效应，这种效应在粤港澳合作中体现得非常明显。可以说，改革开放40年和粤港澳经济合作的历史，就是粤港澳三地经济增长和结构调整的历史。1978—2016年，广东GDP占全国比重由5%提高到10%，连续28年全国排名第一。按照可比价格计算，GDP增长了42倍，经济总量已经赶超亚洲"四小龙"的香港、新加坡与台湾。广东还解决了将近1/4的全国农村劳动力就业问题，如果按一个农民从农业转移到工业可以解决1.5个贫困人口的话，广东一个省就为中国和全球减少了4 500万贫困人口，占全球贫困人口的1/18。同期，按可比价格香港经济总量也增长了6倍。

粤港澳合作40年来，恰逢经济全球化加速发展阶段，也是全球经济结构调整的关键时期。资源在全球重新配置过程中，能够成为资源要素的"黏性"国家或地区，就会通过规模效应和集聚效应成为经济全球化的最大受益区。粤港澳三地正是抓住了这一关键机遇，顺利实现了经济结构的高级化。广东通过港资企业的投资带动，从作为港资企业的加工贸易集聚地区，通过要素的积累，成为世界级制造业中心。产业集群发展、创新能力显著增强，已经实现了由轻型工业向重工业、服务业的转型。到2016年，先进制造业与高新技术制造业占规模以上工业增加值的比重已达到86.9%，现代服务业占全部服务业比重也已经超过60%，这表明广东经济结构优化已经取得了明显进步，在全球生产价值链中的地位不断上升。2017年全球创新指数报告（GII），港深联合体位居全球科技创新聚落的第二名，说明广东经济已经由早期的出口加工带动型的增长模式，发展到依靠规模经济和集聚经济推动的全球制造业基地，今天的创新已经成为广东经济发展的主要驱动力。

在粤港澳合作过程中，香港依靠广东及其内地腹地支持实现了经济转

型。由 20 世纪 70 年代的承接美日轻型加工制造业基地,通过企业向珠三角转移带来的"前店后厂"模式,香港成为以服务业为主的城市。2003 年 CEPA 实施后,香港的服务业,尤其是金融业的国际竞争力进一步得以增强。2004 年香港银行开始试办个人人民币业务,2009 年内地推出跨境贸易人民币结算试点,使得香港的离岸人民币业务得以蓬勃发展,至今香港处理超过 90% 的离岸人民币跨境贸易结算。到 2017 年 3 月,香港已经拥有全世界最大规模的离岸人民币资金池,占据全球市场份额的 70%。到 2017 年年底,在回归祖国 20 年之际,香港上市公司的数量增加了 3 倍,其中中资企业由 101 家,占市值的 20%,增至 1 002 家,占市值的 63%。正是由于大量中国企业在香港上市,香港在过去的 20 年已成为全球最重要的新股集资(IPO)市场之一。汤森路透数据显示,2017 年,香港蝉联全球最大的 IPO 市场,其中内地企业 IPO 比例高达 80%[①]。内地除了赴港上市企业增加外,与香港证券的互联互通近年来也顺利进行,继 2014 年推出沪港通及 2016 年推出深港通后,债券通在 2017 年 7 月也正式开通,大大提升了内地债券市场对外开放和国际化水平,也为香港市场引入大量的资金。由此可见,香港已经由开放之初的珠三角和内地与全球链接的贸易中心,在中国资本账户没有完全开放的背景下,已经成为内地与全球金融市场联系的金融中心和人民币离岸中心。随着 CEPA 的实施,香港服务业出口中内地所占比重由 1995 年的 16.2% 增长到 2015 年的 39.8%,其中,运输、旅游和金融这些直接面向内地服务的出口所占比重越来越大,保险金融业出口由 1995 年的 15% 增加到 19.7%,旅游由 1995 年的 25.7% 增加到 34.6%(如图 10 - 2 所示)。

澳门经济经济结构也呈现出结构调整的积极变化,主要表现为近年来澳门经济对博彩业的依赖程度下降,产业多元化趋势明显。通过使用熵指数描述澳门经济多元化变化趋势,可以发现,澳门从实行博彩业开放后,从 2002 年至 2013 年间,集中度持续增加,但到 2014 年则开始出现逆转趋势,至 2015 年由于博彩业收入大幅下降 34.3%,导致熵指数上升,产业集中度下降。2016 年熵指数进一步上升 0.03%(如表 10 - 2 所示)。

---

① 戴庆成:《"圣诞钟 买汇丰"已过去?腾讯狂飙成股王折射港经济新格局》,载《联合早报》2017 年 12 月 30 日。

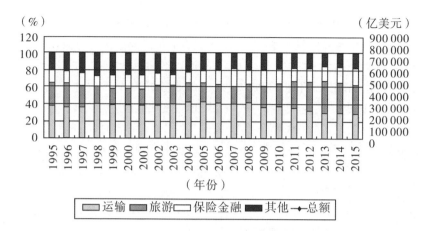

图 10 -2　香港服务业出口情况

资料来源：香港统计处。

表 10 -2　按生产法计算的经济多元化熵指数

年份	2002	2007	2013	2014	2015	2016
指数	2.25	2.04	1.49	1.61	1.87	1.90

注：熵指数作为度量经济多元化指数，熵指数越大，经济集中程度越低，熵指数越小，经济集中程度越高。

数据来源：澳门统计普查局。

二、粤港澳区域开放型经济具有显著的外溢效应

由于与港澳间的人缘地缘的紧密联系，广东始终是中国对外开放的先行区，通过粤港澳经济合作，广东在改革开放中不断地学习摸索，形成了对外开放的粤港澳合作模式，在过去的40年里取得了令人瞩目的成就。更重要的是，广东乃至粤港澳地区为中国乃至发展中国家提供一个与开放经济相适应的市场经济制度创新。比如，通过区域经济合作，广东在全国率先发展"三来一补"、率先引进港澳的先进技术设备和管理经验及创办以港资企业为主的"三资"企业，率先进行外贸体制改革、投资促进体制改革，并在这些改革基础上，在全国率先进行价格改革、率先进行金融体制改革，这些改革措施通过向国内其他地区的外溢推广到全国。

这些制度的创新主要解决两个问题：一是提高资源配置效率问题，使

资源从进口替代部门向出口部门转移,这个转移能够带来"比较利益效应",从而使出口部门的资本劳动投入比远远高于其他部门,即在资源约束条件下实现"有限赶超"。二是解决发展中经济体普遍同时存在的资源硬约束与资源闲置的矛盾问题,通过提高动员内部开放经济部门资源投入能力,得以提高资源水平;通过引进外资和技术,集聚外部资源,进而通过内外部资源的有效组合提升资源利用能力。

广东在与港澳间的经济合作中,充分发挥其学习效应,在实践中不断进行制度创新、完善开放型经济体系,并将这一在开放型经济领域的制度创新外溢到国内其他地区。早期针对制造业的合作,广东探索出了"加工贸易""三来一补""前店后厂"的模式,快速完成了资本积累,为工业化的起飞奠定了基础。在粤港澳合作领域扩大到服务业时,2003年后又在CEPA及其补充协定框架下,通过在广东的先试先行,不断探索针对港澳的服务业开放。与制造业不同,服务业运营受到制度性和非制度性因素的影响,如准入标准、市场制度的完善程度、商业规则规制等。而且,服务业合作不仅仅是资本的进入,更是人员的流动,还涉及专业资格的认定甚至教育培训制度的差异等。从2015年开始,《关于内地在广东与香港基本实现服务贸易自由化的协议》正式实施,广东省服务贸易对香港开放度达到95.6%,粤港澳三地的服务业贸易自由化基本实现,金融业跨境投资、交易的制度障碍逐渐取消。到2017年,在CEPA框架下,进一步放宽了港澳投资准入限制,保险公司、保险代理、保险经纪机构设立分支机构视同内地保险机构,对港澳保险机构的监管规则采用了只有在广东自由贸易区内的监管法规。在服务贸易自由化方面,与港澳跨境人民币贷款由前海扩大到南沙、横琴;贸易便利化方面,横琴口岸实现了24小时通关。同时,为强化粤港澳合作,还在南沙设立粤港深度合作区,在前海设立香港优势产业基地,在横琴设立粤澳合作产业园,为加强三地青年创业互动,还在南沙设立了粤港澳青年创业工场,在前海设立了深港青年梦工场,在横琴设立了澳门青年创业谷等合作平台。事实上,粤港澳经济合作不仅带动了泛珠三角其他地区的经济发展,更重要的是,粤港澳合作的制度创新对完善我国的开放型经济体系具有重要的借鉴意义,粤港澳地区的很多做法和经验已经外溢到全国。

为提升港澳在我国扩大开放中的地位和作用,"十三五"规划纲要明确提出,要提升港澳在国家经济发展和对外开放中的地位和功能,支持港澳参与国家双向开放、"一带一路"建设。中央政府支持香港举办习近平总书记提出"一带一路"倡议后的首个国际论坛,支持香港加入亚洲基础设施投资银行,支持澳门举办第八届亚太经合组织旅游部长会议、中国—葡语国家经贸合作论坛第五届部长级会议。中央还出台了一系列支持内地与港澳加强交流合作、共同发展的政策措施,包括:在建立更紧密经贸关系的安排(CEPA)框架下,内地分别与香港、澳门签署新的服务贸易协议,基本实现服务贸易自由化,内地与香港签署投资协议、经济技术合作协议;内地与香港实施基金互认安排,先后实施"沪港通""深港通""债券通"等金融互联互通政策;编制和实施粤港澳大湾区城市群发展规划;推动内地与港澳的跨境基础设施建设和人员、货物通关便利化。世界上最长的跨海大桥港珠澳大桥已投入使用,广深港高铁(香港段)于2018年第三季度通车,粤澳新通道预计2019年完工。中央还明确划定澳门85平方公里的海域范围和陆地界线,方便港澳同胞在内地学习、就业、生活的一系列具体政策措施也正陆续出台。这些都进一步拓展了港澳的发展空间和机会,巩固了内地与港澳优势互补、共同发展的格局,增进了港澳同胞和内地人民的福祉。在党中央关心支持和各方共同努力下,港澳各项事业取得长足进步。香港继续被众多国际机构评选为全球最自由经济体和最具竞争力的地区之一。2012—2016年,香港本地生产总值年均实际增长2.6%,高于发达经济体同期平均增速。香港国际金融、航运、贸易中心地位不断巩固,全球离岸人民币业务枢纽地位和国际资产管理中心功能不断强化。澳门经济在深度调整后止跌回升,人均本地生产总值居全球前列,社会事业迈上了新台阶。

三、基础设施建设日臻完善,形成了网络联系的城市群

随着经济全球化的发展,区域间基于产业价值链分工已经取代原有的产业间分工模式,这种分工形式反映在区域一体化的空间组织上,就是在全球主要的经济密集区形成了所谓的多中心城市区域(Polycentric Mega-City Regions)。这些城市区域由经济联系紧密、功能分工明确、城市间交通网络联系便利的大中小城市组成,它们成为全球经济增长最重要的空间载体,如英国东南部、法国巴黎地区、德国莱茵鲁尔地区、美国东北部地区以及中国的长三角和珠三角地区等。在"多中心城市区域"内部的城市间靠着发达的高速公路、高速铁路以及其他形式轨道交通把这些城市连接成为一个整体。同时,城市区域内部港口发达,有多个航空枢纽使得其与全球主要区域的联系非常便利。这些城市区域是如何形成的呢?彼得·霍尔

成就展现编

(Peter Hall) 与考蒂·佩因 (Kathy Payne) 发现了其形成机制[①]：首先，全球化和信息化导致生产分散于全球，将分散的全球价值链进行有效的整合与管制要求高端生产性服务业向少数能够起到这样作用的城市集中，比如伦敦和纽约等。在分散与集中的过程中，在全球少数经济密集区，依靠规模经济效用，包括港口、航空等高度发达的基础设施、畅通的物流、信息流使得其中的制造业、专门化的服务业在一个更大的区域尺度上扩散，同时在次一级区域集聚，从而形成了不同功能的多中心结构。当要素、信息在全球城市和次级中心城市之间的扩散与集中获得了大规模的集聚经济，并通过密集的高速公路、铁路等基础设施网络，特别是网络状态的公共交通系统的连接，最终形成了网络化的多中心、多层次的全球城市区域，可以发现基础设施的完善程度在很大程度上决定了是否能够形成具有竞争力的多中心城市区域。

回顾粤港澳经济合作，基础设施等交通工程建设成效最显著，目前已经形成了密集的交通网线。这里有全球集装箱吞吐量最大的港口群，2016年全球集装箱港口排名前10名中有3个港口位于粤港澳地区，其中深圳、香港和广州分别排名第3位、第5位和第7位。另外，2016年全球最繁忙机场中，香港排名第8、广州排名第16，再加上深圳和珠海的空港，形成了世界最紧密的空港群，已经形成了多种交通方式并存的交通网络。但是，珠江三角洲是典型的河口三角洲，汇集了西江、东江和北江入流，河网密集，有八大出海河口，河口发育着淤泥滩涂湿地。这一地理环境对珠三角城市群空间分布特征产生了显著影响，形成了东岸城镇密集、西岸城镇线性分布的特征[②]。长期以来，受珠江口阻隔，位于珠江口的珠海、中山及广州南沙与东岸的联系需要绕道广州才得以实现。从这一角度来看，粤港澳合作空间实际上被珠江口分割成两个单元，极大地限制的一体化的空间扩张和缩小的腹地支撑。这一地理上的阻隔将被打破。港珠澳大桥、虎门二桥以及深中通道等3条连接珠江两岸的交通网络的建设将使东西两岸成为整体，实现真正意义上的城市群。加之之前的陆路交通建设，珠江三角洲已经形成了网络化的交通格局（如表10-3所示）。

---

① Hall P & Payne K：The Polycentric Metropolis：Learning form Mega – City Regions in EU，London：Earthscan, 2006.

② 马向明等：《粤港澳大湾区：新阶段与新挑战》，载《热带地理》2017年第6期。

表 10-3 粤港澳基础设施建设项目汇总

连接地区	基础设施类型	具体项目
珠三角内部	轨道交通	广佛地铁（32.16公里） 广珠城际铁路（177.3公里） 惠莞深城际铁路（116.2公里）
	高速公路	广佛环线（佛山西站至广州南站段34.9公里） 惠莞深沿线
珠三角与港澳	轨道交通	广州—深圳—香港客运专线（142公里） 广深港高铁（142公里） 深港西部快速轨道（42公里）
	高速公路	港珠澳大桥（全线55公里）

资料来源：李郇等：《贸易促进下的粤港澳大湾区一体化发展》，载《热带地理》2017年第6期。

四、基于"一国两制"的经贸合作制度取得创新突破

从粤港澳合作制度供给的角度分析，三地的合作从早期的缺乏制度供给的功能性合作发展到存在制度供给的政府间合作，一直到粤港澳大湾区建设的提出，标志着三地间未来的合作将进入由政府、社会和民间组织等多主体参与的共同治理阶段。回顾总结这一过程，不难发现，粤港澳合作是一个不断进行制度探索、不断进行制度创新的过程。粤港澳合作与国内京津冀、长江三角洲区域间经济合作的最大不同就是区域内部存在巨大的制度差异：粤港澳分属不同关税区（港澳均为独立关税区），三地使用不同货币，这就使得三地间的经济合作类似与国家间的经济合作。同时，港澳还属于我国特别行政区，我国对港澳实施"一国两制"管理模式，三地实行不同法律法规体系，行政管理模式、政策手段难以衔接，在信息、通关和市场等管理上存在差异。这种差异在合作的早期主要涉及产品的跨境流动、制造业领域合作阶段表现得并不明显，但当区域合作发展到高级阶段时，涉及服务业合作、要素跨境流动，以及区域社会、环境、民生等领域的合作时，制度供给不足就成为三地合作的主要障碍了。从跨界区域治理看，三地属于平行主体，地方政府事权有限，粤港澳合作的具体政策需要国家有关部门的授权，在原有合作机制框架内难以有效发挥协调功能，形

成了制度的落差，比如港澳作为自由港实行高度开放的自由经济政策，而广东的市场经济还处于转轨阶段，还有很多不完善之处。上述问题对于我国中央政府以及广东、香港、澳门地方政府来说，都是需要面对的新的问题，需要在探索中不断地进行制度的创新。

归纳起来，制度创新主要表现在两个方面。

（一）中央政府、粤港澳政府以及广东地方政府不断地根据三地经济、社会发展形势，以及合作的进展进行制度修正与制度供给，有力地保证了三方尤其是港澳在区域合作中的利益诉求和三地间的互动

诺斯认为，为降低交易成本，应该不断地进行修正制度以满足行为人间合作的需要。因为，合作往往是在不完全信息的非市场条件下进行的，不完全信息会导致行为人在制度选择上倾向于路径依赖，很难实现制度突破和修正，亦即制度具有报酬递增特性。制度的路径是否可以改变呢？诺斯认为存在两种机制：一种机制是意料外的偶然因素，另一种是政府的体制干预。粤港澳合作制度能够不断地创新和修正，中央政府和粤港澳政府的作用表现得越来越明显，这成为粤港澳合作的鲜明特色之一。比如，1997年香港回归前，国际上不乏对香港未来发展抱有质疑的声音。1997年正值香港回归之际，亚洲金融危机爆发，为拉动香港经济增长，提振经济信心，CEPA 既是粤港澳合作制度推动的必然，也为香港经济快速走出危机给予了极大的支持和帮助。2003年还推行了赴香港、澳门旅游计划（自由行），内地成为港澳最大的客源市场。2003年当港澳经济面临转型时期，香港又获得了人民币业务，带动了香港商贸、投资、消费和出口等活动，也加速了粤港澳的合作发展。经过粤港澳合作40年和港澳回归20年左右的发展，香港经济完成了由制造业向服务业的结构性调整，澳门经济结构也不断呈现多样化趋势并保持稳定。2016年，当粤港澳地区合作经过近40年的发展，合作的领域扩展到服务业、环境保护、社会、民生等诸多方面，这不仅仅涉及跨境的要素和商品流动的问题，更深层次上主要涉及内地的市场化改革问题，粤港澳合作的进一步发展对制度供给、治理模式提出了更高的要求。为此，通过设立面向港澳的广东自由贸易试验区和建设粤港澳大湾区两大战略积极进行制度上的探索和创新。

（二）在合作机制上不断地赋予地方政府事权，初步形成了多层次治理机制

港澳回归前，三地政府不存在直接的沟通机制，回归后经中央政府授权，使粤港政府间保持一定的官方接触，便于沟通，1998年3月建立了粤港合作联席会议制度，成为首个地方政府间的合作平台。随着港澳不断融入内地的发展，到目前内地与香港间已经具有了6个合作平台，分别为深港合作会议、泛珠三角区域合作发展论坛、沪港经贸合作会议、京港经贸合作会议以及港澳合作高层会议。粤港联席会议下设粤港合作联席会议联络办公室和专责小组（目前已经设立20余个），负责对各个专题合作项目的研究、跟进和落实。此外，还设立粤港间合作策略协调小组，就粤港经贸发展进行研究，建立民间合作研讨机制，配合政府推动经贸合作多层次、多领域发展，截至2017年粤港合作联席会议共举行19届，对推动合作起到了重要作用。早期的联席会议主要功能是加强了解、信息沟通。从2003年第六次会议开始，粤港政府开始从区域整体规划双方发展，标志着由两个区域间的合作演变为多中心的城市区域，就完善粤港合作的总体思路达成共识，计划在之后的10～20年内，将粤港澳建设成为世界具有经济活力的经济中心之一，其中广东以制造业为主，建立完善产业配套和服务体系，发展成为全球最重要的制造业基地之一。香港则以金融、贸易、航运、物流及高增值服务为主，发展成为全球最重要的现代服务业中心之一。为港珠澳大桥的建设还成立了港珠澳大桥前期工作小组。联席会议协调的不只是大项目，合作事宜遍及各个领域。例如，2014年的粤港联席会议确定的重点工作任务就有100项，2016年粤港第19次联席会议上，签署的合作协议或者合作意向书就有9份，涉及自由贸易区建设、医疗、环保、旅游、海事，以及"一带一路"建设等多个项目。

如上所述，经过30年粤港澳经济合作发展，取得了突出成就，实现了合作共赢，成为带动中国经济乃至全球经济增长的重要动力之一。但是随着合作的深入发展也面临着合作的动力机制转换、新的制度红利来源以及珠江东西两岸联系等问题。粤港澳大湾区概念的提出以及港珠澳大桥的通车将为三地的合作向深入发展奠定坚实的基础。

成就展现编

第三节 粤港澳大湾区建设展望

一、构建粤港澳大湾区的历史背景

2008年全球金融危机后，全球经济格局发生了巨大的改变，即以中国为代表的发展中国家成为全球经济的重要力量，在全球经济治理中发挥更大的作用。同时，党的十九大报告指出，中国经济发展将进入新时代，即由高速增长阶段转向高质量发展阶段。这势必要进一步进行结构性调整，使创新成为中国经济的引领，提升中国经济在全球价值链中的地位，在这一过程中还将面临多重挑战，其中最重要的挑战是进一步完善开放型经济体系、形成多层次全方位的对外开放新格局。为此，"一带一路"建设和自由贸易区战略将成为提升中国开放经济水平的重要抓手，而广东作为海上丝绸之路的重要节点，势必发挥重要作用。另外，以城市群为载体的产业密集区已经成为国家间竞争的主要支点。粤港澳地区长期在中国经济发展中发挥引领作用，与长三角、京津冀地区共同起到了中国区域发展战略的核心功能。建设粤港澳大湾区世界级城市群，能够提高我国参与国际竞争的能力，形成完善的开放型经济体系。粤港澳大湾区的建设能够通过消除行政区划障碍，促进区域经济融合发展，带动泛珠三角地区经济协调发展，重构中国区域经济格局，因此，粤港澳大湾区的建设具有重要的国家战略意义。

从粤港澳合作内部看，当前粤港澳大湾区城市间在交通规划一体化、新兴产业错位发展、土地和资源集约利用、生态环境共治、公共服务同城化等方面还面临着不小的差距，城市间还存在竞争问题，尤其在港口、空港等基础设施呈现出多极化态势。构建大湾区从城市群建设的角度，势必要求粤港澳地区作为一个城市群统筹规划，这意味着粤港澳大湾区城市群规划要在"一国两制"平台下进行许多全新的"跨制度"尝试。比如，如何实现三个独立关税区间生产要素的便捷流通，从而推动合作领域的扩大和合作层次的提高；如何形成有效的制度供给和跨境协调机制与运作模式，从而推动港澳融入内地发展；如何处理进一步融合对各地的社会政治影响及管制的挑战；等等。粤港澳大湾区城市群的建设正是解决上述问题的有利时机，为解决这些问题提供了广阔的平台。

二、粤港澳大湾区在全球经济空间的地位

湾区经济是全球经济格局中的重要节点和经济密集区。湾区经济内生地具有开放的经济特征、高效的资源配置能力、强大的集聚经济和规模经济以及发达的全球网络联系。当前，全球四大湾区包括东京湾区、纽约湾区、旧金山湾区和粤港澳大湾区，通过对4个湾区的发展比较，可以发现粤港澳大湾区具有如下优势（如表10－4所示）。

表10－4 全球主要湾区比较

湾区	范围与面积	区域规模	产业和空间布局	港口空港
东京	包括东京都、千叶县和神奈川县，3.67平方公里	人口4 347万人，GDP1.8万亿美元，占所属国家份额的40%	形成了京滨、京叶两大工业带，装备制造、钢铁、化工、现代物流和高新技术等产业发达；东京为国际金融和贸易中心	形成横滨港、东京港、千叶港、川崎港、木更津港、横须贺港6个港口的马蹄形港口群，分工明确，年吞吐量超过5亿吨；空港有日本最大的东京羽田机场、千叶县成田机场
粤港澳	广州等9市和港澳两个特别行政区，5.59平方公里	人口6 765万人，GDP1.24万亿美元，占所属国家份额的12%	中国最早开放地区，国际化城市化水平高，科技创新实力强，华为、比亚迪、腾讯等知名企业；香港为国际贸易、国际航运和国际金融中心	拥有世界级的港口群，其中深圳、广州和香港为世界十大港口；空港有广州白云机场、澳门国际机场、深圳宝安机场、珠海国际机场

(续表10-4)

湾区	范围与面积	区域规模	产业和空间布局	港口空港
旧金山	9个县，101个建制城市1.8平方公里	人口715万人，GDP 0.8万亿美元，占所属国家份额的4.5%	以科技发达、环境优美著称，拥有硅谷、斯坦福和加州伯克利等高校，谷歌、苹果、Facebook等互联网企业和特斯拉等企业全球总部	主要有里士满港、奥克兰港、旧金山港、红杉市港；机场有旧金山国际机场、东湾的奥克兰国际机场、南湾有圣何塞国际机场
纽约	35个郡，3.5平方公里	人口2 340万人，GDP 1.4万亿美元，占所属国家份额的7.8%	全美最大500家公司中1/3的总部设在纽约；曼哈顿是金融中心，也是联合国总部所在地；华尔街是全球金融中心，拥有美国最大7家银行的6家，2 900多家世界金融、证券、期货、保险和外贸机构	纽约、新泽西、纽瓦克为主的港口群，货运量；机场有肯尼迪国际机场、拉瓜地亚机场、纽瓦克自由国际机场

（一）全球性城市引领作用明显，已经形成了经济高度密集区

根据世界银行2015年发布的《东亚变化中的城市图景：度量10年空间增长》研究报告[①]，珠三角已经取代东京大都市区成为东亚最大的都市连绵区。经过改革开放40年的发展，珠三角城镇化不断扩张、连绵、融合，已经形成了新的产业布局和巨型城市区域。2012年，珠三角建设用地总规模9 227.83平方公里，各个城镇边界、城乡边界逐渐趋于模糊，形成了广佛同

---

① World Bank：East Asia's Changing Urban Landscape：Measuring a Decade of Spatial Growth, Washington, D. C.：World Bank, pp. 21 – 25.

城化、三大都市区一体化发展的城镇化格局①。在区域内,香港是全球生产性服务业中心之一,广州和深圳作为我国区域中心城市,在全球城市体系中的地位也不断上升。英国全球化与世界城市研究小组(GaWC)使用全球生产性服务业跨国公司数据,测算评估全球各主要城市在全球城市体系中的地位,根据2016年测算结果,香港位列伦敦和纽约之后的第二级,广州和深圳分别位居洛杉矶、芝加哥之后的第四级和第五级②。在四大湾区中仅有粤港澳大湾区拥有三个全球性城市。

(二)制造业和服务业发达,初步形成了各具特色的产业优势

广州作为广东省会和国家中心城市,在第二产业中的交通设备、化工和通信电子领域发达,服务业企业集聚效应显著,服务功能具有国内影响力,在"广交会"带动下,批发零售业在广州及周边大量集聚。深圳作为新兴的国家中心城市,创新能力强,在通信电子、电气设备、战略性新兴产业领域具有明显优势,在"深交所"的带动下,金融、信息服务业集聚明显。香港由于具有优越的营商环境,其服务业具有全球性影响,近年来,随着人民币国际化步伐的加快,香港的离岸人民币业务增长快速,成为全球金融中心之一。澳门在以博彩业为主的休闲服务业方面具有国际竞争力。同时,粤港澳大湾区其他城市的产业密集区已经形成了超过100余个产业集群,形成了强大的制造能力,在各个湾区中也具有鲜明的优势。

三、粤港澳大湾区融合发展趋势的战略构想

(一)明确定位和错位发展

首先,明确粤港澳大湾区在国家战略中的定位,尤其是要发挥在实施"一带一路"倡议中的支点作用。粤港澳区域是我国开放最早、发展程度最高地区之一,是我国参与国际竞争与合作的前沿地带,肩负提升中国在全球价值链地位的重任,也是建设全球性城市群的重要载体。粤港澳大湾区有高度国际化的全球性城市香港,有面向葡萄牙语国家的澳门,还有广州和深圳这样新兴的次级全球城市,加之制造业发达的珠三角广大地区,完

---

① 马向明等:《粤港澳大湾区:新阶段与新挑战》,载《热带地理》2017年第6期。
② Globalization and World Cities Research Newwork: The World According to GaWC 2016, www.lboro.ac.uk/gawc/.

全能够凭借其区位和产业优势,在国际金融、贸易、航运、信息、科技创新等方面推动我国与"一带一路"沿线国家合作,联手推动珠三角企业"走出去",进行产能合作。同时,深化与"一带一路"沿线国家在基础设施互联互通、经贸、生态保护、人文交流等领域合作,成为"一带一路"建设的重要节点。

其次,明确广东、香港和澳门以及其他大湾区城市在区域一体化中的定位,实现错位发展。粤港澳经济合作中,随着广东经济实力的增强,原有的以香港为龙头的格局已经发生改变,到目前已经形成了多中心的区域格局。

在强化要素流动、经济联系基础上,最关键的是形成基于产业(产品)价值链的互动。按照《深化粤港澳合作 推进大湾区建设框架协议》,三方达成共识:在产业分工上形成错位发展、构建协同发展的现代产业体系、完善产业发展格局、加快向全球价值链高端迈进。广东的发展目标是强化作为全国改革开放先行区、经济发展重要引擎的作用,以广东自由贸易区为引领,成为科技创新中心、现代服务业和先进制造业基地;香港的发展目标是巩固和提升香港国际金融、贸易、航运中心地位,强化全球离岸人民币业务枢纽地位和国际资产管理中心功能,推动专业服务和创新及科技事业发展,建设亚太区国际法律及解决争议服务中心。澳门的发展目标是推进澳门建设世界旅游休闲中心,打造中国与葡萄牙语国家商贸合作服务平台,建设以中华文化为主流、多元文化共存的交流合作基地,促进澳门经济适度多元可持续发展。

(二)开放战略和面向国际

粤港澳经济合作的不断发展充分说明了"以改革促进开放,以开放倒逼改革"是我国的一大经验。在我国经济进入由高速增长阶段向高质量发展阶段转变的关键时期,能否在全球化的发展中提升在全球价值链分工中的地位,实现高级生产要素集聚成为中国经济可持续发展的关键。2008年国际金融危机后,中国经济的比较优势发生了深刻的改变,原有的靠人口、资源、环境等生产要素低成本的出口导向型的发展战略需要重新调整,在全球经济格局发生重大改变的形势下,我国不但面临着进一步融入全球化,甚至还面临引领全球化的多重挑战。需要加快构建开放型经济新体制,优化对外开放布局,构建多层次、全方位的开放新格局。粤港澳地区一直是我国开放前沿,其国际化水平、深度和广度将在很大程度上影响着中国在全球经济格局中的地位。从粤港澳大湾区的历史轨迹看，融入全球化始终是粤港澳大湾区最重要的发展方向。

早在20世纪60年代，香港的经济起飞就是利用了来自美国、日本等发达国家的"雁型"的产业转移，首先发展劳动密集型产业，然后又将这些产业转移到珠三角地区，使得珠三角地区快速地融入全球生产网络，成为珠三角地区经济增长的初始动力。在粤港澳地区经济转型阶段，香港的服务业发展得益于香港的全球金融中心和服务中心的职能，今后香港服务业的发展还应采取面向全球市场战略。从香港服务业出口主要目的地的构成来看，可以发现美国和日本市场份额下降较快，中国内地份额增长明显（如图10-3所示）。这一方面说明香港服务业对于大陆市场的依赖程度提高，但也要警惕香港的服务业发展的"内地化"。

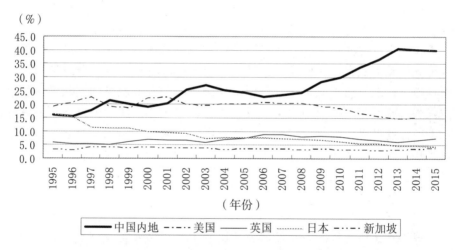

图 10-3　香港服务业出口主要国家份额变化

（三）创新驱动和转型升级

随着粤港澳大湾区经济发展由要素驱动型向创新驱动型的转变，创新就成为大湾区未来发展最重要的支撑。不同于长三角和京津冀地区的由政府主导创新资源的特点，粤港澳地区的技术进步和创新一直是市场力量作用的结果，这种创新的市场敏感性和成果的产业化能力更强，因此，大湾区的企业创新能力一直居于全国前列。以深圳和广州为龙头的珠三角地区集聚了超过1万家高科技企业,形成了国内规模较大的创新集群,出现了一大批以中兴、华为为代表的高新技术企业,高举全球PCT专利申请量的前列。2015年,国家正式批准建设珠三角国家自主创新示范区,全国第二个以城市群为单位的国家自主创新示范区。2017年,广东颁布了以"一廊十核多节点"的空间格局为依托的《广深科技创新走廊规划》,提出把广深科技创新走廊培育成全球科技产业技术创新策源地、粤港澳大湾区国际科技创新中心的主要承载区和珠三角国家自主创新的核心区。虽然大湾区已经具有了较雄厚的创新资源,但粤港澳间的创新资源的跨境流动还存在制度性障碍,比如科技资金的跨境流动、科技人员公共服务的均等化等。另外,如何发挥香港在高等学校方面的优势,将香港的基础性创新资源与珠三角产业创新资源进行有效整合,极大地释放大湾区创新红利,将成为未来新一轮发展的重要引擎。

(四)多层治理和协调融合

区域经济合作参与的主体越多、主体间的差异越大,合作的交易成本就越高,难度就越大。欧盟的合作近年来遇到越来越大的困难的原因就在于此。粤港澳大湾区建设中涉及的体制、制度、法律等方面的差异,决定了任何单一的治理模式都无法实施有效的区域治理。比如,重大公共基础设施规划和建设的协调、产业同构与过度竞争问题、解决城市功能定位协调性不足等问题,都需要由中央政府、地方政府和民间组织参与的多层次治理结构。鉴于此,首先,在国务院下设粤港澳区域合作常设协调机构,专门协调跨境涉及的政治、法律等超出省级政府事权范围的事务协调。其次,创新粤港联席会议制度。虽然该机制在粤港合作中发挥了重要的作用,但面对大湾区建设的新形势,还存在许多不足。比如,会议间隔期太长,远远无法满足合作中诸多的现实问题的要求。参与面主要为广东省级政府部门,但珠三角各地市级政府很少参加,这不利于包括珠海、东莞、惠州等与港澳经济联系紧密城市发挥作用。应该看到,随着大湾区建设步伐的加快,合作内容会不断地细化,分解为很多具体的领域和具体地区,而每个领域和地区面对的合作议题都不同,需要不同的协调和解决机制,穗港合作、深港合作、莞港合作、珠澳合作等具有不同的合作领域和内容。因此,迫切需要创新现有的粤港合作联席会议制度。再次,推动民间组织参与区域治理。在粤港澳合作过程中,由于区域内多元主体的利益诉求不同,港澳社会民间对大湾区建设的认识还不够深入,部分港澳人在观念、理念上对进一步与内地融合存在疑虑，甚至认为大湾区的建设会对"两制"造成破坏。区域经济一体化实践表明，区域合作不仅涉及正式制度安排，随着合作领域的拓宽，还涉及来自于参与方习俗、规范等非正式制度的协调，而民间的非政府组织在这一过程中可以发挥重要的作用。因此，发挥民间合作机制作用，促进社会融合也是粤港澳大湾区未来的重要任务之一。

经验总结编

广东作为中国对外开放的先行地区和前沿阵地，取得了举世瞩目的成就和宝贵经验。广东对外开放40年，是解放思想、开拓创新、与时俱进、快速发展、人民奔向富裕安康、经济社会全面进步的40年。40年来，广东始终以敢闯敢试、敢为人先的勇气和魄力勇立改革开放潮头，不仅创造了连续28年经济总量领先全国的骄人成绩，而且为推动全国对外开放积累了经验，做出了示范，提供了借鉴。广东对外开放的辉煌成就和成功实践充分说明：对外开放是发展中国特色社会主义、实现中华民族伟大复兴的必由之路。走进新时代的广东，显然既要有继续当好全面深化改革探路者、引领者的非凡担当，更要努力继续统筹推进各领域、各方面改革的新突破、新作为、新贡献，在新的起点上以高质量发展谋求改革新高度。深刻总结广东对外开放40年特别是党的十八大以来对外开放的成功经验，对于在高起点谋划和推进新时代全面深化改革、加快构建更高水平的开放型经济新体制、推动广东经济发展从量和规模的扩张转向质和效益的提高具有十分重要的意义。

广东对外开放40年的成功，首先是始终不渝地坚持党对对外开放的统领，形成和完善了中国特色社会主义开放理论与实践。其次，表现出三个突出特色：第一，解放思想，敢为人先。改革开放、办特区没有先例，当初靠的就是敢于冲破各种条条框框，以"三个有利于"为标准大胆探索，在探索中不断积累经验，不断前进。第二，以开放促改革促发展。首先通过引进外资特别是港资，发展工业、商业，同时学习境外、国外的技术和管理经验，从而开阔眼界，推动我们的改革，促进我们的经济发展。第三，充分利用广东毗邻港澳、华人华侨众多的地缘人缘优势，深化粤港澳合作、推动大湾区建设。最终可以归结为四条基本经验：一是开放作为先导推动改革发展和经济发展。二是以开放作为一种前提，为改革和经济的发展提供了一个良好的环境。三是广东在经济发展的整个过程当中，利用市场手段来调控经济，以政府的宏观调控，对经济进行引导，做得比较好。四是今后广东仍要以开放为主导，走国际化的道路。

在十三届全国人大一次会议上，习近平总书记指出，广东既是展示我国对外开放成就的"重要窗口"，也是国际社会观察我国对外开放的"重要窗口"；要带头贯彻党中央关于改革开放的重大部署，紧密联系广东实际，勇于先行先试、大胆实践探索，继续深化改革、扩大开放，为全国提供新鲜经验。在港珠澳大桥建成通车、粤港澳大湾区建设全面推进的关键时刻，习近平总书记亲临广东视察指导并发表重要讲话，要求我们认真贯彻新时代中国特色社会主义思想和党的十九大精神，贯彻落实好党中央决策部署，高举新时代改革开放旗帜，以更坚定的信心、更有力的措施把改革开放不断推向深入。站在对外开放40周年这一重要时间节点上，我们要紧紧把握改革开放这个广东的"根"和"魂"，继续弘扬习仲勋老书记等广东改革开放开创者们敢为人先的精神，遵循中央顶层设计，坚定不移地全面深化改革，继续扩大对外开放，努力在新时代全面深化改革开放新征程上继续走在全国前列。

第十一章　坚持党统领对外开放，解放思想，先行先试

改革开放不仅促成了中国社会体制由封闭向开放的转型，还极大地丰富了物质生产资料，提高了人民生活水平，更是完成了人们观念上由保守僵化向解放思想的转变，使现代社会发展思维开始逐步被人们所接受，直至深入人心。其中，对外开放是党领导下的改革开放总体布局的重要组成部分。通过对全面开放格局的科学部署，中国共产党带领全国各族人民进一步完成了由落后走向富强的历史飞跃，使中国逐步地融入世界，并且开始影响世界。广东作为对外开放的最前沿阵地，是率先打破僵化体制的先驱者，同时也是不断接受挑战的探索者。在推进对外开放实践的过程中，广东积累了许多经验与教训，其中最为基本的一条就是要始终坚持党对对外开放的统领，这是应对各方挑战，攻坚克难，顺利推进对外开放的根本前提与保障。

第一节　坚持党统领对外开放的基本经验与启示

对外开放是破旧立新的自觉活动，必须需要一个坚强的领导核心才能保证在破什么、立什么上坚持正确方向。坚持中国共产党统领对外开放不是喊口号，而是需要落实到实践中，在理论指导、思想引导、政策支持以及组织保障上，给予对外开放以推力，确保对外开放顺利进行，这是最基本的经验。

一、坚持以加强思想解放、推动观念转变作为对外开放的基本前提

解放思想是中国共产党治国理政的基本经验。历史上的任何一次真正的改革，总是以观念的转变与思想的解放为先导的。毛泽东曾认为"一定的文化（作为观念形态）是一定社会的经济和政治的反映，又给予伟大影响和作用于一定社会的经济和政治"。① 邓小平也曾称赞广东具有观念优势，"深圳的重要经验就是敢闯"。② 在改革开放进程中，广东将冲破"左"倾错误思想、教条主义的禁锢作为思想解放、理念先行、增创观念新优势的主要任务，克服恐"富"、恐"变"、恐"资"症，增强忧患意识，围绕中央总体布局与中心任务为改革开放鸣锣开道。广东先后通过三次思想解放，吹响了对外开放的号角。在第一次思想解放中，广东省委从广东毗邻的港澳的实际出发，大胆向中央提出"先行一步"的要求，通过实践消除了特区"失败论"消极影响，使广东成为全国对外开放的示范地，迈开了探索中国特色社会主义道路的第一步。第二次思想解放，广东围绕姓"资"姓"社"争论，以作为对外开放前沿阵地的生动实践，为中央继续探索中国特色社会主义发展道路提供了现实依据，广东因得益于思想解放而率先发展。第三次思想解放，广东围绕所有制改革的理论与实践，在正确理解与贯彻党的十五大"努力提高对外开放水平"精神的基础上，赢得了加快发展的难得机遇。

中国的对外开放是以意识形态的思想解放为先导的，思想的解放必然伴随着不同意识形态的交锋。中央赋予广东作为中国对外开放试验田和窗口的地位，也使广东在改革开放初始就处在意识形态交锋的前沿，必须接受不同思想的洗礼和不同观点的争论。能否顶住压力，牢牢把握意识形态话语权，成为广东在对外开放过程中必须面对的挑战。广东始终秉持实践是检验真理的唯一标准，其对外开放的实践和坚持党的思想路线，加强思想引导是分不开的。每当广东改革开放和现代化建设进入关键阶段，中央领导人总会亲临广东视察，给予指导，总结经验，解决困难，重申中央坚持改革开放的思想理论，为广东对外开放探索注入新的强大动力，提供思想保证。这也使得改革开放 40 年来，一直处于中国意识形态交锋前沿阵地

---

① 毛泽东：《毛泽东选集》（第 2 卷），人民出版社 1991 年版，第 663 - 664 页。
② 邓小平：《邓小平文选》（第 3 卷），人民出版社 1993 年版，第 372 页。

的广东，能够在各种思想激烈交锋的漩涡中，从不同的实践探索中获得正确的新认识，赢得瞩目的新发展。同时，意识形态的激烈交锋又使广东成为党的改革开放理论创新发源地，党的改革开放理论创新为广东实践注入了新的思想动力。只有思想的清醒，才能保证行动上的坚定，只有在解放思想中统一思想，才能获得推进对外开放的前进动力。

二、坚持以实事求是，落实战略布局作为对外开放的重要方式

任何一项实践活动的顺利开展，除了有正确的理论指导思想之外，还需要具体的战略布局及政策举措来实现。在这一过程中，从实际出发，坚持实事求是原则是基本遵循。中国的对外开放是在结束"十年动乱"之后所做出的开创性实践，面临着一个重大的问题便是该如何来探索与推进。关于对外开放，之前可以借鉴的经验不多，很多过去的具体做法在世界经济形势不断变化下已经显得不合时宜。如何在深刻总结国内经济发展的历史经验的基础上，在贯彻实事求是的思想路线上，探索制定既顺应世界经济发展的开放潮流，又符合中国特色社会主义发展实践本质、基本规律以及特点的发展战略和政策方针，推动政治的原则性与政策的灵活性在中国特色社会主义对外开放伟大事业进程中的有机统一，是探索中国特色社会主义对开放实践的重要命题。

广东作为率先实现对外开放的地区之一，在改革开放之初能够迅速打破僵化体制、消除思想固化，其重要的助推剂便是政策红利。广东对外开放局面的迅猛推进，一方面源于中央在改革放权思想指导下，敢于突破陈规给政策，给予广东"特殊政策、灵活措施"的安排，"使之发挥优越条件，抓住当前有利的国际形势，先走一步，把经济搞上去";① 另一方面，在于广东在敢为人先的拼搏精神的指引下，敢于大胆向中央争取，创造性地运用政策。正如任仲夷所说："中央给了我们这么大的权力，现在就看我们敢不敢用这个权力，会不会用这个权力。我们应该大胆地使用它，并且学会善于使用它。"② 营造中央与广东在政策供配上的良性互动，形成中央充分信任广东，广东积极探索回馈中央的良好局面。也正是因为如此，广

---

① 蒋斌、梁桂全:《敢为人先——广东改革开放30年研究总论》，广东人民出版社2008年版，第61页。
② 中共广东省委党史研究室:《敢为天下先：任仲夷力推广东改革开放》，载《红广角》2014年第9期。

东凭借中央政策支持的这一柄"尚方宝剑",能够更为大胆地去闯、去试,从而得以充分发挥毗邻港澳、华侨与海外同胞众多、国际市场信息丰富等优势,实行多层次的对外开放。广东先后在创办特区、利用外资、提高技术引进水平、探索外贸体制改革、开展对外承包工程和劳务合作、落实华侨政策上,为全国做先行一步的探索。之后通过不断放宽利用外资政策,发展外向型经济,改善投资环境,拓展海外投资业务,打造全方位对外开放新格局;通过实施外向带动战略,推动口岸管理体制改革,加速市场国际化,加强粤港经济合作,增创开放新优势;通过实施"引进来"和"走出去"双向并举战略,拓展外贸增长空间,扩大出口,建立高水平的开放型经济;通过实施国际化战略,进一步提高引进外资的质量和水平,转变外贸增长方式,全面提升开放型经济水平。

40年来,广东通过自己的努力,不仅在对外开放初期的考验中稳住了阵脚,纠正了一些错误思想和问题,维持了经济健康向上发展的势头,而且将充分利用与借助中央战略布局与政策支持的传统保持了下来,在结合广东地方实际的基础上,坚守住了对外开放的前沿阵地。总结广东对外开放的经验,除了众所周知的中央给予了政策支持以及广东毗邻港澳的地缘优势外,广东人民勇于解放思想、精准又不失灵活地运用中央对外开放的政策,落实中央战略布局,不断攻坚克难是最为宝贵的经验,是具有全国意义的经验启示。

三、坚持以固本强基,推进强党的建设作为对外开放的坚实后盾

党领导的伟大事业离不开党的建设,两者是紧密联系在一起的。坚持党的建设与对外开放的有机结合,围绕对外开放的实践全面加强党的建设,同时通过加强党的建设,固本强基,提升党组织的战斗力,是保证党能够全面统领对外开放的基本要求。历史的经验告诉我们,路线、方针、政策最终是要靠人来执行。在对外开放实践中,前提是制定科学可行的路线、方针、政策,但关键还是如何更好地贯彻执行路线、方针、政策。好的执行者,可以将政策优势转化为政策红利,惠及社会与人民群众;差的执行者,可能将政策优势消耗殆尽。对外开放是中国共产党统领的伟大历史实践,中国共产党既是把握方向,制定路线、方针、政策的决策者,也是落实路线、方针、政策的执行者。而后者往往能够更加体现出其领导能力与

执政水平,需要通过全面加强党的建设来保证。

在对外开放中加强党的建设,关键在于坚持党要管党、从严治党,重点在于增强对党员干部队伍的严格管理。首先,坚持在高举社会主义大旗下加强党的政治建设,党的十九大强调要把政治建设摆在党的建设首位。"广东三个特区是经济特区,不是政治特区,经济上要灵活,政治上要特别严格"。① 以严格的政治素养要求广大党员干部,在对外开放攻坚克难的实践中不断增强党员干部的道路自信、理论自信、制度自信和文化自信。其次,在推进思想解放中加强党的思想建设,率先实现思想上的"拨乱反正",勇于打破陈规旧俗,在解放思想中统一思想,自觉抵御四方敌对势力的意识形态渗透。在解放思想中谋发展,始终坚持实践是检验真理的唯一标准,以发展的实际成效体现思想解放的必要。再次,在巩固基层党组织建设中加强党的组织建设,把基层党组织建设作为推动对外开放的坚强堡垒,除了农村党建、社区党建、国企党建等传统领域之外,扩宽与对外开放密切相关的"两新"组织党建,形成了包括私营企业党建的"广州模式"、合资企业党建的"广本模式"、民间组织党建的"广东模式"等具有全国意义的党建经验。此外,在求真务实、敢拼敢闯中加强党的作风建设,将党的对外开放理论密切联系广东发展实际,勇于开拓进取,在不断的实践中创新理论。牢记党的宗旨,始终将"发展为了人民、发展依靠人民,成果由人民共享"作为党统领对外开放的根本目的。同时,在打击涉外经济犯罪中加强党的反腐倡廉建设,坚持教育、制度、监督"并重",惩治和预防"并举",建立与完善富有鲜明广东地方特色的腐败惩防体系。最后,将制度建设贯穿党的建设始终,通过制度建设全面推动党的其他建设,这是新时代党的建设总要求中的重要内容,反映了党的建设的基本规律与发展趋向,也是广东加强党对对外开放的统领所形成的基本经验之一。

我们需要看到,中国的对外开放是一项伟大事业,伟大事业需要遵循基本的逻辑规律,才能不断向前推进。事实证明,中国共产党统领的对外开放是逻辑与历史的统一。一方面,中国共产党在指导思想上通过对马克思主义对外开放思想的继承以及创新发展中国特色社会主义对外开放理论,逐一解决了"什么是对外开放""为什么对外开放"与"怎样对外开放"等理论问题,形成了基本的理论逻辑。另一方面,正确理论的产生与党和国家的实践需要密切相关,中国的对外开放与近代以来中国共产党带领人

---

① 陈建华:《谢非与广东改革开放思想研究》,广东人民出版社2004年版,第159页。

民谋求伟大民族复兴的实践需要紧密联系。在中国特色社会主义对外开放理论指导下的具体实践中，中国共产党统领的对外开放经历了由"选择性开放"到"全方位开放"的历史过程，遵循了由点及面、从特殊到一般的实践逻辑。在理论逻辑与实践逻辑相统一的基础上，中国共产党关于对外开放的理论与实践反映出了执政党对社会发展规律认知的逐步深化，最终体现在人类思维观念与社会历史发展的相适应上，从而促成其在理论逻辑、实践逻辑与历史发展上的统一。

第二节　加强思想引导，夯实思想基础

观念改变行动，中国的对外开放，最先源于思想的解放。40年来，中央对作为对外开放前沿阵地的广东始终给予了关注，每逢关键时刻，都会从思想上加以引导，做出指示，使广东能够迅速突破困境，不仅使其在转变观念与对外开放实践上一直走在全国前列，并且能够在全国发挥示范作用，这是广东能够不断地推进中国特色社会主义对外开放实践的重要保证。

一、解放思想，先行先试

邓小平曾说过："只有思想解放了，我们才能正确地以马克思列宁主义、毛泽东思想为指导，解决过去遗留的问题，解决新出现的一系列问题。"① 1978年5月11日，《光明日报》以特约评论员名义发表了《实践是检验真理的唯一标准》，在全国引发了一场关于真理标准问题的大讨论。广东省在时任省委书记习仲勋的带领下，积极参与了这场讨论，开始逐步摆脱长期"左"倾错误思想的严重束缚，为对外开放清除了思想障碍，并向中央请求在对外开放上"先行一步"。两个月后，中央给予了广东"先走一步"的指示，广东加快了对外开放的脚步，"三来一补"外贸形式在广东东莞首次出现。同时，蛇口也建立起我国第一个出口加工区。1979年8月，邓小平会见了习仲勋等人，提出了关于建立"特区"的想法，称"中央没有钱，你们自己去搞，杀出一条血路来"。② 同年，中央下达《批转广东省委、福建省委关于对外经济活动实行特殊政策和灵活措施的两个报告》，批

---

① 邓小平：《邓小平文选》（第2卷），人民出版社1994年版，第141页。
② 吴南生：《换脑筋，思想再解放》，载《亚太经济时报》1992年11月1日。

广东对外开放40年

准深圳、珠海和汕头成立出口特区。这一年,穗港恢复通车,大大方便了港资的引入。1981年,全国人大常委会授权广东人大常委会制定经济特区各项单行经济法规的立法权,广东省人大常委会随即公布了广东省经济特区四项单列法规,推动广东对外开放的进一步尝试。对外开放初始的广东,以解放思想、更新观念为先导,极大地释放了社会活力,带来了经济上的巨大发展。但也同样遭到了特区"失败论"的冲击,以及出现了姓"资"姓"社"的争论。不过,这并没有影响到广东实行对外开放的进程。1984年,邓小平同志到南方视察,强调指出建立经济特区,实行开放政策,指导思想要明确,"就是不是收,而是放"。[1] 这无疑给广东注入一剂强心针,广东省委主要领导随即提出要"敢于实验、积极探索、勇于探索"。[2] 1989年,受海内外政治形势的影响,"左"倾思想抬头,有人认为对外开放是在"发展资本主义",要"收一收"。邓小平同志于1992年再次视察广东,发表了著名的"南方谈话",强调"特区姓'社'不姓'资'"。[3] 邓小平同志的两次视察,不仅极大地推动了党内的思想解放,同时也是给予了处于对外开放困境中的广东以巨大支持,注入了强大的精神动力。

二、防止左右摇摆,警惕资本主义思想侵蚀

对外开放的实施,必然会与资本主义思想进行正面交锋。针对资本主义消极思想侵蚀的威胁,邓小平在党的十二大开幕词中就指出,我们要坚定不移地实行对外开放政策,在平等互利的基础上积极扩大对外交流。同时,我们还要保持清醒的头脑,坚决抵制外来腐朽思想的侵蚀,决不允许资产阶级生活方式在我国泛滥。1980年12月,中共广东省委、省政府做出了《关于在对外开放中加强反腐蚀斗争的决定》。次年,广东省提出"对外更加开放、对内更加搞活,对下更加放权",并进行了一次大规模的打击走私斗争,为"对外更加开放、对内更加放宽、对下更加放权",为实施"有所引进,有所抵制""排污不排外"的方针创造良好环境。"三十几年来的经验教训告诉我们,关起门来搞建设是不行的,发展不起来",[4] 对外开放是我们党在认真总结历史经验教训之后所做出的正确决策,"对外更加开

---

[1] 邓小平:《邓小平文选》(第3卷),人民出版社1993年版,第51页。
[2] 谢非:《广东改革开放探索》,中共中央党校出版社1998年版,第496页。
[3] 邓小平:《邓小平文选》(第3卷),人民出版社1993年版,第370页。
[4] 邓小平:《邓小平文选》(第3卷),人民出版社1993年版,第64页。

放、对内更加搞活、对下更加放权"是广东探索对外开放的重要尝试。广东特殊的地理位置和率先实现对外开放，使其面对各种西方腐朽思想的挑战更为严峻。如何有效地要利用国际资源，学会走向世界，发展对外经济关系的本领，一直是广东对外开放实践过程中存在的重要问题。广东在对外开放过程中始终将从思想上防止左右摇摆作为重要任务，一方面坚持对外开放政策，驳斥"卖国论""殖民地论"，克服恐"变"心态；另一方面，加强思想引导，警惕和坚决抵制资本主义思想的侵蚀，反对任何崇洋媚外的意识和行为，时刻防"变"。在以开放姿态学习国外优秀文化成果的同时，又自觉抵制资产阶级的腐朽思想。

三、邓小平南方谈话与多层次开放格局的形成

1992年春，邓小平视察南方，发表重要谈话，解决了在思想上困扰人们已久的姓"资"姓"社"问题。他强调"只要我们头脑清醒，就不怕"，[1]同时提出社会主义也能搞市场经济的著名论断，强调要把"三个有利于"作为衡量改革开放的标准，并且希望广东"胆子要大一点，敢于试验，不能像小脚女人一样，看准了的，就要大胆地试，大胆地闯"，[2]继续发挥对外开放的龙头作用，表明了中央对广东在继续探索对外开放的坚定支持。之后广东掀起学习中国特色社会主义理论和社会主义市场经济理论的高潮，为广东进一步解放思想指明了方向。广东省委专门召开会议，提出必须消除不合时宜的陈腐观念和"左"倾束缚，破除把商品经济看作资本主义特有属性的固化思维，摒弃把竞争看成资本主义特有现象而不敢竞争的错误思想，有力地促进了广东干部群众的观念转变。破旧立新，成为广东思想进一步解放的亮点，同时也成为广东进一步对外开放的动力。进入20世纪90年代后，在全国改革开放一片浪潮之下，广东原有的区位和政策优势明显弱化。广东省委对此及时做出了部署调整，在全省破除小富即安思想，树立求大发展观念；破除无所作为思想，树立抓抢机遇意识；破除贪图享乐思想，树立艰苦精神；破除粗放经营观念，树立质量效益意识；提出"三个一"外贸经营之道思想，实施市场多元化战略。中央支持广东20年赶上亚洲"四小龙"的经济发展水平，同意将梅州、河源、韶关三市列为经济开发区。之后，广东掀起"开发区热"，各地纷纷借鉴，作为发展

---

[1] 陈锡添：《东方风来满眼春》，载《深圳特区报》1992年3月26日。
[2] 陈锡添：《东方风来满眼春》，载《深圳特区报》1992年3月26日。

地方经济的重要举措和重要途径,逐步形成了经济特区、沿海开放城市、沿海经济开发区和山区不同层次的对外开放格局。

在邓小平南方重要谈话中,"两手抓,两手都要硬"成为广东对外开放的重要引领,对在改革开放中破除"一手硬一手软"倾向,推动思想观念的创新,形成对外开放的合力具有重要的指导作用。"两手抓两手都要硬"既是一种理论指导,同时又是具有可操作性的实践观念,进一步促进党统领对外开放科学思维方式的形成。其以服从和服务于经济建设为中心,以精神文明建设为价值取向侧重点,强调精神文化建设必须跟上经济建设,反映出经济运动与思想文化的统一关系,是唯物主义辩证法的深刻体现,也是中国共产党历史上运用对立统一规律指导我国改革开放事业的经典范例和成功实践。

四、进一步扩大开放,率先基本实现社会主义现代化

在党的十四大上,时任中共中央总书记江泽民把"进一步扩大开放"作为20世纪90年代的第二大任务,要求"进一步扩大对外开放,更多更好地利用国外资金、资源、技术和管理经验",[①] 这成为全国稳步推进对外开放的重要指导思想。在九届全国人大二次会议广东代表团全体会议上,江泽民对广东提出"率先基本实现社会主义现代化"的要求,成为90年代广东对外开放的一个基本的任务目标。1994年,江泽民先后考察了广州、佛山、中山、珠海、深圳、梅州等地,指出要始终坚定不渝地以邓小平建设有中国特色社会主义理论和党的基本路线为指导,解放思想,实事求是,胆子要大,步子要稳,理论与实际相结合,借鉴与独创相统一,努力形成和发展经济特区的中国特色、中国风格、中国气派。1998年3月,江泽民在九届全国人大一次会议广东代表团全体会议上作重要讲话,提出广东要"增创新优势,更上一层楼"。2000年2月,江泽民在广东视察工作时题词"增创新优势,更上一层楼,率先基本实现社会主义现代化",同时强调要"致富思源、富而思进",对此,广东省委在全省深入开展"两思"教育学习活动,大力倡导富而好学、富而重教、富而尚勤、富而崇德、富而求序,为落实中央进一步扩大对外开放精神夯实了思想基础。目标指引行动,广东省委围绕"率先基本实现社会主义现代化"的发展目标,进行了一系列

[①] 中共中央文献研究室:《十四大以来重要文献选编》(上),人民出版社1996年版,第22页。

的工作部署,在扩大开放中积极推行外向带动战略,增创体制、产业、开放和科技"四大优势",使广东对外开放呈现出纵深发展的特征,开放型经济积极发展。加强粤港经济合作,成为这个阶段广东对外开放的重头戏。江泽民多次指示,广东要为香港的平稳过渡和繁荣稳定做出新贡献,增创优势,更上一层楼。广东通过加强粤港经济合作研究,建立了包括高层协调机制、口岸建设和衔接办法等措施,确保粤港经济保持持续稳定的增长,这也是香港能够较快地走出亚洲金融风暴阴霾的重要原因。

五、突破"教条主义"的束缚,继续当好排头兵

从 2003 年开始,时任中共中央总书记胡锦涛先后 5 次视察广东,表明了中央对改革开放前沿阵地的重点关注与支持,同时也带来了中央对广东的新要求、新命题。2003 年,胡锦涛视察广东,要求广东加快发展、率先发展、协调发展,在全面建设小康社会、加快推进社会主义现代化进程中继续当好排头兵,强调要进一步发展外向型经济,通过扩大对外开放不断增创新优势。之后,广东开始了新一轮的解放思想,着力突破"新教条主义",正视经济社会发展问题,坚持以人为本,以科学发展观统领经济社会发展全局,着力深化调整经济结构,推进产业转型升级,切实加快转变经济发展方式,努力探索对外开放新方式,提高开放型经济水平。在此基础上,广东制定了"引进来"与"走出去"双向并举战略,借机国际分工格局发生重大变化以及我国加入世界贸易组织,大力推进全新对外开放格局。2004 年,胡锦涛到广东考察工作,鼓励广东在"科学发展观统领发展全局"上做排头兵。2009 年,广东承受了"腾笼换鸟"阵痛与国际金融危机的双重打击,正在珠海视察的胡锦涛在听取了广东省委和省政府的工作汇报后,多次肯定广东"三促进一保持"的战略举措,要求广东"要坚持不懈、先行一步,真正打好转变经济发展方式这场硬仗"。2010 年 9 月,胡锦涛在广东深圳考察了包括腾讯等在内的多家公司,并探访了社区居民。胡锦涛强调要使经济特区在加快转变经济发展方式中充分发挥带头作用。2011 年 8 月,胡锦涛再次到深圳、广州等地考察,强调要"进一步推进以改善民生为重点的社会建设,切实当好推动科学发展、促进社会和谐的排头兵",希望广东干部群众能够将国家支持东部地区率先发展、支持珠江三角洲地区改革发展、支持经济特区创新发展作为宝贵机遇,立足新起点,把握新趋势,建立新机制,增创新优势,进一步加快转变经济发展方式,进一步深化对外开放。胡锦涛 5 次考察广东,对当地广大领导干部加大思想解放,继

续推进扩大对外开放有着重要的意义。

六、改革不停顿，开放不止步，消除懒惰停滞思想

2012年12月，中共中央总书记习近平在时任广东省委书记汪洋和省长朱小丹的陪同下，来到深圳、珠海、佛山、广州，深入农村、企业、社区、部队和科研院所进行调研，提出要增强改革的系统性、协同性，做到改革不停顿，开放不止步，消除懒惰停滞思想。尤其在考察深圳时，强调要充分发挥经济特区"敢为天下先"的精神，敢于"吃螃蟹"，落实好国家给予的"比特区还要特"的先行先试政策。同时指出改革开放是中国共产党历史上一次伟大觉醒，正是这个伟大觉醒孕育了新时期从理论到实践的伟大创造。而实践再一次证明，改革开放是当代中国社会经济发展进步的活力之源，是中国共产党领导全国人民大踏步赶上时代前进步伐的重要法宝，是我们坚持和发展中国特色社会主义的必由之路。习近平总书记的这次广东之行，极大地鼓舞了当地广大干部群众，进一步解放了广大干部群众的思想。之后，广东加快了对外开放的脚步，2013年确立"双引擎""双动力"发展战略重大部署，在粤东西北欠发达地区打造新增长平台，破解经济减速、转型缓慢、区域差别三大难题，并以此为实现"三个定位、两个率先"奋斗目标的核心抓手。2015年，广东开始启动创新驱动战略，打造产业创新基地；设立广东自由贸易试验区，成为自经济特区成立以来，广东对外开放过程中最为重要的一次国家设计和地方探索；落实国家"一带一路"发展倡议，增创广东外向型经济新优势，不断加快"走出去"步伐。2017年4月12日，习近平总书记对广东工作做出重要批示，充分肯定党的十八大以来广东的各项工作，希望广东坚持党的领导、坚持中国特色社会主义、坚持新发展理念、坚持改革开放，为全国推进供给侧结构性改革、实施创新驱动发展战略、构建开放型经济新体制提供支撑，努力在全面建成小康社会、加快建设社会主义现代化新征程上走在前列。2018年3月，习近平在参加十三届全国人大一次会议广东代表团审议时，再次重申强调广东是改革开放的排头兵、先行地、实验区，在我国改革开放和社会主义现代化建设大局中具有十分重要的地位和作用，广东要在构建推动经济高质量发展体制机制、建设现代化经济体系、形成全面开放新格局、营造共建共治共享社会治理格局上走在全国前列。这成为广东继续推动解放思想、扩大对外开放的重要指导。

经验总结编

第三节 坚持实事求是，落实中央布局

广东对外开放的成功，很大程度上源于政策的先行。中央在给予广东对外开放试验"窗口"地位的同时，配套了一系列的政策，创造了良好的政策环境。同时，广东勇于尝试要政策，敢于结合地方特色与实际灵活运动政策、创新政策，使政策优势变为政策红利，是广东能够走在全国对外开放前列的重要因素。

一、中央的改革放权与广东对特殊政策与灵活措施的争取

党的十一届三中全会以后，中央赋予广东和福建两省特殊的政策和灵活的措施，为全国作先行一步的探索。正是凭借这一把"尚方宝剑"，广东对外开放有了一个好的开端。

党的十一届三中全会提出对我国权力过于集中的经济管理体制和经营管理方法进行改革，努力采用世界先进技术和设备，在自力更生的基础上发展同世界各国平等互利的经济合作。这是广东要求"松绑放手"、实施特殊政策和灵活措施的理论依据。同时，中央也有着自己的战略思路和战术考虑。改革开放必须要找一个突破口、一个试验场。"改革是新事物，我们缺乏经验，中国又这么大，10亿人口，29个省，一刀切不行，一哄而起也不行。那样，既搞不好，也搞不起。"①

1979年1月，中共广东省委召开四届二次常委扩大会议，时任省委第一书记习仲勋提出："我们可以利用外资，引进先进技术设备，搞补偿贸易，搞加工装配，搞合作经营。中央领导同志对此已有明确指示，我们要坚决搞，大胆搞，放手搞，以此来加快我省工农业的发展。"随后，习仲勋、吴南生向叶剑英汇报了省委的意见，叶剑英指示他们快些向邓小平汇报。② 同年4月，省委常委开会，讨论"向中央提出解决广东问题"的报告，吴南生谈到"不要求全国作规定，只要求给广东特殊规定"。③ 主持会议的杨尚昆肯定了常委们的意见，认为广东"先走一步，让地方松动一点，

---

① 张岳琦、李次岩：《任仲夷论丛》（第二卷），广东人民出版社2007年版，第66页。
② 中共中央党史研究室：《中国共产党广东历史大事记》（1949年10月—2004年9月），广东人民出版社2005年版，第284页。
③ 广东省政协文史资料委员会：《经济特区的由来》，广东人民出版社2002年版，第187页。

中央拿的可能更多一点，也可为全国创造经验"。① 之后，邓小平在听取习仲勋等人的汇报后明确表示"广东、福建实行特殊政策，利用华侨资金、技术，包括设厂，这样搞不会变成资本主义……如果广东、福建两省8 000万人先富起来，没有什么坏处"。② 他赞成广东的设想，鼓励广东"要杀出一条血路来"。同年5月，习仲勋与王全国在北京参加中央工作会议期间，正式向中央提出广东要求实行特殊政策、灵活措施以及创办贸易合作区的建议。在邓小平的倡议下，中央工作会议正式讨论了这一重大问题，并形成了《关于大力发展对外贸易增加外汇收入若干问题的规定》，同意广东的要求，正式提出试办"出口特区"和对广东、福建两省实行"特殊政策和灵活措施"，这标志着特殊政策和灵活措施破茧而出。同年7月15日，中共中央、国务院批转广东和福建两个省委的报告时指出："中央确定，对两省对外经济活动实行特殊政策和灵活措施，给地方以更多的主动权，使之发挥优越条件，抓紧当前有利的国际形势，先走一步，把经济尽快搞上去。这是一个重要的决策，对加速我国的四个现代化建设，有重要的意义。"这标志着特殊政策和灵活措施正式出台，广东对外开放先行一步正式起步。

二、大胆尝试利用外资，发展加工贸易

在中央"特殊政策与灵活措施"的支持下，广东开始利用靠近港澳的优势，大胆尝试利用外资，发展加工贸易，率先创办经济特区，以优惠政策和廉价的土地和劳动力，积极承接港澳制造业的转移，大力发展"三来一补"加工业和转口贸易，在对外开放中"杀出一条血路"。1979年7月，中国大陆改革开放后第一个出口加工工业区在蛇口开建，开工建设的开山第一炮被称为"中国改革开放的第一炮"。广东充分运用中央赋予的特殊政策与灵活措施，在僵化体制中寻求突破。首先，创办经济特区。1979年，深圳、珠海、汕头建立起经济特区。自其创办起，广东省的经济特区认真执行中央赋予的特殊使命，勇于拼搏，敢闯敢试，大胆实践，大力开展外引内联，发展外向型经济。深圳在创办经济特区短短4年里，就已经同外商签订了2 500多个经济合作协议，成交额18亿美元。到1986年年底，三个

---

① 罗木生：《广东改革开放与发展的若干思考》，广东经济出版社2001年版，第34 - 35页。
② 中共中央文献研究室：《邓小平年谱1975—1997》（上），中央文献出版社2004年版，第506页。

经济特区实际利用外资额达16.6亿多美元,[①] 1990年外贸出口额更是高达36亿美元,占全省外贸出口总额的35%。其次,举办"三来一补"业务,开办"三资"企业,采用国际租赁、贷款和发行债券、股票等多种形式,加快利用外资力度。"三来一补"在推动广东经济迅速发展,成为广东对外开放初期最易操作、效果最为明显的利用外资形式。再次,提高技术引进水平,提高企业素质和经济效益。广东逐步实现了从一般引进单机到引进整条生产线和对国民经济有重大作用的成套项目、从设备引进到加强对技术和专利的引进、从劳动密集型产品引进到资本密集型与知识技术密集型产品引进的转变。"六五"期间,广东引进各种技术装备50多万台(套),生产线700多条。此外,积极探索外贸体制改革,1981—1983年,实行外贸包干体制。同时下放外贸经营权,扩大外贸主体,建立起出口商品生产体系,按照对外更加开放、对内更加搞活的方针,调整出口商品结构、生产布局、经营体制、市场结构。大胆采用国际贸易商通用灵活的贸易方式,使广东的出口贸易额在1986年第一次跃居全国首位。1987年,在全国率先全面实行外贸承包责任制。最后,落实华侨政策。1979年1月,广东省委召开四届二次常委扩大会议,开始系统清理侨务工作中的错误。3月底,广东召开了全省侨务工作会议和第二次归侨代表大会,强调要正确认识华侨的地位和作用,吸取历史经验教训,彻底肃清"左"的影响,全面贯彻落实各项侨务方针政策,充分调动华侨、港澳同胞和归侨、侨眷建设家乡的积极性。在广东利用外资中,来自华侨港澳同胞的占90%,是最为重要的力量。

三、充分利用"三个有利于"标准,实施外向带动战略

1992年年初,邓小平视察南方,提出了"三个有利于"标准,希望广东继续发挥敢闯敢试精神,通过加快发展,发挥对外开放龙头作用,"力争用20年的时间赶上亚洲'四小龙'"。同年召开的党的十四大,确定了我国经济体制改革的基本目标是建立起社会主义市场经济体制,要求广东力争20年基本实现现代化。广东围绕"三个有利于"标准,加大了改革开放力度,借助市场经济体制改革浪潮,以外向带动战略为抓手,掀起了对外开放发展新高潮。其一,推动口岸管理体制改革,增创特区新优势。1996年,

---

① 蒋斌、梁桂全:《敢为人先——广东改革开放30年研究总论》,广东人民出版社2008年版,第58页。

广东省政府颁布实行了《广东经济开发试验区管理暂行规定》，进一步理顺了开发区的管理体制。三个特区进一步加大了对外开放的力度，从政府管理体制转变和对外实行国民待遇来改善投资软环境，以体制对接保证进一步对外开放。其二，加速国际市场化。在中央政策统一安排下，提出"三个一"外贸经营指导思想，实施市场多元化战略。至2000年，广东已经与200多个国家和地区建立了贸易往来关系。调整优化出口结构，提高出口总体效益，高附加值、高技术含量的产品大幅度增加。其三，加快国有外贸公司改革步伐，组建大型企业集团。推动外贸公司按照市场化原则，发展规模经营，组建大型商社和跨国公司。鼓励外贸企业组建扩地区、跨行业的贸工技一体化的大型企业集团。其四，合理有效地利用外资。进一步优化外商投资的产业结构，加大产业政策和利用外资政策的引导，采取优惠政策。制定《关于加快农村改革，进一步扩大农业对外开放的规定》，鼓励外商投资农业，加大山区引资力度。其五，加强港粤经济合作，积极应对亚洲金融风暴。江泽民多次做出指示，要求广东为香港的平稳过渡和稳定繁荣做出贡献。1996年，按照国务院批示，广东成立专家组进行课题研究，并于香港回归前形成了一个总体研究报告和14个专题报告。1997年，亚洲金融危机爆发，广东外贸出口遭到重创。这一危机时刻，中央再一次给予了广东巨大支持。在中央的部署下，广东省委成立了"化解金融危机五人领导小组"，出台了综合治理金融秩序和刺激经济增长等措施来积极应对，妥善化解了全省超过1 000亿元的地方金融内外债务支付风险，解决了广东省国际信托投资公司破产、粤海企业集团重组等一系列重大问题。

四、转变对外经济发展方式，实行"引进来"与"走出去"双向并举战略

伴随对外经济快速发展，全方位对外开放格局初步形成，广东开始转变对外经济发展模式，尤其是转变外贸增长方式。2003年，胡锦涛视察广东，要求以科学发展统领发展全局，统筹国内与国外发展。为更好地贯彻中央指示，积极适应国内国外经济发展的新形势，广东启动实施"引进来"与"走出去"双向并举战略，采取了一系列旨在全面提高对外开放水平的政策措施。一是借助加入世界贸易组织的有利时机，增创加入世贸组织的先发优势，在更大范围、更广领域、更好层次上参与国际经济技术的合作与竞争，全面提高对外开放水平。通过加大行政审批制度改革力度，促使

经济管理体制与国际规则接轨。二是深化加工贸易监管模式改革，建立起企业、外经部门与海关的联网监管，完善对重点出口企业的服务。2004年，广东省政府下发了《关于加快推进我省加工贸易企业与外经贸、海关联网监管的通知》，到2004年年底，全省年出口额为3 000万美元以上的476家大型加工贸易出口企业已基本实现联网监管。三是拓展对外贸易增长空间，提高出口商品竞争力，创新外贸经营方式，积极开展技术贸易和服务贸易出口，努力实现从对外贸易单一的商品贸易向技术贸易转变。实施全球市场战略与大经贸战略，开拓东欧、独联体、中东、非洲、拉美等市场，建立生产、开发、出口一体化的大型综合商社，实现集团化、集约化经营。此外，创造良好的对外经贸环境，做好反倾销、产业损害预警和应对国际贸易技术壁垒工作，严厉打击走私、骗税、骗汇等违法活动。四是扩大开放领域，加强与国际大跨国公司、大财团的经济技术合作。规范优化投资环境，鼓励现有外商投资企业增资扩股。"十五"期间，广东继续成为外商投资的热土，累计新批外商直接投资项目35 942个。同时完善"走出去"有关规则和扶持政策，鼓励有比较优势的各种所有制企业"走出去"对外投资，提高应对国际贸易摩擦的能力。五是以CEPA为契机，推进粤港澳经济一体化。CEPA是2003年中央政府在"一国两制"原则下，在世界贸易组织框架内所做出的特殊安排，它的启动大大提升了"大珠三角"的国际竞争力，是广东积极运用中央赋予的特殊政策和灵活措施的重要典范。

五、启动创新驱动发展战略，落实"一带一路"倡议

党的十八大明确提出，"科技创新是提高社会生产力和综合国力的战略支撑，必须摆在国家发展全局的核心位置"，强调要坚持走中国特色自主创新道路、实施创新驱动发展战略，这是中国共产党放眼世界、立足全局、面向未来做出的重大决策。创新驱动发展战略成为带动新一轮高水平对外开放的重要战略布局，其着力点在于：一是以促进国内创业创新和更新国内产品市场为出发点，"高水平地引进来"，注重引进人力资本、技术资本和知识资本，即要以我国不断释放和起飞的内需为引力，以全球化发展的城市为载体，以优化的科技创新创业的制度环境为平台，以全球化企业为主体，大力虹吸全球先进科技、智慧、知识和人才。二是以服务于全球市场和增强国内企业竞争力、影响力为出发点，"大规模地走出去"，构建全

方位区域对外开放新格局。

在创新驱动发展战略布局下，2014年8月，国家发改委发出《珠江—西江经济带发展规划》，规划要求以西江为发展主轴，横贯广东、广西，上联云南、贵州，下通香港、澳门，直接连接我国东部发达地区与西部欠发达地区，打造珠三角地区转型发展的战略腹地和西南地区重要的出海大通道，使珠江—西江经济带成为面向港澳和东盟开放合作的前沿阵地，同时成为全国区域协调发展和面向东盟开放合作格局中的重要战略基地。2015年2月，时任广东省委书记胡春华在视察深圳时强调将把创新驱动经济战略作为推动广东经济结构调整和产业转型升级的核心战略，首次确立创新驱动发展战略。之后，广东坚持将创新驱动战略作为转型升级的核心战略和总抓手，围绕建设国家科技产业创新中心，扎实推进珠三角国家在自主创新示范区和全面创新改革试点省建设。2015年，广东自由贸易试验区成立，努力探索建立起与国际接轨的开放规则，形成新的体制机制新优势。自贸试验区将在政府职能转变、外商投资管理体制改革、扩大服务业开放等方面重点突破。这是广东在国家改革开放新形势下，顺应全球经济贸易发展新趋势，实施更加积极主动对外开放战略的一项重大举措。同时，广东积极落实国家"一带一路"倡议，借助"一带一路"扩大对外开放。2016年，广东对"一带一路"沿线国家和地区进出口总额增长6.5%，实际投资总额增长65.3%，吸收欧美发达国家实际投资增长14.1%，"走出去"步伐不断加快，越来越多的广东企业走出国门，活跃在世界经济大舞台上。2017年2月，时任广东省委书记胡春华、省长马兴瑞赴广州南沙调研，要求把自贸区打造成为广东高水平对外开放的门户枢纽，把南沙建成高水平的国际化城市和国际航运、贸易、金融中心，支撑和引领全省新一轮对外开放。在同年3月份的《政府工作报告》中，国务院总理李克强提出要推动内地与港澳深化合作，研究制订粤港澳大湾区城市群发展规划，发挥港澳独特的优势。之后，国家发改委制定印发了《2017年国家级新区体制机制创新工作要点》，将广州南沙新区作为深化粤港澳深度合作探索的工作重点，着力推动"两区一平台"的建设，即建设粤港澳专业服务集聚区、人才合作示范区和港澳科技成果产业化平台，引领区域开放合作模式创新与发展动能转换。广东新一轮高水平对外开放紧锣密鼓地加紧进行。

站在改革开放40周年的时间点上，2018年全国两会释放了切实扩大开放的重要信号。会上提出，要进一步拓展开放范围和层次，完善开放结构布局和体制机制，以高水平开放推动高质量发展。其一，推进更高水平的全面开放,推动"一带一路"国际合作、巩固外贸、促进贸易投资自由化便利化,建设国际一流营商环境。其二,在防范化解重大风险,使开放将更注重稳健有序,更注重防控风险。这成为广东继续加快布局全面对外开放格局的重要指导思想。

第四节 推进党的建设,增强党的领导

中国共产党是中国特色社会主义建设的领导核心,党的领导能力与执政水平的高低决定了对外开放伟大实践成败与否。因此,推进党的建设,加强党员干部队伍的治理,提升党的领导能力与执政水平,是从组织上保障对外开放能够继续推进的基本要求,也是推动社会主义现代化建设的根本保证与经验。

一、拨乱反正,为对外开放储备干部人才

党的干部队伍是推动中国改革开放的关键力量。无论在思想观念的转变上,还是在敢闯敢试的实践中,广东都有一支思想解放的高素质党员干部队伍走在前列,这是广东能够保持其对外开放领头羊的重要原因。十一届三中全会前后,广东开展真理标准问题讨论、更新观念,在实现了拨乱反正,不仅从思想上而且从组织上最大限度上解放了干部,为之后的对外开放奠定了组织基础。

广东是中华人民共和国成立以来历次政治运动特别是"文化大革命"的"重灾区"。考虑到广东是祖国的南大门,战略地位相当重要,"文革"遗留下来的问题比较复杂,根据叶剑英的提议,中央决定派习仲勋这位资格老、级别高、从政经验丰富的干部坐镇广东。叶剑英曾郑重向习仲勋交代广东问题比较复杂,还有大量的冤假错案没有平反,要团结好本地干部和外来干部,妥善解决广东的历史遗留问题。[①] 派遣政治立场坚定、业务能力出众的老同志到广东任职,也可视为改革开放初期中央对广东的一种干部支持。之后,任仲夷、林若、谢非等相继被中央派遣出任广东省委书记,为广东的改革开放做出了重要贡献。习仲勋到广东后,积极开展拨乱反正:其一,平反"文化大革命"时期制造的大批冤假错案。1979年1月,广东

---

① 卢荻:《习仲勋主政南粤》,载《百年潮》2002年第9期。

省委召开四届二次常委扩大会议,清理了 11 个重大历史遗留问题,做出了实事求是的结论,包括平反了所谓的"南方叛徒网"案件,为受迫害的同志平反昭雪。同年 3 月,广东省委批准了省委组织部《关于落实干部政策的情况和意见》,进一步推动了落实政策工作。至 1981 年 7 月,全省对"文化大革命"期间的案件基本复查处理完毕。据统计,全省副厅长、副专员以上干部 706 人,副县长以上干部 2 461 人,除病故者外,基本分配了工作或做出了安置。之前被迫"两退一插"被遣送回乡的干部 29 238 人,全部复查完毕。其中,恢复工作的 28 245 人,占 96.6%。① 这就为广东的改革开放准备了大批干部。其二,复查"地方主义"案件。1979 年 3 月,广东省委常委扩大会议要求对在广东反"地方主义"中被搞错了的,处分偏重的,要实事求是地予以纠正。凡属搞错了的,必须改正,错多少纠正多少,全部错的全部纠正,不留尾巴。② 同年 10 月,广东省委印发《关于复查地方主义案件的通知》,加快了这一工作的进度。习仲勋、杨尚昆调离广东后,任仲夷、林若、谢非等省委领导继续抓紧反"地方主义"案的彻底平反工作,相继撤销了对冯白驹、古大存的原处分决定,予以平反,恢复名誉。1994 年 2 月,中央为方方历史问题彻底平反,恢复政治名誉。至此,广东复查平反"地方主义"案件才告结束。复查"地方主义"大大增强了干部之间特别是地方干部和外来干部之间的团结,为实施对外开放准备了有利条件。

平反冤假错案、复查"地方主义",解决了干部问题。尤为重要的是,"增强了党和人民的团结,提高了党在人民群众中的威信,调动了各个方面的积极因素,为实现工作着重点的转移,齐心协力进行四化建设,创造了重要的条件"。③ 如果没有这样的干部人才准备,广东的对外开放就无从谈起。

二、加强商品经济教育,提升党员干部素养

广东自古以来经商氛围良好,受重农抑商思想的束缚相对较少,商品生产发育较早,珠江三角洲历来是中国商品经济最发达的地区之一。广东人商品经济意识浓厚,并且具备勇于开拓、敢于开放的精神品质,以及灵

---

① 李军晓:《先行一步——广东改革开放初期历史研究》,中共中央党校博士学位论文,2007 年。
② 中共广东省委党史研究室:《中国共产党广东历史大事记》(1949 年 10 月—2004 年 9 月),广东人民出版社 2005 年版,第 284 - 285 页。
③ 任仲夷:《改革,前进,开创新局面——在中国共产党广东省第五次代表大会上的报告》(1983 年 2 月 24 日)//大会秘书处编印:《中国共产党广东省第五次代表大会文件汇编》,第 7 页。

活变通、经世致用的性格特点,这也就为改革开放后加强对党员干部商品经济教育提供了有利环境。

1979年10月,全国开展了关于真理标准问题的大讨论。广东省委及时部署,有力指导,使真理标准问题讨论不但坚持下来,而且发展得比较平衡。1980年3月,中央发文明确提出广东、福建的"物资、商业在国家计划指导下适当利用市场调节","特区主要是实行市场调节"。实际上,早在20世纪60年代,广东学者卓炯就明确提出并始终坚持社会主义商品经济的理论。这一观点,在改革开放初期得到了省委主要领导特别是书记任仲夷的认同和支持。1981年5月,广东省委举行领导干部学习会,共同讨论研究清除"左"的思想影响问题。1984年,广东提出对干部群众尤其是领导干部进行商品经济的教育。这些举措既是真理标准问题讨论的继续和深化,也是提高领导干部改革开放自觉性和坚定性的重大举措,加深了干部群众对市场化与商品经济的认知与理解,为广东的改革开放奠定了思想基础。广东的改革开放一开始便树立了一个比较明确的发展商品经济(后称"市场经济")的价值目标,采取"迂回战略",即在一个大的时空范围内用等同市场取向的方式突破计划经济的束缚。因此,在对党员干部的商品经济教育中,重点围绕三个方面:一是如何形成以公有制为主体,多种经济成分共同发展的格局,推动所有制结构的多元和企业的市场主体化;二是如何做到以价格改革为突破口,带动生产,充分尊重价值规律,形成以市场为基础的价格决定机制和灵活有效的价格调控机制,培育市场体系;三是如何以市场经济运行特点为基础,加快转变政府职能,构建市场调控体系,等等。在这一过程中,对外开放成为引入市场经济的最佳契机。吴南生认为:"特区最大的功劳是突破,把市场经济引进来了。"[1]

在加强对党员干部的商品经济教育过程中,广东始终将中央"不搞争论,埋头苦干"的精神贯彻到底,以理论创新作为突破口,以实践效果作为教材,遵照邓小平关于社会主义首要任务是发展生产力,"应该使经济发展得比较快,人民生活逐渐好起来"[2]的指示,始终紧抓经济建设为中心不放松,坚持对外开放的基本方针不动摇。以生产力标准作为衡量是非得失的根本标准,不断排除来自"左"或"右"的干扰,心无旁骛地推进改革

---

[1] 杨剑:《原中共广东省委书记兼深圳市第一任市委书记市长吴南生访谈录》,载《南方日报》1998年12月1日。

[2] 邓小平:《邓小平文选》(第2卷),人民出版社1994年版,第311页。

开放事业。比如,举办经济特区,有人说是"出卖国家主权",是搞"新殖民地",说特区"除了五星红旗,社会主义的东西没有了";发展"三资"企业,搞外向型经济,又有人说是"多一个'三资'企业,就多一分资本主义",等等。面对种种误解和非议,广东坚定改革立场,顶住压力,不为所动,不搞争论,不为"公""私"纠结,不为"社""资"困扰,用经济特区、外向型经济所取得的巨大成就使非议不攻自破,给广大党员干部上了生动的一课。

三、创新干部选拔任用机制,加强党员干部队伍管理

干部的选拔,对于打造一支高素质的干部队伍来说至关重要,是加强干部队伍管理的首要环节,也是推进增强党统领对外开放的重要方式。在20世纪80年代前期,广州、深圳市等地就开始探索公开选拔领导干部。但从制度建设层面的探索实践和总结创新还非常不足。1998年,广东省召开第八次党的代表大会,在省委主要领导和省党政班子成员的带动下,组织了十大调研,其中人才调研的结果表明:广东省干部人事制度改革严重滞后于经济体制改革和其他各项改革。广东的人才优势已经落在上海、江苏等省市之后,面对的是人才资源用人机制的危机感。① 在这种情况下,广东正式启动了干部选拔任用制度的创新实践。

1998年7月,中组部、人事部召开党政机关推进竞争上岗工作会议,对在全国党政机关推进竞争上岗工作进行部署。时任广东省委书记李长春在听取省委组织部的汇报后,明确指示广东省的竞争上岗要扩大试点方位,要将其作为选人用人的一项制度。以此为起点,广东开始从制度创新层面来选人用人。选人范围从党政机关扩大到企事业单位和高等院校,职位从中层职位顺延到省财政厅等副厅级职位。之后,干部选拔制度创兴进一步推进,除个别特殊部门如公安和安全机构外,省委、省政府机关中层干部实行全员竞争上岗,现任的正副处长"全体起立、竞争上岗"。之后,省委又做出结合机构改革,将省委办公厅、省委宣传部等14个重要部门的副职,面向全省进行公开选拔的重大决策。这是对公开选拔科学化、民主化和制度化的继续探索,发现了一大批优秀中青年干部,并且在全国范围内形成了影响,中组部前后三次安排广东在全国性的会议上介绍竞争上岗等推进

---

① 广东省公开选拔领导干部工作办公室、广东省竞争上岗办公室:《与时俱进,创新干部选拔制度》,广东人民出版社2002年版,第33页。

干部人事制度改革的做法。2001年,广东将公开选拔干部制度延伸到基层,除深圳市作为全国干部制度改革试点单位另有安排外,其余20多个地级市以上的机关中层干部实行了竞争上岗,加上乡镇的竞争上岗,一年多时间里,全省各市竞争上岗的职位就达3万多个。2008年6月,广东又面向全国进行省市联合公开选拔100名厅处级领导干部。这次公开选拔把履行领导职位应具备的基本素质和能力作为测试重点,注重考查作为领导干部应具备的基本素质。分层次、分类别设考,按照省管、广州深圳市管和地级市管职位两个层次,党政、高校、企业三个类别分别命题。之后,广东在推行竞争性选拔过程中,逐步注重扩大干部的基层来源,加强基层干部的选拔力度,调动基层干部的积极性。2010年,省委全会便开始采用差额票决方式从7名优秀县委书记人选中选出5名委以重任。2011年全省市县镇三级通过竞争方式产生的领导干部共10 258名,占新提拔总人数的49.1%,其中,市直和县直机关委任制领导干部通过竞争方式产生的分别占新提拔总人数的64.7%和50.2%,均超出了1/2和1/3的标准。① 基层成为广东省竞争性选拔干部的重要来源。此外,广东还用实际举措回应"只选副职,不选正职"的质疑。从2012年开始,广东多个地市用实际行动作了回击竞争性选拔往往仅限于工作部门的副职领导岗位的质疑。在各地的竞争性选拔中,佛山、清远、汕头等三个市共有10个市直单位正职进行公选,其中不乏热门岗位。创新干部选拔制度,为广东对外开放的奠定了人才基础,提供了智力支撑。

四、坚持全面从严治党管党,打造对外开放坚强领导核心

党的十八大以来,以习近平同志为核心的党中央坚持党要管党、从严治党,把全面从严治党纳入"四个全面"战略布局,阐述了一系列新理念、新思想,推进党的建设新的伟大工程。广东省贯彻党中央全面从严治党的精神,积极探索新形势下全面从严治党的新思路、新实践,将思想建党与制度治党紧密结合,提出了一系列富有创造性的新举措,开创了广东党的建设新局面,同时为推进广东对外开放新的伟大事业注入了新的动力。

首先,将加强党的政治建设摆在首位。没有强有力的政治保证,不能坚持基本的原则,党的团结统一就是一句空话,党统领对外开放就无从谈起。党的历史上有过分裂主义教训,其根源就是不讲政治、不讲原则,给

---

① 《全省去年竞争性选拔官员逾万名》,载《南方日报》2012年4月26日。

党和革命事业造成了严重损害。习近平总书记在中共十八届四中全会第二次全体会议上也明确指出过:"干部在政治上出问题,对党的危害不亚于腐败问题,有的比腐败问题更严重。"① 坚持党统领对外开放,必须要将贯彻中央对外开放政策精神落实到具体政策的制定上,做到地方与中央一致,政策与精神一致,这是用加强党的政治建设保证对外开放顺利进行的集中体现。

其次,继续推进党的思想建设。思想建党,是马克思主义建党学说的一条重要原则,同时也是中国共产党保持创造力、凝聚力和战斗力的基本前提。新时期广东省贯彻全面从严治党精神,将筑牢思想基石作为首要任务,围绕党员队伍中出现的信仰滑坡、作风不正等问题,以群众路线教育实践、"三严三实"专题教育活动、"两学一做"学习教育活动为契机,加强对党员干部的理想信念教育,坚定其政治立场,积极应对外开放过程中的意识形态挑战,促进党风政风转变,提升纪律意识与规矩意识,推动党的建设不断向前发展。

再次,稳步推进党的制度建设。制度治党,是全面从严治党的根本性问题。邓小平多次强调制度治党的必要性:"党除了应该加强对于党员的思想教育之外,更重要的还在于从各方面加强党的领导作用,并且从国家制度和党的制度上做出适当的规定,以便对于党的组织和党员实行严格的监督。"② 党的十九大上,习近平总书记提出要将制度建设贯穿党的政治建设、思想建设、组织建设、作风建设、纪律建设,是对党的制度建设提出的新要求。广东在推进制度治党进程中,始终坚持管党治党严字当头,通过法规制定执行、体制机制改革、日常执纪问责等,实现对党员领导干部队伍的整肃。此外,坚持巩固党的组织建设。组织建设是党的建设主要内容之一,也是推进全面从严治党的重要环节。在党的建设中,组织建设处于重要地位。党要巩固自己的执政地位,不仅要有正确的理论、纲领和路线,而且要依赖于组织的巩固、团结与统一,以便理论、纲领和路线能够得以贯彻与实施。党的十八大以来,广东在推进党的组织建设过程中,重点围绕"强基层""严管理""树典型"三个方面来进行,把党的组织建设作为

---

① 习近平:《在中共十八届四中全会第二次全体会议上的讲话》//中共中央纪律检查委员会、中共中央文献研究室:《习近平关于党风廉政建设和反腐败斗争论述摘编》,中央文献出版社/中国方正出版社2014年版。

② 中共中央文献研究室:《建国以来重要文献选编》(第9册),中央文献出版社第2011年版,第103页。

贯彻党中央全面从严治党精神的重要手段，不断夯实全面从严治党的组织基础。

最后，加大党的反腐倡廉力度。腐败的生成是诸多方面原因造成的，既包括中国的人情社会观、官本位思想等历史传统因素，也包括市场经济建立、对外开放扩大致使部分党员干部思想道德滑坡以及腐败治理制度体系的供给不足等。腐败的治理是一项系统性工程，任务艰巨，不仅需要从思想源头上预防腐败，还需要从制度源头探索创新举措来发现腐败、惩治腐败。坚持标本兼治，才能不断推进反腐倡廉建设。广东在推进反腐倡廉建设过程中，遵循思想建党与制度治党相结合的思路，以教育常态化预防腐败、不间断巡视挖掘腐败以及零容忍态度惩治腐败，全面推动腐败治理布局的科学化与合理化，从而推进全面从严治党。

党的建设一直与中国共产党领导的伟大实践紧密相连。没有一个自身优秀的执政党，中国特色社会主义事业就不会有一个坚强的领导核心，党所领导的对外开放事业也就无法顺利进行。因此，坚持全面从严治党，加强党的建设，提升党的领导能力与执政水平，是中国共产党所领导的对外开放事业的固本强基之举，是其不可忽视的重要环节。

第五节　在党的领导下坚持对外开放的成效

40年来，广东始终将坚持党统领对外开放作为推进中国特色社会主义现代化建设的基本经验之一，不仅在观念的转变上与社会经济的发展上，实现了"先走一步"的目标，同时开创了将中央政策与地方实际结合运用的发展模式，坚持用实践成效引领整合多样化社会思潮，培育与弘扬敢为人先、敢闯敢试的广东精神，实现了经济、社会、文化的全方位发展。

广东坚持党统领对外开放的成效之一，是实现了观念上的重大转变，克服了恐"变"、恐"资"等思想病症，树立了开放意识，确立了市场经济理念。广东的对外开放是以打开门户、实行对外开放起步的。作为中国改革开放的试验场，在引用外资问题上，广东遇到了各种思想的干扰，有些人担心对外开放会使广东"变色变质"。针对这些问题，广东省委加强了广大干部群众的教育学习，向广大干部群众揭示了近代中国落后的主要原因就是闭关自守，中华人民共和国成立30多年未能实现预想中的发展，其经验教训就是关起门来搞建设，当今的世界是开放的，打开国门加强交流已经成为世界潮流,用"开放是社会主义的'清凉剂'""封闭就是自我窒息"等新的开放观念有力地驳斥了"卖国论""殖民地论",消除了人们所担心的"变色变质"忧虑,推动了外资企业在广东的迅猛发展。同时,广东省委通过部署,破除了把商品经济看作资本主义的固定观念,帮助广大党员干部群众全面认识市场经济,在积极发展市场经济的同时,努力限制其负面作用,有力地促进了广大干部群众思想观念的转变,从而使广东对外开放的举措不断创新、思路不断拓宽、区域不断扩大、领域不断增多、观念不断开放。

广东坚持党统领对外开放的成效之二,是实现了广东经济的崛起,使之迈向了"经济第一大省"。广东作为中国改革开放的前沿省份,凭借优越的地理位置和政策支持,在对外开放上有着较为深厚的基础和丰富的实践经验。对外开放成为广东经济腾飞的最大动力。在过去的 40 年里,广东 GDP 年均增速均为两位数,其中经济对外开放对广东经济的增长有着重要的贡献。1978 年广东的 GDP 为 186 亿元,占全国总量的 5.1%,2015 年的 GDP 高达 72 813 亿元(连续 27 年位于全国首位),占全国总量的 10.8%,占比与改革开放初相比翻了一番。1978—2015 期间,广东 GDP 的年均增速为 17.5%,高于全国水平。1988 年,广东经济总量达 1 155 亿元,首次超越山东。1989 年达到 1 381 亿元,超越江苏,成为中国第一经济大省。1998 年,广东经济总量达到 1 030 亿美元,超过新加坡(828 亿美元)。2003 年,广东经济总量达到 1 914 亿美元,超越香港。2007 年达到 4 179 亿美元,超越台湾。2013 年,广东经济总量达到 62 164 亿元,人均 GDP 达到 58 540 元,按平均汇率折算为 9 453 美元,达到中等收入国家水平。① 正是在对外开放的热潮中,广东实现了向"经济第一大省"的飞跃。

广东坚持党统领对外开放的成效之三,是开创了将中央政策与地方实际相结合灵活运用的发展模式。广东对外开放的先行一步,离不开中央的政策支持,这是建立在对国情、世情以及广东地方实际充分了解的基础上所做出的决策,反映出了中央的长远眼光与独特魄力,呈现出理论与实践相结合、一般规律与特殊实际相结合的优秀品格。1979 年中央 50 号文件的出台,鼓舞着勤劳智慧的广东人,敢闯敢干,敢为人先,创造并实现了经济社会发展的历史性跨越,成为全国经济第一大省。而广东敢于争取中央

---

① 参见中华人民共和国国家统计局国家数据库(http://data.stats.gov.cn/easyquery.htm? cn = E0103)。

特殊政策与灵活措施并结合地方特色加以充分利用，除了反映出广东力求突破、敢为人先的勇气以外，更是一种求真务实，始终坚持具体问题具体分析辩证思维的印证。特殊政策与灵活措施在广东对外开放中取得的成功实践，迅速在全国产生了影响，成为其他省市探索对外开放道路的重要指引。广东"先行一步"给其他省市提供了经验，其带头全国的重要作用得到充分体现。

广东坚持党统领对外开放的成效之四，是实现了多样化社会思潮的整合，培育与弘扬了敢闯敢试、敢为人先的广东精神。一个国家与民族，在长期的认识和实践过程中，必然会形成共同的价值观。同时，一个社会的发展，需要有共同的价值观来支撑，这是社会能够良性运转，政治经济向前推进的基本精神依托。对外开放，带来了各种思想文化的频繁交流，同时，也产生了不同思想文化的空前碰撞，使得社会思想文化产生了一定的无序性。40年来，广东在对外开放过程中始终坚持贯彻中央的有关决策部署，以爱国主义教育与民族教育作为抓手，推动社会主义核心价值体系的建立与完善，坚持一元行主导与多样化包容相统一的思想文化政策，夯实社会和谐稳定的共同思想基础。同时，坚持理想性追求与现实性实践互动，用40年来对外开放所取得的伟大成作为现实教材，在弘扬传统的独立自主、不屈不挠、勇于拼搏的革命精神基础上，注入时代元素，培育敢于探索、争当排头兵、敢为人先的新时期广东精神，使之成为凝聚广东人民奋发图强的重要精神力量。

第十二章　发展经济特区，探索对外开放

对外开放40年来，广东经济特区始终不忘特区改革创新使命，在体制创新方面进行了大胆积极的探索，以市场化改革为取向，率先引进外资企业，积极发展民营经济，在全国率先形成了以公有制为主体、多种所有制经济共同发展的所有制格局，同时建立起与特区外向型发展相适应的经济体制和经济运行机制①，在理论上和实践上深化中国特色社会主义的认识起到了重要作用②。广东经济特区在改革实践中坚持深化改革、大胆实践，培育出敢想敢干、敢闯敢试、敢为人先的创新精神，创造出许多改革开放的新经验，正如邓小平指出的："看准了的，就大胆地试，大胆地闯……深圳的重要经验就是敢闯。"正是这种大胆尝试的改革精神，激发了广东经济特区的创造精神，也为特区对外开放抢占了先机。正是由于特区坚持以市场为取向，从经济体制和行政管理体制两方面着手，不断深化改革，率先建立起比较完善的社会主义市场经济体制，同时积极完善营商环境，坚持"引进来"和"走出去"战略相结合，才闯出了广东对外开放的新路子，成为全国范围对外开放的排头兵③。

2018年3月，习近平总书记参加十三届全国人大一次会议广东代表团审议时指出："广东是改革开放的排头兵、先行地、实验区，在我国改革开放和社会主义现代化建设大局中具有十分重要的地位和作用。"广东对外开放的成功实践证明，发展经济特区是对外开放的有效模式，广东经济特区

---

① 引自广东省体制改革研究会课题组《广东经济特区30年改革发展调研报告》，见豆丁网（http://www.docin.com/p-105365083.html）。

② 引自习近平《发展是第一要务 人才是第一资源 创新是第一动力》，见中央人民广播电台网（http://www.cnr.cn/gd/gdtt/20180308/t20180308_524157035_1.shtml）。

③ 引自王荣《牢记经济特区历史使命 当好科学发展排头兵》，载《人民日报》2010年8月23日。

建设的巨大成就是邓小平理论、"三个代表"重要思想、科学发展观和习近平新时代中国特色社会主义思想的光辉结晶，是我国对外开放取得伟大成就的精彩缩影。以下归纳总结了广东经济特区对外开放40年来的伟大成就，并将广东经济特区对外开放的经验、做法与成效划分为市场经济体制改革、营商环境、"引进来"与"走出去"这四个方面进行具体介绍，为全国在新形势下如何进一步对外开放提供经验与思路。

第一节 广东经济特区对外开放的经验总结

一、坚持解放思想，建立完善的社会主义市场经济体制

广东经济特区从一开始就走在我国对外开放的前列，其新观念、新举措给当时经济特区的价值观念、生产方式、生活方式等都带来巨大而深刻的影响。因此，如何保证始终坚持社会主义方向，是广东经济特区必须解决的重大问题。1987年，邓小平同志指出："开始的时候广东提出搞特区，我同意了他们的意见，我说名字叫经济特区，搞政治特区就不好了。"[①] 这就在一开始明确了经济特区的社会主义性质。对外开放40年来，广东经济特区之所以能够始终坚持社会主义方向，做到姓"社"不姓"资"，是因为三大特区从建立之初就充分运用中央赋予的改革试验权，率先确立了以市场为取向的社会主义市场经济体制，并且始终坚持对外开放[②]。广东经济特区根据国家建立经济特区的战略意图，不断选择和比较世界范围内多种目标模式，通过坚持两个"结合"——"社会主义基本经济制度与发展市场经济相结合"与"推动经济基础变革与推动上层建筑改革相结合"，率先从经济体制、价格体制、财政与投资体制、劳动体制等方面逐步建立起了比较完善的社会主义市场经济体制和运行机制，为我国社会主义市场经济体制改革提供了宝贵经验。

二、以对外开放促改革发展，积极完善营商环境

李克强总理在十三届全国人大一次会议记者会上提出："政府要推动简

---

① 引自钟坚《邓小平经济特区思想的丰富内容和时代意义》，载《人民日报》2004年9月16日。
② 引自蔡永生《中国特色社会主义理论体系与经济特区发展》，载《人民日报》2010年8月25日。

政放权、放管结合，努力为市场主体优化营商环境。"营造良好的营商环境是广东经济特区对外开放的重要基础。积极完善营商环境为对外开放夯实基础是广东经济特区对外开放的成功实践。在对外开放近40年的实践中，广东经济特区通过完善法治环境建设、提高对外服务水平、改善基础设施等软硬营商环境，降低市场运行成本，提高运行效率，提升国际竞争力。从改革外商投资管理体制、大幅减少外商准入限制，到扩大服务业和一般制造业的开放范围，再到逐步实行负面清单制度，广东经济特区构建能够适应开放型经济新体制的法治化、国际化的营商环境，各项改革举措为外来投资者带来更多利好，进一步增强了外商的投资信心。对外开放40年来，广东经济特区营商环境建设已经跃升到新的水平，无论是投资环境、知识产权保护还是政府服务等营商环境都得到显著提升。不断完善的营商环境，成为外商看好广东经济特区的重要理由，也成为广东经济特区走在全国对外开放前列的基础保障。

三、坚持"引进来"战略，打造特区经济发展新动能

邓小平指出："社会主义要赢得与资本主义相比较的优势，就必须大胆吸收和借鉴人类社会创造的一切文明成果，吸收和借鉴当今世界各国的一切反映现代社会化生产规律的先进经营方式、管理方法。"江泽民也指出："兴办经济特区，是对外开放的重大步骤，是利用国外资金、技术、管理经验来发展社会主义经济的崭新试验，取得了很大成就。"习近平总书记在中国共产党第十九次全国代表大会上指出："开放带来进步，封闭必然落后。中国开放的大门不会关闭，只会越开越大。"[①] 坚持"引进来"战略，打造发展新动能是广东经济特区对外开放的一条重要经验。对外开放40年以来，广东经济特区积极参与全球分工，大胆引进国外资金、人才、先进技术和管理经验，并不断从国情、市情出发进行创新，基本形成了全方位开放的外向型经济格局。对外开放初期，广东经济特区利用特区政策优势和毗邻港澳的区位优势，不断开拓国内外市场和资源，率先通过外商独资、中外合作、中外合资等形式，从国外引进了大量的人才、技术、资金和管理经验。广东经济特区在深入研究、认真甄别的基础上，兼收并蓄、广采博收，

---

① 引自习近平《决胜全面建成小康社会 夺取新时代中国特色社会主义伟大胜利——在中国共产党第十九次全国代表大会上的报告》，见新华网（http://www.xinhuanet.com/politics/2017-10/27/c_1121867529.htm），2017年10月27日。

坚持"引进来"战略,有效降低了改革的成本和风险。为此,广东经济特区摸索的重要经验是:经济特区要发展,就必须主动融入世界经济发展体系之中,善于吸收和借鉴人类社会创造的文明成果。

四、实施"走出去"战略,支撑特区经济可持续发展

广东经济特区实行"走出去"战略,加快了特区企业发展步伐,实现了国民经济结构的转型与升级,为广东乃至全国企业走向世界积累了宝贵经验。2000年3月,中央发出号召实施"走出去"战略。2017年10月,习近平总书记在党的十九大会议上也提出:"中国坚持对外开放的基本国策,坚持打开国门搞建设,积极促进'一带一路'国际合作,打造国际合作新平台,增添共同发展新动力。"广东经济特区自成立以来,积极响应中央要求,通过引导有条件的特区企业到国外投资办厂,建立起完善的海外融资渠道、生产体系、研发体系与销售网络,使其在更大的范围内成长为专业化、集约化和规模化的跨国企业;并通过各种形式推动综合实力较强、有能力"走出去"的企业积极开展境外投资。"走出去"战略的实施,极大促进了广东经济特区企业与国外企业进行全方面交流,充分利用国外市场丰富的优质资源,提升特区企业的综合实力水平;同时"走出去"战略还有利于特区企业发展其自有品牌,提高其国际竞争力。"走出去"战略是发展开放型经济、全面提高对外开放水平的重要举措,是促进特区经济可持续发展的有效经验。

第二节 广东经济特区对外开放的主要做法

一、深入贯彻市场取向的经济体制改革

广东经济特区对外开放的进展与经济体制改革紧密相关。社会主义市场经济体系基本框架的确立和发展,提高了特区经济的开放度;管理运行机制日益规范、进一步与国际管理接轨,创造了良好的投资环境,有力地推动了特区改革开放的深度和广度。广东经济特区进行社会主义市场经济体制改革可划分为四个阶段,本部分以深圳为例,详细介绍其在对外开放以来实现了由原来高度集中的计划经济体制向充满生机的社会主义市场经济体制的转型。

（一）在社会经济活动中引入市场机制（1978—1985 年）

深圳经济特区成立初期，高度集中的计划经济体制框架基本被打破，初步形成了以市场调节为主、计划调节为辅的经济体制和运行机制。从 1980—1985 年，奠基阶段的深圳遵照邓小平和中共中央对经济特区建设的要求，当时中共深圳市委、市政府提出的改革思路是：跳出计划经济体制之外，以市场为主导同时允许多种经济成分存在。

深圳经济特区率先把市场机制引入基建中，并逐步开放了建筑材料市场，同时允许国内外设计、施工队伍进入深圳竞标，招投标制度的建立给基建市场引入了高效的竞争机制。如成立于 1980 年的深圳特区房地产开发公司，1984 年便打入了香港市场。基建体制改革的成功，为在深圳全面引入市场机制开辟了道路。深圳引入市场机制的另一突破口是价格体制改革。特区建立以后，深圳通过灵活运用"调"与"放"，稳步推进价格体制改革，从而把市场供求决定价格变为现实。主要通过以下三个步骤：第一，放开农副产品如鱼、蛋、禽、蔬菜等价格；第二，率先告别了国内已有 30 年历史的计划经济限量配售制，如放开粮油价格，取消所有定量配给的票证等；第三，放开工业品价格，分步理顺价格关系，把原来的"由国家决定商品价格"改为"根据市场供求关系定价"。

在财政与投资体制改革方面，深圳冲破传统的财政思想的束缚，率先采用了由政府财政担保，向银行贷款，通过以财政举债投资的路径，将银行信贷资金投入特区基础设施建设中。新型融资方式的出现促进了财政体制改革，加强了深圳经济特区资金自筹、自我积累、自我发展的能力，同时加快了基础设施建设进展，投资环境得到有效改善，使深圳经济特区成功摸索出一条"边投资、边建设、边引进、边生产、边收益"快速开发、高速发展的道路。

在劳动制度改革方面，深圳经济特区充分借助市场机制的强大活力，积极把竞争机制和风险机制引入劳动市场，把单一的固定工制变为临时工、合同工、固定工并存的灵活用工制度。从 1983 年起，深圳国有企业为了充分调动员工积极性，突破以往统一的工资标准与调资制度，率先实行企业工资总额与经济效益挂钩、职工个人工资与劳动生产率挂钩，具体分配方式由企业自行决定，同时国家用工资调节税和个人收入调节税进行调节。1984 年，深圳市机关和事业单位跟进劳动体制改革，进行工资改革。深圳的上述改革试验，冲破了传统计划经济体制的束缚，初步形成了以市场调节为主、计划调节为辅的管理体制和运行机制。

(二) 全面推进市场取向的经济体制改革 (1986—1992年)

为加快特区市场化经济体制改革,中共深圳市委提出特区改革的三个"转向"——"从单项改革转向系统改革""从初步改革转向深入改革"与"从局部改革转向全面改革"。主要举措有以下五点:一是推行国有土地有偿使用管理体制改革,并率先进行土地公开拍卖;二是率先进行国有企业股份制改革,对国有资产管理体制进行创新,实现企业承包制与股份制,同时推行企业产权转让和破产等;三是住房制度改革(实行福利房、微利房、商品房制度),逐步实现住房商品化;四是深化劳动市场体制与工资制度改革,同时实行劳动合同制,建立起社会保障制度;五是进行金融体制改革,建立起多层次、开放型的金融市场。包括建立有色金属期货市场;公开发行股票,建立证券交易所;成立全国第一家外汇调节中心;引入一批外资银行,创办招商、深发展等区域性股份制银行。通过以上经济体制改革,计划经济体制框架基本被打破,初步形成了以市场调节为主、计划调节为辅的经济体制和运行机制。这一时期,深圳经济开始起步,工业化进程加快,城市基础建设突飞猛进,对外开放步伐不断加快。

(三) 确立社会主义市场经济体制改革 (1993—2002年)

1992年后,深圳在市场经济体制改革方面主要特点是体制创新、建立框架。这一阶段,深圳经济特区提出在全国率先建立社会主义市场经济体制的目标,并对社会主义市场经济体制创新与框架建立进行了以下六点探索:一是深化商贸体制改革,对金融业务和制度进行创新,建立外汇经纪中心与产权交易市场,积极发展技术市场,大力培育创业投资市场、进一步完善劳动力市场,不断完善现代市场体系;二是对国有资产管理体制进行深化改革,把国有资产监管和运营体制分为三个层次;三是继续深化国有企业改革,建立起完善的现代企业制度;四是进一步完善所有制结构,促进民营经济健康发展;五是对分配制度进行深化改革,推行企业经营者年薪制,同时采用按劳分配和按生产要素分配相结合的分配制度;六是加大政府职能转变,通过减少或取消审批核准事项,提高政府办事效率,同时推进财政体制与政府采购制度改革、进一步加快投融资体制改革,不断加强信用体系建设,不断优化宏观调控体系。

（四）社会主义市场经济体制发展的新时期（2002年以后）

深圳在社会主义市场经济体制框架已经基本确立的基础上，进一步深化改革。深圳在中共十六届三中全会《关于完善社会主义市场经济体制若干问题的决定》精神的指导下，总结出逐步完善社会主义市场经济体制的主要路径：一是成立国有资产监督管理委员会，完善国有资产监管制度体系，全面履行起管人、管事、管资产的职责；二是继续深化国有企业改革，通过将食品总公司、公交集团、燃气集团、水务集团、能源集团等国有企业部分股权转让，国企产权多元化初步显现；三是深化行政体制改革，成立市政府服务大厅、改革办公室和行业协会服务署，对重大投资项目审批制度进行改革，同时加快推行电子政务等，努力建成现代服务型政府；四是对企业人事、劳动、分配三项制度进行深化改革，树立企业经营机制与市场全面接轨的目标；五是积极推进科技管理改革，建设国家创新型城市；六是组建发行集团、广电集团与报业集团，大力举办文博会，加快文化产业发展。

目前，我国社会主义市场经济体制进入了发展新时期，在十三届全国人大一次会议上通过的《深化党和国家机构改革方案》指出，中国正着眼于转变政府职能，坚决破除制约使市场在资源配置中起决定性作用与更好发挥政府作用的体制机制弊端，围绕推动高质量发展，建设现代化经济体系[1]。广东经济特区在中央指导下深入贯彻市场经济体制改革，为更高水平的对外开放提供基础保障。

二、注重城市软硬件营商环境建设

广东经济特区从诞生之日起就坚持对外开放，从单项改革突破到系统改革，不断推进综合配套，充分发挥特区的"窗口""试验田"作用，从软硬件两方面积极完善营商环境，成功闯出一条以改革促对外开放之路。

（一）硬件营商环境建设

按照中央和省政府的战略部署，广东优先集中资源助力深圳经济特区建设，因此深圳在特区建设初期起步最早。在对外开放基建方面，深圳率

---

[1] 引自王勇《关于国务院机构改革方案的说明——2018年3月13日在第十三届全国人民代表大会第一次会议上》，载《人民政协报》2018年3月14日。

先创办蛇口工业区,开放沙头角,先后开放大亚湾、赤湾、文锦渡、沙头角、蛇口码头、梅沙等口岸;同时积极吸收外资建设市话工程、蛇口油库、沙角B电厂、赤湾港、华侨城、蛇口港、东角头码头、广深高速和大亚湾核电站等一批基础设施;创建沙头角、福田两个保税工业区,开放妈湾码头、皇岗口岸和盐田港口岸、深圳机场通航。

珠海经济特区建立后,极为重视交通基础设施的建设,致力于搞好"七通一平"工程,努力改善投资环境,吸引外资。珠海特区树立超前的交通意识,采取多渠道筹集交通建设资金,认为完善的交通设施环境是发展经济、改善投资环境的必要前提。在建区初期,珠海市内交通网基本形成,珠海(九洲港)、深圳(蛇口)两市正式客运通航;珠海直升机场建成试飞;1984年,国务院批准珠海市湾仔为向澳门开放的轮渡客运口岸。① 从1988年开始,珠海市规划建设大型仓储区、保税区、国际转运基地和海上旅游城,建设海洋经济城;珠海市委、市政府制定了"一港带全局"的经济发展战略,即以特区为中心,东西为两翼,经济重心向西推移,建立海、陆、空立体交通网络,以港口为龙头带动各业全面发展,加快了西区和东区对外开放。

汕头基础设施建设的初期工作主要是连接市区的交通干道、工业区开发及码头、通讯、宾馆等配套设施。1985年后,汕头一是采取分片配套的方针,抓紧对龙湖片区和广澳片区开发,逐步完善特区的基础设施建设,使生产、生活设施配套,投资环境得到改善;二是加快建设相配套的港口码头区、农业水产区、金融商业区、旅游区、住宅区,建立珠池、广澳、渔港等六个小加工区;三是改善特区交通、电信、能源等基础设施条件。1990年后,汕头把交通、能源和通讯作为重要基础产业来经营,集中力量抓好"八大工程",重新规划建设"十大工程"基础设施。以深水港为中心,以发展海运为重点,以铁路和高等级公路为骨架,加快港口、航运、机场、能源、通信等方面建设,努力在基础设施方面率先完善对外开放的硬件营商环境。

(二) 软件营商环境建设

对外开放40年以来,深圳在软件营商环境建设方面主要有如下做法:

---

① 引自陈红泉、钟坚《珠海经济特区发展的历史回顾与前景展望》//《中国经济特区发展报告(2009)》,钟坚、罗清和、钟若愚主编,社会科学文献出版社2009年版。

一是积极推进金融服务业合作（如深圳高速在香港上市）、开通港币支票双向结算业务与外币即时支付业务等；二是深化口岸体制改革，按国际惯例推进口岸体制重大改革，进一步简化查验手续。如口岸实行查验方法改革，取消进出车辆通道申报查验环节；皇港口岸试行 24 小时通关，实行集中报验；到港旅游的外国人到深圳 72 小时免签；对沙头角、皇岗、文锦渡口岸实行统一报关，提供一条龙服务；积极开展两地旅游合作（如实施 144 小时便利措施）；三是提高对外商的服务水平，不断提高利用外资水平。通过建立外商投诉中心和投资服务中心，率先对外商和外籍人实行国民待遇。

珠海经济特区自成立以来，一直注重软件营商环境建设。珠海历届市委、市政府大力改善投资环境。通过坚持对外开放，开展招商、引资、引技、引智、引人，克服了珠海建立特区之初面临的资金不足、技术不足、人才不足等困难，投资环境日趋优化，使珠海迅速成为资源集聚的"洼地"，促进了经济跨越式发展。作为广东扩大开放四个重点开发区之一，横琴被赋予"创新通关制度和措施""特殊的税收优惠"和"支持粤澳合作产业园发展"等具体优惠政策，成为珠海乃至广东对外开放试点窗口。在 2012—2016 年间，珠海推出并落地 230 项共"六大体系"的制度创新，全方位打造服务型政府；如行政服务体系建设的商事登记改革方面，珠海实行银行导办登记注册，率先推出"商事主体电子证照卡"和"商事主体电子证照银行卡"，进一步简化登记手续；此外，珠海积极发挥毗邻澳门的地理优势，建立有利于澳门资金引入的绿色通道，同时通过设立横琴粤澳发展基金，优先支持澳门投资项目建设；通过充分借鉴和利用港澳地区项目管理经验，珠海不断对"港资港模式，澳资澳模式"进行探索试行，进一步优化建设项目流程管理①。

三、大胆引进国外资金、先进技术和管理经验

1978 年 12 月，在党的十一届三中全会上，邓小平指出："经验证明，关起门来搞建设是不能成功的，中国的发展离不开世界……在坚持自力更生的基础上，还需要对外开放，吸收外国的资金和技术来帮助我们发展。"三中全会以后，中央决定在广东经济特区采取"三来一补"、合作经营、合资经营以及外商独资经营等多种形式，不断引进外资。

---

① 引自杨亮《珠海坚持"走出去"和"引进来"并重 引入企业最高奖励 5 000 万元》，载《南方都市报》2017 年 6 月 30 日。

深圳在特区成立之初，通过引进外资和先进技术，开发建设一批工业区，大力发展工业。1986年，深圳在工业形成一定基础之后，按照国际市场的要求，深圳制定符合经济发展规律的产业政策，取得了良好的效果。一方面深圳大力引进高新技术产业链的高端项目，特别是在装备制造业、精细化工、汽车及零部件等领域加大招商力度，逐步加大物流、金融、商贸、电信和专业服务等领域的对外开放力度。另一方面，深圳利用优良的投资环境和产业配套优势，不断吸引更多世界500强企业、跨国公司与大项目的研发中心、核心制造环节、采购中心、地区总部等落户深圳，大力发展总部经济。深圳很快形成了以高新技术产业为主的外向型工业结构，成为吸引外来客商投资兴业的热土。

珠海积极开展外商合作洽谈，引进外资。1979年，珠海香洲毛纺厂是珠海第一家以补偿贸易形式利用外资的企业，此后的5年时间共签订1 137宗"三来一补"项目，为珠海有效实施"引进来"战略夯实基础。从1985年以后，随着其他利用外资形式不断大规模地涌入珠海，"三资"企业成了珠海引入外资的主力军。至1982年，珠海共落户了57家服务性"三资"企业，占外商直接投资项目的98%。1984年以后，珠海确立了"工业为主，综合发展"的对外开放战略方针，通过建设一批工业园区，并以优惠的特区政策和优良的投资环境吸引工业项目，外商资金的投向开始从以服务业为主向多元化转变。

汕头在特区建设初期，充分发挥潮汕华侨、外籍华人众多的优势和劳动力资源优势，积极吸引外资发展出口加工业。1980年，汕头第一家中外合作企业——汕头地毯厂兴办。接着，汕头第一家外商独资企业——奋成实业有限公司、汕头第一家中外合资企业——龙湖商场有限公司等相继成立，标志着特区在引进外资、发展外向型经济方面取得突破性的进展。汕头经济特区成立初期主要放在投资少、见效快、劳动密集型的陶器、服装、塑料、工艺等行业。到1984年年底，汕头累计达成外商企业项目42个。此外，汕头通过吸引外资侨资，逐步改造、扩建老企业。在创汇农业方面，汕头通过把国外的资金、技术、优良品种、销售渠道和潮汕腹地丰富的农业、水产资源结合起来，走"贸工农""产、供、销"一体化路子，使创汇农业得到迅速发展，农业出口创汇成为汕头对外贸易的重要支柱。

四、积极参与国际经济竞争与合作

对外开放40年以来，广东经济特区企业综合竞争力水平不断提高，其技术、管理、人员以及知识等方面已达到国内先进水平或国际水平。"走出去"战略的实行促进了特区内具备实力的企业走到国外市场上,通过加快对外投资的方式增强特区内跨国公司在国际市场上的竞争力,使其在国际市场上占有一席之地。

深圳自特区成立以来,不断扩大对外开放力度,大力鼓励企业"走出去",通过与国外跨国公司建立战略联盟、建立境外营销网络、从事工程承包和开展境外加工贸易等方式,积极推动企业国际化经营,大力培育本土跨国企业。2007年,深圳市政府明确提出大力实施"走出去"战略的目标与要求,通过实施"走出去"战略,大力拓展具有比较优势产业的国外市场,从而推动国内产业结构优化调整,培育出一批具有核心竞争力的本土跨国企业,为深圳特区对外开放的快速健康成长提供持续的发展动力。具体措施如下:一是通过构筑政府海外代表机构网络、配套完善投资促进服务设施、加强"走出去"主管部门合作与协调等一系列措施,创新和完善公共服务机构,建立适应国际化的政府运作机制;二是建立金融机构合作机制为"走出去"服务,通过鼓励和引导商业银行等金融机构为"走出去"提供融资便利;同时,加大"走出去"工作的财政支持力度,用于支持引导企业开展对外投资、推动境外经贸合作区和"走出去"公共服务平台建设;三是通过建立"走出去"先进企业排行制度、实施跨国公司培育工程和配置企业"走出去"梯队群体,大力扶持航母型企业,培育打造深圳本土跨国公司;四是多渠道造就外向型人才,建设"走出去"人才队伍;五是积极探索建设境外经贸合作园区,打造企业"走出去的"海外发展基地;六是通过加强海外拓展活动的规划指导、促进服务和政策支持,加强境外组展参展服务,为企业"走出去"提供全面的资讯服务等①。

对外开放40年以来,珠海积极发展对外投资,不断扩大对外投资主体、行业和地域。珠海通过积极完善"走出去"的优惠政策和引导扶持,充分利用省内"走出去"的专项资金,发挥本地轻工、纺织服装与家电等领域的产业优势,在巩固"走出去"传统市场的同时,进一步开拓东盟、非洲等新合作区域。截至2015年,珠海共有181家具有国际竞争力与核心技术的企业成功"走出去",纷纷在境外建立起自身生产基地,通过不断拓展国际营销网络,积极开展国际化经营,这些企业多数分布在港澳、东南亚与南美等地区,涵盖了境外设计咨询、劳务合作、境外投资、对外承包工程

---

① 引自《深圳市人民政府公报》2007年第28期。

等多种合作模式①。如珠海格力电器积极"走出去",在国内如香港、澳门,在国外如美国、欧洲、菲律宾、巴西等国家和地区建立了分支机构,积极参与国际市场竞争,促进集团国际化。

第三节 广东经济特区对外开放的改革成效

一、改革创新不断深化,市场经济体制逐步完善

改革开放40年以来,广东经济特区对社会主义经济体制改革的认识经历了一个逐步深化的过程,市场取向的经济体制改革打破了原来由高度集中的计划经济体制构成的旧框架,实现了中国对外开放背景下经济体制的自我改革与创新。在改革逐步深化的过程中,广东经济特区所有制结构不断调整完善,率先确立了以公有制为主体、多种经济成分共同发展的基本经济制度,有效优化国有经济的结构与布局,不断丰富公有制实现形式,同时使个体私营经济等非公有制经济成为助飞广东经济特区发展不可或缺的重要一环。竞争有序、公平开放的现代市场体系初步形成,市场机制对资源配置的效率有效提升。大部分商品的价格由市场供求决定,劳动力、资本、土地等要素的市场化配置程度显著提升。政企、政资初步分开,政府职能由对经济生活实行全面的直接干预和高度封闭性管理转向全方位开放,实现与国际经济、国际市场互接互补。从总体上说,广东实现了由高度集中的计划经济体制向充满活力的社会主义市场经济体制的转变。

深圳率先对市场经济体制改革进行探索并取得了初步成功。继初创阶段的局部改革、单项突破之后,1987—1991年,深圳改革进入了配套改革阶段,推出了一系列举措,初步形成了以市场调节为主的经济体制和运行机制。在20世纪90年代中期,初步形成了社会主义市场经济体制的基本框架。随着对外开放的全面推进,特区政策日渐普惠化,到1997年,深圳明确提出,经过多年探索,已初步建立起社会主义市场经济体制的基本框架,形成了社会主义市场经济的十大体系。深圳对"十大体系"的归纳,构成了社会主义市场经济体制基本框架的主要内容,也成为广东乃至全国建立

---

① 引自孙幼娇、董菀、陈晓《"量身定制套餐"助力珠海企业"走出去"》,载《南方日报》2015年6月4日。

广东对外开放 40 年

社会主义市场经济体制的重要借鉴和依据。深圳在全国率先引入市场机制，敢于打破传统的"铁饭碗"，从而有了土地使用权的第一次拍卖、新中国股票的第一次发行等，创造了许多全国"第一"，为深圳对外开放提供了有效的经济体制保障。

二、特区对外功能不断提升，营商环境日益完善

对外开放 40 年来，广东经济特区瞄准世界一流的营商环境标准，深入挖掘自身竞争优势，按照高质量发展目标出台了一系列政策，积极营造国际化、法治化、便利化的营商环境。在基础设施建设方面，广东经济特区不断巩固深圳世界级集装箱枢纽港优势，加快建设国际航空枢纽和国家综合铁路枢纽，完善立足珠三角、联系香港、面向全球的枢纽服务能力。同时，广东经济特区重点推进深圳港盐田港区、珠海港高栏港区、汕头港广澳港区等沿海主要港口重点港区大型化、专业化泊位建设，推进港口集约化、现代化发展。在政务环境方面，广东经济特区贸易便利化条件不断改善，积极落实简政放权，承接国家改革试点任务数居全国前列；率先启动商事制度改革，实施"先照后证""多证合一"与"证照分离"，企业开办便利度显著提升。

深圳自特区成立以来，坚持高起点规划、高标准建设、高效能管理，不断创新规划理念与建设模式，城市建设硕果累累。目前，深圳拥有全球第四大集装箱港、亚洲最大陆路口岸与全国第四大空港；初步形成了以区域性航运、物流、商贸、金融为中心的城市功能；此外，城市生态环境不断改善，成为"国家环保模范城市""国际花园城市"和"国家生态园林城市"①。自党的十八大以来，深圳不断对权利进行"瘦身"，全面实施市场准入负面清单和部门权责清单，同时不断减少直接管理、微观干预和事前审批准入，强化间接管理、宏观调控和事中事后监管服务，突出发展战略、规划、政策、标准等职能，推进政府治理能力现代化，有效优化了对外开放的营商环境。

从 20 世纪 80 年代末起，珠海先后进行机场、港口等重大交通基础设施建设，到 90 年代中后期，初步形成了四通八达、方便快捷的立体交通网络。从 2012 年以来，珠海着重推进港珠澳大桥、城际轨道交通、港口码头等事

---

① 引自王荣《牢记经济特区历史使命 当好科学发展排头兵》，载《人民日报》2010 年 8 月 23 日。

关发展全局和珠海未来的重大基础设施建设，着力突破区域交通瓶颈，拉开城市发展框架，打造珠三角西岸交通枢纽城市，在此过程中同步建设了较为完善的市政配套设施，进一步优化了城市营商环境；同时，横琴自贸片区率先出台科技创新、人才开发、社会建设等地方性法规。

对外开放40年以来，汕头积极从基础设施建设与营商政务环境着力，不断优化营商环境。一方面基础设施建设成效显著。作为粤东区域中心城市，汕头基础设施建设日臻完善，城市规划建设管理水平提高较快，功能较为齐全，已形成以海港、空港为中心，以高等级公路、铁路为骨架的海陆空现代化立体交通网络；港口吞吐量从1981年的336万吨提高到2017年的4 889.7万吨；中心城区建成区面积从1981年的7.81平方公里扩大到2017年的205平方公里[①]。另一方面，政务环境持续优化，汕头以作风建设年活动为总推手，政风建设成效明显，公职人员的服务意识、办事效率和队伍形象进一步提升；汕头深化商事制度改革，实施"多证合一、一照一码"改革；口岸联检单位主动作为，通关效率大幅提升，在全省率先实现国际贸易"单一窗口"口岸、企业、报关、报检、舱单全覆盖。

三、"引进来"收获颇丰，助推特区经济蓬勃发展

对外开放40年来，广东经济特区始终坚定不移地扩大对外开放，大胆引进国外资金、先进技术和管理经验，外商直接投资、借用外债等多种方式被广泛采用，形成了全方位开放的外向型经济格局。广东经济特区诸多颇具实力的企业紧紧抓住对外开放的潮流，从中小企业发展到大企业、大财团和跨国公司。由此，广东经济特区迅速摆脱了原来半封闭的状态，对外贸易和经济技术交流与合作的迅速发展，给对外开放注入了新动能，使广东经济特区成为世界开放格局的重要组成部分。

深圳经过40年的对外开放，经济实力跻身于全国大中城市前列，创造了罕见的工业化、城市化和现代化发展速度。世界各地的项目、技术与资金纷纷来到深圳，并通过改革开放的窗口撬开广阔的内地市场。1979—2017年，深圳实际利用外资从1979年的0.15亿美元增长到2017年的74亿美元，年均增长17.73%，其中，2017年深圳全年实际利用外资超过广东全省

---

① 引自《汕头市城市总体规划（2002—2020年）（2017年修订）》的主要内容，见汕头市城乡规划局官网（http://www.shantou.gov.cn/ghj/0500/201704/6762971aa3ff45aba9a23a0f51a9077f.shtml）。

三成①。作为中国第一个经济特区，深圳充分发挥自身政策优势与毗邻港澳的区位优势，率先开放，大力引进先进技术和管理经验，使特区经济市场化与国际化水平得到极大提高。在2012—2016年期间，前海片区注册企业从5 000余家增长至2016年的14万余家，其中在深投资的世界500强企业总数近300家，香港企业4 000多家，跨国企业投资逐步向高端领域迈进。

创办经济特区以来，珠海坚持"引进来战略"，发挥毗邻港澳优势，持续引进优质企业。1979—2016年，珠海吸收外商直接投资项目由1979年的10个增加到2016年的803个，吸收外商直接投资金额由1979年的0.49亿美元增加到2016年的90.51亿美元②。截至2017年5月，在横琴注册的港澳企业累计达1 360家，其中澳资企业793家，港资企业567家。此外，有42家世界500强企业在珠海设立93个外商直接投资项目，投资总额116.9亿美元。

汕头在特区成立初期积极落实一系列侨务政策，以商引商、以侨引商、以情引商，极大地激发了侨胞的爱国爱乡热情，一大批海外侨胞纷纷回乡兴办实业③。1980—2016年期间，汕头实际吸收外资由1980年的490万美元增加到2016年的9 085万美元，全市累计实际吸收外商直接投资金额达91.85亿美元④。截至2016年年底，汕头新设立香港直接投资项目4 861个，涉及合同港资金额98.18亿美元，占70.2%，实际吸收港资金额69.83亿美元，占76.0%⑤。特别是CEPA实施以来，香港资金、技术、先进管理经验的进入，也有力地加快了汕头对外开放的进程。

四、"走出去"成效显著，对外投资规模不断扩大

对外开放40年以来，广东经济特区始终坚持"走出去"发展战略，发挥毗邻港澳的区位优势，积极利用国内国际两个市场、两种资源，开展国际交流与合作，逐步建立起适应外向型经济发展的经济运行机制，成为我国对外开放、走向世界的重要窗口。

作为中国改革开放的排头兵，深圳市委、市政府采取多项政策措施，

---

① 引自王荣《牢记经济特区历史使命 当好科学发展排头兵》，载《人民日报》2010年8月23日。
② 引自《珠海市统计年鉴》，见珠海市统计信息网（http://www.stats-zh.gov.cn/）。
③ 引自许似亮《汕头市第十七次归侨侨眷大会举行》，载《汕头日报》2007年12月21日。
④ 引自《汕头市统计年鉴》，见汕头市统计信息网（http://zwgk.shantou.gov.cn/tjj/zwgk/zwgk.shtml）。
⑤ 引自余丹、蔡佳煌《香港成为汕头企业向外发展"跳板"》，载《南方日报》2017年7月6日。

积极主动地实施"走出去"战略，鼓励企业全球化运营。深圳一大批企业积极参与跨国经营、国际并购、新兴市场和新兴产业竞争。如腾讯、华为、大疆等一批世界级创新型企业大力拓展国外市场，代表国家积极参与全球竞争合作，在国际舞台上为更加开放的中国企业经济全球化探路，初步形成了龙头企业领跑、广大中小企业跟随的"群雁效应"[1]。对外投资方面，深圳从20世纪80年代开始发展对外投资，一直呈现良好的发展态势。截至2016年年底，累计境外直接投资设立企业（机构）5 691家；境外协议投资总额超800亿美元；中方协议投资额累计达396亿美元。2016年全年实际对外直接投资总额超90亿美元，同比往年增长八成，占广东省的四成以上。[2]

珠海在对外投资方面亦颇具亮点。珠海深入实施"走出去"战略，不断加强与欧美、拉美、东盟各国的互联互通，有效加强珠海市与"一带一路"沿线国家和地区在金融、投资与贸易等各个领域的战略合作，并取得突破性进展。截至2017年10月，珠海市累计对外投资项目391个，协议中方投资总额达到98亿美元，投资区域遍及40个国家和地区，产业涉及航空制造、电子家电、生物制药、新能源等领域[3]。同时，珠海与"海上丝绸之路"沿线国家合作加强，与巴基斯坦瓜达尔市签署缔结友好城市关系协议书，"川贵粤—南亚"物流大通道项目顺利推动。在第二届"海博会"上，瓜达尔中国商品展示交易中心、"川贵粤—南亚"国际物流大通道等10个"一带一路"重点合作项目签约，签约金额151亿元[4]。

对外开放以来，汕头对外经济交流和合作领域扩大，已同180个国家和地区建立了贸易往来关系。截至2017年5月，汕头全市协议在境外投资设立企业累计168家，协议投资总额27.92亿美元，其中2016年全年实现对外直接投资11.3亿美元，在全省地级市中排名靠前[5]。目前，汕头现有30多家企业在"一带一路"沿线国家进行投资，正不断拓宽海外"朋友圈"。

---

[1] 引自吴德群《深圳多项"走出去"指标居全国之首》，载《深圳特区报》2015年4月23日。
[2] 引自李庆招《深圳境外协议投资总额超800亿美元》，见新华网（http://www.xinhuanet.com/webSkipping.htm）。
[3] 引自《2017第五期珠海商务大讲堂举行，解读境外投资政策 提升"走出去"企业竞争力》，见中国珠海政府官网（http://www.zhxc.gov.cn/xwxc/cmjj/201711/t20171124_25034289.html）。
[4] 引自勒碧海《珠海市商务局明确"十三五"发展目标和方向 培育新业态 谋求新作为构建新优势》，载《珠海特区报》2016年1月17日。
[5] 引自石培璋、蔡伟斌、聂金秀《汕头市引导和鼓励企业"走出去"参与国际竞争 境外投资企业168家》，载《中国发展导报》2017年5月10日。

第十三章　开放促进改革,探索社会主义市场经济体制

2012年12月7—11日,习近平总书记在广东考察工作时强调,改革开放是决定当代中国命运的关键一招,也是决定实现"两个一百年"奋斗目标、实现中华民族伟大复兴的关键一招。要尊重人民首创精神,在深入调查研究的基础上,提出全面深化改革的顶层设计和总体规划,尊重实践、尊重创造,鼓励大胆探索、勇于开拓,聚合各项相关改革协调推进的正能量。[①] 众所周知,改革开放初期,全国的市场经济体制建设不管是理论上还是实践上尚处于一片空白状态,广东作为我国改革开放的"排头兵",广东省委、省政府在中央政府的大力支持下,充分发挥"敢为人先"的精神,现代市场经济体制建设一直走在全国前列,进而形成一系列成功经验和"广东模式"推向全国,充分发挥了广东作为改革开放桥头堡和国家战略试验基地的功能,为顺利推进和完善我国的市场经济体制改革发挥了重要作用和借鉴。经过40年的探索和实践,广东和全国的市场经济体制改革业已取得了巨大成就。为此,习近平总书记在党的十九大报告中指出,我国的全面深化改革业已取得重大突破,坚决破除各方面体制机制弊端。改革全面发力、多点突破、纵深推进,着力增强改革系统性、整体性、协同性,拓展改革广度和深度,重要领域和关键环节改革取得突破性进展,主要领域改革的主体框架基本确立。[②]

---

① 引自《习近平在广东考察时强调:做到改革不停顿开放不止步》,见新华网(http://www.xinhuanet.com/politics/2012-12/11/c_113991112.htm)。

② 引自《习近平在中国共产党第十九次全国代表大会上的报告》,见人民网(http://cpc.people.com.cn/n1/2017/1028/c64094-29613660.html)。

第一节 广东对外开放促进市场经济发展的基本经验

一、健全现代市场体系建设，优化市场配置资源效率

经过40年的市场化实践和建设，广东省在商品市场、资本市场、劳动力市场建设等方面成效显著，并初步形成较为完善的价格机制改革与宏观经济调控机制。本文围绕广东省在这些具体领域或层面取得的成就，通过总结历史经验与教训，期望为进一步建设现代化的市场经济体制铺路。

1984年10月，《中共中央关于经济体制改革的决定》（以下简称《决定》）确认了社会主义经济是有计划的商品经济，提出建立健全以市场为导向的现代市场体系建设。现代市场体系，是由商品市场、要素市场和新兴交易市场共同构成的，实体市场和虚拟市场、现货市场和期货市场相结合的，统一开放、门类齐全、层次分明、业态多样的市场有机整体，其基本特征是企业自主经营、平等竞争，消费者自由选择、自主消费，商品与要素自由流动、平等交换，不断提高资源配置的科学性、公平性和效率。其中，商品市场、资本市场和劳动力市场是现代市场体系的核心。良好的现代市场体系可以有效地配置资源，相关市场法律法规是建设现代市场体系的一项基础性工程。因此，建设现代化的市场体系，首先要重点推进市场法制建设。市场的秩序与规则是市场赖以存在的依据，也是市场经济得以顺利运行的基础。

党的十八届三中全会《决定》提出，紧紧围绕使市场在资源配置中起决定性作用深化经济体制改革，坚持和完善基本经济制度，加快完善现代市场体系、宏观调控体系、开放型经济体系，这为广东继续推进现代市场体系建设提供了理论依据和现实指针。广东省政府必须加快建立健全相关市场法规，加大执法力度，促进有序竞争的市场体系逐步完善。加快市场信息化建设，形成现代市场体系技术支撑。以信息化统领现代市场体系建设、运营和管理，促进市场现代化。加强信息基础设施建设，大力发展互联网、大数据、物联网、云计算、云平台等信息化基础设施和基础产业，完善市场监管和信用体系，不断规范市场秩序。坚持放管结合原则，明确市场监管主体责任，调动市场主体积极性，促进市场有序健康发展。放宽市场准入，进一步简政放权，激发市场活力，推行负面清单市场准入制度

改革。加强社会信用体系建设，建立市场主体信用平台，运用信息公示、信息共享、信用约束和大数据手段，对市场主体信用状况实行分类分级、动态管理，营造诚信自律的社会信用环境。①

二、消费市场规模稳步扩大，电子商务业态快速发展

广东改革开放的历程也是逐步构建社会主义市场经济体制的过程。在最初的计划经济体制下，并不存在按照价值规律调节供求与价格的真正意义的商品交易市场，直到从建立消费品市场开始，由零售市场逐步扩大到批发市场，并进一步扩大到包括生产资料在内的整个实物商品市场，进而发展至服务市场，商品市场才逐渐建立和完善起来。

（一）消费品市场规模稳步扩大

截至 2016 年年末，广东实现社会消费品零售总额 34 739 亿元，相比 1978 年的 79.86 亿元提高了 34 659.14 亿元，增长了 434 倍（如图 13-1 所示）。消费品市场规模稳步扩大，增长速度除 1990 年外均保持两位数增长。1980 年起，广东实行开放经营，进行"三多一少"改革，即多种经济成分、多种经营方式、多种流通渠道和减少流转环节，自此广东消费品市场取得突破性进展。至 2000 年，广东社会消费品零售总额占全国的 12% 左右。

2016 年，广东城镇实现消费品零售额 30 418.16 亿元，占全省社会消费品零售品总额的 87.6%，同比增长 10.2%，增幅较上年提高了 0.2%；乡村实现消费品零售额 4 320.84 亿元，增长 10.6%，增幅较上年提高 0.2%，比城镇消费品市场高 0.4%。相比 1978 年的城镇消费品零售额 38.42 亿元，农村消费品零售额 41.44 亿元，分别增长了 790 倍和 103 倍。从 1980 年开始，城乡各种类型的市场和商业网点不断增加，消费品零售额也随之提高（如图 13-2 所示）。

---

① 引自广东省人民政府《广东省人民政府关于印发广东省供给侧结构性改革总体方案（2016—2018 年）及五个行动计划的通知》，2016 年 2 月 28 日。

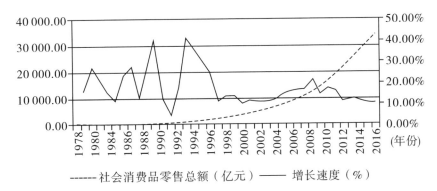

图 13-1　1978—2016 年社会消费品零售总额及增长速度
数据来源：《广东统计年鉴（2017 年）》。

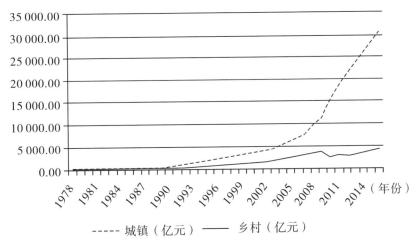

图 13-2　1978—2016 年城乡消费品零售总额
数据来源：《广东统计年鉴（2017）》。

（二）批发零售业增长平稳，第三产业增速放缓

截至 2016 年，广东批发零售业实现零售额 31209.91 亿元，同比增长 10.3%，增幅较上年提高了 0.3%，相比 1978 年的 66.92 亿元提高了 31142.99 亿元。2016 年，住宿餐饮业实现零售额 3529.09 亿元，同比增长 9.2%，增幅较上年回落 1.5%，其中住宿业零售额增长 5.0%，餐饮业零售额增长 9.6%，增幅比上年分别回落 0.6% 和 1.6%，相比 1978 年的 5.39 亿

元提高到 3 523.7 亿元。① 如图 13-3 所示。

改革开放以来,以饮食服务业为主的传统生活服务市场最为繁荣。随着人们生活水平的提高,广东的旅游业快速发展,在相当长的一段时期广东旅游入境人数占全国的九成。

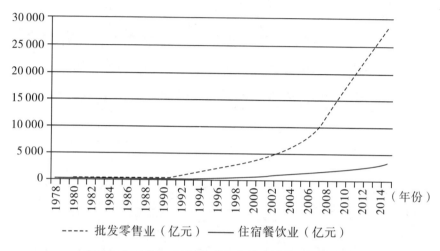

图 13-3　1978—2016 年分行业社会消费品零售总额

数据来源:《广东统计年鉴(2017)》。

(三) 电子商务业态快速发展,传统零售业态增长缓慢

1981 年,首先在广州设立广东商业贸易中心,之后各市相继建立。到 2000 年,消费品市场已基本形成批发零售共同发展、多样化的各类专门贸易中心和集市,形成多网点、多渠道的流通网络。随着科学技术的不断发展创新,电子商务行业逐渐繁荣壮大,在"十二五"时期发展迅猛,产业规模迅速扩大。2016 年,全省限额以上单位通过公共网络实现商品零售额继续保持较快增长,占社会消费品零售总额比重为 3.4%,同比增长 26.5%,增幅高于社会消费品零售总额 16.3%,比上年提高了 0.8%。从全省限额以上单位按零售业态分布情况来看,无店铺零售增长 21.9%,其中网上商店零售额增长 21.7%,而传统有店铺零售仅增长 6.1%。其中,百货

---

① 见广东统计信息网(http://www.gdstats.gov.cn/tjzl/tjfx/201702/t20170220_356178.html)。

商店零售额下降 2.9%，超市、大型超市、购物中心分别增长 1.2%、2.1%、2.4%，增幅均明显低于全省零售业平均增幅，专业店、专卖店情况略好，分别增长 6.3%、9.9%。① 近年来，随着网上销售、移动支付方式的快速发展，传统消费习惯和消费模式随之被颠覆。面对个性化、多样化、便利化的电子商务模式，传统商业模式优势弱化，经济下行压力较大，经营难度加大，销售增长放缓。

三、适时推出就业新政，就业结构和收入结构持续优化

（一）因地制宜、因时制宜，不断推出就业新政策

改革开放前，国家实行计划用工制度，以求与计划经济体制相适应。广东由于就业渠道狭窄，社会经济发展对劳动力的需求远远小于劳动力的供给，就业矛盾十分尖锐。改革开放后，1980 年，广东为贯彻落实中共中央劳动就业"三结合"的新方针、新政策，大力推进发展劳动服务公司，1983 年，省人事部门率先成立全国首家人才流动服务机构，随后，各市县政府人事部门人才流动服务机构也相继成立，架起了沟通劳动力的供给与需求的桥梁。

随着各项就业新政策的实施，劳动就业改革俨然成为广东改革开放的主旋律之一。1985 年，省政府批转省劳动局《关于改革劳动工资管理体制的意见》，新招收职工推行劳动合同制。1988 年 7 月，省政府颁布了《广东省劳务市场管理规定》。2000 年，省人大通过了《广东省职业介绍管理条例》。2004 年，省委办公厅、省政府办公厅印发了《扩大与促进就业民心工程实施方案》。2007 年，省委、省政府出台《关于推进产业转移和劳动力转移的决定》。2008 年，省劳动保障厅出台《广东省农村劳动力技能培训及转移就业实施办法》。2012 年，省政府办公厅下发了《广东省区域劳动力转移规划（2012—2020 年）》。2014 年，省财政厅、省人力资源社会保障厅联合制定了《广东省省级民族地区劳动力开发专项资金管理办法》。

（二）就业规模持续扩大

至 2016 年年底，广东全社会从业人员达 6 279.22 万人，与 1978 年的 2 275.95 万人相比，增加了 4 003.27 万人（见图 13 - 4）。其中，2016 年城

---

① 见广东统计信息网（http://www.gdstats.gov.cn/tjzl/tjfx/201702/t20170220_356178.html）。

镇单位从业人员为1 957.57万人，与1978年的515.85万人相比，增加了1 441.72万人。

在改革开放初期，因"十年动乱"积压了大量城镇失业人员，1979全省城镇登记失业率高达7%左右。①乘着改革开放的春风，广东省委、省政府和有关部门大力开发新就业岗位，鼓励下岗失业人员再就业，有效地控制了失业率。近年来，失业率一直控制在警戒线3.5%内。2016年城镇登记失业率为2.47%，在全国各省（市、区）中较低。广东省通过维持低失业率，促进劳动力市场供需平衡，大大减少就业矛盾，对社会持续、和谐、健康的发展起到重要作用。

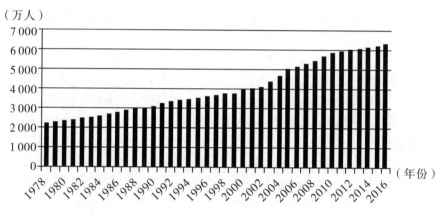

图13-4　1978—2016年年末广东社会从业人员人数

数据来源：《广东统计年鉴（2017）》。

（三）就业结构逐步优化

改革开放以来，随着产业结构的调整，从业人员的就业结构在不断调整。经过长期坚持不懈地奋斗，广东省的就业结构逐渐适应经济结构的发展状况。1978年，广东第一、第二、第三产业的就业结构比例为73.7∶13.7∶12.6，是"一、二、三"格局，2016年已为21.7∶40.5∶37.8的"二、三、一"格局。

第一产业的从业人员减少，从1978年的1 677.01万人减少到2016年的

---

① 见广东统计信息网（http://www.gdstats.gov.cn/tjzl/tjfx/200808/t20080813_60706.html）。

1 365.43 万人，共减少 311.58 万人。第二产业从业人员 2016 年是 2 543.07 万人，比 1978 年增加 2 230.13 万人，增幅高达 8.1 倍。第三产业从业人员由 1978 年的 286 万人上升到 2016 年 2 370.72 万人，增加了 2 048.72 万人，增幅高达 8.2 倍。而且，第三产业从业人员在三大产业中所占比重也逐年上升，2006 年首次超过第一产业。与此同时，第二产业成为劳动力市场的主力军，就业结构与产业结构的偏离程度逐步缩小（如图 13-5 所示）。

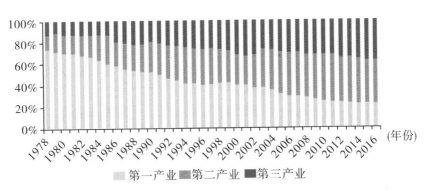

图 13-5　1978—2016 年广东就业人员的产业结构

数据来源：《广东统计年鉴（2017）》。

（四）工资收入明显提高

随着经济总量的快速增长和工资分配制度进一步完善，广东工资收入水平明显提高。1978 年，全省城镇单位在岗职工工资总额为 30.59 亿元，到 2016 年已达 13 790.07 亿元，比 1978 年，增长 450.8 倍。1978 年在岗职工年平均工资为 615 元，2016 年为 72 848 元，比 1978 年增长了 118.5 倍。其中，2016 年国有单位年平均工资为 87 482 元，比 1978 年增长 137.1 倍；城镇集体单位年平均工资为 50 159 元，比 1978 年增长 89.9 倍；其他单位年平均工资为 69 844 元，比 1984 年增长 41.2 倍。20 世纪 90 年代中期，广东在全国率先实行了最低工资保障制度。多年来，广东根据经济发展状况，多次提高最低工资标准，逐步缩小收入分配差距，努力地维护社会公平，构建和谐社会。

四、深化体制改革建设金融强省，完善市场加强风险监管

广东是我国改革开放的"试验田""窗口"和"示范区"，其金融体制

和金融市场的建设经历了从无到有、由有到优的过程。在改革开放 40 周年的时刻，回望过去，总结经验，展望未来，广东将立足自身的现实和基础，逐步建设金融强省。广东金融市场的发展是一个动态的、多层面的金融深化过程，既包括金融结构的变化，即各种金融工具和金融机构相对规模的变化，同时也包括金融市场的价格机制、竞争机制以及金融资源配置与使用的效率机制等方面的建立与健全。

广东金融体制改革和金融市场发展大致可分为以下三个阶段：改革开放初期，金融改革的起步阶段；新世纪前后的 10 年，金融改革调整和充实阶段；开放促进改革，推进金融强省建设阶段。

第一阶段，广东乃至全国的金融体制改革都是以初步建立以商业银行为主的信贷市场的过程。1979 年，党的十一届三中全会以后，广东率先恢复了银行业。国有四大银行，即中国工商银行、中国农业银行、中国银行和中国人民建设银行相继在广东设立其分支机构开展信贷业务。1984 年，中央《关于经济体制改革的决定》确认了社会主义经济是有计划的商品经济，广东省金融界逐渐解除了产品经济思想的束缚，开始在资金融通领域引入市场机制，着手建立金融市场，并在培养金融主体，对专业银行进行企业化改革，发展多样化的金融机构等方面进行了积极的探索。截至 1984 年年底，四大国有银行基本在广东省完成其信贷业务的恢复，给广东的经济腾飞提供了源源不断的信贷资金，当时仅占全国 GDP 总量 6% 的广东却集中了全国 10% 的信贷资金。1986 年 11 月，履行国家央行职能的中国人民银行同意广东省作为金融体制改革的试点省。国家政策的支持，加上先行一步的开放政策，大大促进了广东商业银行的发展。1987 年，中国第一家面向社会公众公开发行股票并上市的商业银行——深圳发展银行（后与平安银行合并）成立。1988 年 9 月，经国务院和中国人民银行批准，国内最早组建的股份制商业银行之一的广东发展银行作为中国金融体制改革的试点银行成立。在这一时期，大量外资银行、股份制银行、城市商业银行相继在广东成立落户，大大促进了广东信贷市场的发展。

第二阶段是深化金融市场建设，重点在于发展多元化的银行和非银行金融机构。1986 年，广东省人民政府制定了《广东省股票债券管理暂行办法》，将企业股票、债券的发行引向规范化。这一时期，不同类型的非银行金融机构开始成立并运营，如信托投资公司，城市信用合作机构、保险公司、金融租赁公司和基金公司。形成以信贷市场为主，资本市场、票据市场、衍生品市场的多层次、多格局的现代金融市场体系，其中尤以资本市场在整个金融市场体系中处于核心和主导地位。

广东的资本市场尤其是股票市场从建立起就开始迅速发展,深圳证券交易所是这一阶段广东建立完善资本市场的最大成就。在国家政策的支持下,深圳证券交易所于 1989 年 11 月 15 日开始筹建,1990 年 12 月 1 日正式成立,自此,广东拥有中国大陆两家证券交易所之一。深交所建立之后,广东资本市场的融资和资源配置功能得到充分发挥,股票市场得到了飞速的发展。截至 2017 年年底,深交所共有 2 076 家上市公司,总市值达到 23.6 万亿元,位列全球资本市场第九;股票市场的成交量和成交金额稳步增加。2016 年全年累计成交 934 425.86 亿元,为 2006 年总成交量的 25 倍。市场稳步增长,截至 2017 年 12 月 1 日,深证综合指数已经涨至 1 916.80,自 1991 年开市以来,25 年间翻了近 20 倍,深交所已经成为全球最为活跃的市场之一,其在国民经济和社会发展中发挥着越来越重要的作用。[1] 在新时期随着资本市场的不断发展与完善,股票与债券等市场正成为金融市场发展的重要力量。

第三阶段,广东将在以往金融市场建设的基础上,将深化金融改革、转变金融发展方式作为金融改革发展的首要任务,建设成为金融强省。

2014 年以来,广东省人民政府先后颁布实施《关于深化金融改革完善金融市场体系的意见》等政策性文件,作为新时期推动广东省金融改革创新的纲领性文件,其中,金融市场建设主要围绕以下四点展开。

一是以服务实体经济为立足点,以市场化改革创新为推动力,以防范化解风险为生命线,完善金融管理和风险监管体制,优化金融生态环境,全面提升金融资源的配置效率、综合竞争力和金融风险管控能力。

二是在以往银行信贷市场的建设基础上,大力发展资本市场、金融衍生品市场、外汇市场,建设多层次、结构完善的金融市场体制,提高直接融资的比重。

三是着力发展国际金融,通过深化粤港澳金融合作,提高广东金融国际化水平和大力发展跨境人民币业务,为广东企业"走出去"提供良好金融服务。

四是鼓励金融创新,着力发展科技金融,为投资者提供更多的金融投资工具,通过多层次的资本市场解决企业的融资需求。

---

[1] 见深圳证券交易所网站(http://www.szse.cn)。

五、统筹部署价格机制改革,精准施策完善宏观经济调控

价格机制是市场机制的核心,市场决定价格是市场在资源配置中发挥决定性作用的关键。改革开放以来,作为经济体制改革的重要组成部分,广东省的价格机制改革得到持续推进与不断深化,并不断放开了绝大多数竞争性商品的市场价格,这对广东省建立健全社会主义市场经济体制,促进经济社会持续健康发展发挥了重要作用。广东的价格机制改革,在对价格机制进行改革的历程中坚持立足实际,实事求是,大胆实践,勇于创新。2016年以来,为了适应和引领经济发展新常态的重大创新,转变经济发展方式和调整经济结构,解决当前广东省经济社会发展中的深层次结构矛盾和问题,积极稳妥落实去产能、去库存、去杠杆、降成本、补短板等结构性改革重点任务,广东省人民政府颁布实施《广东省供给侧结构性改革总体方案(2016—2018年)》《广东省供给侧结构性改革去产能行动计划(2016—2018年)》《广东省供给侧结构性改革去库存行动计划(2016—2018年)》《广东省供给侧结构性改革去杠杆行动计划(2016—2018年)》《广东省供给侧结构性改革降成本行动计划(2016—2018年)》《广东省供给侧结构性改革补短板行动计划(2016—2018年)》等总体方案和系列宏观经济调控文件。明确提出要着力加强供给侧结构性改革,在适度扩大总需求的同时,去产能、去库存、去杠杆、降成本、补短板,优化存量、引导增量、主动减量,优化劳动力、资本、土地、技术、管理等要素配置,加快实现创新发展,改善市场预期,提高投资有效性,增加公共产品和公共服务,优化供给结构,扩大有效供给,提高供给体系质量和效率,提高全要素生产率,实现由低水平供需平衡向高水平供需平衡的跃升。

深化价格改革降低生产要素成本,加快出台广东省关于推进价格机制改革的实施意见。完善主要由市场决定价格机制,促进要素资源顺畅流动、资源配置效率提高、生产要素成本降低。落实国家部署,利用燃煤电厂上网电价降价等空间降低工商业用电价格。加快电力市场化改革,推进大用户直购电工作,制订实施全省输配电价改革方案,深化输配电价改革。推进油气价格改革,完善天然气价格形成机制和管道燃气定价机制。完善市场价格行为规则和监管办法,加强对银行等领域的价格行为监管。加强反价格垄断执法,开展药品、汽车及零配件、建筑材料等领域的反垄断调查等。实践证明,广东的价格机制改革和宏观经济调控经过不懈努力,逐步探索出一条具有广东特色的社会主义市场经济价格管理和宏观调控机制的

改革道路:"放调结合,以放为主、分类改革、双轨过渡、放中有管、放管结合、分类推进、新产新价。"

(一) 放调结合,以放为主

在早期计划经济条件下,产品价格普遍过低,价格管理机制僵化造成政府难以发挥价格在市场中的核心作用。价格管理改革如仅用"调价"的办法,无法有效改正不合理的体系;但如果单采用价格放开的办法,因为市场机制与法律法规不健全,极可能造成市场混乱和价格飙升。因此,广东结合省内原来的政策指令性占比小、市场调节比重大的实际情况,决定采取调整与放开相结合,以放开为主的价格管理方针。具体改革内容则通过以下办法:一是逐步放开竞争性的商品及要素的价格,对其实行市场调节价格;二是逐步调整垄断性的商品及要素的价格,实行合理的国家定价办法。将"调、放"两种改革方式有效结合,形成政府指导价和市场浮动价、最高限价和最低保护价等多元价格体系,致力于从根本上将计划产品经济的价格管理机制转化为市场经济的价格管理机制。

(二) 分类指导

由于不同地区有不一样的经济情况,社会生产力发展水平不同,居民的经济承受能力不同。因此,不同商品种类对不同地区的市场影响也不尽相同。基于此种情况,广东决定从实际出发进行价格改革,对不同地区的不同商品实行分类指导:其一,由于深圳经济特区的特点是以外资为主,产品销售以外销为主,故而实行在国家宏观调控下,以市场价格为主的改革模式;其二,根据广东地区的财政资金短缺,难以维持牌价定量供应补贴的特点,采取市场价格模式;其三,珠江三角洲地区由于"三资"企业发展迅速,实行"放权、放活、放开"的外向型经济价格模式。

(三) 双轨过渡

部分商品因某些原因无法对不合理的国家定价进行放开、调整,广东对其实行计划内外双轨的方法。对计划内生产的农产品执行国家定价,计划外的逐步放开,采取议价、市价。计划内的生产资料产品实行国家定价,计划外的采取市场调节价或由企业定价。这不但提高了企业的生产积极性,同时也增加了产品供给,为未来生产资料产品的价格全面放开建立了良好的开端。时机成熟时,可以将竞争性产品过渡到采用市场价格,垄断性产品过渡到采用合理的国家定价方法。

(四) 放中有管、放管结合

由于市场体制不健全,价格关系扭曲,对价格进行放开后,很可能造成市场价格波动与价格飞涨。因此,必须在价格放开的同时采取经济的、法律的和适当的行政手段进行综合治理,将放开与管理有机结合起来。对那些放开的重要产品价格采取最高限价、最高差率、行业协议价与地区公约价等规定,以保证价格的灵活稳定。

(五) 分步推进

由于地区发展水平与社会生产力水平的不同,不同时期市场对不同行业、品种的需求程度也存在很大差异。在对广东的宏观环境进行衡量考核后,对价格改革采取既突出重点,又配套进行的模式。先后按照农产品、生产资料、工业消费品、第三产业、要素价格等顺序稳定推进价格的改革管理。

(六) 新产新价

广东自改革开放以来,一直处于经济高速发展的状态,生产力水平与投资环境也随之快速变化。为了激励社会劳动生产率的提高,促进商品经济的高速发展。对最新研究生产出的产品,按照扣除投资、还本付息与补偿成本后可获取的净利润,制定新的合理市场价格。例如,水泥、电力、化工等新投产产品的出厂价格,实行国家定价,而"三资"企业生产的新产品采取市场定价。

第二节 广东探索社会主义市场经济体制的主要做法

一、从放权让利到产权改革,国企改革与创新发展并举

(一) 国有企业改革背景与早期探索

国有企业是我国国民经济的支柱。在计划经济体制中,国有企业依照国家的指令性计划进行发展,企业缺乏自主权,难以自主经营与自负盈亏,

员工缺乏生产积极性。党的十一届三中全会以来，国企改革作为广东乃至全国的经济体制改革的中心环节。前 10 年的国企改革，广东着重于企业生产与经营积极性的改革。

广东对国有企业的改革，首先从扩权让利开始。1980 年，广东国营企业进行扩大自主权试点。广东省委、省政府在全省推广清远经验，确定 100 户国营工交企业进行扩大自主权试点。1980 年年末，扩权试点增加到 179 户，部分商业企业也加入试点行列。这是广东省在经济管理体制上一个新的重大变革。1981 年起，推行以"包"字为主要内容的各种盈亏包干责任制。1984 年 10 月，广东按照《中共中央关于经济体制改革的决定》，广东转为以城市的经济体制改革为重点，对国营企业进行体制改革。1985 年，根据国务院的有关规定，广东做出补充规定，从生产经营计划、产品销售、价格、工资奖金等 10 个方面，进一步扩大国营工业企业的自主权，给企业"松绑"，更好地调动了职工的积极性，提高了企业的适应能力和竞争能力。1986 年，深圳市政府颁发《深圳经济特区国营企业股份化试点暂行规定》，并在一部分企业中试行，这是我国政府部门颁发的关于国营企业股份化改革的第一个规范性文件。1987 年，广东省人民政府颁布《关于深化改革增强企业活力若干问题的通知》，要求推行各种形式的承包经营责任制，积极稳妥进行企业工资、奖金分配制度改革，进一步改革企业劳动制度和企业领导制度，开展横向经济联合，等等。国营企业从此成为国有企业。

（二）国有企业产权制度改革

1. 企业股份制改革

广东国有企业股份制改革较全国其他地区早。1983 年，深圳宝安县成立了新中国第一家股份制改革。但是，这种股份制改革仅局限广东个别发达地区。直到 20 世纪 90 年代，全省展开了股份制改革试点。1991 年，广东省成立了企业股份制试点联审小组。广州等地区参考广东省的做法，成立了股份制试点领导机构和工作机构，加速了广东国有企业股份制改革，使得全省企业股份制改革试点进入一个新的阶段。随着股份制企业持续发展，广东股份制改革逐步走向规范化。1998 年，省政府转批了省体改委《关于发展完善我省股份有限公司的意见》，要求加强股份有限公司的规范和发展工作。截至 1999 年，全省股份公司 1 202 家，数量居全国各省市之首，其中已经在深、沪交易所上市的公司有 115 家。国有企业改组为股份公司，逐步改变了长期以来国有产权的虚置状况，使企业经营机制适应市场经济的运作。

2. 建立现代企业制度

广东加快建立现代企业制度是在企业股份制改革的基础上进行的。1994年，广东省人民政府批转省体改委、省经委《关于加快建立现代企业制度的意见》，提出国有企业改革由主要靠放权让利调整为致力于明晰产权的制度创新。同年，广东省政府确定广州味精食品厂、深圳华强电子工业总公司等5家企业列为全国100家建立现代企业制度试点。建立现代企业制度是国有企业发展的目标模式。产权清晰、权责分明、政企分离、科学管理的现代企业制度能更好地促进国有企业改革。

3. 国有企业资产重组

资产重组是国有企业产权改革中一项重要内容。广东以省属国有企业为突破口推动全省国有企业进行资产重组，进一步优化产业结构与公司治理结构。资产重组通过重组省属国有企业、充分利用国家优化资本结构试点政策实行兼并破产、积极探索低成本扩张的发展道路等途径，谋求国有企业发展新路径。资产重组特别是优化资本结构试点工作对促进全省国有资产的优化配置和经济结构调整起到了积极作用。不仅有助于加快优势企业的发展，还能促进劣势企业脱贫。

（三）继续深化国有企业改革

改革开放以来，广东在国有企业改革发展中不断取得重大进展，很大程度上已经消除了计划经济体制的弊端，总体上已经同市场经济相融合，运行质量和效益明显提升。但是，仍然存在一些亟待解决的突出矛盾和问题。2015年，中央提出《关于深化国有企业改革的指导意见》及其配套文件精神。为此，省委、省政府为继续深入推进广东省国有企业改革发展，颁布实施《关于深化国有企业改革的实施意见》，从分类推进国有企业改革、调整优化国有资本布局结构、推进国有企业创新发展、推进国有资本运营、完善现代企业制度等方面入手，力求到2020年，在国有企业改革重要领域和关键环节取得决定性成果。

二、构筑公平竞争营商环境，释放非公有制经济发展活力

改革开放40年来，以民营、外资经济为主的非公有制经济在广东经济实现腾飞的过程中发挥了不可忽视的作用。其中，市场经济的价值规律、供求规律、竞争规律在民营经济中体现得最为充分，其运行机制最为接近

于市场经济。因而，民营经济改革发展对整个市场经济体制改革具有一定的借鉴作用。同时，积极发展民营经济，扩大民营经济在广东国民经济中的占比还有利于增加社会就业、增加供给、提高人民生活水平和生活质量。

2015年，广东民营经济对全省经济增长的贡献率为53.8%，拉动全省经济增长4.3%，占全省地区生产总值的53.4%，占比比上年同期提高0.1%，显示了民营经济在广东省的重要地位，民营经济一直充当广东省经济发展引擎的作用。广东的民营经济真正实现了从无到有、从有到优的伟大跨越，逐步实现了从"资本主义的尾巴"到"公有制的有益补充"，再到"社会主义市场经济的重要组成部分"。

1984年，中共十二届三中全会通过《中共中央关于经济体制改革的决定》，为我国非公有制经济发展提供了良好的政策空间。

1999年，广东省委、省政府颁布了《关于大力发展个体私营经济的决定》。同年，广东省人大通过了《广东省个体工商户和私营企业权益保护条例》，良好的制度环境为今后广东省非公有制经济的高速发展打下了良好基石。

2003年，《中共广东省委广东省人民政府关于加快民营经济发展的决定》成为全面推动广东民营经济大发展的纲领性文件，与之配套出台了包括《广东省关于加快民营科技企业发展的实施办法》《广东省财政扶持中小企业发展专项资金管理办法》在内的12个配套政策性文件，为民营经济发展提供有力的政策支持。

目前，广东乃至全国经济正步入"新常态"，扶持和发展民营经济，对于广东省深化市场化改革、加快经济结构转型升级有着巨大的意义。

（一）广东发展非公有制经济过程中的典型模式

积极引进外资和大力促进个体私营经济的发展是加快非公有制经济发展的基本途径，广东省各地市政府在这两方面大胆探索，形成了各具特色的发展模式，并取得不俗的发展成果，比较突出的有深圳模式、东莞模式、佛山顺德模式以及中山模式。

深圳、东莞、中山和佛山顺德是珠江三角洲的重要城市，也是珠三角经济增长的核心区域，深圳模式的特点是立足经济特区的政策优势，重视科研与资本的结合，重视本土龙头企业的培育；东莞是外向型的经济发展模式，以吸引外资为核心的发展模式；佛山顺德是以乡镇企业为核心的发展模式；中山是以混合经济为基础，推进乡镇企业和外资共同发展的模式。

1985年，东莞被列为经济开放区，并批准撤县设市。2017年，地区生产总值达到6 827.67亿元，按可比价计算，比上年增长8.1%，高于同期全省（7.5%）平均水平。其中，三大产业比重为0.3∶46.5∶53.2，东莞的制造业和服务业极为发达，这充分得益于前期的发展模式。

东莞市与香港、广州接壤，地理位置十分优越。当地政府充分发挥其优越的地理位置，通过各种优惠措施吸引香港的直接投资，"三来一补"贸易就是其初期发展的重要力量。在"三来一补"模式下，通过发挥低廉的劳动力和土地生产要素的优势，加工来自国际市场的生产原料并最终将产品销往国际市场。这种模式为今后东莞的制造业的大繁荣大发展奠定了基础。正所谓"路通财通""要想富，先修路"，在初期依靠"三来一补"贸易模式积累资本之后，东莞市政府积极兴建基础设施建设，大大改善东莞的投资环境，吸引了国内外大量投资，促进经济的繁荣发展。近年来，东莞市政府积极推动产业转型升级，通过"双转移"策略，转移生产技术水平比较低、环境污染比较严重、耗能比较高的企业和产业，发展高新技术、服务业。

佛山顺德位于珠三角区域的中部，在承接香港加工制造业方面显得优势不足。当地政府扬长避短，一方面积极引进外资，同时在其发达的社队企业的基础上，发展本地乡镇企业，形成了以镇办工业为主的顺德模式。20世纪80年代，首先由政府参股办企业，投身地方经济建设，然后改革企业产权制度，政府逐渐退出市场。进入21世纪，政府已经基本退出市场，致力于服务企业。

（二）广东发展非公有制经济的主要举措

要发展非公有制经济，提高非公有制经济在国民经济中的占比，首先就要调整所有制结构。广东省各级政府在充分发挥"先行一步"的国家政策、毗邻港澳的地理位置和"重商、亲商、敬商"人文环境方面的特殊优势基础上，在进行经济体制改革的同时，对所有制结构也进行了重大的改变。所有制结构调整，实际上就是让非公有制经济与公有制经济共同发展，提高非公有制经济在所有制结构中的比重。具体表现在以下两个方面：一是鼓励大量城镇无正规就业居民和农村剩余劳动力从事个体私营工商业的经营，促进民营经济的快速发展；二是积极引进外资，承接香港劳动密集型产业，发展"三来一补"贸易形式。

近年来，民营经济在发展过程中最突出的问题就是难以获得与公有制企业同等的国民待遇和公平竞争的条件,具体表现在资金、技术和各种生产要素的配置以及政府的管理与服务方面都面临不公正的待遇。广东省政府也正在积极创造公平的金融环境,妥善解决民营企业"融资难"问题、扩展民营资本的可投资领域,鼓励民间资本向电力、供水、排污、路桥等公共基础设施项目和投资办幼儿园、学校、医院公共服务项目,并推动非公有制经济的组织结构调整,通过建立现代企业制度做大做强民营经济企业。

为此,广东省委、省政府高度重视民营经济在社会主义初级阶段的重要作用和地位,先后出台了许多优惠政策,采取各种有效措施促使民营经济健康发展,主要包括:一是放宽经营范围和经营条件,二是鼓励各类人员从事个体私营经济活动,三是为个体适应经济发展创造公平竞争环境,四是为个体私营活动提供良好的服务,五是促进个体私营经济提高素质增强活力,六是依法保护个体工商户、私营企业的合法权益。

三、推动价格机制改革纵深发展,不断完善宏观经济调控

在宏观经济调控中,价格杠杆占着举足轻重的作用。一方面,通过价格的变动,可以调节引导生产与投资的方向,促进商品流通与改善消费结构;通过调节国民收入的再分配,可以改进生产技术和经营管理,增强企业的市场竞争力。另一方面,价格作为核算工具,可以用来编制国民经济计划,考核经济效益的高低,检验商品社会劳动生产率,督促企业节约劳动成本。有效利用价格的调节和核算功能,十分有利于宏观经济的良好高效运行。

商品经济的发展与市场息息相关,市场的发展情况离不开市场体制的改革变化,价格机制是市场体制的核心。因此,我们在对市场经济体制进行改革时,必然不能忽视对价格机制的健全完善。只有保证建立一个良好有效的价格机制,才能更好地推动市场经济的发展。为深入贯彻落实《中共中央、国务院关于推进价格机制改革的若干意见》(中发〔2015〕28号)精神,推动价格改革向纵深发展,广东近年来不断重视并加强对价格体制的改革。

(一)探索广东价格机制改革目标

改革开放40年来,广东一直坚持以邓小平理论为指导,贯彻落实中共中央制定的改革路线、方针、战略。同时立足于广东实际社会发展情况,

在改革开放中争当先锋，实事求是，不断地探索前进并取得了举世瞩目的胜利，多年来一直是全国改革开放的先进模范。在改革开放的探索历程中，广东不断克服重重困难，开辟出一条具有广东特色的社会主义市场经济体制价格机制改革道路。

改革初期，我国并没有现成的市场经济体制改革模式，价格改革的目标也十分不清晰。当时广东价格改革侧重在价格调整，倡导"价格体系改革"，本质在于"调价"。根据安排，由国务院价格研究中心基于全国范围内测算理论价格，并以理论价格为标准，全面推进价格水平调整，以便于建立一个能够反映价值和供求关系的价格机制。全国各省市在国务院的领导下也纷纷建立健全本地价格机制，在不断的实践中反复提出改进方案。

广东立足于省内社会经济发展情况，率先进行价格体系改革时，发现无法改变原本僵化的计划价格体制。因此，广东将改革的首要任务改变为探索市场化的价格改革目标模式，推动市场决定价格的基础地位常态化，而后以竞争化为方向建立灵活开放的价格机制，形成以市场决定价格为基础、企业调控价格为主、社会监管价格为辅、政府定价为补充的社会主义市场经济体制价格机制新格局。

1987年9月，十三大提出建立"少数重要商品和劳务价格实行国家定价，多数商品和劳务价格放开实行市场调节"的目标。广东省在《关于价格改革问题的意见》中确定了省内价格体制改革的具体目标：一是对竞争性的商品、服务、生产要素、基础设施价格或收费要放开，实现市场化的改革目标；二是对具有垄断性、强制性、保护性、公共福利性特征的商品、服务、生产要素、基础设施等价格或收费，仍由政府直接定价或指导价的价格形式，从而使广东的价格机制改革率先走上了市场化轨道。

（二）价格机制改革内容

1979—1984年期间，广东的价格机制改革主要侧重于"调放结合，以调为主"。1979年，广东在国务院的领导下，将粮食等农副产品的收购价提高了约25%，恢复议购议销和开放市场贸易价格。随后在成功调整农副产品价格后，陆续提高工业消费品和生产资料的价格。

1985—1987年期间，广东的价格机制改革主要侧重于"放调结合，以放为主"。计划全面放开价格，并将价格改革重点由农村转向城市。期间放开大部分农副产品与工业消费品价格，取消农副产品统购派购制度。对生产资料的价格全面实行"双轨制"管理，即计划内生产、流通的继续实行国家定价；计划外生产、流通的实行市场调节价，或者由供求双方协商确定价格。

1988—1991年期间，广东的价格体制改革主要侧重于"放、调、管"三结合。在巩固原有价格体制改革成果基础上，从宏观上对价格进行间接管理。1998年，广东被设立为综合改革试验区，致力于充分发挥市场调节的作用，深入探索改进价格管理体制，理顺商品价格和各种生产要素价格之间的关系。主要措施包括：（1）取消平价供应居民食油，放开食油价格；（2）实行放开经营，议购议销，给职工发放价格补贴；（3）调高部分生产资料、交通运输与邮电等价格。同时，广东放开部分重要商品价格，放活价格管理体制。

1992—1996年期间，广东的价格机制改革主要侧重于在国家宏观调控下，以市场形成价格为主。改革目标定位为建立主要由市场调节的价格机制和有效的价格调控体系，努力做到政府宏观调控市场，市场形成价格，价格引导企业。由此，广东省政府不断完善价格管理水平，适当对市场调节价格进行行政干预，采取差率管理、利润率控制、规定作价原则、临时最高限价等间接管理方法。同时，采取建立健全价格调节基金、粮食风险基金、重要商品储备制度等方式来调控市场价格。

四、统筹兼顾突出重点先行先试，财税体制改革稳步推进

改革开放以来，随着经济的迅猛发展，广东财政体制不断加强和完善，逐步建立起与社会主义市场经济体制要求相适应的财政体制。

（一）1980—1993年包干制财政体制改革

1979年7月，中共中央发出"〔1979〕50号"文件，批准广东实行特殊政策和灵活措施。自此，广东在改革开放中先行一步，为其在全国逐步成为经济财政大省打下基础。

1980年中央对广东实行"划分收支，定额上交，一定五年"体制，1985年实行"划分税种，核定收支，分级包干"体制，1988年实行"递增包干"体制，广东对省以下财政管理体制也实行了相应的改革，形成了层层包干的财政管理体制，极大地调动了全省推进改革开放和各级财政当家理财的积极性，为广东的发展奠定了坚实的财力保障。

1978年起，中央在国家与企业间的分配关系上实行"减税让利"。相应地，在中央的统一部署下，广东先后推出企业基金制度、利润留存制、盈

亏包干制、国有企业第一步和第二步利改税、承包经营责任制等制度。

（二）1994—1997年分税制财政体制改革

1994年，我国开展了分税制财政体制改革，相应地，广东省人民政府出台了《广东省分税制管理体制实施方案》，明确划分了省与市县政府的事权和财政支出，以及财政收入范围，逐步建立科学规范的财政转移支付制度，1996年建立实施"分水分成、水涨船高"财政体制。自此，广东财税体制改革踏上体制创新之路。

（三）1998—2007年公共财政管理体制改革

自1998年中央正式提出积极创造条件构建公共财政体制框架目标以来，广东大力推进财税体制改革，增加公共性支出，将财政职能逐步向公共财政转变。

1. 健全财政收入职能，实行税费改革

广东在中央的领导下，积极开展了农村税费改革、所得税分享改革和出口退税负担机制改革，不断完善省以下的财税体制。2004年起，广东实行激励型财政机制，在一般性转移支付中引入激励机制，从2005年起实施了一系列帮助县（市）解决镇（乡）财政困难的政策措施，并从2008年起开展镇（乡）财政和村级财务管理方式改革试点，不断完善"分税分成，水涨船高"的财政体制。

2. 调整财政支出结构，保证公共服务领域的支出需要

党的十五大后，广东省财政大力调整支出结构，逐步减少一般竞争性领域和经营性方面的支出，加快了向公共财政转移的脚步。广东把改善民生、促进社会公平摆到了突出位置，使财政支出向基层、困难地区和群众、社会发展的薄弱环节以及"三农"倾斜，财政支出逐步实现"三大转变"。

3. 构建公共财政管理体制框架，开展深化"收支两条线"、部门预算、政府采购和集中收付制度的改革

为贯彻落实2001年国务院发布的关于深化收支两条线改革的文件（国办发〔2001〕93号），广东各级财政部门积极落实"收支两条线"管理规定。开展部门预算改革，改革了预算编制办法，将部分财政支出细化到部门和项目，并改进了财政支出核定办法。1998年起，广东积极开展政府采购试点工作，实行政府招标采购办法。2003年起实行财政国库管理制度改

革,将财政资金通过国库单一账户直接支付到供应商和最终用款单位。①

(四) 2008 年至今继续深化财税体制改革

2008 年,广东省财政厅发布了《关于 2008 年在全省范围内开展财务核算信息集中监管改革试点工作的通知》,财务核算信息集中监管改革是财政国库集中支付改革的延伸和发展,是广东省加强财政支出监管的开创性工作。

2009 年,广东省财政厅发布了《广东省基本公共服务均等化规划(2009—2020 年)》,要实现基本公共服务均等化,必须进一步推进财政体制改革与调整,构建以基本公共服务均等化为导向的财政投入及保障机制,文件中针对调整完善财政体制制定了五项具体措施。

2010 年,为进一步建立健全广东省政府采购制度体系,规范政府采购行为,广东省财政厅印发了《广东省政府采购工作规范(试行)》的通知。2013 年,广东省出台了《关于压减省级财政专项转移支付扩大一般性转移支付意见》,进一步调整优化省级财政支出结构,大力压缩专项转移支付规模和种类,提高一般性转移支付比重。

2014 年 11 月,《广东省深化财税体制改革 率先基本建立现代财政制度总体方案》(以下简称《总体方案》)正式出台。《总体方案》将建立基本公共服务均等化的财力支撑机制和构建政府公共资源投入的公平配置机制纳入重点改革任务,并形成五项重点任务:第一,深化预算制度改革,加快建立规范完整、透明高效的预算管理机制;第二,调整省以下政府间财政关系,建立省以下事权和财政支出责任相适应的运行机制;第三,深化民生财政保障制度改革,建立基本公共服务均等化的财力支撑机制;第四,深化财政投融资制度改革,构建政府公共资源投入的公平配置机制;第五,深化税收制度改革,探索建立符合广东实际的地方税收征管机制。②

深化预算改革在《总体方案》中被摆到首位。2015 年,广东省人民政府出台了《关于深化预算管理制度改革的实施意见》,进一步改进预算管理,实施全面规范、公开透明的预算制度。2015 年 12 月发放《改革和完善省对下财政转移支付制度的实施意见》,实行优化转移支付结构、完善一般性转移支付制度、清理规范专项转移支付、规范资金分配和使用、加强监

---

① 见广东统计信息网(http://www.gdstats.gov.cn/tjzl/tjfx/200809/t20080924_60723.html)。
② 见广东省财政厅网(http://www.gdczt.gov.cn/zwgk/mtgz/201411/t20141113_734698.htm)。

督检查和绩效评价等措施。

党的十八届三中全会以来,广东省围绕中央深化财税体制改革总体方案的各项部署,开展了50多项改革和创新性工作,这个阶段是广东省财政改革力度最大的时期。

第三节 广东建设社会主义市场经济体制的成效

一、国有企业改革成效

近几年来,随着国有经济结构和布局的战略性调整的实施,国有企业改革取得了明显的成效。截至2016年10月,广东国资监管企业资产总额达到65411.78亿元。其中,省属企业覆盖电力、物流、交通运输、建筑、外经外贸、金属冶炼、旅游酒店等多个行业,为全省经济社会正常运行发挥了重要的保障作用。在关系国计民生的重要领域,全省大部分供水、供气和公共交通,90%以上的机场建设管理,80%以上的高速公路建设,40%以上的电力装机容量等由国有企业承担,彰显国有企业的重要地位。[①] 2015年,广东省属企业资产总额同比增长2.6倍,营业收入增长1.62倍,利润总额增长1.13倍,上缴税金增长近1倍,广东国资监管企业资产总额全国排第二,营业收入全国排第三,利润总额全国第一。2015年年末,省国资委监管企业所有者权益为5357.87亿元,比2015年初增加584.7亿元,增幅为12.2%,扣除各项客观增减因素后,2014年度省国资委监管企业平均国有资本保值增值率为102.36%。截至2015年,全省共有17家国有企业进入中国企业500强,其中广汽集团进入世界500强,营业收入或资产超千亿元的国有企业有15家。[②]

(一)混合所有制改革成效初显

发展混合所有制经济,是深化国有企业改革的重要举措。2014年以来,广东省国资委全面落实中央和省委、省政府关于国有企业混合所有制改革的决策部署,坚定不移地坚持正确的改革方向,努力突出广东特色,从整

---

① 见广东省人民政府国有资产监督管理委员会官网(http://www.gdgz.gov.cn/profile.html)。
② 见广东省人民政府国有资产监督管理委员会官网(http://www.gdgz.gov.cn/profile.html)。

体上系统谋划国有企业混合所有制改革的目标取向、体制机制、路径措施，有序、有效地推进混合所有制改革，突破了条条框框，激发了企业活力，增强了发展后劲，使得混合所有制改革成效初显。广东省产权交易集团以广东省股权托管中心为基础，集聚各类要素资源、优化资源配置、服务企业转型升级，积极打造混合所有制改革综合服务平台。截至2015年年底，广东省（不含深圳市）国家出资混合所有制企业3 881户、注册资本6 689.30亿元，其中，省属正常经营混合所有制企业1 268户、注册资本2 478.98亿元；与2014年相比，全省国有正常经营混合所有制企业户数和注册资本金分别增加约347户和1 782.62亿元，分别增长9.82%和36.33%。其中省属正常经营混合所有制企业户数和注册资本金分别增加约135户和522.97亿元，分别增长11.92%和26.74%。

同时，广东省涌现了一批已成功进行混合所有制改革的典型的国有企业：广弘公司集团通过引入非公有资本实施整体改制，广业公司所属宏大爆破、交通集团所属粤运交通、广新控股集团所属省广股份等企业利用实施员工持股和兼并重组，省机场集团引入广州新科宇航等企业发展空港经济、广新控股集团引入青山集团合作建设镍合金项目，建工集团通过政府购买服务模式建设梅州江南新城棚户区改造，铁投集团采取TOD模式开展城际轨道沿线土地综合开发。上述企业均取得了明显成效，为省属企业持续发展提供了一条较为成熟可行的参考模式。

（二）收购兼并推动产业升级

国有企业通过分类合并、压缩整合，能更好地实现做强做优做大国有企业的目标，助力经济升级转型。在省属国企兼并重组方面，商贸、旅游等板块重组效果初显。广东商贸控股集团通过增资扩股等方式，以近30亿元价格向战略投资者出让其所属广弘公司49%的股权，化解了广弘公司的债务危机。2017年7月，广东省政府接待办下属的广东迎宾馆、广东温泉宾馆、广东胜利宾馆、广东大厦等4家宾馆转企改制，并交由广东省旅游控股集团全面托管，并划归广东国资监管。广东国有企业学习央企进行整合兼并，可以更好地引领国内产业升级，给广东国有企业改革注入了新的活力，推进供给侧结构性改革在国企层面的落实。

同时，广东省积极创新债务处理工作，用市场化手段为企业扫除债务障碍，助力供给侧改革。根据广东省《供给侧结构性改革总体方案（2016—2018年）》及去产能行动计划，到2018年年底将基本实现3 385户僵尸企业市场出清。对此，广东首创多项举措，特别是利用产权交易、资本运营等各种市场化手段，打造全国首个"僵尸企业"出清重组专业服务平台，将关停企业纳入集中托管；利用上市公司、产权股权交易等平台，推动特困企业存量资产变现，激活企业内生动力。

（三）资本运作提升整合效应

资本运作带动了国企扩大规模、增强盈利，提升整合效应。广东省国资委组建了以恒健控股公司为主体的国有资本运营平台、以粤海控股为主体的国有资本投资平台。截至2016年上半年末，广东国企发展基金母子基金规模合计35.78亿元，完成对10家试点企业的投资工作，投资金额合计4亿多元。其中，国义招标、广新信息两家企业在新三板挂牌。恒健控股还成功发行51亿元债务融资工具，并获得星展银行香港分行5亿美元额度的信用贷款。国企自身层面的资本运作也十分顺畅。广东省属企业2015年直接融资超过1 000亿元，取得3家上市公司的控股权，2家企业登陆新三板，成立各类基金近10只，募集各类资金达700亿元。[①] 2017年5月，广东旅控集团发起设立旅游产业投资基金。该投资基金是广东省首个省级旅游产业投资基金，将有效助力广东建设旅游强省。广东省旅游产业投资基金母基金规模为10亿元，将进一步放大财政资金和社会资本的杠杆效应，成立和发起若干个子基金，预计总规模超过300亿元以上。国有企业通过资本运作，能够加快对应行业的整合，实现区域产业与金融产业的密切结合，推动区域经济发展建设获得全新的发展动力与活力，推进国有企业创新发展。

二、民营经济发展成效

不管是广东乃至全国改革开放40年来的实践都证明，民营经济是最具有活力的经济形态。在经济进入"新常态"的历史时期，民营企业家敢想敢干的进取精神和创新意识，民营经济灵活多样的经营方式，与市场高度结合的运行机制，都是广东省改革创新的力量源泉，也是实施供给侧结构性改革的重要载体。坚持支持和引导民营经济的高端化发展，不断增强民营经济的核心竞争力，是广东省实现"一个率先、四个基本"发展目标的有力支撑。改革开放40年来，得益于广东省委、省政府和各级地方政府的高度重视，广东民营经济保持高速发展，近年来转入中高速发展的轨道，

---

① 见广东省人民政府国有资产监督管理委员会官网（http://www.gdgz.gov.cn/profile.html）。

经济活力一直在全国名列前茅，仅次于浙江省。

（一）民营经济作用不断提升，是广东经济增长的主力军

分地区看，广东民营经济集聚度较高，高度聚集在珠三角地区，2016年，珠三角民营经济增加值占全省合计的比重为72.5%，同比提高0.1%。珠三角地区完成民营经济增加值31 529.60亿元，比上年同期增长8.7%，占地区生产总值的比重为46.4%；粤北山区完成民营经济增加值3 343.16亿元，增长7.6%，占地区生产总值的比重为62.7%。民营经济进一步向珠三角地区集聚，珠三角地区民营经济增加值占全省的比重为72.5%，同比提高0.1%。

总之，民营经济在广东省国民经济中的地位不断提升，对广东整体经济的影响日益增强。加快民营经济发展，提升民营经济发展质量，是广东在经济发展新常态下，保持稳定增长、优化产业结构、扩大内需的重要保障。2011—2016年广东民营增加值增速和全省GDP增长情况如图13-6所示。

图13-6　2011—2016年广东民营增加值增速和全省GDP增长情况

数据来源：广东省统计局。

（二）民营企业不断做大做强，第二、第三产业比重不断加大，结构不断优化

根据全国工商联发布的"2017年中国民营企业500强榜单"显示，广东有60家企业进入全国民营企业500强，仅位于浙江、江苏之后，排名全国第三。其中，华为控股有限公司以营收总额5 215.74亿排名第一，正威国际集团有限公司排名第五，广东民营企业不断做大做强，在全国乃至国际上都拥有较大的影响力。

从民营经济产业结构来看，第三产业连年保持高速的增长，至2015年年底，第三产业已经占据民营经济总量的半壁江山。2016年，第一、第二、第三产业分别实现增加值3 631.01亿元、17 306.17亿元、2 1641.58亿元，分别同比增长3.1%、8.8%、9.1%，第二第三产业的发展速度明显高于第一产业，民营经济产业结构持续优化。2010—2015年广东民营经济次产业结构如图13-7所示。

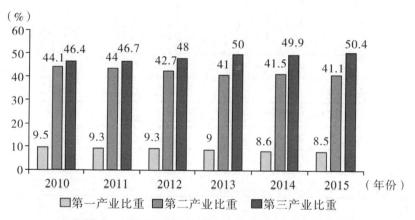

图13-7　2010—2015广东民营经济三次产业结构

数据来源：广东省统计局。

（三）民营企业自主创新步伐加快，产出水平显著提高

广东民营企业科技活动的活跃度较高，投入强度不断加大，产出水平显著提高。2015年，有研发活动的规模以上民营工业企业（以下简称"民营企业"）5 540个，占民营企业的19.6%，比2011年提高9.2%；研究和

开发人员（折合全时当量）22.59 万人，占全省的 55.0%，比 2011 年提高 5.4%；研究和开发经费投入 917.24 亿元，占全省的 60.3%，比 2011 年提高 9.2%，占主营业务收入的 1.61%，比全省高 0.33%，比 2011 年提高 0.33%。在投入不断加大的同时，民营企业科技产出水平显著提升。2015 年，民营企业专利申请数 62 368 件，占全省的 58.8%，比 2011 年提高 4.1%；实现新产品产值和新产品销售收入分别为 10 858.90 亿元和 10 776.01 亿元，占全省的 47.1% 和 47.6%，比 2011 年提高 14.6 个和 14.1 个百分点。2010—205 年广东民间投资和整体投资情况如图 13-8 所示。

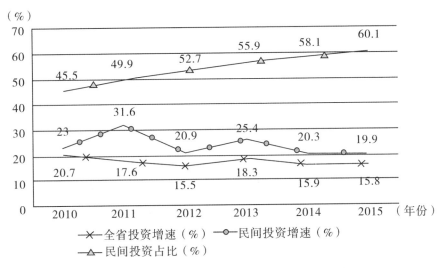

图 13-8　2010—2015 年广东民间投资和整体投资情况

数据来源：广东省统计局。

（四）投资增长速度不断加快，成为广东投资增长的主要推动力，投资领域趋于高端化

广东民间固定资产投资年均增长 23.5%，比全省固定资产投资年均增速高 6.9%，占全省比重从 2010 年的 45.5% 上升到 2015 年的 60.1%，提高了 14.6%，是广东省投资增长的主要驱动力。2016 年，广东民间投资总量达到 20 504.39 亿元，同比增长 13.5%，民间投资占整体投资比重为 62.1 个百分点，比上年提高 2.0%。在高技术装备制造业、电子及通信设备制

造、医疗设备及仪器仪表制造等行业领域,民间投资增长速度明显高于全省民间投资增速,占全省民间投资的比重显著提高。2015年,高新技术制造业和先进制造业分别完成固定资产投资760.75亿元和2 280.75亿元,比2011年分别增长236.3%和158.5%,年均增长分别为35.4%和26.8%,占民间资本固定资产投资的4.2%和12.6%,比2011年提高1.5个和2.1个百分点。在面对广东经济增速下滑的挑战,民营经济积极主动先行一步进行产业转型升级,抓住机遇,不断加大在高新科技行业、高端制造业等行业的投资。

(五)民营经济成为广东省出口增长的重要源泉,高端产品出口份额显著提升

面对全球经济复苏缓慢、外部需求不足的国际环境和国内产能过剩、需求下降的国内环境,广东民营企业积极开拓市场,外贸出口仍然处于较高的水平上,占全省出口总额比重有所提升。2015年,广东民营出口总额2 604.42亿美元,同比增长8.6%,增速比全省(下降0.4%)出口高9.0%。2011—2016年,民营经济出口总额年均增长21%,高出全省出口总额增速12.7%,占全省出口的比重从2010年的22.1%上升到2015年的40.5%。从出口产品结构看,主要以机电产品和高技术产品的增速较快。2015年,机电产品和高技术产品出口1 354.05亿美元和623.36亿美元,比2010年分别增长180.9%和242.3%,年均增长分别为22.9%和27.9%,分别占到民营出口的52.0%和23.9%,分别比2010年提高3.9%和5.7%。

(六)民营单位从业人员稳步增长,成为吸纳社会就业主要渠道

广东的经济发展目前还处于生产要素推动的阶段,劳动密集型的私营企业和个体单位仍是广东民营经济单位的主体,民营企业需要大量素质不高的劳动力。因此,促进民营经济发展能有效吸纳社会剩余劳动力,缓解社会就业压力,促进社会和谐稳定。民营企业单位从业人员从2010年年末的2 616.21万人增加至2016年年底的3 364.50万人,占全部就业人口总量的53.58%,提高28.6%。其中,私营企业中从业人员1 329.49万,个体户从业人员1 152.13万人,较上年同比分别增长2.0%、3.9%和1.7%。[①]

---

① 见广东统计信息网(http://www.gdstats.gov.cn)。

三、宏观经济调控实效

自 1978 年改革开放以来，广东省社会经济，发生了翻天覆地的变化。40 年来，广东涌现了"深圳奇迹"，经济总量先后超过被誉为亚洲经济"四小龙"的新加坡、香港和台湾。2016 年，广东 GDP 总量达到 7.95 万亿元，比上一年增长 7.5%，占全国 GDP 比重的 10.7%，连续 28 年排名全国第一。人均 GDP 达 72 787 元，是全国平均水平的 1.3 倍。目前，广东经历长期发展后成为中国市场经济中最发达、最具市场活力和投资吸引力的地区之一。其中，广州、深圳更同北京、上海一起被定位为全球城市，发展潜力令世界瞩目。

根据国家统计局核定，2017 年前三季度，广东全省生产总值为 64 815.38 亿元，同比增长 7.6%，同比上升 0.3%。与全国相比，广东的 GDP、固定资产投资、规模以上工业增加值、地方一般公共预算收入与地方一般公共预算支出增幅分别高于全国 0.7%、7.1%、0.5%、0.4%、10.8%；社会消费品零售总额、进出口增幅分别低于全国 0.1%、5.6%。自 1978 年到 20 世纪 80 年代中期，由于广东的经济基础薄弱，资金技术短缺。因此，广东政府通过充分运用省内的地缘人缘优势和政策优势，不断发展"三来一补"企业，从而打开了对外开放的局面。利用极其优惠的投资政策和廉价的土地和劳动力，广东积极承接香港与澳门制造业的转移。粤港澳地区形成了"前店后厂"的经济模式，因此为广东形成外向型经济格局奠定了良好的基础。

从 20 世纪 80 年代中期起，广东积极转变产业发展政策，致力于推动原有的"三来一补"企业逐步向"三资"企业转型，对新办的"三来一补"企业实行严格的控制政策。由此，广东对外资的运用方式由对外开放初期的补偿贸易、加工装配为主转变为合资、合作与外商独资经营为主。在这期间，广东推行十分优惠的产业政策，大力支持鼓励外商投资交通、能源等基础设施及高新技术产业，积极引进外资打造国内大型企业集团、名牌产品和支柱产业。到 90 年代初，随着广东对外开放的不断深入扩大，全省逐渐形成了多层次、多形式、多功能的全方位开放新格局。

1992 年邓小平南方谈话在全国乃至世界上都产生了极其深远的影响，广东由此掀起了新一轮改革开放与发展热潮，经济贸易体制发生前所未有的改变，形成了外向带动的经济发展模式。其间，广东采取了诸多措施来发展外向型高科技产业和实施外向带动战略。首先，大力发展开放型经济，不断深化外贸体制改革和国有外贸企业改革；其次，积极优化对外贸易结构，坚持科技兴贸、以质取胜，大力发展高新技术产业；再次，实施"走出去"战略，充分发挥先发优势与加工制造优势，积极发展外贸业务。最后，广东坚持促进外源型和内源型经济协调发展，以科学发展观为指导，统筹国内发展和对外开放的要求，努力做大做强外源型经济。

近年来，随着广东经济的高速发展与国际经贸环境的快速变化。广东开始了新一轮的对外开放。2015年3月，广东成为全国四大自贸试验区之一。因此，广东大力支持广州南沙、深圳蛇口前海、珠海横琴三大片区深入探索建设对外开放的制度高地，尝试打造国际化、市场化、法制化的营商环境。2017年第一季度，广东自贸试验区吸收了1 199个外资项目，合同利用外资157.3亿美元，占同期全省总量的59.3%。目前，广东自贸试验区入驻的金融机构和创新型金融企业已经超过5万家，居全国各自贸试验区首位。

党的十八大以来，广东加快转变外经贸发展方式，积极推动广东从外经贸大省向外经贸强省转变。2016年，广东省一般贸易实现历史性跨越，进出口占全省的43.6%，首次超过加工贸易占比；服务进出口1 481.6亿美元、跨境电商进出口达228亿元，规模均居全国首位。2017年10月，广东外贸进出口总值累计达8 035.2亿美元，其中进口总值3 054.9亿美元，出口总值4 980.3亿美元。以上可观的经济数据表明广东的开放型经济正迈向更高的层次。

四、财税体制改革成效

财政是国家治理的基础和重要支柱，党的十八届三中全会以来，广东省开展了50多项改革创新性工作，并已初步取得成效。由图13-9和图13-10可知，2010—2016年，广东地方一般预算收入从4 517.04亿元增加到10 390.35亿元，尽管增长速度逐渐放缓，但是财政收入仍然保持稳定增长，且占全省生产总值的比重逐渐增大，为广东改革和发展提供了坚实的物质保障。

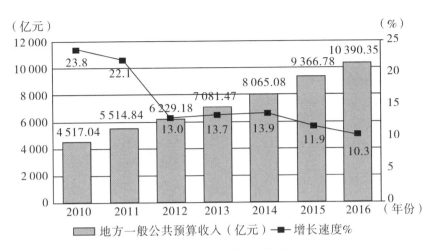

图 13-9 地方一般公共预算收入

数据来源:《广东统计年鉴(2017 年)》。

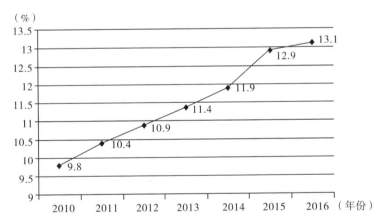

图 13-10 地方一般公共预算收入占地区生产总值的比重(%)

数据来源:《广东统计年鉴(2017 年)》。

由图 13-10 可知,2010—2016 年广东地方一般预算支出从 5 421.54 亿元增加到 13 446.09 亿元,2010—2014 年增长速度呈下跌趋势,但在 2015 年增长速度大幅增加到 40.1%,其可能是受 2014 年《总体方案》出台的影响。2016 年地方一般公共预算支出相比 2015 年,在一般公共服务、教育、社会保障和就业、医疗卫生与计划、城乡社区等民生方面均有较大增长,反映出政府切实保证了公共服务领域的支出需要,把改善民生、促进社会公平、维护社会和谐稳定的工作摆在了突出位置。具体成效表现在以下方面。

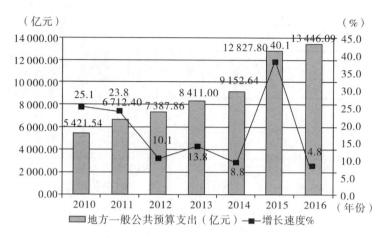

图13-11 地方一般公共预算支出

数据来源:《广东统计年鉴(2017年)》。

一是推进了省级预决算的信息公开。2016年预算草案进一步在细化预算编制和提高透明度方面下功夫,实现"五个首次"和"四个率先"。

二是推进了零基预算改革,编制2017年预算时覆盖全部省级一级预算单位,实现预算安排由"基数+增长"向"动态+标准"转变。

三是推进了省级"三公"经费公开。截至2016年年底,省级共有116个部门向社会公开了2016年部门"三公"经费预算信息,其中有113个部门向社会公开了2015年部门"三公"经费决算信息。

四是推进了财政专项资金的信息公开。2016年省级预算草案首次编制《2016年省级财政专项资金说明》《2016年省级财政专项资金项目库表》,将金额648亿元的50项专项资金逐一拆分为7 313个,落实到补助对象、用款单位的明细项目,集中公开具体项目。

五是推进了政府采购的信息公开。2016年,通过广东省电子政府采购管理交易平台发布全省政府采购公开信息。2016年政府采购支出总额3 515.09万元,其中政府采购货物支出413.28万元、政府采购服务支出3 101.80万元。

六是推进了预算绩效评价的信息公开。根据财政预算管理要求,组织对2016年度一般公共预算项目支出(500万元及以上)开展绩效自评,共涉及一般公共预算支出15 000.00万元。绩效评价结果显示，上述项目支出绩效情况较为理想，均达到了项目申请时设定的各项绩效目标，绩效自评结果均为优秀。

七是指导和推进了部门及市县预决算信息公开。截至2016年年底，省直118个非涉密部门中，有116个公开了2016年的部门预决算；市县全部公开了预决算信息。同时经过多次协调，多个部门当年首次公开了部门预决算信息。①

八是完善了转移支付制度。省级一般性转移支付占比从2013年的48.5%提高到2016年的63.9%，增强了市县理财的自主权。2016年，省财政统筹超过2 000亿元，通过调整完善转移支付政策、促进县域经济社会发展等10个方面的财政政策措施，以支持粤东西北协调发展。②

九是全面开展了营改增试点，将试点行业扩大到建筑、房地产、金融和生活服务业，广东的增值税纳税人户数达到256万户，其中四大行业有179万户，占到全国的1/6，2016年实现减税788.44亿元，各行业税负只减不增目标基本实现。实施了股权投资、设立政策性引导基金等方式，加快公共服务领域推广运用PPP模式。截至2016年年底，纳入省PPP项目库管理的项目共147个，总投资额达2 293亿元；入选财政部示范项目由4个增加到22个，已签约落地17个，落地率达77%；省级经清理规范后整合设立政策性基金15项，投入375.3亿元，基金计划规模2 748.3亿元，财政资金平均放大7倍。

十是民生事业得到了较好保障。2016年，省级财政共下达拨付10件民生实事资金941.05亿元，完成年初预算的108%，其中，160.83亿元用于巩固提升底线民生保障水平，省级财政共安排81.3亿元投入精准扶贫、精准脱贫。2012—2016年，全省财政民生支出累计约3.5万亿元。目前广东省十大类基本公共服务项目中，主要保障项目指标达到或超过全国平均水平的比例达94%。

---

① 见广东省财政厅网（http://zwgk.gd.gov.cn/006939991/201703/t20170331_698554.html）。
② 见广东省财政厅网（http://www.gdczt.gov.cn/gzhd/zxft/fthg/201709/t20170904_886827.htm）。

第十四章　实施创新驱动，提升开放型经济质量

2013年9月30日，习近平总书记在十八届中央政治局第九次集体学习时的强调，科技兴则民族兴，科技强则国家强。党的十八大作出了实施创新驱动发展战略的重大部署，强调科技创新是提高社会生产力和综合国力的战略支撑，必须摆在国家发展全局的核心位置。

党的十八大以来，广东坚定不移地把创新驱动作为经济社会发展的核心战略和经济结构调整的总抓手①，积极打造国家科技产业创新中心，把创新落到发展上，稳步推进珠三角国家自主创新示范区建设，打造区域创新发展新引擎，对接《中国制造2025》，助推广东制造业转型升级，加快建立与国际投资贸易通行规则相衔接的高水平的制度框架体系，推动面向世界的全方位高水平对外开放。广东创新驱动发展实践为全国范围的创新发展带来了鲜活的经验，也为国家实施创新驱动发展战略提供了有效支撑。

第一节　广东创新驱动的成功经验

一、适度有为的政府是创新的催化剂

党的十八大以来，创新成为以习近平同志为核心的党中央治国理政的五大发展理念之首，创新驱动也成为中国发展的核心战略之一得到全面实施。2012年12月，习近平总书记在视察广东的重要讲话中也对广东提出殷切希望：广东要努力成为发展中国特色社会主义的排头兵、深化改革开放

---

① 胡春华：《坚定不移实施创新驱动发展战略》，载《人民日报》2017年8月30日。

先行地、探索科学发展的实验区,为率先全面建成小康社会、率先基本实现社会主义现代化而奋斗①。习近平总书记明确要求加快推进经济结构战略性调整,大力推进创新驱动发展。2014年中央政治局会议,习近平总书记又强调广东要做创新驱动排头兵。

适度有为的政府是创新的催化剂,是广东创新驱动最重要的经验。近5年来,广东省委、省政府按照中央决策部署,全面落实中央定位,坚定不移地推进广东创新驱动发展战略,着力把创新落在发展上,落实到具体行动中。作为有为的政府,为了加快建设创新驱动先行省,营造良好的创新生态,广东省委、省政府大手笔迭出,一台台展示创新驱动发展信心和决心、宣传创新驱动发展的有力举措、推动创新驱动发展战略深入实施的好戏,在南粤大地次第上演。

2014年6月,广东省在全国率先出台《关于全面深化科技体制改革加快创新驱动发展的决定》(粤发〔2014〕12号,以下简称《决定》)。该《决定》是十八届三中全会之后,全国第一个颁布实施的关于深化科技体制改革、实施创新驱动发展战略的顶层设计和纲领性文件,是广东站在新的历史起点上探索改革发展与创新驱动的新硕果,也是站在新的起点以世界眼光谋划广东科技改革创新的新思路、新举措②。

2015年年初,中共中央、国务院印发《关于深化体制机制改革加快实施创新驱动发展战略的若干意见》。广东在以深化改革促进创新驱动的号角下迅速行动起来。广东省委、省政府于2015年2月27日在深圳召开全省科技创新大会,正式吹响了广东实施创新驱动发展战略的号角。

2015年9月,广东省人民政府发布《广东省深入实施知识产权战略推动创新驱动发展行动计划》,旨在全面深化广东省高等院校科研体制机制改革,充分调动高等院校科研人员创新创业的积极性、主动性和创造性,全面服务创新驱动发展战略。

2016年6月,广东省人民政府办公厅发布《广东省人民政府办公厅关于金融服务创新驱动发展的若干意见》,将建设创新驱动发展先行省的目标要求转化为可量化的考核指标,充分发挥考核的导向、激励和约束作用,引导各地增强自主创新能力,提升产业创新发展水平,加快建设以创新为

---

① 岳宗昊:《努力成为发展中国特色社会主义的排头兵 深化改革开放的先行地 探索科学发展的实验区》,载《南方日报》2012年12月14日。
② 广东省科技厅:《省委省政府出台深化科技体制改革加快创新驱动发展决定》,2014年7月。

主要引领和支撑的经济体系和发展模式。

2015年11月,广东省发布《广东省人民政府办公厅关于深化高校科研体制机制改革的实施意见》,旨在深化广东省高等院校(以下简称"高校")科研体制机制改革,充分调动高校科研人员创新创业主动性、积极性和创造性,全面服务创新驱动发展战略。

2016年1月,广东省人民政府办公厅发布《广东省创新驱动发展工作考核实施办法》,旨在充分发挥考核对实施创新驱动发展战略的推动和激励作用,加快建设创新驱动发展先行省。

2016年5月,广东省人民政府发布《广东省工业企业创新驱动发展工作方案(2016—2018年)》,旨在提高广东工业企业创新能力和水平,促进广东经济社会发展。

2016年9月22日,广东省全面深化改革加快实施创新驱动发展战略领导小组召开第六次会议,重点强调推进珠三角国家自主创新示范区和全面创新改革试验省建设,强调将创新发展工作落到实处。

2017年2月7日,广东创新发展大会在广州举行,强调要进一步增强使命感和责任感,坚定信心,再接再厉,真抓实干,乘势而上,按照既定决策部署,推动创新驱动发展战略取得实实在在的进展。

经过努力,广东高新科技企业数量跃居全国首位,珠三角国家自创区建设稳步推进,科技研发取得新进展,创新型经济蓬勃发展,新旧动能转换取得实实在在的效果。2017年4月4日,习近平总书记对广东工作做出重要批示,充分肯定党的十八大以来广东各项工作,希望广东坚持党的领导、坚持中国特色社会主义、坚持新发展理念、坚持改革开放,为全国推进供给侧结构性改革、实施创新驱动发展战略、构建开放型经济新体制提供支撑,努力在全面建成小康社会、加快建设社会主义现代化新征程上走在前列①。

二、开放包容的文化是创新的土壤

广东是改革开放的前沿,吸引了来自四面八方、带着不同梦想、敢为天下先的人。广东的开放、包容让不同的文化可以实现交融,激发创新的活力。作为创新驱动的先行省,在广东无论是大企业还是中小企业,无论是国有企业还是民营企业都能找到自己的创新发展空间。开放包容的文化

---

① 《习近平总书记对广东工作作出重要批示》,载《南方日报》2017年4月12日。

和全社会合力呵护创新驱动，已经成为广东创新驱动走在前列的重要经验之一。

放眼今日广东，全社会的创新活力和创造潜能正得到空前激活并释放出来，真正成为大众创业、万众创新的福地和沃土，成为创新驱动的先行省。2012年3月1日，广东省制定中国第一部促进自主创新地方性法规——《广东省自主创新促进条例》，在立法层面明确了自主创新的概念定义和逻辑框架，覆盖自主创新全过程。《广东省自主创新促进条例》的制定与实施，标志着广东自主创新进入法制化轨道的全新阶段。2013—2017年，广东统筹推进包括经济创新、科技创新、文化创新、教育创新与体制创新等各方面的全面创新，创新风气浓郁、创新实体组织遍布、创新驱动在南粤大地开花结果。广东努力厚植文化的创新基因，在开放包容的创新文化下，创新驱动已经是人心所向，已经成为人们朴素的情愫和价值观，已经成为全民的一种习惯和自觉行动。可以预期的是，随着开放包容文化的进一步弘扬，创新创业服务体系的进一步完善，广东人的创新驱动活力还将会得到更大的激发，广东创新驱动将会步入更高境界。

三、科技基础设施投入是创新的先导

创新驱动是广东的重要工作，科技基础设施投入是创新驱动的先导。广东顺应世界科技发展潮流，在可能发生革命性突破的前沿方向和国家战略必争领域，加快对设施建设发展做出适度超前的规划，在重大科技基础设施领域，加强建设、运行和管理等方面的决策部署，抢占科技发展战略制高点。

2013—2016年，广东省财政厅统筹了1 000亿元支持创新驱动发展战略。在科技基础设施领域，广东聚焦重大前沿科研，推进国家大科学基础设施和大工程建设，投资50亿元与中科院联合创建珠三角国家大科学中心，在中微子、超材料、移动通信技术、基因组和干细胞等多个领域跻身世界领先水平，成为国家重大科技基础设施项目布局建设最多的省份。基础物理学领域，加速器驱动嬗变系统研究装置、强流重离子加速装置等国家重大科技基础设施落户惠州，中国（东莞）散裂中子源、中微子二期实验室（江门）等工程建设取得新进展。超级计算领域，广州超级计算机"天河二号"曾连续三年获世界超算冠军，目前已部署了700多个应用软件和工具软件，用户总数突破2000家，成为全世界用户数量最多、利用率最高的超

级计算系统之一①。广东创新驱动成就的取得和科技基础设施的投入密不可分,科技基础设施投入是创新的先导已经成为广东创新驱动的重要经验。

四、新型研发机构是创新活动的突破口

广东向来是孕育新生事物的沃土。时任广东省科技厅厅长黄宁生指出,新型研发机构与改革开放以来所有的新生事物一样,在广东的崛起也是有着深刻的历史背景和现实意义的,可以说是应运而生、乘势而起。

新型研发机构是指投资主体多元化、建设模式国际化、运行机制市场化、管理制度现代化,具有可持续发展能力,产学研协同创新的独立法人组织。新型研发机构须自主经营、独立核算、面向市场,在科技成果转化、创新创业与孵化育成、人才培养与团队引进等方面特色鲜明。与传统的科研机构(县属以上政府部门属科研机构,下同)相比较,新型研发机构在建设主体、运营主体、投入主体和产权共享主体上都有很大的不同。传统科研机构一般属于国有的事业单位,有固定人员编制和事业费,参照公务机关的体制机制管理,不作为市场竞争主体;而新型研发组织突破了传统科研机构的"计划"特色,更符合科学技术发展规律,更符合产业发展需求,具有明显的时代性、多样性、先进性和创新性。新型研发机构的投资和建设主体不仅仅限于政府部门,高校、科研院所、企业、社会组织、产业联盟甚至创投基金等不同类型的单位也能成为科研机构的"主人"。通过建设主体独立创办或以多种搭配组合共建新型研发机构,造就了其组建模式多样化的显著特征。②

新型研发机构遵循市场与创新规律,破除束缚创新的陈旧观念、体制弊端,充分利用产学研合作机制,加速创新人才集聚,完善创新载体功能,充分释放创新活力,成为广东省实施创新驱动发展的新动力、破解科技与经济发展"两张皮"的新探索,是弥补创新链与产业链融合缺失环节的有效举措。③

---

① 罗桦琳:《广东去年高新技术企业数量19857家 总量居全国第一》,载《广州日报》2017年10月2日。
② 左朝胜:《专访科技厅长黄宁生:揭示新型研发机构发展过程》,见南方网(http://tech.southcn.com/t/2014-09/26/content_ 109244164.htm)。
③ 左朝胜:《专访科技厅长黄宁生:揭示新型研发机构发展过程》,见南方网(http://tech.southcn.com/t/2014-09/26/content_ 109244164.htm)。

五、打造开放新高地是创新驱动发展的关键

党的十八大以来,广东紧紧围绕创新驱动发展主线,统筹国内国际创新资源,营造开放、透明与公平的市场环境,建立技术创新市场导向机制,强化金融创新的功能,完善成果转化激励政策,建设高效的科研体制机制及人才培养与引进机制,推动形成高水平的开放创新新局面。新形势下,面对互联网技术革命带来新一轮产业及科技创新浪潮,广东企业积极抢抓机遇,在局部领域逐步实现了从全球价值链的低端向中低端甚至是高端的迈进。面对工业4.0下新一轮制造技术的革命性创新与突破,广东搭建了中新(广州)知识城、中德(揭阳)金属生态城、中德(佛山)工业服务区、中以(东莞)国际科技合作产业园等国际科技合作重大平台和产学研协同创新平台,为广东产业转型升级提供强大的科技服务支撑。在对外开放新格局下,华为、中兴、格力和美的等企业加速在全球的创新布局,积极在欧美发达国家设立全球创新中心,吸收全球创新性人才加盟,形成全球性的研发体系,融入全球创新网络,全面提升企业在全球价值链的优势。

六、良好创新生态是创新驱动发展的主攻方向

良好创新生态是广东创新驱动发展的主攻方向,完善创新驱动发展体制机制,营造良好创新生态已经成为广东创新驱动成功的重要法宝。5年来,广东先后大刀阔斧地实施了科技体制机制、人才创新机制、科技人员职称评审、科技成果处置权和收益权等系列改革,并建立科技企业孵化器风险补偿金、实施创新券政策等,不仅激发了高等学校和科研院所的创新活力,也为创新驱动发展提供了强有力的人才支持,还促进了技术与资本深度融合。行政审批制度、企业投资体制、商事登记制度等改革,有效激发了市场活力,积聚了广东发展的能量。从体制机制上破解了广东创新发展难题。正是牢牢抓住破除体制机制障碍这一实现创新驱动发展的主攻方向,不仅加快了科技成果向现实生产力转化,也推动了新兴产业、先进制造业等产业的崛起。从一定程度上说,也有力促进了创新发展的引擎活力,提升了驱动发展的内生动力。以企业创新驱动发展为重要抓手,走出了一条高端化、智能化、集约化、绿色化的发展之路。

第二节 广东创新驱动的做法

一、打造国家科技产业创新中心，把创新落到发展上

2017年8月，时任广东省委书记胡春华在《人民日报》刊文指出，建设国家科技产业创新中心是中央赋予广东创新发展的总定位，我们牢牢抓住这个总定位，充分发挥市场化程度高、科技成果转化能力强的优势，聚焦产业发展、突出科技支撑、强化技术转化，推动更多科技成果转化为现实生产力。[①]

（一）坚持培育高新技术企业，向世界级的创新者迈进

过去5年，广东省委、省政府高度重视高新技术企业的发展，深入实施高新技术企业培育计划，着力提升高新技术企业的规模和质量。2015年，广东高新技术企业数量达11 105家，其中珠三角为10 560家，全年实现工业总产值30 202.44亿元，净利润2 607.7亿元，税收贡献1 645.47亿元，科技活动人员85.9万人，科技活动支出1 687.4亿元。2016年，广东高新技术企业数量达到19 857家，总量跃居全国第一。珠三角地区高新技术企业数量达到18 880家，比2015年增长了78.8%。其中，深圳、广州数量领先，分别达到8 037和4 744家；广州、东莞、中山等市高新技术企业存量实现100%以上的快速增长。[②] 与全国各地区各省份的对比中，广东省高新技术企业的经济实力、利税总额、科技投入资源等指标均居全国第一，占有较大优势。

【大疆：创新走在前列】

深圳市大疆创新科技有限公司（DJI - Innovations，简称DJI），成立于2006年，是全球领先的无人飞行器控制系统及无人机解决方案的研发和生产商，客户遍布全球100多个国家。通过持续的创新，大疆致力于为无人机

[①] 胡春华：《坚定不移实施创新驱动发展战略》，载《人民日报》2017年8月30日。
[②] 罗桦琳：《广东去年高新技术企业数量19857家　总量居全国第一》，载《广州日报》2017年10月2日。

工业、行业用户以及专业航拍应用提供性能最强、体验最佳的革命性智能飞控产品和解决方案。2015年，《快公司》杂志将大疆评为全球消费类电子产品创新型公司第三名，仅次于谷歌和特斯拉，也是前20名中唯一的中国企业。

靠技术优势开拓市场。2008年，消费级无人机的概念已经隐隐成型，国内外的相关论坛聚集了一批无人机爱好者，他们从世界各地购买配件，自己DIY高级航模，用成品来航拍。大疆抓住这一历史机遇，在供给侧发力，2008年成功研发出第一款较为成熟的直升机飞控系统XP3.1，口碑极佳，公司每月能有20万元左右进账。2012年年末，大疆推出了一款包含四旋翼机体、飞行控制系统和遥控装备的微型一体机——"精灵"。"精灵"无人机经过简单调试就能轻松驾驭，在机身上架设摄像机后，还可进行航拍。"精灵"问世后，大疆的营收就持续成倍增长。订单的来源也不再局限于美国，欧洲和亚洲分别为大疆的营收贡献了30%的比例，拉美和非洲地区也有10%，整个市场完全是大疆的蓝海。

以核心技术抵抗"红海"厮杀。当无人机成为妇孺皆知的消费品之后，越来越多的风投机构看中无人机这个正在崛起的产业明星，更催生了一大批原本从事消费电子行业的科技企业纷纷进军无人机。在激烈竞争中，大疆始终坚信技术才是核心驱动力，只有技术足够创新，壁垒才能建立起来。大疆的核心研发人员为800～1000人，是目前全球最大的无人机研发团队。为了把研发做好，大疆甚至对研发经费不设上限。大疆的飞控系统、机架、云台和摄像头全都是自主研发，生产也是在自己的工厂完成。大疆坚信，大疆拥有雄厚的技术领先优势和营销技巧，特别是技术方面的优势，能确保大疆立于强者地位。①

（二）加快实施新一轮技术改造，推动传统企业转型升级

广东加快实施新一轮技术改造，推动传统企业转型升级。从2015年开始，广东实施工业转型升级攻坚战三年行动计划（2015—2017年），全面开展"机器换人"行动，推出了技术改造事后奖励、首台（套）重大技术装备及先进装备保险补偿等扶持政策，加快推动制造业向自动化、智能化、高端化转型。在产业集群中，除了大力发展以公共平台为代表的创新服务

---

① 本案例素材来自于深圳市大疆创新科技有限公司官网和《广东高企》（第27期）"创业精英"栏目。

体系外,"创新券补助"政策也被各地市普遍引入,借此引导企业加强与高等学校、科研机构、科技中介服务机构及科技服务平台的对接,激活科技服务市场,提高科研仪器设备使用效率,提升中小企业技术创新动力。2017年8月,胡春华在《人民日报》撰文,广东要实施新一轮技术改造,推动传统企业转型升级。数据显示,"十二五"期间,广东工业技术改造投资年均增长19%。2015年1月—2017年6月,广东实际完成工业技术改造投资8 816亿元,对17 711家规上工业企业进行了改造,装备和技术水平实现全面升级①。

【海大:打造一流农牧企业】

海大,出自"海纳百川,有容乃大"。在创新驱动发展战略已经上升为国家战略的今天,当我们把关注的目光投向广东省的传统产业,特别是养殖产业的重要组成部分饲料业的时候,我们发现了一部令人感动的创业史、一个令人赞叹的创新故事,它的主人翁就叫作"海大",广东海大集团股份有限公司的简称。

1998年以来,海大从小到大,经历了四个发展阶段:1998—2002年,起步阶段;2003—2007年,快速成长阶段;2008—2011年,二次腾飞阶段;2012年至今,稳健增长阶段。海大实现持续增长和行业领先的根本在于创新,通过新一轮技术改造,全方位全环节创新,海大成功实现了传统产业向高新技术产业的转型。

2011年,海大取得了历史性的突破,饲料销量超过300万吨、营业收入超过100亿元。

2013年,海大荣登中国上市公司口碑榜,被评为"最佳商业模式上市公司"。

2015年,海大实标收入为257亿元,荣登中国上市公司口碑榜,又一次被评为"最佳商业模式上市公司"。主办单位在颁奖词中表示,海大以"科技兴农,改变中国农村现状"为神圣使命,向客户提供养殖全程的产品和技术服务,以服务为宗旨,帮助农民致富,为用户创造价值。

目前,海大正朝着"中国饲料行业最强、水产饲料第一的企业,全世界一流的农牧企业"目标昂首挺进。②

---

① 见《2015年广东省国民经济和社会发展统计公报》。
② 本案例素材来自于海大集团官网和《广东高企》(第27期)"创业精英"栏目。

（三）提升科技创新能力，推进科技成果转化应用

2015年以来，广东大力推进高水平大学和高水平理工科大学建设，组建新的广东省科学院，聚焦产业发展方向实施九大科技专项，组织300项应用型科技研发，加强创新源头供给；2016年，广东发明专利申请量15.6万件，比2012年增长一倍多；《专利合作条约》国际专利申请量2.4万件，是2012年的2.56倍；工作母机、超材料、基因工程、人工智能、大数据等领域核心技术和设备研发取得重大进展。①。

过去5年，广东在着力提升科技创新能力的同时，积极推动创新成果高效转化应用，全面深化产学研协同创新，大力发展新型研发机构、科技企业孵化器等转化平台，不断催生新产品、新企业。2016年，全省新增新型研发机构56家，总数达180家，累计创办和孵化企业分别达587家和3 174家；科技企业孵化器达634家，在孵企业超过2.6万家，纳入统计的众创空间达500家，逐步建立起"众创空间孵化器加速器"的全孵化链条。②

【高水平大学建设：广东创新驱动和经济社会发展的重大引擎】③

2015年4月，广东省率先在全国启动高水平大学和高水平理工科大学（简称"双高"）建设，为广东创新驱动和经济社会发展提供重要支撑。

2015—2017年，17所入选高校组成高水平大学群，直接面向广东经济社会发展的主战场，主动把科研成果用在南粤大地上，强有力支撑广东创新驱动发展和全面建成小康社会。在"2017中国大陆最具创新力大学百强榜"中，广东9所高水平大学和高水平理工科大学建设高校榜上有名，高校入选数量仅次于江苏和北京，位居全国第三位。2015—2017年，入选高校输出一大批高水平的创新型人才和重大科技成果，成功孵化一大批新型研发机构，成为广东创新驱动和经济社会发展的重大引擎。

——支撑国家"一带一路"倡议。2015—2017年，广东外语外贸大学向中央部委和地方政府提供政策咨询报告100余份，其中与"一带一路"相关的政策咨询报告30余份，为国家"一带一路"建设提供了有力支撑。

---

① 胡春华：《坚定不移实施创新驱动发展战略》，载《人民日报》2017年8月30日。
② 胡春华：《坚定不移实施创新驱动发展战略》，载《人民日报》2017年8月30日。
③ 吴少敏：《广东"双高"大学建设三年：高水平大学群正在崛起！》，载《南方日报》2017年5月10日。

——支撑地方经济发展。2016年华南理工大学、南方科技大学、广东工业大学、佛山科学技术学院和东莞理工学院5所高水平理工大学共申请专利4 747项,其中南方科技大学占28.9%左右,为产业发展输送大量科技成果。

——支撑"卫生强省"建设。中山大学新建或接收第七、第八和第九附属医院等一批高水平医院,南方医科大学新建或接收南方医科大学深圳医院、省口腔医院、省皮肤病医院等7所医院,推进健康广东建设。

——支撑南方教育高地。华南师范大学创新卓越教师培养模式,围绕广东教育重大命题,推进教育理论创新与教育改革的实践探索。实施"乡村教师支持计划",建立网络教师坊1 600多个,10万余教师受益,有力促进了广东基础教育均衡发展。

——支撑广东特色农业现代化。华南农业大学与肇庆、珠海、茂名等地共建新型研发机构或新农村发展研究院,打造产学研相结合、农科教一体化华南新农村建设服务新模式。

二、建设珠三角国家自主创新示范区,打造区域创新发展强大引擎

(一)构建"1+1+7"的区域创新格局

广东创新驱动发展,区域协同是关键。伴随着机场、港口、轻轨、地铁和高速公路的建设,《珠三角国家自主创新示范区建设实施方案(2016—2020年)》的制定与实施,人才、技术、信息的高速流动,广东省已经形成以广州和深圳为龙头,珠三角各市分工互补和一体化发展的"1+1+7"创新发展新格局,形成全国领先的创新发展极。"1+1"是指强化广州和深圳创新发展两大龙头引领作用,做大做强深圳创新产业优势,对标全球创新先进地区,打造中国版的"硅谷",发挥广州的科教和人才优势,打造广东省创新发展的另一个"发动机"。"7"是指珠三角其他7个市要加快形成各自创新优势,佛山、珠海、东莞、惠州、中山等市要发挥产业层次较高和创新资源较丰富的优势,找准定位,着力提升产业发展水平,江门和肇庆要进一步改善创新发展政策环境,努力集聚创新资源,尽快在高新区、重点产业园区和重点产业创新发展上实现突破。珠三角其他7市要立足各自优势,集中做大做强高新技术开发区,沿广深轴线建设科技创新走廊,集聚

创新资源，带动东莞等珠三角城市，打造具有国际水平的创新经济带。①

协同创新，政府的"有形之手"加速创新要素的整合。2016年德国汉诺威工业博览会上，中德工业城市联盟正式成立，是协同创新的集中展现。佛山、肇庆、江门等中方的11座城市和德方的因戈尔施塔特、亚琛等7座城市结盟，探索"中国制造2025"与"德国工业4.0"有机对接。②

集中发力，市场力量抢占新的产业风口。在建设珠江口西岸区域创新中心的珠海，格力电器与全球知名的机器人制造企业ABB合作，向智能制造领域进军；在佛山，美的集团收购德国机器人巨头库卡集团牵动人心。格力电器和美的集团两大家电"巨头"迅速转身，珠江西岸先进装备制造产业带加速崛起，聚焦高端制造业的创新生态圈悄然形成。主动借力，粤东西北地区积极引进珠三角创新资源。随着中兴通讯河源基地建设的推进，深圳约千亿产值将逐步转移到河源。一方面，项目投产后河源工业产值将翻一番，而深圳则可把腾出来的空间发展附加值更高的产业。这一看似简单的"腾挪"，腾出了珠三角的优化发展和粤东西北振兴发展的大空间。从政府的"有形之手"引领到市场的"无形之手"优化配置，珠三角正依托国家自主创新示范区建设，努力成为带动广东省创新发展的新引擎，为中国创新驱动发展和区域协同提供新路径。③

（二）构建具全球竞争力的产业新体系

创新是产业发展的主引擎，广东坚持走创新驱动的产业发展道路，加快形成以先进制造业、现代服务业和战略性新兴产业为支撑的产业新体系，不断提高产业创新发展水平和核心竞争力。广东将创新摆在产业发展的核心位置，创新型经济蓬勃发展。珠三角高新区内已形成7个产值超千亿元的创新型产业集群。④

广东将创新摆在产业发展的核心位置，创新型经济蓬勃发展。第一，中新广州知识城获批全国首个知识产权运用和保护综合改革试验区，广州

---

① 李秀婷、祁雷：《珠三角自创区激活创新创业活力》，载《南方日报》2016年12月12日。
② 莫高义、张东明：《广东创新驱动发展观察：从要素驱动向创新驱动的根本转变》，载《南方日报》2016年6月22日。
③ 莫高义、张东明：《广东创新驱动发展观察：从要素驱动向创新驱动的根本转变》，载《南方日报》2016年6月22日。
④ 辛均庆：《广东深入实施创新驱动发展战略 打造引领发展强大引擎》，见南方网（http://news.southcn.com/gd/content/2017-06/27/content_173281329.htm）。

开发区以此为契机着力打造知识产权保护、服务、交易和运营的全产业生态链,聚集了国家知识产权局审协广东中心、广州知识产权交易中心和广州知识产权法院等机构。2016 年,全区国际专利申请量达到 1 010 件,增长 2.8 倍,占全市 61.5%。第二,深圳重点实施新兴产业培育等"三大培育计划",先后出台互联网、生物等七大战略性新兴产业规划和政策,前瞻布局航空航天和生命健康等未来产业,规划建设 23 个战略性新兴产业基地和十大未来产业集聚区,累计投入资金约 200 亿元,扶持项目 1 万多个。2016 年,新兴产业产值近 2.9 万亿元,增加值占 GDP 比重超过 40%。第三,佛山以创建珠江西岸"中国制造 2025"试点示范城市群为抓手,突出智能制造主攻方向,大力实施"机器人领跑"和"百企智能制造提升工程"专项行动,促进机器人和智能装备应用推广,做强做大先进装备制造业集群。2016 年,全市先进装备制造业完成工业总产值 6 628.8 亿元,同比增长 11.7%。①

(三) 自创区与自贸区联动发展

2014 年获批的深圳国家自主创新示范区,是我国首个以城市为基本单元的国家自主创新示范区。2016 年 4 月,广东省政府印发《珠三角国家自主创新示范区建设实施方案(2016—2020 年)》,涵盖了广州、珠海、佛山、东莞、惠州、中山、江门、肇庆 8 个地级以上市,这是全国自创区中涵盖城市最多的自创区。

2015 年 4 月 21 日,广东自贸试验区正式挂牌,经过两年多的改革实践,投资贸易便利化程度大幅提高,注册企业井喷式增长,合同利用外资呈集聚态势,大项目落户明显加快,对经济贸易的拉升作用明显。

2016 年 11 月,广东省自创办和自贸办联合印发《关于推动珠三角国家自主创新示范区与中国(广东)自由贸易试验区联动发展的实施方案(2016—2020 年)》(以下简称《实施方案》),推动自创区与自贸区政策互动、优势叠加和联动发展。为推动自贸区溢出改革动能和红利,营造自创区开放包容的创新创业生态,《实施方案》从增强政府服务创新发展能力、打造面向全球人才发展的良好环境、提升金融服务科技创新水平和建立与国际接轨的知识产权运营保护机制等四个方面,提出了深化行政审批制度

---

① 辛均庆:《广东深入实施创新驱动发展战略 打造引领发展强大引擎》,见南方网(http://news.southcn.com/gd/content/2017 - 06/27/content_ 173281329.htm)。

改革等10条举措。为推动自创区溢出创新动能和红利,全面提升自贸区创新发展水平,《实施方案》从构建国际化高端科技服务体系、推动创新资源集聚共享、加强粤港澳和国际科技合作和大力发展战略性新兴产业等4个方面,提出了加快推进科技成果转化等9条举措。自创区和自贸区将在联动融合发展中,实现优惠政策的深度叠加和改革创新功能的有机融合,形成"1+1>2"的放大效应。①

(四)建立创新驱动发展考核体系

为充分发挥考核对实施创新驱动发展战略的推动和激励作用,加快建设创新驱动发展先行省,根据《关于建立创新驱动发展工作考核指标体系的意见》(粤委办〔2016〕2号)的有关要求,2016年1月,广东省人民政府办公厅正式发布《广东省创新驱动发展工作考核实施办法》,要求坚持四大原则:一是科学合理,标准客观;二是规范透明,简易可行;三是全面考核,突出重点;四是循序渐进,逐步完善。其次,把创新发展的目标细化成可量化的指标,对珠三角各市抓创新特别是"八大举措"的成效进行评估考核。通过考核树立起鲜明导向,推动珠三角各市把创新发展摆在了各项工作之首。经过几年来的努力,珠三角整体创新发展水平明显提高。2016年,珠三角研发投入占GDP比重达2.85%,珠三角9个国家高新区内高新技术企业占纳入统计企业比重从2012年的36.7%提高到现在的50.1%。②

三、对接《中国制造2025》,助推制造业转型升级

(一)战略目标

2015年9月,广东省人民政府发布《关于贯彻落实〈中国制造2025〉的实施意见》(以下称作"广东制造2025"),旨在贯彻落实《中国制造2025》战略部署,推动广东制造业转型升级和优化发展,加快实现由制造大省向制造强省转变。"广东制造2025"紧紧围绕"四个全面"战略布局,抢抓全球制造业格局重大调整和我国实施制造强国战略的重大机遇,充分发挥我省制造业和信息化发展的基础优势,主动适应和引领经济发展新常

---

① 吴哲、陈槿:《广东自贸区携手珠三角自创区联动发展》,载《南方日报》2016年12月19日。
② 胡春华:《坚定不移实施创新驱动发展战略》,载《人民日报》2017年8月30日。

态，顺应"互联网+"发展趋势，立足市场需求，突出问题导向，以新一代信息技术与制造业深度融合为切入点，以智能制造为核心和主攻方向，以先进装备制造业为突破口，以企业创新驱动发展为重要抓手，强化工业基础，注重集成应用，坚持走"高端化、智能化、集约化、绿色化"发展道路，争创制造业发展新优势，实现经济中高速增长、产业结构向中高端迈进的"双中高"发展目标。①

（二）主要任务

《中国制造2025》以实现制造强国为战略目标，强调坚持问题导向，统筹谋划，全面提高发展质量和核心竞争力，提出了九大任务：推进信息化与工业化深度整合、强化工业基础能力、加强质量品牌建设、全面推行绿色制造、大力推动重点领域突破发展、深入推进制造业结构调整、积极发展服务型制造业和生产性服务业、提高制造业国际化水平。"广东制造2025"突出示范引领区建设和中小企业协调发展，根据广东产业发展的实际情况，相应提出了"广东制造2025"的九大任务，其中的特色有两个方面：一是建设全国智能制造发展示范引领区，强调选择智能装备和关键零部件研发制造、智能制造系统集成与应用服务产业较为集中的集聚区或园区，打造10个左右在全国具有较大影响力的智能制造示范基地。二是促进大中小企业协调发展，重点是创新和完善中小微企业投融资机制，着力缓解小微企业融资难、融资贵问题；实施促进小微企业上规模的专项政策，在融资担保、税费优惠、资金扶持、辅导培训、企业减负等方面给予重点倾斜②。

（三）优先领域

"广东制造2025"确定的重点发展领域是四个：（1）新一代信息技术产业，具体包括集成电路及关键元器件、信息通信设备、操作系统及工业软件、新型平板显示共四个方面；（2）先进装备制造业，具体包括智能制造装备、船舶与海洋工程装备、轨道交通装备、节能环保装备、通用航空装备、新能源装备、汽车制造、卫星应用八个方面；（3）新材料产业，具体包括高性能复合材料、特种功能材料、稀土与纳米材料三个方面；

---

① 广东省人民政府：《关于贯彻落实〈中国制造2025〉的实施意见》，2015年9月。
② 引自广东省人民政府《关于贯彻落实〈中国制造2025〉的实施意见》，2015年9月。

(4) 生物医药产业，具体包括蛋白类生物药、高性能医学诊疗设备和特色南药三个方面。

（四）企业实践

1. **中国之芯，全球四强**[①]

"这是我头一次购买国产手机，这款手机使用软件、玩游戏都很流畅，续航时间也很长。"深圳手机"发烧友"小柯说的，是他手里的一款华为手机。"过去，我总觉得国外品牌好，但华为却给了我一个惊喜。"

这款手机能让小柯眼前一亮，离不开它的"中国芯"。该机型所使用的手机芯片，是华为技术有限公司自主研发的麒麟960移动设备芯片。

"麒麟960是华为全球科学家和工程师共同协作、辛勤研发近10年的成果。"华为副总裁艾伟介绍。有了这块芯片，手机上网速度更快，拍照对焦更准，续航有保障，支付也更安全。

早在2004年，华为就开始着手手机芯片研发，但直到10年后麒麟910的出现，才让华为手机芯片跻身业界主流。

"曾经有段时间，外界对麒麟芯片的争议很多，但我们一直强调，坚持才有突破。"华为消费者业务首席执行官余承东说："结果怎样，市场和用户会给出答案。"

2016年，海思麒麟芯片的销量已超过1亿。根据第三方报告，截至2016年，华为海思已是全球安卓手机芯片四强之一。

随着麒麟芯片的强大，这个来自深圳的手机品牌受到越来越多消费者追捧。2016年，华为手机出货量达1.39亿台，稳居全球第三，占据全球高端手机市场份额的14%。

"得益于旗舰产品的热销，我们在全球高端市场影响力进一步提升。"余承东说。接下来，华为将积极布局未来智慧产品，勇于创新，力争率先在人工智能、增强现实等前沿技术领域取得突破。

2. **机器换人，智造升级**[②]

在东莞，设立研发机构和拥有自主品牌的加工贸易企业，分别从84家、988家增长至1 596家、2 001家，"ODM（原始设计制造商）和OBM（自有品牌制造商）"产品出口比重从40.8%提升至74.6%。目前，东莞已经

---

① 引自吕绍刚《中国之芯全球四强》，载《人民日报》2017年8月30日。
② 引自吴冰《机器换人智造升级》，载《人民日报》2017年8月30日。

拥有智能装备制造企业 400 多家，从业人员 5.5 万人，2015 年实现工业总产值约 260 亿元，涉及数控机床、机器人装备等 10 多个行业。与此同时，传统制造业的比重则从 2010 年的 22.9% 下降到 18.8%。

走进洁净明亮的智能化车间，只见自动导引运输车送来各式材料，80 多台蓝色工业机器人对材料准确识别后确定相应工序，数百台高精钻攻机床全自动运转，为数不多的工人在显示"红色警报"的机床前进行检测……这是广东东莞劲胜智能股份有限公司无人工厂的场景。

过去 40 年，代工企业在"世界工厂"珠三角形成了庞大的产业集群。2014 年以前，劲胜一直在做塑胶手机壳，占全球出货量的 1/10。2015 年以后，由于技术的变化和冲击，整个行业陷入困境。转型阵痛袭来，东莞劲胜智能股份有限公司总经理王建提议："我们能不能转型升级，搭上智能化列车？"

2015 年开始，以借鉴世界标杆企业经验为基础，劲胜决定向智能制造方向进攻，并大胆选择国产化道路。目前，来自深圳创世纪公司的高精钻攻机床、华中数控公司的控制系统和华数机器人、开目软件公司的工业软件等，已在劲胜"嫁接结果"，以国产智能装备、国产数控系统、国产软件为特色的智能化车间初具雏形。

"以前，我们用的都是日本企业的数控机床设备，现在，我们整个车间都用自己子公司深圳创世纪生产的台群精机。2016 年，这款数控机床设备全球销量领先。"王建说。

如今，劲胜每年投入 2 亿元研发资金，已成为东莞智能制造行业标杆。2015 年 5 月，工信部批准劲胜智能制造示范点开工建设。为打造智能制造生态产业链新高地，东莞要求全市把劲胜的智能制造示范线作为榜样。

3. 测霾神器，填补空白①

孵化器已成为建设创新型国家的有效载体、国家创新体系的重要组成部分。广州实施孵化器倍增计划，促进高校和科研机构科技成果孵化、转化。截至 2016 年，全市孵化器已达 192 家，其中国家级 21 家、省级 15 家；国家级孵化器优秀数量全国第一。

治理雾霾不必等风来。一款"测霾神器"能够监测空气质量，分析污染来源，精准提供对策，助力蓝天重现。

"神器"名叫在线单颗粒气溶胶质谱仪，其背后是一支来自广东的科研

---

① 引自郭舒然《测霾神器填补空白》，载《人民日报》2017 年 8 月 30 日。

队伍。环境、药物、食品等事关经济发展和国民生命健康的领域,都离不开质谱仪。这样一款重要科学工具的生产研发,彼时在国内却是一片空白。

2004年,怀揣"做中国人的质谱仪器"的梦想,在美国阿贡国家实验室工作的周振回到广州,创办了中国第一家专业质谱公司——禾信仪器。质谱仪研发的难度超乎想象,这条光荣的荆棘路,周振和他的团队走了整整8年。最困难时,公司账上只剩下2万元,一度陷入困境。

转机出现在2009年。这一年,周振入选了国家"千人计划",享受到政策支持。与此同时,广州市科技风险投资基金提供了第一笔股权资金500万元,公司的燃眉之急得以缓解。

走进位于广州科学城的禾信仪器研发实验室,技术人员正在使用一台在线单颗粒气溶胶质谱仪测试空气中的PM2.5成分。空气一穿过,仪器屏幕上快速地显示出多种有机物、重金属等污染物质的变化信息。

"没有质谱仪之前,我们检测空气的PM2.5污染源,不仅耗费巨资,而且时间长。"指着跳跃的质谱仪屏幕,周振介绍说,"现在,通过在线单颗粒气溶胶质谱仪分析污染物特性,1小时内就能精确地捕捉到空气中的污染源,从而精准施策"。

"不仅如此,我们每研制成功一种质谱仪器,进口仪器价格就会随之降低。"周振笑道。禾信仪器的产品不仅打破了国外技术垄断,还远销美国、俄罗斯和德国。

如今,禾信仪器已在100座城市应用,用于监测空气中的PM2.5污染源,为国家治理环境节约上百亿元。

4. 风电伴侣,助力节能①

在广东,以企业为主体的科技创新成果迭出,为建设创新型国家贡献智识。目前,广东每用2度电,就有近1度来自清洁能源。全省煤炭消费比重下降到42%以下,非化石能源消费比重提高到21%以上。2016年全年,广东共计消纳清洁能源电量约2 515亿千瓦时,减排二氧化碳约8 224万吨。珠三角煤炭消费总量从2010年8 800万吨的峰值,下降到2016年的6 520万吨。自2008年起,广东电网启动优先调度可再生及清洁能源,预计2017年非化石能源电量占比将继续上升。

盛夏的太阳炙烤着这座小岛,温度计直指38摄氏度。在广东南澳县多端柔直金牛换流站进行高温特殊巡检的值班员苏晓艺擦了擦额头的汗水。

---

① 引自邓圩《风电伴侣助力节能》,载《人民日报》2017年8月30日。

"多端柔直"到底是什么？即便是电力专业毕业的苏晓艺，刚来的时候也摸不着头脑。"柔直"是一种能破解可再生能源波动问题的新生代技术，好比帮助风力发电渡过难关的"伴侣"。

过去的台风季，迅猛的风电出力可能引起跳闸，"实践证明，柔直系统就像一个灵活的水阀，只要风电场送电量在允许范围内，就能消除狂风带来的波动，稳定输送清洁能源"。

2013年年底，该项目投入运行，标志着我国成为世界首个掌握多端柔直核心技术的国家。

在苏晓艺巡检的金牛换流站，3层楼高的巨型阀厅里1 320个换流阀像巨大的钢筋编织网，源源不断将海岛上200多台大风车的风电输向陆地。老前辈告诉她，工程投运以来，已经接待了国内外近2万人次来访。

数据显示，近5年来南方电网广东公司共计消纳清洁能源电量约9 400亿千瓦时，相当于减排二氧化碳约75 000万吨。同时，通过实施节能发电调度，该公司5年来共节约标煤超1 038万吨，减排二氧化碳超2 763万吨。

苏晓艺感慨道："很多人说我工作很枯燥，成天对着电脑和设备。我却觉得，我们的工作让广东的天更蓝、水更清，这便是最有意义的事情了。"

第三节 广东创新驱动的成效

一、科技综合实力逐渐增强

广东省委、省政府按照中央决策部署，把创新驱动发展作为广东工作的总抓手和核心战略，先后出台实施了《关于加快科技创新的若干政策意见》以及建立企业研发准备金制度、改革科技人员职称评审制度等12条高含金量的创新政策。经过一段时间的实践，目前已初见成效。截至2015年年底，广东拥有珠三角和深圳两个国家自主创新示范区，拥有国家级高新区11个，国家重点实验室25家，1 700多家产学研创新平台，催生了"大众创业、万众创新"的热潮。

2010—2015年，广东研发投入稳步提高，不仅标志着广东进入世界创新型地区行列，更说明创新导向在这片改革开放的热土上正日益彰显。2015年，广东研究与试验（R&D）经费支出1 798.17亿元，是2010年的2.2倍，R&D经费支出占GDP比重为2.5%，比2010年提高0.7%，技术自给率超过70%。其中，基础研究经费54.2亿元，占3.0%；应用研究经费165亿元，占9.2%；试验发展经费1 579亿元，占87.8%。2015年广东基础研究、应用研究和试验发展经费分别是2010年的3.2倍、4.4倍和2.1倍，基础研究和应用研究投入经费增速明显较快（见表14-1）。

2010—2015年，广东研发队伍迅速发展。2015年，广东从事科技活动人员114.3万人，比2010年增长41.8%。从事R&D活动的人员稳步增加，2015年全省R&D人员68万人，比2010年增长52.1%。工业企业参与研究和试验发展人员成为全省研发主力，全省工业企业从事R&D活动全时人员41万人年，比2010年增长41.4%。①

2010—2015年，广东研发机构稳步增加。2015年，广东有科研机构8 164个，比2010年增长83.4%。企业科研机构7011个，比2010年增长86.7%。其中，尤以工业企业科研机构发展快速。2015年，广东工业企业科研机构6 553个，比2010年增长98.0%。科研机构的快速增长，为企业组织自主研发和开发新产品搭建了基础的交流平台。②

2011—2015年，广东科技成果喜获丰收（详见表14-2）。2015年，广东国家级科技奖励成果32项，省级科技奖励成果237项，省级重大科技成果2 133项，为2011年的1.4倍，

表14-1 研究与试验发展（R&D）基本情况

年份 指标	2010	2012	2013	2014	2015
研究机构数（个）	4 452	4 756	5 030	5 333	8 164
科学研究与技术开发机构	186	184	186	189	189
全日制普通高等学校	450	600	652	704	850
工业企业	3 309	3 455	3 700	3 930	6 553
其他	507	517	492	510	572

---

① 引自王科欣《"十二五"时期广东科技创新步伐加快》，见广东统计信息网（http://www.gdstats.gov.cn/tjzl/tjfx/201609/t20160905_343490.html）。

② 引自黄应来《广东研发投入5年翻一番》，载《南方日报》2016年9月11日。

（续表14-1）

指标 \ 年份	2010	2012	2013	2014	2015
研究与试验发展（R&D）活动人员（人）	446 579	629 055	652 405	675 206	680 237
科学研究与技术开发机构	9 488	14 595	14 868	15 897	15 739
全日制普通高等学校	33 865	40 557	44 051	47 540	57 346
工业企业	359 476	519 212	530 551	544 906	534 293
其他	43 750	54 691	62 935	66 863	72 859
研究与试验发展（R&D）经费内部支出（亿元）	808.75	1 236.15	1 443.45	1 605.45	1 798.17
科学研究与技术开发机构	21.35	39.12	44.80	53.64	63.98
全日制普通高等学校	28.58	44.01	45.83	49.82	62.97
工业企业	703.68	1077.86	1237.48	1375.29	1520.55
其他	55.14	75.16	115.35	126.70	150.67
研究与试验发展（R&D）活动课题（项目）数（个）	72 747	93 179	107 639	108 109	112 680
科学研究与技术开发机构	3 499	4 884	5 047	5 412	6 712
全日制普通高等学校	35 749	44 800	50 119	53 138	61 677
工业企业	28 423	37 460	46 948	42 941	37 375
其他	5 076	6 035	5 525	6 618	6 916

资料来源：《广东统计年鉴（2016）》，中国统计出版社2016年版。

表14-2 科技成果项数

项目 \ 年份	2011	2012	2013	2014	2015
国家级科技奖励成果	34	26	28	46	32
国际合作奖	0	0	0	1	0
国家发明奖	5	5	10	12	5
国家自然科学奖	1	3	4	2	5
国家科技进步奖	23	18	14	31	22

年份 项目	2011	2012	2013	2014	2015
省级重大科技成果	1 540	1 799	1 809	1 748	2 133
基础理论成果	53	72	67	55	126
应用技术成果	1 437	1 691	1 713	1 656	1 990
软科学成果	50	36	29	37	17
省级科技奖励成果	272	280	262	249	237
省科技进步奖	272	280	262	249	237
农业方面	33	45	43	33	31
工业方面	154	138	132	129	148
医药卫生方面	65	53	58	42	42
其他	20	44	29	45	16

资料来源：《广东统计年鉴（2016）》，中国统计出版社2016年版。

二、专利申请与授权创佳绩

"十二五"时期，广东科技创新能力不断增强，广东专利申请与授权成效不断显现（详见表14-3）。2015年，广东专利受理总数为355 939件，其中发明专利申请数103 941万件。

表14-3　三种专利申请受理量与批准量

年份 项目	2000	2010	2012	2013	2014	2015
受理量	21 123	152 907	229 514	264 265	278 351	355 939
发明	1 760	40866	60 448	68 990	75 148	103 941
实用新型	6 033	47 706	78 731	93 592	96 136	135 717
外观设计	13 330	64 335	90 335	101 683	107 067	116 281
批准量	15 799	119 346	153 598	170 430	179 953	241 176
发明	261	13 691	22 153	20 084	22276	33 477
实用新型	4 797	43 901	65 946	77 503	83 202	105 254
外观设计	10 741	61 754	65 499	72 843	74 475	102 445

资料来源：《广东统计年鉴（2016）》，中国统计出版社2016年版。

实用新型 135 717 件，外观设计 116 281 件。2015 年，广东三种专利批准量为 241 176 件，其中发明 33 477 件，为 2010 年的 2.45 倍，实用新型 105 254 件，为 2010 年的 2.40 倍，外观设计 102 445 件，为 2010 年的 1.66 倍。

截至 2016 年年底，广东省专利申请受理量首次突破 50 万件，达 505 667 件，比全国平均水平高 16.85%。截至 2016 年年底，广东有效发明专利拥有量 168 480 件，位居全国第一；发明专利申请受理量为 155 581 件，居全国第二；"含金量"最高的专利合作协定国际专利申请受理量 23 574 件，连续第 15 年居全国首位，占全国总量 56%。

三、自创区不断取得新成效

"十二五"时期，珠三角地区科技活动投入水平和科技活动质量在省内呈现出明显优势，已成为广东科技创新高地和聚集区域，对周边地区、产业、企业产生了较强的辐射作用。2015 年，珠三角地区 9 市工业企业研发项目 3.41 万个，占全省的 91.3%；新产品开发经费 1 740.9 亿元，占全省的 95.1%；规模以上工业企业专利申请 10.1 万件，占全省的 95.9%；规模以上工业完成新产品产值 21 877.9 亿元，占全省的 94.9%。①

2015 年以来，珠三角国家自主创新示范区已成为广东创新资源最密集、产业发展最先进、创业孵化最活跃的发展高地，也是广东实施创新驱动发展战略的核心区。自创区内国家高新区以占全省 0.07% 的土地面积，创造了全省 1/7 的工业增加值、1/5 的营业收入、超 1/5 的净利润。2016 年，自创区各市发明专利申请量和授权量增速均超 40%，高企数量新增超 3 000 家，建成各类新型研发机构 200 多家，其中，省级新型研发机构 154 家。同时自创区各市深入实施了"珠江人才计划""广东特支计划"等重大人才工程，累计引进创新创业团队 115 个，领军人才 88 人。创新创业环境方面，2016 年自创区内各市新增科技企业孵化器 126 家，总数达 491 家，纳入统计的众创空间 311 家，其中国家级众创空间共 165 家，数量居全国第一。②

---

① 引自黄应来《广东研发投入 5 年翻一番》，载《南方日报》2016 年 9 月 11 日。
② 引自吴哲、陈槿《广东自贸区携手珠三角自创区联动发展》，载《南方日报》2016 年 12 月 19 日。

四、高新技术企业快速增长

2015年,广东高新技术企业数量达11 105家,实现工业总产值30 202.44亿元,净利润2 607.7亿元,税收贡献1 645.47亿元,科技活动人员85.9万人,科技活动支出1 687.4亿元。2016年高新技术企业数量高达19 857家,总量跃居全国第一,其中珠三角地区有18 880家新增高新技术企业8 752家,进入培育库的企业约7 500家,累计培育企业超过1.1万家。

高新企业数量的腾飞带来了快速增长的经济效益。2016年,广东全省高新技术产品产值达到5.44万亿元,与2015年相比,同比增长10.4%;占全省工业总产值的比重达到39%,同比提高1.1‰。作为我国高新技术产品主要出口基地,广东高新技术产品出口规模及其在全国所占的比重均位居全国首位。在外贸出口整体下滑的背景下,2015年,广东高新技术产品出口达到2 300亿美元,同比增长0.5%;占全省出口总量的比重达到36.1%,同比提高0.3%,实现了"逆势增长"。

五、新型研发机构结硕果

截至2016年,广东省经科技厅认定的新型研发机构180家,数量超过全省科研机构的1/3,珠三角地区约占总数的89%,其中,广州市44家,佛山市、深圳市各30家,东莞市23家。

通过新型研发机构建设,广东省集聚了一批高层次创新型人才。截至2016年年底,广东新型研发机构拥有研发人员近4.7万,引进世界一流水平的创新科研团队91个,领军人才69个,科研仪器设备原值达83.4亿元,有效发明专利7 000多件,发表国际论文3 500余篇。

通过新型研发机构建设,广东成功推动了传统产业转型升级。通过企业孵化、合作研发、成果转化、创业投资和技术改造等方式,广东新型研发机构服务3万多家企业实现转型升级,成功孵化1 000多家高新技术企业,近三年成果转化收入达1 538亿元。

通过新型研发机构建设,建设了一批高端创新平台。仅"十二五"期间,依托广东省新型研发机构就新建国家工程技术研究中心和企业技术中心11个、国家重点实验室11个。

第十五章　深化粤港澳合作，提高对外开放水平

粤港澳三地同属一个自然地理区域，三地山水相连，历来有广州城、香港岛、澳门街的说法。正是源于一体的地理条件，血浓于水的亲情人缘，高度互补的资源禀赋，共同支撑和推动着粤港澳经济关系向前发展，形成了带有浓厚区域色彩的经济融合模式，使三地之间的经贸合作有着深厚的历史渊源。广东与港澳同根同脉，即使在改革开放以前的漫长岁月，三地间的交合和联系从未中断过。国家改革开放之后，粤港澳合作开启了新篇章。经过40年的历程，粤港澳三地已逐步形成了一个在"一国两制"下颇具特色的经济区，所取得的发展成就令世人瞩目。广东通过与港澳的合作，不仅互惠互利，让港澳从繁荣稳定继续走向繁荣，还让广东及时补齐短板，建立新的比较优势，进而辐射泛珠三角地区，推动中国改革前行。改革开放以来，粤港澳合作已经走过了40年的历程，对三地乃至国家的发展起到了巨大作用，也积累了不少经验。在新的历史时期，对改革开放以来粤港澳合作的发展历程进行认真回顾和总结是十分必要的。

第一节　粤港澳合作的经验

一、中央高度重视和国家大力支持，将粤港澳合作推向制度化和便利化

中央历来高度重视和支持粤港澳合作，特别是2003年以来。随着中国内地综合国力和国际地位的不断增强，中央政府不断加大对粤港澳合作的支持力度。

第一，国务院批准实施《珠江三角洲地区改革与发展规划（2008—

2020)》,把推进粤港澳紧密合作上升为国家战略。2008年,国务院批准了《珠江三角洲规划纲要》,其中,涉及与港澳密切合作的共112处,并专门用一章提出了"推进与港澳更紧密合作"。同年,国家批准了广东在CEPA框架下的服务业对港澳扩大开放的政策,这开辟了粤港澳大胆创新合作模式与促进区域协调发展的广阔空间,为新时期推进粤港澳合作指明了前进方向。

第二,2009年、2010年和2012年,国务院分别批准了《横琴总体发展规划》《前海深港现代服务业合作区总体发展规划》和《广州南沙新区发展规划》,要求横琴在"一国两制"下建设成为带动珠三角、服务港澳,率先发展的粤港澳合作新模式的示范区;逐步将前海建设成为粤港现代服务业创新合作示范区,在全面推进香港与内地服务业合作中发挥先导作用;要求启动南沙实施CEPA先行先试综合示范区建设,打造粤港澳全面合作的示范区。

第三,2010年和2011年,国务院同意实施《粤港合作框架协议》和《粤澳合作框架协议》,全面涵盖粤港澳经济、社会、民生和文化领域。该协议提出了一系列具体、务实、可操作的合作内容,成为粤港澳合作的重要里程碑。

第四,泛珠的发展也从地方协调机制上升到国家战略,得到国家的大力支持。这体现在国家将泛珠合作机制纳入《中华人民共和国国民经济和社会发展第十三个五年计划纲要》中,并发布了具体指导意见。泛珠与京津冀一体化、长江经济带发展并列成为国家重要的区域发展战略。2016年,国务院发布了《国务院关于深化泛珠三角区域合作的指导意见》(以下简称《意见》),是泛珠三角合作纳入国家"十三五"规划的具体要求。《意见》将泛珠地区定位为"全国改革开放先行区、全国经济发展重要引擎、全国经济发展重要引擎、'一带一路'建设重要区域和生态文明建设先行先试区"。

第五,《深化粤港澳合作推进大湾区建设框架协议》在香港签署。协议由国家发改委、广东省人民政府、香港特别行政区政府、澳门特别行政区政府四方协商共同协商制定,努力把粤港澳大湾区建设成为更具活力的经济区、宜居宜业宜游的优质生活圈和内地与港澳深度合作的示范区,携手打造国际一流湾区和世界级城市群。以《深化粤港澳合作推进大湾区建设框架协议》签署为标志,粤港澳进入携手打造国际一流湾区和世界级城市群的新时代。

此外，中央政府与港澳签署了 CEPA 及其 10 项补充协议，对广东进行了试点，并出台了一系列支持和促进粤港澳合作与发展的政策措施。2003 年，中央政府分别与香港和澳门签署了《内地与香港关于建立更紧密经贸关系的安排》和《内地与澳门关于建立更紧密经贸关系的安排》（CEPA）。CEPA 包括货物贸易、服务贸易以及贸易和投资便利化。从那时起，CEPA 成为得到世界贸易组织（WTO）认可的内地接受和实施的自由贸易协定，是"一国两制"在经济领域的成功实践。为进一步完善 CEPA 的内涵，深化双方合作，2004—2013 年，中央政府与港澳签署了 10 份 CEPA 补充协议。随着内地服务贸易自由化步伐的加快，服务贸易逐渐成为 CEPA 及其补充协议的主要内容。2014 年 12 月 18 日，《内地与香港 CEPA 关于内地在广东与香港基本实现服务贸易自由化的协议》和《内地与澳门 CEPA 关于内地在广东与澳门基本实现服务贸易自由化的协议》分别在香港和澳门签署（以下两个文件简称《广东协议》）。《广东协议》于 2015 年 3 月 1 日正式实施。《广东协议》是内地首份以入境前国民待遇加负面清单形式签署的自由贸易协定，内容广泛。自《广东协议》签署后，内地在广东率先与港澳基本实现服务贸易自由化，同时为内地与港澳基本实现服务贸易自由化先行先试积累经验，这将为香港巩固国际金融、贸易、航运等中心地位和发展新兴现代服务业提供有益的帮助，也将为内地经济带来新的活力，有利于全面推动内地与港澳经济的融合。《〈内地与香港关于建立更紧密经贸关系的安排〉服务贸易协议》及《〈内地与澳门关于建立更紧密经贸关系的安排〉服务贸易协议》（以下二者称《协议》）分别于 2015 年 11 月 27 日和 28 日在香港和澳门签署。该协议于 2016 年 6 月 1 日生效，这标志着内地全境与港澳基本实现服务贸易自由化。在总结 CEPA 及其补充协议和《广东协议》经验的基础上，《协议》进一步扩大了港澳服务在内地的对外开放。该协定可被视为 CEPA 及其补充协议升级版本，因此也被称为"最强 CEPA"。《协议》是内地首份以"准入前国民待遇加负面清单"的方式向港澳开放的服务贸易协定。2017 年 6 月 28 日，商务部副部长高燕与香港特别行政区政府财政司司长陈茂波在香港签署了《CEPA 投资协议》和《CEPA 经济技术合作协议》。《CEPA 投资协议》和《CEPA 经济技术合作协议》是 CEPA 升级的重要组成部分。这是内地与香港在"一国两制"的框架下，按照世贸规则所做出的特殊的经贸安排。这充分反映了中央政府对香港经济发展和长期繁荣稳定的支持。在投资准入方面，《CEPA 投资协议》将进一步提升两地投资自由化水平。继协议签订后，内地在市场准入方面再次对香港采取

"负面清单"的开放方式,这同时也是内地首次以"负面清单"方式对外签署的投资协议。

二、通过建立区域内行之有效的沟通机制,强化了对区域重大合作事项的决策、推动和协调

建立粤港澳合作联席会议制度,是加强政府整体协调、积极推进合作的重要举措。联席会议制度下工作会议、监督、通报等工作机制的形成和完善,有效协调和促进了合作项目的后续落实。实践证明,这种机制是十分有效的。

一方面,粤港澳政府加强了对重大战略问题的研究和规划。在2003年粤港澳合作联席会议上,粤港澳三方商定了粤港澳合作的总体思路、指导原则和发展方向。1998年3月,时任香港特别行政区行政长官董建华在出席全国人民代表大会期间,提出在粤港两地设立联席会议制度,得到时任广东省省长卢瑞华的积极回应。在中央政府的同意下,两地政府于1998年举行了第一次粤港合作联席会议。粤港合作联席会议的成立,是粤港建立正式合作制度的一件大事,对促进粤港区域合作发挥了应有的作用。然而直到2002年,前5次联席会议探讨的问题相对重复,在某种程度上反映出官方合作的实质性进展并不显著,仍处于发展的早期阶段。直到2003年"非典"爆发,才直接推动粤港官方合作进入实质性阶段。2003年粤港合作联席会议确定了三个新机制,即在双方行政首长直接领导下成立粤港合作联席会议,成立"粤港发展战略协调小组"和建立民间合作讨论机制;确定粤港合作新目标:在未来10~20年,把包括粤港在内的"大珠江三角洲"建设成全球最具活力的经济中心之一,把广东发展成世界上最重要的制造业基地之一,并把香港发展成世界上最重要的现代物流业和金融业中心之一;与此同时,粤港双方确定了12个重点项目和合作领域,包括服务业、港口、跨境大型基础设施建设、推进"大珠江三角洲"建设和旅游等。到2017年,双方共举行了20次联席会议,讨论了具体合作内容,并取得了实质性进展。

另一方面,三地政府高度重视制定促进合作项目实施的政策措施,做到有思想、有措施、有落实,合作持续务实推进。随着CEPA的签署和有关补充协议的出台,粤港澳合作的范围已迅速扩大到经济社会发展的几乎所有领域。合作项目从最初的15个左右,到现在的100个左右,无论在数量

上还是在质量上已经发生了根本性的变化。更重要的是，在几乎每一个合作领域，都有具体的合作项目做支撑，有明确、具体的抓手和内容。如在民生合作中，建立粤港澳传染病防控交流合作机制，定期通报传染病信息，共同有效防控禽流感疫情。签订食品安全工作交流合作框架协议。在大型跨境基础设施建设方面，粤港澳已建成或确立了一批重大建设合作项目，包括港珠澳大桥、广深客运专线、深港西部通道、深港东部通道、深圳福田口岸、深港共同开发河套区、衔接澳门的西部沿海高速公路珠海段工程、珠海横琴新区、广州南沙新区、深圳前后海地区、广珠城际快速轨道交通、横琴口岸新联检大楼等。

三、利用发展阶段的差异，形成了互利共赢、共同发展的健康合作关系

粤港澳在政治体制、行政体制、经济体制和金融体制上各有优势，相辅相成。由于发展起点不同，粤港澳经济发展阶段差异化明显，也增加了彼此的互补性，为形成互利共赢、共同发展的健康合作关系提供了基础。

第一，港澳与内地在对接全球方面形成优势互补。改革开放以来，广东外向型经济率先持续发展，成为国际产业转移的集中地区之一。作为一个成熟的国际城市，港澳在国际交往、知识、信息、经验、规范等方面具有优势，它是广东及内地其他城市学习的最佳载体。特别是面对 WTO 规则的深化实施，港澳发挥的"一国两制"作用，有效地促进了广东对外开放，进一步扩大了广东对外开放。

第二，粤港澳属于不同的经济体制和发展阶段，不仅形成了各具特色、优势互补的产业体系，而且保持和促进了三地之间更密切的经贸关系。党的十一届三中全会之后，中国的改革开放为粤港澳合作开启了大门。这段时期既是粤港澳合作确立和发展时期，也是打造三地经济发展模式和推动产业结构变化的重要阶段。这一时期，广东与香港分处不同的经济发展水平，彼此之间的互补关系非常突出。20 世纪 80 年代开始，香港经济环境发生重大变化，劳动力、土地等要素价格迅速上涨，原先发展起来并一直成为香港产业主要优势的加工制造业面临成本大幅提高的困境，迫使大量劳动力密集型企业向外寻求新的出路。同期，内地开始推行改革开放政策，经济增长迅速，形成了对外资的强烈需求。广东凭借地缘优势和国家给予先行开放的优惠政策，利用低廉的土地和劳动力价格，大力引进港资外资，吸引了大量香港加工制造业厂商到广东特别是珠三角地区投资办厂，形成了著名的"前店后厂"创业模式。通过这一时期的合作，香港逐步完成了制造业的转移，带来了珠江三角洲高速的经济增长和工业化，使珠三角成为全球最大电脑配件生产基地、全球最大灯饰生产基地、全球最大玩具生产基地。香港经济则由此从制造业与服务业并重的经济结构向服务业为主体的经济结构转型，第二产业由1980年的31.7%下降到2002年的11.0%，第三产业从67.3%上升到88.9%。制造业的转移对广东外向型经济所起的作用加深了香港与内地的贸易联系，使转口贸易成为粤港澳区域合作的一大风景线，支持和强化了香港在航运、物流、金融等方面的发展，对其最终确立世界金融、贸易航运和商贸服务中心地位起到了巨大作用。

第三，粤港澳不仅有着深厚的文化历史关系，而且有着不同的近代社会成长背景，因此形成了多元互补的文化优势。此外，港澳还有国际化的语言优势，是中西文化的交汇点。国际化创意和理念使香港成为创意行业的孵化器。珠三角地区和港澳同属粤语语系，通过与港澳的合作，时尚创意产业发展迅速，成为内地流行文化、时尚文化的发源地和传播地之一。

第四，三地还形成了"一国"内部的政策互动优势。广东、香港、澳门虽然有着不同的社会经济制度，但仍属于"一国"，发展政策、制度、标准的差异可以在国家整体利益的基础上，通过多层次、多渠道进行协调和沟通。

四、坚持解放思想，突破口岸、基础设施等方面的制度障碍，激发区域内充分的竞争与合作

粤港澳合作的过程实质上是在实践中不断寻求思想解放的过程，取得的成绩反映了三地政府为打破各种障碍，在"一国两制"方针下，大胆创新，创造性地开展合作，解决合作中出现的各种问题所作的努力。粤港澳不同的社会经济制度，以及许多领域的不同规定，必然会使各方在合作理念、合作内容、合作方式乃至合作项目的具体操作等方面形成许多不同的认识和理解，如果墨守成规、思想僵化，不仅难以拓宽合作领域、提高合作水平，甚至无法解决具体操作中的困难。可以说，没有思想的解放，就没有合作与发展的活力。回顾粤港澳合作的历程，思想解放和创新推动的成果比比皆是。例如，在跨境大型基础设施项目合作中，深港西部通道和深圳湾口岸建设在通关模式、建设标准和规范、桥梁管理模式、司法适用范围等方面遇到了前所未有的困难。这些问题基本上是在"一国两制"下

形成的新问题。面对这些困难,合作各方解放思想,积极探索新思路,大胆设想,小心求证,最终全部解决了问题,确保深圳湾口岸在香港回归10周年之际顺利开放。在思想解放下由设想变为现实的"一地两检"口岸查验模式也由此载入史册。同样,中央政府于2003年批准的珠海—澳门跨境工业区,也是双方在解放思想的背景下提出的大胆设想。2006年12月8日,珠海—澳门跨境工业区正式启用,成为中国第一个跨境工业区。此外,2009年6月24日,国务院第70次常务会议审议并原则通过了《横琴总体发展规划》。6月27日,全国人民代表大会常务委员会审议并原则上通过了《关于授权澳门特别行政区对横琴岛澳门大学新校区行使管辖权的决定》,授权澳门特别行政区政府自澳门大学新校区启用之日起适用澳门法律。2018年1月16日,国务院批复《关于撤销深圳经济特区管理线的请示》,同意取消深圳经济特区管理线,这意味着自深圳特区扩至全市、二线关查验设施拆除之后,深圳原特区内外不再有物理阻隔。在改革开放40周年之际,作为改革开放重要见证的深圳"二线",正式退出了历史舞台。从深圳湾口岸的"一地两检"通关模式到作为粤澳合作重要平台的珠海—澳门跨境工业区,以及粤澳合作新模式的横琴岛澳门大学新校区项目和"二线"的撤销,都离不开在实践中的大胆创新。

改革开放以来粤港澳合作所取得的每一项成果,向前迈进的每一个步伐,都凝聚着合作各方的聪明才智,都是解放思想、一切从实际出发、大胆创新的结果。在今后的合作中,我们还必须牢牢把握解放思想的主线,只有不怕打破旧框框,打破旧思维,实事求是地开展合作,勇于创新,善于创新,粤港澳合作才能保持强大的生命力。

第二节 促进粤港澳合作的政策措施

港澳地区与广东山水相连,近代割让给葡萄牙、英国前还与广东省属于同一行政区划。长期的历史隔阂使这三个地区形成了不同的政治、经济和法律制度。改革开放以来,广东利用中央的特殊政策和灵活措施,不断探索粤港澳合作的新模式和新机制,促进粤港澳一体化发展。

一、经济方面

（一）广东积极移植香港的经验，实现经济运行机制的全面对接

20世纪八九十年代，广东一直将经济特区作为我国市场经济的实验室，深圳特区更是以香港的经济运作模式和政府管理体制为镜子，成为中国改革开放和市场化改革的先锋。深圳基本上建立了与香港及主要国际经济特区和自由贸易区法律相近或融通的地方法律体系。

深圳经济特区的市场化改革试验成功地诠释了中国经济改革的方向。1992年，邓小平南方谈话后，社会主义市场经济终于写入宪法。2003年，深圳市政府按照党的十六大报告精神，"按照精简、统一、效能的原则和决策、执行、监督相协调的要求，继续推进政府机构改革"的精神，再次尝试进行行政改革，广泛吸收港澳成功经验，计划构建决策、执行、监督"行政三分制"的全新政府架构，形成权力制约机制，提高政府效率。这一革命性的政治改革方案的宣布引起了国际社会非常积极的反响，被视为中国积极接纳世界先进文明的具体步骤。随着港澳相继回归，以及2004年开放港澳自由行和CEPA的实施，深圳于2005年提出了"深港无缝对接，建立深港国际大都市"的构想。2010年，珠海提出要从"基建对接、通关便利、产业合作、服务一体"四个方面实现珠海—澳门同城化构想。目前，深圳、珠海经济特区正在前海新区（粤港共建现代服务业）与横琴新区（粤澳共同开发横琴岛）作为探索粤港澳合作的新模式。2017年8月，中央批准横琴新区实施自由贸易港政策，在经济运行机制和管制体制上实现与港澳的全面接轨。

（二）建立健全合作机制，为粤港澳经贸合作提供保障

实现粤港澳合作，合作机制是保障。改革开放以来，广东积极探索与港澳的合作机制。在港澳回归前，粤港澳的非政府组织已经建立了许多智囊团性质的合作论坛，如深港合作论坛、粤港澳合作促进会等非正式合作机制。港澳回归后，广东抓住机遇，建立了粤港合作联席会议、粤澳合作联席会议等官方合作机制以及双边和三边高层会晤等官方合作机制。在这两个框架下，深圳经济特区和珠海经济特区分别成立了深港合作专责小组和珠澳合作专责小组，作为新的合作平台，探讨切合彼此需要的实际措施。

随着 CEPA 及其补充协议、《珠江三角洲地区改革发展规划纲要（2008—2020 年）》《横琴总体发展规划》的出台和完善，广东分别与港澳签署了《粤港合作框架协议》（2010 年 4 月 7 日）和《粤澳合作框架协议》（2011 年 3 月 6 日），粤港澳合作发展规划和政策体系逐步完善，粤港澳合作从区域战略层面上升到国家战略层面。粤港澳合作走向制度化和机制化，区域经济一体化、区域协同发展已成为大势所趋，但是两种制度的差异仍然是粤港澳一体化的制度障碍。需要中央政府给予广东经济特区超越 CEPA 框架的第三种制度，即国家授权设定一种特定机构来进行治理的制度，这种制度必须由全国人大立法或至少由国家制定的条例。

（三）全面提升产业合作，实现区域融合发展

20 世纪六七十年代港澳经济起飞后，由于内部工资和地价上涨、环境恶化、产业技术升级受阻，到了 80 年代进入经济转型时期，大量劳动密集型产业或工厂迁出。而这个时候中国内地实行对外开放政策，大力引进外资。内地拥有丰富的资源、大量廉价的劳动力和广阔的市场，但缺乏资金、技术和管理经验。再加上内地与港澳文化、语言、生活习惯等的一致，经济互补性强，产业梯度转移和分工自然形成，推动粤港澳经济合作走向一体化，形成了"前店后厂"产业合作体系。在这个过程中，深港珠澳的经济联系几乎难以割裂，产业结构相辅相成，两地人民的生活方式水乳交融，甚至工资、房价、物价这些日常生活指标也逐渐趋同。

目前，粤港澳三地的产业合作已从原来"前店后厂"模式向共建产业园新模式发展。珠海—澳门中药产业园是广东、澳门建成的第一个跨境工业园区。根据规划，珠海市横琴新区还将与港澳共同建设包括中药产业、商务旅游、文化创意产业等在内的工业园区。广州计划将南沙建设成为粤港澳物流和现代服务业发展集聚区。深圳计划将高新技术产业园与两地高校和研究机构合作共前店后厂模式向共建产业园新模式发展和同建设创新基地。深圳前海新区也借助香港的中介机构，依托香港的国际金融业和现代服务业，共同建设现代服务业发展基地。

（四）推进前海、横琴开发，积极探索合作新模式

深港合作不仅体现在总体规划中，而且体现在各级规划的一系列措施和对策中。在近期深港规划中，深港合作不仅体现在总体规划中，而且体现在各级规划的一系列措施和对策中。在最近的规划中，深圳和香港提出

了跨界合作计划,包括在运输、水资源、能源、物流和港口方面的区域合作;与香港、澳门及珠江三角洲城市合作开展区域大气环境监测、治理工作;推进深港边境地区开发的各项准备工作;促进深港创新要素合理流动,构建"深港创新圈";依托城市高新区和大学城,加强与香港高校和科研机构的研发合作;积极引进香港中介服务机构,依托香港国际金融业和现代服务业,改善高新技术产业发展环境,营造创新氛围。2009年年初,《深港创新圈三年行动计划(2009—2011年)》由深港双方协商制定,建立了6个创新基地、12个服务平台和4个重大专项工程。深港创新和科技合作在创新体系、创新模式、创新效益等方面都取得了显著进展。经过多次争议,《深圳经济特区前海深港现代服务业合作区条例》终于在2010年7月尘埃落定,作为"深圳质量"的标杆,前海片区将成为深港深入合作的新篇章。横琴开发是中央的重大决策,是"一国两制"伟大构想的最新实践和具体探索,是珠海和澳门共同面临的历史发展机遇。依托横琴开发载体,珠海将在现有珠澳合作模式的基础上,进一步探索产业发展、社会管理、文化交流等多种合作模式,加快粤港澳紧密合作示范区的建设。

二、社会生活方面

(一)通过基础设施对接、通关便利化,实现人员和物流的顺畅流动

在港澳回归前,虽然香港开始大规模投资珠三角,形成了"前店后厂"的分工与合作关系,但只有罗湖和拱北口岸可以解决三地之间的通关问题,这三地之间的货物和人员往来受到基础设施和通关政策的限制,十分不畅。港澳回归后,特别是2003年CEPA的签署,加强了三地的经济一体化建设,深港无缝对接、珠澳同城化的理念开始出现。

三地无缝对接最明显的标志主要体现在交通设施与通关口岸的对接上。龙华地铁线作为深港合作自CEPA正式签署以来的第一个大型基础设施项目,不仅实现了两地地铁网络的有机无缝连接,有利于两地居民的出行往来,而且促进了两地在经济、民生、社会等各个领域的进一步合作。而香港地铁参与深圳轨道交通的建设和后期运营管理,标志着深港合作已开始深入城市建设、社会管理等领域。

目前,港珠澳大桥已经通车,珠海九洲港和香港国际机场水上直接航线已经开通,珠海和香港共同出资组建珠港机场管理有限公司。为了与珠

三角的轨道交通网络联通，澳门计划建设轻轨捷运系统，并在横琴与珠海的城际铁路连接，实现珠海与澳门口岸的开放时间同步，不仅将为澳门居民和澳门旅客提供可靠、安全、承载量大、高舒适度的公共服务，而且为跨境旅游提供快捷、方便、舒适和环保的条件。

放宽通关政策是深港珠澳对接逐年深化的又一方面。2003年1月27日，深圳皇岗口岸24小时通关，深圳与香港两个城市交融的交融露出端倪。2007年8月15日，深圳福田口岸正式启用。从深圳到香港九龙落马洲只需通过240公尺的大桥。深圳口岸作为内地通往香港的窗口，成为港货进入内地的第一站。2005年8月16日，深圳海关启动了"空港物流快线"，2006年5月30日启动了"深港物流绿色通道"项目。这两条跨境物流高速公路不仅实现了跨境货物的快速通关，还将香港海运码头和机场堆场延伸至深圳。澳门拱北关闸口岸自回归以来，规模不断扩大，通关能力增强了两倍，达到50万～60万人次。货物通关口岸增加了路新城口岸和珠澳跨境工业区口岸，通关能力由回归时的300千公吨增加到目前的2 800千公吨。

（二）通过社会服务一体化，营造粤港澳共同生活圈

目前，粤港澳三地车辆实行双牌照制度，港澳车辆可在广东挂牌自由通行，但广东车辆进入港澳仍受到限制。在住房、物业管理方面，目前深圳、珠海的住房物业管理也主要借鉴港澳的管理制度，方便港澳人士在内地购买房地产和生活，营造粤港澳共同生活圈。社会服务一体化还包括粤港澳卫生医疗合作、教育服务交流、旅游服务衔接、文化体育资源共享、会展服务等，充分发挥地方资源优势，提高服务业竞争优势。

广东的深圳、珠海等地也借鉴港澳在社会管理和公共服务方面的先进经验，开展社会管理体制创新，主要引入港澳社区、市政、交通等方面的管理方法，在服务标准方面，引入港澳标准化管理，推进社会管理体制改革，建立与国际接轨的社会管理模式，建设优质共享的社会服务体系，全面提高行政效能和公共服务水平。

三、文化交流方面

广东是改革开放的领头羊，经济建设的强省，对外及港、澳、台文化交流的先行者。近年来，广东省文化厅围绕国家外交大局和广东省委、省政府中心工作要求，大力推进广东文化走出去，完成了一批高规格、有影响的涉外文化项目，文化产品和文化服务竞争力明显增强。2011—2015年，

经验总结编

广东对外和对港、澳、台开展了 3 300 多个批次、5.5 万多人次的双边文化交流。特别是 2015 年，双向文化交流创下历史新高，达到 1 024 批，15 900 人次，继续领跑全国。广东一批批文艺队伍作为文化大使，唱出好的声音，讲述好的故事，在国际上传播积极的能量，树立了广东文化的新形象。

（一）通过制度和机制创新，巩固对外文化交流的基石

近年来，广东坚持创新对外和港澳台文化交流的体制和机制，突出增强广东文化软实力、促进广东文化走出去的主题，不断加强对外文化交流与合作的基石。

广东省文化厅高度重视涉外和港澳台文化交流工作，每年组织全省涉外和港澳台文化工作座谈会，总结梳理工作，分析形势特点，规划布置任务，做好年度工作计划，大任务提早准备，重要活动提前规划筹备，并纳入督办事项。

2015 年 7 月，广东省发布了改革开放以来首份专门致力于涉外和港澳台文化工作的重要文件，明确了文化交流的短期和长期目标，为进一步加强涉外和港澳台文化工作提供政策保障，推动涉外和港澳台文化工作步入更加规范有序的发展轨道。省内各地市积极贯彻落实文件精神，进一步完善涉外和港澳台文化工作体制建设，部分城市已采取有效措施并取得初步成效，如广州市文广新局成立了文化交流合作处，为加强对外和港澳台文化工作的领导和管理，统筹协调提供了组织保障。同时，省主管部门要求各地对外和对港澳台文化活动归口管理，增强各地申报对外和港澳台文化交流活动的意识。此外，还建立了涉外和港澳台文化工作专办员和联络员制度，成立了"广东对外文化工作"微信群，及时发布相关信息，交流工作经验，形成了更加紧密的工作氛围。

同时，广东省文化厅积极配合外事、财政、商务、金融、经贸、侨务、台务等部门，积极争取地方地级以上市文化行政部门将涉外文化工作经费纳入本部门年度预算，积极申请设立地方涉外文化工作专项资金，出台鼓励更多以民间、商业方式走出的政策措施，探索建立以政府为引导、以企业为主体、以市场化运作为主要方式的工作机制，重点扶持演出艺术艺术品与工艺美术、动漫、游戏等领域的文化企业和产品走向世界。

广东省文化厅积极调动全省和海外力量，努力拓展对外交流的新渠道和新载体。一方面，注意与上级部门和省有关部门的沟通与协作，与使领馆、华人社团等保持密切联系。另一方面，通过购买服务、提供平台等手

段挖掘和整合全省文化系统资源,吸引文化企业积极参与。仅2013年,海外"快乐春节"系列活动,全省就有10个地级市,共计40家企事业单位参加。

（二）配合外交大局,密切开展中央与地方的合作

近年来,广东省按照文化部的安排,紧紧围绕"欢乐春节、和谐世界"的时代主题,在春节期间向世界各地密集传播中华文化。"欢乐春节"的覆盖面、规模、水平和影响力逐年突破。2011—2015年,广东共派出170多个批次,近5 000人次。广东以"欢乐"为载体,将20多项具有代表性和观赏性的优秀地方艺术推向世界。广东精神和中国风格以海外观众乐于接受的方式传递出去,通过岭南文化的辉煌和发展展现了中国文化的博大和活力。

"中国"和"广东"已成为广东艺术团所到之处的流行语。所到国家元首和地区政府首脑、各国使节和华侨领袖亲自会见主要演员并观看演出。特别是连续11年,广东省赴法国海外省留尼汪和毛里求斯举办大型综合性文化活动,活动区域跨越留尼汪的5个城市和毛里求斯路易港区,成为当地春节期间规模最大的庆典活动,在当地形成了"春晚"效应,是民众喜闻乐见的标志性节庆盛会。经过5年的精心培育,"欢乐春节"已成为广东文化走出去的一个亮丽品牌。广东通过春节这一窗口,全方位、多渠道、宽领域地向世界人民展示了优秀的中国文化,探索了一条特色鲜明、形式多样的文化交流之路。近两年,在文化部召开的"欢乐春节"工作会议上,广东省作为两个典型省份之一,连续两次作经验交流发言。

2016年春节期间,广东省向11个国家和港澳台地区派出36个文化团体、702人次,开展内容丰富多彩、交流与贸易并重"欢乐春节"文艺展演活动,向世界人民全面展示中国文化、增强国际影响力。

近年来,广东省文化厅积极配合全国外交大局,密切开展中央与地方的文化交流与合作。除了"欢乐春节"活动外,还主动与我国对外文化中心合作,成功完成了一批规格高、影响大的文化交流活动。

以莫斯科中国文化中心揭牌为契机,2012—2013年,广东省与莫斯科中国文化中心开展了年度合作,共组织了9批184人次访问俄罗斯,将大团组与小团队相结合,多批次的交流形成连续效应,展现出具有中国特色的民间文化。

2015年,广东与柏林中国文化中心积极开展年度对口合作,全年开展

12个合作项目。积极推送文艺演出、雕塑展、艺术展、现代舞等精品项目赴德国交流，参加当地节庆活动，成为广东省依托文化部平台、加强对外联系、统筹海内外资源、助推广东省内文化精品和企业走出去的成功实践。

（三）紧扣中心任务，主动开展高规格人文交流活动

近年来，广东省紧紧围绕"一带一路"倡议和广东省的中心任务，充分发挥"广东文化周"的品牌效应，积极开展高层次的文化交流活动，圆满完成了国家赋予广东的外交使命，紧密配合广东对外开放的工作需要，全方位、多角度地展现了岭南文化的风采。

2013年，广东省积极打造海外"广东文化周"品牌，先后组织三批113人次的艺术代表团赴泰国、印度尼西亚、乌克兰、白俄罗斯、美国、加拿大等国巡回演出，并在部分国家举办"美丽广东"图片展活动，全面推广广东的国际文化形象。其中，在印尼苏北省举行的民族音乐专场演出，是自2002年广东与苏北建立友好省份关系以来，广东首次派出文艺表演队伍到当地演出，刷新了当地观看中国文艺演出的人数纪录。

2014年9月底，为庆祝广东省与澳大利亚新南威尔士州结好35周年，广东省与悉尼中国文化中心合作，组织广州交响乐团和广东文化展览团共121人赴澳大利亚举办"悉尼·中国广东文化周"系列展演活动，包括4场音乐表演、3场展览和文化艺术讲座、非遗传承人现场制作演示及授课，为中澳关系发展注入了文化活力。2015年6月初，广东省加大了与太平洋岛国文化交流的力度，引起了当地社会各界的热烈反响。"广东对外文化交流基地"在中国（广东）·斐济经贸合作交流会上揭牌，为以斐济为中心的辐射周边太平洋岛国开展文化交流奠定了基础。

2015年10月7—14日，广东省文化厅和广东省政府新闻办联合策划了"感知中国——广东文化欧洲行"文化交流表演活动，通过友好关系等渠道深入欧洲，分别在荷兰乌得勒支、海牙、比利时林堡和意大利罗罗马涅大区举办了大型舞蹈舞集《潮汕那壶茶》，举办了"欧洲摄影家眼中的广东"图片展，受到了当地群众的欢迎。

为了加强与"一带一路"特别是"海上丝绸之路"沿线国家的文化交流，广东省依托文化品牌"广东文化周"，面向"一带一路"地区开展了一系列交流与合作活动。2014年9月，广东在东盟四国（新加坡、马来西亚、缅甸、泰国）举办大型"广东文化周"品牌活动，有效地宣传了文化发展的突出成果。2015年9月27日至10月9日，广东省文化厅主办的"中国

广东文化丝路之旅——广东粤剧院交流演出"在泰国、新加坡等地进行了9场巡回演出,为当地观众带来精彩的粤剧盛宴。

广东省文化厅还加强了各国驻穗总领事馆的沟通与协调,充分利用领事馆开展文化活动。2015年,广东省与各国驻穗总领馆举办了30多场文化活动。其中,广州、深圳、东莞、顺德等地与法国驻穗总领馆合作举办了"中法文化之春"大型系列活动,促进了中法文化的双向交流。

(四)向纵深化发展,粤港澳台文化合作百花齐放

近年来,广东积极开展港澳文化交流基地工作,促进了粤港澳合作的进一步发展。广东省与港澳的地理位置相近,人缘相亲、文化同宗,广东省与港澳文化交流占内地各省总交流量的近一半。2015年,广东省与港澳双向文化交流达到331批,5 157人次。①

加强制度建设是推进粤港澳文化合作的基础。广东省文化厅积极落实《粤港合作框架协议》《粤澳合作框架协议》的相关要求,与香港特别行政区政府民政事务局和澳门特别行政区政府文化局签署了《粤港澳艺文合作协议书》《粤港澳文化交流合作发展规划(2009—2013)》《粤港澳文化交流合作发展规划(2014—2018)》《粤港澳文化交流合作示范点工作协议书》等合作文件,实现了粤港澳文化交流合作从民间自发到政府引导、从临时性到计划性、从交往到共事的深度融合。

为保证具体合作事项的质量和效率,粤港澳文化机构建立了会议协商机制,通过参与活动、举办会议、电话交流等方式确保良好沟通。粤港澳文化合作会议已连续16次成功举办,成为三方沟通交流的重要平台。2011年至2015年,共完成200多个合作项目,内容涉及表演艺术项目交流与人才培养、文化信息平台建设、文物博物合作、公共图书馆数字化联网、非物质文化遗产传承与保护、青少年文化交流等广泛领域。在2015年6月举行的粤港澳文化交流与合作第16次会议上,三方达成50多个合作项目,并发布了"粤港澳区域博物馆优惠证""粤港澳文化电子生活地图"移动终端软件等一批新成果。

在港澳文化交流与合作稳步推进的总体框架下,广东省港澳文化交流呈现出"百花齐放"的态势。通过国际博物馆日、世界读书日、文化遗产

---

① 李再炎等:《广东省对外和对港澳台文化交流合作成绩显著》,见广东省文化厅公众服务网(http://www.gdwht.gov.cn/plus/view.php?aid=39217,2016)。

日、香港艺术节、澳门国际艺术节等文化节庆活动,三地持续加强公共文化服务合作。针对不同的受众,三地共同打造多层次的品牌活动。三地联合举办了以文化同源为主题的大型舞蹈诗《清明上河图》、现代舞《情书》、粤港澳文物大展如"东西汇流""海上瓷路"及"岭南考古成果"等一批精品展览。

一年一度的"粤港澳青年文化之旅""粤港澳青少年粤剧艺术培训夏令营"和"澳门学生普及艺术计划"是粤港澳文化交流与合作的重要项目,每个项目规模均超过百人,受众更高达几千人次。其中,"粤港澳青年文化之旅"活动自2009年以来在原文化部的支持下已连续举办7次,共有700多名港澳大学生参加。在做好与港澳文化交流与合作的同时,广东积极开展与台湾的文化交流。广东省台资企业众多,客家文化、潮汕文化与台湾文化紧密相连,对台文化工作有着广泛的空间。近年来,广东与台湾之间的交流越来越活跃,交流水平不断提高。值得一提的是,2012年10月至11月,"2012两岸城市艺术节——广东城市文化周"大型两岸文化交流活动在台北成功举办。这是广东省文化厅首次独立组织大型文化团体赴台交流访问,共派出252人赴台,受到台北人的热烈追捧。

同时,台湾也积极选派文艺团体到广东开展多层次的文化交流活动。2013年9月,大型文化交流活动"两岸城市艺术节——台北文化周"在广州举行。来自台北的演出参访团共208人,举办了多场演出和抽象艺术展览及粤台艺术家交流座谈会,演出上座率达90%以上。

此外,情系青春——两岸大学生岭南行、"两岸和谐·客家同欢"山歌晚会、海峡两岸舞蹈交流研修夏令营、"1+1——两岸四地艺术交流计划""辛亥革命风云人物墨迹展"等活动先后在两地开展,推动了粤台文化交流合作不断开创新局面。

(五)深化交流平台建设,扩大广东文化吸引力

近年来,广东各地主办的国际、多边文化交流活动十分丰富。中国(深圳)国际文化产业博览交易会、中国广州国际演艺交易会、广州国际艺术博览会、中国国际马戏节、广州三年展、羊城国际粤剧节、连州国际摄影展、广东现代舞周等专题性强、影响力大的文化交流活动已经成为国际性的文化交流平台,极大地提升了广东文化软实力。

近年来,广东每年定期举办一系列大型国际文化活动,国内外文化业界人士、专家学者的参与度不断上升,国际影响力不断扩大。如2015年9

月下旬举行的首届珠海莫扎特国际青少年音乐比赛,吸引了来自世界30个国家和地区的535名选手报名;2015年广州国际演艺交易会设置了150个展位,邀请了100多家国内外文化机构参展;在第二届中国国际马戏节上,来自20个国家的31支顶级马戏杂技表演团队同台献技;第20届广州国际艺博会推出七大主题展览与五大主题活动论坛,并设立了10个分会场。

第三节 粤港澳合作的成效

2003年以来,CEPA等一系列合作框架和规划的出台,极大地促进了两地经济的融合与发展,形成了内地与港澳的制度性合作,增强了港澳经济与内地经济发展之间的关联度,促进了内地与港澳经济优势互补互利。具体来说,当前粤港澳合作的成效主要体现在以下几个方面。

一、建立内地与港澳地区经贸领域的机构合作机制

通过CEPA的制度性安排,建立了中央政府与香港特别行政区和澳门特别行政区政府在经贸领域全面合作机制和交流平台,促进和保障了相互间经贸交流与合作的顺利进行。同时,制度性安排也有助于内地深化改革和进一步扩大开放。实现粤港澳合作,合作机制是保障。改革开放以来,广东省积极探索与港澳的合作机制。

二、实现内地最高水平的对外开放

在货物贸易方面,自2006年以来,对原产于香港和澳门的所有产品实行零关税。到2015年年底,内地累计进口香港CEPA项下货物95.1亿美元,关税优惠52.8亿元人民币。在服务贸易领域,根据不同行业的特点,不断扩大对港澳的开放,并于2015年年底签署了《CEPA服务贸易协议》,这是内地第一个全境以"准入前国民待遇加负面清单"模式全面对港澳开放的服务贸易协议,它标志着内地与港澳率先基本实现服务贸易自由化。2017签署的内地与香港《CEPA投资协议》和《CEPA经济技术合作协议》,明确在投资领域继续给予香港最优惠待遇,香港将继续保持内地对外开放的最高水平。

三、提高了内地与港澳的产业合作水平

改革开放以来,由于内地丰富的自然资源和劳动力资源,港澳拥有丰富的资金、技术、人才和管理经验,珠江三角洲吸引了港澳的大规模投资,创办了一大批劳动密集型加工制造企业,形成了"前店后厂"的分工合作模式,并且尝试性地创立了"三来一补"的企业贸易形式。进入21世纪后,随着CEPA协议的签署和自由贸易试验区的建立,广东对港澳开放程度不断提高,服务贸易和投资不断增加,粤港澳经济合作逐步由"前店后厂"的合作模式向共建工业园区的合作模式发展。经贸合作从加工贸易企业向现代服务业和先进制造业转型,产业链得到了延伸。粤港澳拟共同建设工业园区,涉及医药产业、文化产业、科技教育、商务旅游等方面。珠海与澳门建立了第一个跨境工业园——珠澳中医药产业园,广州计划将南沙建成粤港澳物流与服务业发展的聚集地,深圳规划借助香港金融业和服务业,将前海新区建成现代服务业的发展基地,珠海计划与澳门共同开发横琴岛,建成横琴新区,配套完善横琴新区的卫生医疗和住房、交通等公共设施。

四、强化了粤港澳统筹发展的水平

改革开放以来,广东省积极探索与港澳合作的协调统筹问题。在港澳回归前,粤港澳三地的民间团体就搭建了许多智囊性质的合作论坛比如深港合作论坛、粤港澳合作促进会等非正式统筹机制。回归后,广东省抓住机遇,分别成立了粤港合作联席会议和粤澳合作联席会议以及双边和三边高层会晤等官方统筹机制。在这两个框架下,深圳经济特区和珠海经济特区分别成立了深港合作专责小组和珠澳合作专责小组,作为开展合作的新平台,务实地探究符合彼此需要的具体措施。随着CEPA及其补充协议的深入实施和不断完善,《珠江三角洲地区改革发展规划纲要(2008—2020年)》《国务院关于深化泛珠三角区域合作的指导意见》等的出台,粤港澳合作发展规划和政策体系逐步完善,粤港澳合作已从区域战略层面上升为国家战略,粤港澳合作走向制度化和统筹化,区域经济一体化、实现区域协同发展已是大势所趋。

五、区域内要素流动更加便捷

在人才流动方面,广东省通过不断出台相关政策,吸引来自港澳的高级专业人才,成果显著。近年来,一方面,广东省通过海外专家来粤短期

工作资助计划、海外青年人才引进计划、粤海智桥资助计划、港澳高层次人才认定办法、博士和博士后人才创新发展制度、粤港澳人才合作示范区等人才制度，不断吸引来自港澳的高层次人才，效果初显。截至目前，通过"海外专家来粤短期工作资助计划"申报资助的港澳高级人才共 10 名；自 2017 年 5 月 19 日《关于开展外籍和港澳台高层次人才认定工作的通知》开始实施以来，通过港澳台高层次人才认定的从业人员已达到 17 人；通过粤港澳人才合作示范区，引才聚才效果较为明显。截至 2014 年年底，示范区人才总量已经超过 16 万人。另一方面，广东省通过不断便利和完善就业许可制度、广东高校毕业的港澳学生创业补贴制度、港澳居民在粤创业补贴制度等，为来粤工作的港澳专家与普通居民均提供了便利化措施。数据显示，广东省引进港澳专家由 2014 年的 10 539 人次（占全省引进境外专家的 8%）上升至 2015 年的 11 348 人次（占全省引进境外专家的 8.7%），根据尚未发布的内部数据资料显示，2016 年，广东省境外专家数量仍居全国第一，且其中引进港澳专家数量达到 30 000 人次以上（按照往年全省引进境外专家中港澳专家人数占比 8% 估计）；近年来，每年来粤工作的港澳人员超过 20 万人次，在广东自贸试验区就业的各类港澳人才超过 7 000 人，超过 200 个港澳创业团队在广东自贸试验区粤港澳青年创新基地接受创业培训和孵化；同时，从 2013—2016 年的港澳来粤就业人数看，香港居民来粤就业的人数分别为 11 012 人、10 964 人、12 194 人、14 587 人，澳门来粤就业人数分别为 1 657 人、1 844 人、4 028 人、1 467 人。

在资金流动方面，随着经贸合作深化与金融合作不断创新，粤港澳三地资金往来的规模不断扩大，形式也日趋多样化。自改革开放以来，粤港澳三地抓住机遇，从最初的港澳与"珠三角"形成"前店后厂"合作模式，到现阶段粤港澳大湾区已经形成了全产业、全方位、多领域、多层次的合作模式。从广东省外商直接投资看，2014—2016 年，香港外商直接投资协议签订数分别为 4 414 个、4 855 个、5 365 个，澳门外商直接投资协议签订数分别为 288 个、476 个、589 个，港澳两地对广东省直接投资项目数占外商直接投资项目数分别为 78.2%、75.8%、73.7%，港澳两地来粤直接投资净流入分别为 129.74 亿美元、143.08 亿美元、86.35 亿美元。从广东省对港澳直接投资看，2015 年和 2016 年，对香港直接投资项目数分别为 1 073 个和 777 个，直接投资额分别为 59.4 亿美元和 127.3 亿美元，2015 年和 2016 年，对澳门直接投资项目数分别为 16 个和 12 个，直接投资额分别为 0.78 亿美元和 0.41 亿美元，2015 年和 2016 年，广东省对港澳直接投资项目占总对外直接投资项目的69.9%和55.2%,对港澳直接投资金额分别占对外直接投资总额的56.5%和61.8%。从广东与港澳地区跨境人民币业务创新发展看,广东与港澳地区间跨境结算业务规模不断扩大,截至2017年9月末,金额已达9.5万亿元,占全省跨境人民币结算总金额的72.0%。跨境人民币贷款业务不断推进,自2012年12月,深圳前海率先启动跨境人民币贷款试点以来,先后已在广州南沙、珠海横琴进行推广。截至2017年9月末,广东企业累计从港澳金融机构获得人民币跨境贷款超过120亿元。以珠海大横琴有限公司和深圳前海金融控股有限公司为代表的境内企业在香港成功发行人民币债券,总额达到25亿元。从广东与港澳金融市场合作与对接情况看,截至2017年9月末,广东共有6家证券公司、7家基金管理公司、4家金融投资公司和控股集团具备人民币合格境外机构投资者(RQFII)资格的香港子公司累计获批投资额度超过1 100亿元,占全国RQFII投资额度的18.8%;珠海横琴的跨境住房按揭业务有序推进,截至2017年9月末,已收汇接近7亿美元。

在技术流动方面,自CEPA协议签订以来,粤港澳三地科技创新合作全面展开、持续推进、不断深入,合作机制愈加紧密,合作模式逐渐多样化,合作领域更加丰富,合作渠道更趋完善。从粤港澳科技合作政策看,一方面,通过"粤港联合创新领域资助计划"(又称"粤港科技合作资助计划")、科技部国合专项及政府间项目、港澳台合作专项、"香港—珠三角科技创新走廊"合作计划等,推动包括移动互联网、大数据、高端制造装备、智能机器人、新能源、新材料、节能环保、生物医药等领域的科研合作。2014年,广东省组织申报科技部国合专项及政府间项目共计59项,其中港澳台项目8项,经两轮专家评审后,本省国合项目共计11项,其中港澳台项目3项;粤港联合创新资助项目中,最终共有28项获立项,总资助经费7 000万元。另一方面,粤港双方以《粤港共建科技创新平台协议》和《粤港产学研合作框架协议》为基础,以产学研协同创新模式,借助高校、科研院所的跨区域合作,建立港澳台科技创新合作机构、举办港澳台国际会议等方式,香港的大学和研发中心充分发挥其理论研究的优势,积极与广东省的科研机构和科技企业合作进行科研与开发,利用广东地区创业环境优越的优势,共同构建科技创新平台,实现科研成果的技术转化。2013年,就有香港中文大学、香港城市大学、香港科技大学和香港理工大学4所香港大学在深圳南山高新区设立产学研基地。从粤港澳科学技术交流看,2013年,省科技厅共组织赴港澳出访31批,54人次;2014年,出访港澳17批,

41人次。

　　在信息流动方面，粤港澳地区正逐步通过建立公共信息平台、电子口岸平台等方式，利用先进技术，推进三地信息共享机制的建立，实现数据信息互联互通。主要是以自贸区和主要通关口岸作为试点，开放信息平台数据共享，便利化货物与人员的流动。一方面，针对自贸区，以横琴自贸片区为例，其利用自身优势建立的"走出去综合公共服务平台"，引导企业利用香港、澳门知名品牌、营销渠道、高端人才等资源，加大对港澳地区的投资合作、跨国并购、品牌收购以及国际融资业务。平台对每天的信息量和浏览量进行统计发现，该平台使用活跃，平台历史浏览次数已达到7 664人次，90日内平均日浏览量为31次，系统自动抓取信息12 454条，经后台人工筛选发布3 655条，共计有331家企业注册。另一方面，以推进广东电子口岸平台建设为主要手段，实现口岸通关便利化。2000年，由省口岸办建设启用了"广东省口岸广域网"，实现了重点口岸现场视频监控、通关数据统计、综合信息收集报送、查询等功能；2007年，由省外经贸厅牵头建设了广东省加工贸易联网监管公共平台，实现了加工贸易企业与外经贸部门、海关的计算机三方联网；2013年，在东莞市试点推进八方联网（新增财政、国税、工商、检验检疫、外管等部门），为企业的加工贸易业务提供网络化、无纸化高效服务，为广东省加工贸易的转型升级注入新的活力；地方层面，目前已建设广州、深圳、拱北、粤东、江门、湛江6个区域性电子口岸平台，并逐步实现口岸信息共享机制。

第十六章 建设市场化、法治化、国际化（便利化）营商环境，深化对外开放

营商环境是指伴随企业活动整个过程（包括从开办、营运到结束的各环节）的各种周围境况和条件的总和。营商环境包括影响企业活动的社会要素、经济要素、政治要素和法律要素等。营商环境是一个国家或地区有效开展国际交流与合作、参与国际竞争的重要依托，是一个国家或地区经济软实力的重要体现，是提高国际竞争力的重要方面[①]。2013年11月，党的十八届三中全会通过了《中共中央关于全面深化改革若干重大问题的决定》（简称《决定》）。《决定》明确要求，深化经济体制改革，推进工商注册制度便利化，削减资质认定项目，由先证后照改为先照后证，把注册资本实缴登记制逐步改为认缴登记制。2017年7月17日下午，中共中央总书记习近平主持召开中央财经领导小组第十六次会议时强调，要改善投资和市场环境，加快对外开放步伐，降低市场运行成本，营造稳定公平透明、可预期的营商环境。李克强总理在2018年1月3日的国务院常务会议上强调："政府工作不仅要继续改善基础设施等'硬环境'，更要通过体制机制创新，优化营商环境，在'软环境'上有新突破。"

建设市场化法治化国际化（便利化）营商环境是广东坚持社会主义市场经济改革方向，完善社会主义市场经济体制的重大决策；是加快转型升级、建设幸福广东的重要举措；是广东提升核心竞争力、增创科学发展新优势、实现可持续发展的重要行动。当前，广东正处于加快转型升级的关键时期，一方面，当今世界人才、资源、资金、技术、市场竞争日益激烈，营商环境的优劣决定了高端要素资源的流向与集聚，成为能否在全球经济

---

① 孙丽艳：《外贸中小企业面临的国内营商环境研究》，中国商务出版社2016年版，第101页。

技术竞争中获胜的关键因素；另一方面，随着我国全方位改革开放不断深入拓展，广东原有的许多先发优势正逐步丧失，改革步入深水区，转型升级到了爬坡越坎的关键阶段。要重塑广东的竞争优势，就必须在推进产业、技术等方面硬转型的同时，更加重视软转型。营造市场化法治化国际化（便利化）营商环境就是推进软转型的核心内容①。因此，建设市场化法治化国际化（便利化）营商环境对广东发展具有重大而深远的意义。

第一节　建设市场化、法治化、国际化营商环境的经验

一、标杆引领、规则对接

广东坚持借鉴国际先进经验与广东本地实践相结合，以世界银行评估营商环境排名靠前的国家和地区为标杆，积极对接国际先进理念和通行规则，使营商环境更规范、更透明、更便利。例如，通过借鉴美国的做法，广东建立了覆盖所有不动产物权的统一登记制度。通过借鉴联合国国际贸易法委员会的做法，广东建立了包括涉外仲裁在内的仲裁机构。广东主动对标全球一流营商环境。自2016年8月开始，广东自贸试验区三个片区依托自贸试验区改革创新体制机制优势，相继启动了"证照分离"改革试点，让企业在办理营业执照后能尽快开业经营。南沙、前海、横琴等区域率先推进与港澳在行业规范、管理标准、营商规则等方面的对接。例如，2017年7月13日，广州南沙开发区（自贸片区）管委会宣布，广州南沙在全国率先实现"企业设立不需审批"，1天之内可领取营业执照。"今后到南沙自贸片区开公司办执照，只要材料齐全、符合法定形式，就准予登记。"南沙开发区（自贸片区）管委会副主任潘玉璋介绍，南沙实行企业设立审批改革，将审批制改为商事登记确认制。这一改革措施，让南沙自贸片区与国际通行规则的商业登记模式实现接轨。

二、市场导向、法治为基

广东坚持遵循市场经济规律和加强法治建设相结合，创造适应市场经

---

①　盛保晨：《推动经济高质量发展　营商环境就是生产力》，载《国际人才交流》2018年第1期。

济要求的稳定公平的制度环境，保障公民和市场主体的合法权益，降低企业营商成本，促进实现规则公平、机会公平、权利公平[①]。例如，广东积极推进"三打两建"，加强市场服务和监管，充分激发了市场主体活力。又如，广东省纪委于2016年4月在全国率先出台《关于推动构建新型政商关系的若干意见（试行）》，明确政商交往的尺度。同时，广东以深化商事制度改革为主线，不断强化事中事后监管，协同推进市场监管领域其他改革，创新完善消费维权新机制，强化商标广告职能，持续服务创新发展，大力激发了市场活力和创造力。统计数据显示，截至2017年6月底，广东省实有各类市场主体948.6万户，比2016年年末增长5.8%；注册资本（金）35.6万亿元，比2016年年末增长29.1%。全省每千人拥有企业达34户，已超过中等发达经济体最高水平。广东强化制度性和程序性法规规章建设，确保每个管理事项有法可依、有规可循，提出推行法规规章多元化起草机制、建立商事合同司法纠纷速调速裁机制等。例如，2016年7月28日，《广东省市场监管条例》经省第十二届人大常委会第二十七次会议审议通过并颁布，于当年10月1日起实施。这是全国首部市场监管领域的综合性法规，是贯彻党中央、国务院加强市场监管工作决策部署的重要举措，广东在全国首开市场监管地方立法先河。

三、政府推动、社会参与

广东坚持优化营商环境与转变政府职能相结合，发挥政府在经济调节、市场监管、社会管理和公共服务等方面的主导作用，更加注重激发市场主体活力，引导社会力量积极参与营商环境的构建与改善[②]。例如，通过总结深圳、顺德大部制改革经验，广东提出了整合部门职能，建立决策、执行、监督既相互制约、又相互协调的行政运行机制。广东在全国率先以12345热线为载体，整合政府各职能部门投诉举报资源，建立集消费维权、经济违法行为举报和行政效能投诉为一体的投诉举报平台。广东不断简政放权，转变政府职能，降低制度性交易、人工、税负等成本，帮助企业加速技改、转型升级。2017年，全省工业技术改造投资3 891.70亿元，增长32.8%，对工业投资增长贡献率高达106.7%。广东还成立了由国内外专家学者和社

[①] 谢俊、申明浩、杨永聪：《差距与对接：粤港澳大湾区国际化营商环境的建设路径》，载《城市观察》2017年第6期。

[②] 张巍：《优化营商环境与行政执法的法治化》，载《党政干部学刊》2017年第12期。

科研究机构、行业协会、国内外商会负责人组成的方便营商咨询委员会，为广东省营商环境的建设提供咨询。深圳市在人才引进上，通过实施"孔雀计划"，"十二五"期间共引进50个以上海外高层次人才团队、1 000名以上海外高层次人才，吸引带动海外人才来深圳工作1万名以上。在人才使用上，坚持人才和项目相结合，引进一个人或一个团队带回一个项目，项目落户后作为人才载体又吸引更多的人才。在留住人才上，深圳市实施高层次专业人才"1+6"政策，规定凡是引进的人才，可享受一系列优惠和便利，包括住房、子女入学、配偶就业、学术交流补贴等。

第二节　建设市场化、法治化、国际化营商环境的做法

一、建设竞争有序市场环境的做法

（一）放宽市场准入

按照"非禁即入"的原则，拓宽民间投资的领域和范围，促进各类营商主体公平竞争。2012年，广东出台各行业准入细则，明确放宽市场准入领域的具体政策，落实各类企业公平待遇。制定推进垄断行业改革指导意见，为民间资本进入垄断行业创造条件。出台公共资源特许经营管理办法，在交通、能源、城建、社会事业等涉及公共资源利用的领域，对具有合理回报的项目，采取公开招标等方式选择投资主体。2017年9月，广州市印发并开始施行《关于优化市场准入环境的若干意见》，12条意见都富有"含金量"。

（二）建设统一规范的公共资源交易平台

规范公共资源交易行为，完善公共资源市场配置、公共资产交易、公共产品生产领域的市场运行机制，实现公共资源集中交易。2013年，广东成立了各级公共资源交易工作管理委员会及其日常办事机构，建成了集中统一的公共资源交易平台。完善公共资源交易制度，出台交易目录。整合各类公共资源交易平台，逐步将工程建设招投标、土地使用权出让、探矿权采矿权交易、政府采购、医药采购等交易纳入集中统一的公共资源交易平台，并建立公共资源交易网。

（三）培育专业化服务

制定培育扶持专业服务机构的政策，大力发展研发设计、节能环保、质量检测等专业技术服务，培育发展会计、审计、税务、工程咨询、认证认可、信用评估、经纪代理、管理咨询、知识产权、人力资源、市场调查、审批代办、律师、公证、法律顾问等专业服务。自2013年起，广东逐步推行专业服务委托制。

（四）发展电子商务平台

大力发展电子商务，开辟多元流通渠道，为企业降低流通成本。2012年，广东编制出台电子商务发展规划，提出了加快广东电子商务发展壮大的支持政策；支持并引导社会机构共同成立省电子商务风险投资基金，推进国际电子商务中心和南方物流信息平台等重大项目建设；开展省级电子商务发展试点工作，推进粤港、粤澳电子签名互认证书电子商务领域应用，探索电子商务的市场化运作模式，并在全省范围内积极推广；实施电子商务示范工程以及制造业与物流业联动示范工程，培育一批国内领先的电子商务和物流知名品牌；研究传统商业企业拓展电子商务的办法，创新商业运行模式；举办电子商务企业（网站）集中推介展销会，在网上促进广东商品扩大销售。

（五）建立和完善中小微企业综合服务体系

全面推行中山古镇小榄的经验做法，建立中小微企业综合服务体系，在便利创业、协助立足、促进发展等方面，为中小微企业提供更优质、高效、全面的服务。构建完善的省、市、县（区）中小微企业综合服务网络。重点组织实施中小企业公共服务平台网络建设工程、自主创新能力提升工程、企业家素质提升工程、上市梯度培育工程、产业与金融对接工程、工业化与信息化融合牵手工程以及管理咨询机构与中小微企业对接服务的强企工程，深入开展中小企业服务推广日等活动，着力打造集技术创新服务、融资服务、检验检测服务、信息服务、知识产权服务、成果转化服务、教育培训服务、人才引进服务等功能于一体的中小微企业综合服务平台。

（六）提高营商基础设施保障能力

优化能源保障、交通运输、信息网络体系等基础设施，创造稳定高效的营商硬环境。加强电力建设，为企业提供便捷的电力接入和稳定的电力供应；推进通达全省的油气管道建设，保障油气供应安全。加快建设高速铁路网、城际轨道交通网和高等级航道网，完善高速公路网，加强交通枢纽建设，推行"一卡通"电子收费，实现旅客"零距离换乘"和货物运输"无缝衔接"；完善物流配送与快递服务网络，大力发展多式联运。建设高效开放融合的信息网络体系和信息服务网络，实现"三网融合"（电信网、广播电视网和互联网之间相互融合发展）；建设覆盖珠三角、连接粤港澳的无线宽带城市群，加快发展物联网，建设"智慧广东"。

（七）整顿和规范市场秩序

持续打击欺行霸市、制假售假、商业贿赂等扰乱市场秩序的违法犯罪行为。自2013年起，省和各地级以上市、县（区）都选择了1～2个重点行业或领域开展打击行动。重点打击交通运输、废品收购、矿产开采、工程建设、拍卖、娱乐场所经营、商品批发、城市拆迁等领域欺行霸市和非法垄断行为；重点打击制售假冒伪劣药品、食品、农资产品、建材、通信产品、汽车配件、日化用品等关系民生的商品，以及制售假冒国际、国内知名品牌商品和假证照的违法犯罪行为；重点打击工程建设、国土资源、房地产开发、矿产资源开发、商贸经销、客运物流等领域和行业的商业贿赂，打击国家公职人员利用职权参与或干预企事业单位经营活动、牟取非法利益的行为，打击行业协会、认证机构等社会中介组织与不法人员互相勾结，扰乱市场秩序、侵害人民群众利益的违法犯罪行为。

（八）建设社会信用体系

设立社会信用建章立制，修订和制定规范征信活动和信用服务市场等的地方性法规、政府规章和规范性文件。推动行业和部门信用建设。构建公共联合征信系统，通过公共联合征信，整合社会成员信用信息，建立统一的企业、个人信用信息公共数据库，开通"信用广东网"，设立政府、司法等系统内部信用信息交换共享平台和统一对外发布查询平台，实现对守信和失信行为的联奖联惩。培育信用服务市场，政府部门在社会管理和公共服务中带头使用信用产品和服务，激励和规范金融机构以及其他部门利用信用产品激发信用需求，培育和壮大以信用调查、信用评级、信用管理咨询等为主要业务的信用服务机构。加强政务诚信，全面推行服务承诺制度，完善守信践诺机制，加强守法信赖保护，提升政府公信力。为了规范市场秩序，广州工商局将打出组合拳，切实加强事中事后监管模式。全面实施"双随机、一公开"监管；加强信用监管，实现"一处失信，处处受限"。

(九) 建设市场监管体系

完善质量监管体系，加强质量技术标准、质量检验检测、质量预警和风险防范工作。强化对垄断、不正当竞争等违反市场竞争秩序行为的监管，建立和完善"打、控、防、管"综合监管机制，推动监管向长效化、规范化转变。加强行业自律，推动政府把能由行业组织承接的行业管理职能权限向行业组织转移，支持行业组织制定行业经营自律规范，建立行业准入和退出机制。加快推进消费维权网络建设，完善行政保护与司法保护衔接机制，协调行政部门与社区、企业的合作机制，畅通行政保护与社会监督和公众参与的互动机制。完善市场监管信息平台建设，建设全省统一的市场监管信息平台，整合各部门的市场监管信息，并与社会信用信息平台联通，增强监管信息透明度并接受社会监督。2017年1月19日，广东省工商局负责牵头编制的《广东省市场监管现代化"十三五"规划》（粤府办〔2017〕14号）由广东省人民政府办公厅印发。

二、建设公平正义法治环境的做法

(一) 建设法治政府

健全行政裁量权基准制度，细化和规范化行政自由裁量权。推进行政执法体制改革，建立更加便民高效、制约有效的行政执法程序，积极运用非强制性的执法方式，完善相对集中行政处罚权制度。严格行政执法责任追究，对执法不当造成企业利益损害的，应依法予以赔偿。出台省行政复议工作规范化建设实施细则，推行行政复议委员会制度，注重运用和解、调解等手段维护各方当事人利益。广东省纪委于2016年4月在全国率先出台了《关于推动构建新型政商关系的若干意见（试行）》，明确政商交往的尺度。2017年7月17日，广州南沙新区在法治政府建设中又迈出新的步伐：两个法定机构——南沙新区产业园区开发建设管理局和明珠湾开发建设管理局步入实操，将参照企业化管理高效运作，更设立容错免责条款，明确符合法定情形的，对单位和个人免于追究责任。

（二）完善营商法规规章

2012年，广东率先在深圳、珠海、东莞、顺德启动了商事制度改革的试点工作。一边在"宽进"探索中率先突破，另一边也逐步搭建起系统性的"严管"框架。两年多"摸着石头过河"的成效显著，很快形成了一批可复制、可推广的工作经验。2013年，商事制度改革在珠三角铺开，2014年又在全省全面铺开。借鉴国际先进经验，将保障营商主体的运营纳入制度化、规范化和法治化轨道。推行法规规章多元化起草机制，在地方立法过程中广泛听取营商主体和行业协会意见，使地方立法体现世界贸易组织规则和相关国际协定。强化制度性和程序性法规规章建设，确保每个管理事项有法可依、有规可循。在市场经济运行和现代社会管理的基础性、关键性制度和规则上，充分借鉴香港法律在实操规定、权责界定、程序设定等方面的内容。对经过实践检验证明行之有效的政策和制度，及时上升为规章或法。开展营商规则专项清理工作，废止或修改不利于维护市场竞争环境、阻碍要素流动的法规、规章和规范性文件。建立新制定的规范性文件及试行性法规规章有效期制度。

（三）健全商事纠纷非诉讼解决机制

建立人民调解与行政调解、司法调解、商事仲裁有机衔接的商事纠纷解决机制。引入专家参加重大商事纠纷调解，组建专业性调解组织或委托行业协会、社会组织等第三方调解机构实施调解。借鉴联合国国际贸易法委员会的国际商事仲裁示范法，加强包括涉外仲裁在内的仲裁机构建设，维护仲裁机构的独立性和专业性。鼓励企业在商事合同中设立仲裁条款。依托境内合格的仲裁机构，深入开展粤港澳仲裁合作和国际仲裁交流合作。广州市司法局配合广东省司法厅出台了《香港和澳门律师事务所与内地律师事务所在广东省实行合伙联营试行办法》，在自贸区先行先试香港、澳门律师事务所与内地律师事务所实行合伙联营试点。2015年7月，广州首家粤港合伙联营律师事务所——国信麦家荣联营所挂牌成立，10名派驻执业律师中有7名内地律师，3名香港律师。

（四）完善不动产物权登记制度

落实《中华人民共和国物权法》规定，出台地方性法规，切实保护营商主体的合法财产权益和投资利益。建立覆盖所有不动产物权的统一登记制度。建立不动产物权统一登记机构，负责所有不动产物权受理、登记和发证工作。简化登记手续，将办理不动产物权登记相关的契税、营业税征收以及其他行政管理事项，委托统一登记机构一并办理。降低不动产物权登记相关费用，争取国家批准广东省取消不动产物权权属证书工本费。建立全省统一的不动产物权信息库，完善不动产物权信息的查询机制。

（五）加强知识产权保护

完善省、市、县三级知识产权行政执法体系，开展知识产权保护专项行动。加强知识产权信息传播和利用的基础建设，鼓励知识产权服务机构在企业并购、重组、清算、融资中提供法律服务，在全国率先开展全省性知识产权服务业试点。引导行业、企业建立知识产权联盟，加强行业自律管理，妥善解决行业内的知识产权纠纷。建设专利行政执法电子监管系统，将企业知识产权活动情况列入企业信用信息管理系统，建立知识产权违法侵权企业档案，深入开展保护注册商标专用权行动。广州探索完善产权保护制度，创立并发布"中国知识产权广州指数"，推进国家级和省级知识产权服务业集聚发展实验区建设。

（六）完善企业退出机制

制定企业破产配套制度，保障债务关系的公平实现，使企业退出市场便捷有序。减少企业办理破产手续时间，降低破产成本，提高债权回收率。出台企业破产司法审查的指导意见，细化审查内容和程序。加强破产管理人队伍建设，推动组建破产管理人协会，制定统一的破产管理人工作规范。广东推行破产审判专业化，对破产财产少、债权债务清楚、债权人较少的破产案件，建立简易破产清算程序。

（七）弘扬营商法治精神

深入开展法治广东宣传，全面实施"六五"普法规划，提升全民和营商主体守法意识和依法维权意识。自2013年起，广东将与商事相关法律法规和国际惯例作为普法的重要内容，突出抓好领导干部、公务员、企业管理人员和职工等的普法工作。广东深入企业、商会、行业协会宣讲政府服务经济发展的规章制度和政策措施，为企业提供个性化的政策法律支持服务。及时更新汇编商事法律法规规章，建立便捷的查询平台，向公众免费提供搜索查询服务。

三、建设透明高效政务环境的做法

（一）精简和规范行政审批

建立合法科学、精简高效的行政审批制度，减少行政手段对微观经济活动的不恰当干预。建立行政审批目录管理制度，对行政审批进行动态评估、管理和调整。建立新设立行政审批事项公示、听证制度，严格控制新增审批事项。建立自动获准制度，对竞争性行业准入推行准则制。推进行政审批标准化管理，严格规范行政审批裁量权行使，禁止以备案名义实施变相审批。优化审批流程，对同一行政审批事项多部门、多环节审批的，按照一个部门承担、其他部门配合的原则予以归并办理。开展年检（年审）事项清理，取消无法定设立依据的年检（年审）事项，放宽年检（年审）期限，建立网上、联合年检（年审）制度。加强行政管理事前咨询服务和事中事后监管，对取消、合并审批事项的领域，省各有关部门出台配套监管措施，落实监管服务责任，完善监管服务制度。加强部门间信息沟通和工作协作，推行联合执法、综合执法，依法依规对企业进行监督管理。广东省商务厅取消了省属加工贸易加工企业生产能力证明签发等16项行政审批事项，下放了省属企业自由类技术进出口合同登记等6项行政审批事项，并经国家同意，先行先试停止实施机电产品国际招标文件备案等6项行政审批。2017年8月24日，广东发布《广东省降低制造业企业成本支持实体经济发展的若干政策措施》，其中，涉及降低制度性交易成本，要求投资审批事项和审批时限在现有基础上，要再压减1/4以上，投资项目立项、报建、验收阶段涉及的行政许可、公共服务和其他事项，由120多项优化整合为80项左右。

（二）拓展电子政务

充分运用信息化成果和国际通行做法，全面推行网上审批和办事，实现政务信息网上公开、投资项目网上审批、社会事务网上办理、公共决策网上互动、政府效能网上监察、跨部门事项并联办理。建立全省统一互联的集信息公开、网上办理、便民服务、电子监察于一体的全天候网上办事大厅。建立和完善电子证照认证法规和制度体系，推进申报材料和证照电子化。鼓励各类企业和社会组织的便民服务在网上平台办理，建立网上办事代办系统。2012年，广东建成省网上办事大厅，连通省直各部门网上办事窗口及珠三角9市网上办事分厅；2013年，连通全省各市及珠三角各县（市、区）网上办事分厅；2014年，连通全省所有县（市、区）网上办事分厅。作为全国首批出口退税无纸化管理试点单位，广州在全国率先实现了从退税申报、影像资料上传、退税审核到国库退库全流程无纸化管理。纳税人可通过"互联网＋出口退税"便捷办税平台以及"单一窗口"在线申报，实现足不出户便能完成出口退税全部手续。

（三）提升政务窗口服务效率

建立行政服务预约办理制、行政审批服务承诺制和超时默认制，严格执行一次性告知和受理回执制度。建立首问负责制，全面推行行政事务并联办理，完善跨部门协商办理制度，高效办理跨地区、跨行业、跨部门业务。2016年7月，广东省政府贯彻落实国务院2016年推进简政放权放管结合优化服务改革工作要点的通知要求，积极推进全省简政放权放管结合优化服务工作，建立改革重点任务台账，细化工作措施、目标要求和时间节点，切实推动各项任务的落实。

（四）加强行政效能监察

健全行政效能监察考核体系，建立多元问责机制，促进行政机关勤政廉政建设。建立网络监察制度，加强对重点涉企审批服务岗位工作效能的实时监督。加大审批窗口和行政机关内部效能监察力度，强化对行政机关工作人员履职过程、实绩和效果的综合考评。建立反腐倡廉长效机制，健全和完善礼品登记、回避等防止利益冲突制度，规范公职人员与企业的交往。健全以行政首长为重点的行政问责制，完善行政过错责任追究制度，加大对行政不作为、乱作为、慢作为以及严重损害企业和群众利益等行为的行政问责和责任倒查力度。全面开展整治庸懒散、推进机关作风建设活动。探索建立人民观察员制度，加强政风行风民主评议和群众满意度测评，定期公布群众评议结果。加强人大及其常委会的监督以及政协的民主监督，充分发挥纪检监察机关、组织（人事）部门等问责主体作用，强化新闻媒体、社会组织、群众舆论监督作用。

（五）推进大部门体制改革

总结完善深圳、顺德等地试点经验，自县级开始全面推广职能有机统一的大部门体制改革，构建机构设置简约、衔接运行顺畅、管理服务高效的大部门格局。按照精简、统一、效能的原则,构建大规划、大经济、大监管、大卫生、大农业、大交通、大建设、大文化等大部门格局,形成决策、执行、监督既相互制约又相互协调的行政运行机制。清理规范各类议事协调机构及其办事机构,由职能部门牵头协调处理的工作,不再设立议事协调机构。2014年,佛山在禅城区启动"一门式"改革试点,以行政服务方式改革倒逼政府部门职能转变。目前,禅城"一门式"改革已累计办理业务550万余件。

(六)设立法定机构

借鉴国际先进经验,通过地方性法规或政府规章授权的方式,将专业性、技术性或社会参与性较强的公共管理和服务职能交由法定机构承担。建立一批职责法定、运作独立、执行高效、监管到位的法定机构。结合事业单位改革,重点选择政府投资项目代建管理、流域管理、公路与航道管理、疾病预防控制等领域的省属事业单位和广州、深圳、珠海等市开展法定机构试点。在知识产权、版权、标准管理、生产力促进等领域,探索建立法定机构运行模式。整合招商推介、投资促进等方面资源,提供投资推介和政务咨询服务,向企业宣传发展规划、产业政策、技术标准、行业动态、办事流程等营商方面的信息。

(七)促进企业投资便利化

系统性、全流程改革企业投资管理,建立指导、服务、监管"三位一体"的新型企业投资管理服务体制。编制并执行区域控制性规划,实现投资建设"一张图"管理。取消省权限内企业投资项目核准,推行网上在线项目备案。再造企业投资管理流程,立项阶段的项目备案、用地预审、规划选址、环境影响评价等手续全部改为同步并联办理。简化项目规划报批手续,研究将项目选址意见书与用地规划许可合并办理。加强规划环评,对已开展规划环评的规划内项目简化环评手续。改革各类报建及验收事项管理,引入竞争机制,设立若干个法定机构承担报建和验收事项,由企业自主选择。2016年,广东省工商局委托广东省社科院构建了我国首套覆盖开办企业全流程的便利度评估体系,对广东21个地级以上市的开办企业便利度情况进行评估和排名,并于当年12月向社会发布《2016年度广东各市开办企业便利度评估报告》。

（八）改革商事登记管理

按照宽入严管的方向，简化企业开办程序，建立商事登记管理新体系，大幅缩减企业设立营业执照办理时限。创新商事登记制度，试点推行商事主体登记注册与许可经营项目审批分离制、住所与经营场所分离登记制和有限责任公司注册资本认缴制。精简和规范商事主体经营资格审批，建立商事主体经营资格并联审批制度。创新商事登记方式，大力推行网上登记注册、年检。健全与商事登记改革相适应的监管体系，建立商事主体登记许可和信用信息平台。创新商事主体市场退出方式，试行商事主体年报备案制、违法违规商事主体除名制。进一步简化设立、变更、注销等税务登记程序，完善国税、地税联合办理税务登记机制。加强部门间信息共享和业务协同，探索建立营业执照、组织机构代码证、税务登记证联合办理制度。

2013年3月1日，深圳正式实施商事登记制度改革，不再审查经营场地，不收取场所证明材料，场所由申请者自主申报；不用再为注册资本犯愁，股东在章程中约定认缴注册资本是多少就多少；"商事主体登记与经营资格相分离"，企业可以先拿到营业执照，让企业拿到"出生证"，再去办后续行政审批程序。自2016年8月开始，广东自贸试验区三个片区依托自贸试验区改革创新体制机制优势，相继启动了"证照分离"改革试点，让企业在办理营业执照后能尽快开业经营。

（九）提高行政决策公众参与度

健全科学民主决策机制，引导公众有序参与决策。制定行政决策程序管理办法，把公众参与、专家论证、风险评估、合法性审查和集体讨论决定作为重大决策必经程序。组建由专家学者、社会人士参加的决策咨询委员会，在经济和社会管理领域建立较为完善的行政决策咨询机制。健全重要改革方案、重大政策措施、重点投资项目决策前公示、听证以及决策后评价制度。完善网络征询民意机制。

（十）推动公共企事业单位办事公开

制定公共企事业单位办事公开工作规范，推动办事公开制度化、规范化、标准化。自2013年起，所有面向社会服务的医院、学校、供水、供电、供气等公共企事业单位都编制了办事公开目录和服务指南，在公共网络平台公布并及时更新,重点公开岗位职责、服务承诺、服务程序、服务时限、运营成本、收费标准、办事纪律、监督渠道等。健全社会组织信息披露制度,全面建立基金会、公益慈善类社会组织公益活动和募集资金使用情况向社会公开的制度。

四、建设和谐稳定社会环境的做法

（一）提高社会安全感

深入推进平安广东建设,为市场主体提供安全、安定、安心的社会环境。全面推进"街面巡逻防控网"等社会治安防控"六张网"建设。积极构建"大巡防"工作格局,努力推动警力资源下沉,推进社区网格化管理,健全基层治安协作联防机制,对各种轻微违法犯罪实行"零容忍"。加快实施全省社会治安视频监控系统建设规划,扩大城乡智能化防控覆盖面。加快完善网络信息巡查工作机制。整合省、市、县（区）三级政府各部门食品药品检验检测资源,建设区域性药品认证和食品药品检验检测工作平台。建设省食品药品监管信息化平台,建立食品药品质量追溯制度,加强食品药品安全监督和管理。推进安全生产法规体系建设及安全生产监管监察,促进企业落实安全生产责任。健全突发事件应急体系,加强突发事性预防和应急准备、监测预警、应急处置、应急救援和应急保障,全面提高应对复杂公共安全形势尤其是巨灾防范的综合能力。

（二）营造稳定的用工环境

打造人力资源信息平台,建立城乡统一规范的人力资源市场体系。2015年,广东建成了覆盖城乡的公共就业人才服务平台。大力推进工资集体协商,推动企业与职工通过平等协商健全工资分配公决机制和工资正常增长机制。扩大社会保险覆盖面,提高统筹层次,均衡社会保险费率,适时提高社会保险待遇水平,完善社会保障关系异地转移接续机制。加快保障性住房建设,将符合条件的异地务工人员纳入保障性住房覆盖范围。加快劳动保障监察网格化、网络化建设,规范企业用工行为。推进劳动人事争议仲裁院建设,全面推进各类劳动人事争议调解组织建设。推进和谐劳动关系示范区工程建设,营造善待关爱劳动者的社会氛围,增强员工的企业归属感。

（三）建设社会生活共同体

强化村（居）委会、乡镇（街道）社会管理服务职能，在全省城乡社区发展社区公共服务站，推行便民服务免费代办制度，推动公共服务向村（居）延伸。推行行政管理事项社区准入制度，开展社区居委会规范化建设。深入开展村（居）务公开民主管理示范创建活动，推进村（居）民理事会试点工作。推进社区基础设施"六个一"工程建设，建设集信息发布、居民论坛、便民服务等功能于一体的社区服务网站群。深入推进居住证"一证通"制度，完善服务措施"一网办"。

（四）加大人才引进和培养力度

完善人才引进、培养和使用的体制机制，运用市场手段配置人才资源。适应加快转型升级的要求，构建与国际接轨的多层次人力资源教育服务体系。编制广东省高层次紧缺人才开发目录，定期发布人才需求信息。创建粤港澳人才交流平台，加快各地留学人员创业园建设。为国内外人才在医疗保健、住房、配偶安置、子女入学等方面提供便利。提高教育国际化水平，推动省内高校与境外知名大学合作办学，探索建立研究型大学。建设现代职业教育体系和省级职业教育园区以及珠三角各市职业教育园区，打造我国南方重要的职业教育基地和一流的职业技能开发评价示范基地。建立与国际接轨专业人才培养质量标准和评估认证体系。

（五）加强外国人服务与管理

对于符合国家规定的专门人才和投资者，设立外国人居留证件办理便捷通道，在全省推行"144小时便利签证"。建设外国人社会保险制度。在珠三角地区开办面向外籍人员的教育和医疗机构。建设县级以上政府外国人服务和管理信息平台，健全跨部门通报制度，构建入境、居留、就业、出境全过程动态服务管理体系。在各类行政服务中心和办证大厅设立涉外服务窗口。在外国人居住相对集中的社区开展外国人融入社区活动，建立外国人服务管理工作平台并配置相应工作力量，加强"三非"（非法入境、非法居留、非法就业）外国人管理。在广州南沙开展的居住服务改革试点，为港澳人士提供了与户籍居民相同的基本公共服务。

五、建设互利共赢开放环境的做法

（一）深化粤港澳紧密合作

近年来，广东携手港澳打造更具竞争力的世界级城市群，探索建立粤港澳服务贸易共同市场。全面推动区域基础设施、产业布局、基本公共服务、环境保护、城市规划等协同发展，共建大珠三角优质生活圈，最大限度地实现三地经济社会的对接融合。充分发挥经济特区在促进区域融合对接中的示范作用，强化广州作为国家中心城市、深圳作为全国经济中心城市及全国创新城市的引领带动作用，促进全省全面深化与港澳的合作。积极争取和用好国家赋予广东 CEPA 和服务业先行先试政策措施，加快粤港澳区域服务业市场和管理体系的融合发展，以率先基本实现粤港澳服务贸易自由化为突破口，推动广东企业办事规则与国际准则接轨。

（二）加强重大国际交流合作平台建设

牢牢把握广州南沙、深圳前海、珠海横琴开发建设的重大机遇，充分利用国家赋予的政策条件，加快引入国际通用的行业规范、管理标准和营商规则。以广州中新知识城、佛山中德工业服务区、东莞台湾高科技园、中山翠亨新区等为载体，瞄准国际先进水平，打造产业转型升级的重要平台。依托广交会、高交会、留交会、中博会、文博会、加博会（加工贸易产品博览会）、国际咨询会、广州国际城市创新奖等交流合作平台，发挥国际友好省州、友好城市的桥梁纽带作用，进一步提高了广东国际经济科技文化交流与合作水平。

（三）提高口岸通关效率

2015 年，广东建立"一次申报、一次查验、一次放行"的通关模式，广东率先实现全部进出口货物无纸化通关。加强地方口岸电子平台及口岸通关流程网络建设。开展跨部门、跨行业的口岸行政执法数据联网核查，加快推进海关、检验检疫、外经贸、外汇、工商、质监、税务、交通、海事、银行等口岸管理部门和单位电子单证监管信息数据和信用管理数据联网改革，实现监管单位联网申报、信息共享、自动分单、统一验放。全面实施进口分类通关改革。推进无纸化通关、提前申报、集中申报和一次录入分别申报等便利措施的实施，继续推行"产地验检、口岸放行"检验检疫直通放行模式和"属地申报、口岸验放"通关模式，大力推进跨境快速通关。实施担保放行制度，扩大担保验放、预约通关等服务范围。推动粤港、粤澳海关统一公路电子单证工作。推进"单一窗口"模式建设，推广车辆"一站式"电子验放系统、旅客自助查验系统、旅检"一机两屏"查验模式。

（四）推进对外贸易和投资便利化

深化对外贸易、外商投资和境外投资管理体制改革，积极探索涉外企业管理新模式，不断提高管理效率和贸易投资便利化水平。对省权限内鼓励类、允许类外商投资项目、外商投资企业合同和章程全面实行备案制，省权限内境外投资项目不再实行核准制。推广实施货物贸易外汇管理改革，取消企业进出口收付汇核销手续和联网核查，简化业务办理单证。推动主体分类管理，对符合条件的企业实行"边退边审""先退后审"的退税方式。建立出口限时退税制度，推行出口退税账户托管贷款政策。2017年12月4日，广东公布《进一步扩大对外开放积极利用外资若干政策措施》（下称"外资十条"）。该政策围绕进一步扩大市场准入领域、加大利用外资财政奖励力度、加强用地保障、支持研发创新、加大金融支持力度、加大人才支持力度、加强知识产权保护、提升投资贸易便利化水平、优化重点园区吸收外资环境、完善利用外资保障机制等10个方面，拿出了切实可行的"干货"。

（五）建设国际化技术标准体系

组建多部门联合的国际标准编制工作小组，积极引导和鼓励支持企事业单位实质性参与国际标准化活动。推动企业、科研机构和高等学校组成技术联盟，实现科研与标准研究同步、科技成果转化与标准制定同步、科研产业化与标准实施同步。推进高端新型电子信息、新能源汽车、半导体照明、节能环保、文化产业等技术标准体系建设。推动与港澳在产品检测标准等领域互认，逐步实现产品检测标准的统一。推进珠三角国际标准化协作平台建设，制定广东参与国际标准制修订项目参考目录，鼓励支持重点科研单位和行业龙头企业主导或参与国际标准制修订。

（六）推进全方位开放合作

按照"企业先行、政府推动、市场运作"模式，发挥新加坡—广东合作理事会机制的平台作用，推进与新加坡的多领域合作。积极参与中国与东盟自由贸易区建设，加强与欧盟、北美、日本和韩国等发达经济体在产业、技术、贸易、投资、人才等领域的深度合作，深化与非洲、南美、印度、俄罗斯、澳大利亚等在货物贸易、基础设施建设、能源开发等领域的合作，加快发展服务贸易、服务外包，带动省内企业提升国际化经营水平。健全"走出去"服务保障体系，大力培育本土跨国公司，支持企业多形式、多领域开展跨国经营。推动泛珠三角区域合作，积极参与海峡西岸经济区和北部湾地区合作，加强对台经贸合作。

第三节 建设市场化、法治化、国际化营商环境的成效

一、市场监管和服务体系建设达到国际先进水平

广东的社会信用体系、市场监管体系、市场服务体系建设达到国际先进水平，率先建立与经济国际化相适应的管理体制和运行机制，推动生产要素高效公平配置。市场准入门槛和企业运营成本明显降低，市场服务和监管明显加强，激发了市场主体活力，促进市场主体诚实守信经营[①]。广东基本建成以政务诚信为先导、以信用法规制度为保障、以覆盖全省的征信系统为主体、以诚信文化宣传教育为支撑的社会信用体系框架。同时，广东基本建立起政府负责、部门协作、行业规范、公众参与的市场监管新格局。

2017年上半年，全省工商和市场监管部门依法查处各类经济违法案件2.6万宗，其中，反不正当竞争案件1 372宗，各类市场违法案件2 344宗，服装、家用电器等六类重点商品案件807宗，商标侵权假冒案件1 857宗，违法广告案件1 571宗；累计受理消费者投诉16.1万件，涉及争议金额2.4亿元，为消费者挽回经济损失1.1亿元。

2016年4月，广东省委、省政府批准印发了《省纪委省监察厅关于推动构建新型政商关系的若干意见（试行）》，有效地规范了政商关系。通过建设全省网上行政审批"中介服务超市"，全面清理了各地制定的中介市场

---

① 盛保晨：《推动经济高质量发展　营商环境就是生产力》，载《国际人才交流》2018年第1期。

保护政策，取消了广东自行设定的行政审批中介服务事项，加强了中介服务收费监管。现有或已取消的行政审批事项，审批部门不得变相转为中介服务并指定中介机构。审批部门不得与中介机构相互串通、操纵中介服务市场价格。

二、率先形成与国际接轨的商事制度

在国内广东率先形成与国际接轨的商事制度，国际惯例和市场经济规则得到普遍认同和尊重，市场主体依靠规则公正和法律保护健康运行。全面树立良法善治理念，完善营商环境法制体系，提高科学立法、依法行政、公正司法水平，促进市场主体守法营商[①]。全面推进依法行政，增强依法行政意识和能力，提高制度建设质量，规范行政权力运行，提高政府的公信力和执行力。中国政法大学最新发布的《中国法治政府评估报告2015》显示，广东在十强中占有三席，深圳、广州分别居第一、第二位。

广东商事制度改革在全国首开市场监管地方立法先河。2016年7月28日，《广东省市场监管条例》经省第十二届人大常委会第二十七次会议审议通过并颁布，于当年10月1日起实施。这是全国首部也是唯一一部市场监管领域的综合性法规，是贯彻党中央、国务院加强市场监管工作决策部署的重要举措。不仅如此，《广东商事登记条例》也于2016年3月1日起实施，该条例是全国省一级首部商事登记地方性法规。2015年9月1日起，广东比全国提前1个月全面实施"三证合一、一照一码"登记制度改革；2016年10月起，"五证合一、一照一码"在广东全面落地；2016年11月1日起，广东又提前一个月实施个体工商户营业执照和税务登记证"两证整合"改革。

广州完善产权保护，公开执法数据。广州探索完善产权保护制度，创立并发布"中国知识产权广州指数"，推进国家级和省级知识产权服务业集聚发展实验区建设。广州首先将政府职能权责明晰，推进政府职能法定。广州目前市本级保留行政许可215项、备案事项77项，比2013年精简185项，总体精简率为35.4%。广州也正在进一步调整完善政府部门权责清单，目前市本级保留权责事项5 656项，比2015年减少119项，每项行政许可事项均编制完成职权运行流程图和办事指南，并在广州市网上办事大厅公

[①] 盛保晨：《推动经济高质量发展　营商环境就是生产力》，载《国际人才交流》2018年第1期。

布。广州继"晒"权责清单后,又首开全国先河"晒"执法数据:规定全市所有执法部门向社会公开年度行政执法数据。

为了给法治化营商环境提供全方位的司法保障,广州率先成立知识产权法院、自贸区法院和自贸区检察院,组建全国首个涉"一带一路"建设案件专业合议庭,成立全国首家破产管理人自治组织——广州市破产管理人协会,同时完善产权保护制度,并开展16项法律服务改革创新。

2013年,作为适应国际化营商环境的法治需求,全国第一家按法定机构模式治理的仲裁机构——深圳国际仲裁院在前海设立,境外仲裁员来自40多个国家或地区,占比超过1/3。此后,全国唯一一家跨境调解联盟——粤港澳调解联盟,也在自贸区应运而生。14家联盟成员中,有6家香港和1家澳门调解机构。目前,自贸区法院已探索与行政区划适当分离的司法管辖制度,设立专门的审判组织和机构,集中审理与自贸区改革措施相关的各类商事案件。

三、行政审批最"少、短、规范"

广东成为全国行政审批事项最少、审批程序最规范、审批时限最短、政府服务最优的省份,企业规范经营受保护,政府服务管理受监督。创新政府管理服务方式,科学整合政府机构职能,拓展政务公开的领域和范围,政务透明度、政府工作效率和政策稳定性都显著提高。随着商事制度改革向纵深推进,开办企业的制度性成本不断降低。手续更简单、环节更少、时限更短,大大降低了创业门槛①。

开办企业便利化改革措施,有力促进了全省市场主体的快速增长。推行商事制度改革40年多来,截至2017年11月底,全省累计新登记市场主体610万户,与商改前2011年年末的488万户存量相比,新登记市场主体数量超过了历史存量。截至2017年11月底,全省实有市场主体总量886万户,占全国总量的1/10。广东的市场主体总量,内资企业、私营企业、外商投资企业、个体工商户数量等五项指标在全国排名第一。2017年1—11月,全省日均新登记企业2 160户,占全国日均新登记企业的1/7。

广州已全面实行"五证合一、一照一码",工商登记实现"全城通办",并同步推行电子营业执照,在全国率先实现电子营业执照与省、市数字证书体系的绑定和深度集成。广州市政府已进行的五轮行政审批制度改革,

---

① 张巍:《优化营商环境与行政执法的法治化》,载《党政干部学刊》2017年第12期。

精简和下放的政府审批事项，从最初的2 700多项减少到191项，精简率达90%。非行政许可审批事项全面取消，行政审批效能进一步提高。广州工商登记预约时间从2016年的15个工作日缩短到目前的3个工作日，压缩80%；全面推行电子营业执照，在全国率先探索出电子营业执照"一照通行"和"一照多用"的新路子，形成了商事主体信息公示的"广州特色"。

"广州速度"声名远播。广州各区都在竞相创新投融资机制，提高项目落地服务效率。如黄埔区打造项目审批"高速公路"，企业投资的建设项目从立项到动工的审批时间，从原来110个工作日缩短至30个工作日，迈出了"1个月审批、3个月交地、6个月动工"的快节奏。对商事登记、备案事项核准时限进行分类压减，试行"容缺登记"制度，实现设立登记1个工作日内完成核准，广州市工商登记平均预约时间从2016年15个工作日压减至目前3个工作日，市局和部分区局实现今天预约，明天即可办理业务。

四、公共安全、公共服务、文化氛围与国际接轨

在公共安全、公共服务、文化氛围等方面形成与国际接轨的体制机制，全球先进生产要素向广东集聚。大力宣传和实践"厚于德、诚于信、敏于行"的新时期广东精神，创新社会治理模式，强化人力资源支撑，促进社会安全稳定、开放文明、包容和谐。"人才绿卡"制度有效针对非广州户籍的优秀人才解决出入境、停居留、子女入学等9类问题，截至2017年6月底，已正式发卡2 377张。

广东深厚的积淀吸引了越来越多国际高端会展。有中国第一展之誉的广交会在广州连续举办逾60年，成为中国历史最长、到会采购商最多、成交效果最好的国际性展会；高交会已成为中国科技第一展，是国内规模最大、最具影响力的科技类展会；文博会则是我国唯一一个国家级、国际化、综合性文化产业博览交易会[①]。

根据广州市内外来人员多的特点，成立了"新广州人党支部"和"新广州人联谊会"，鼓励新广州人积极参与社区建设中来。另外，广州公安积极完善涉外管理信息化建设，建立了"广州公安外国人管理动态信息系统"，整合公安、工商、税务、房产、教育、交通等多部门的涉外信息，实现了外国人落脚点管理、活动管理、签证管理、动态预警以及涉外单位管理全面信息化。

---

① 林珣：《关于打造国际一流营商环境的思考》，载《北方经贸》2016年第1期。

五、率先建成国际化营商环境创新示范区

广东率先建成法治化国际化营商环境创新示范区，在开放合作的广度和深度上取得新的重大突破。积极参与经济全球化和区域一体化，依托重大国际合作平台，进一步加强以粤港澳合作为重点的区域合作，已构建内外联动、互利共赢、安全高效的开放型经济体系。广东积极推动企事业单位参与国际标准化活动，增强标准化工作竞争力。2016年，广东实际吸收外资249.5亿美元，同比增长5.96%，其中服务业占比比2012年提高4.5%，超千万美元以上的大项目合同金额占比达68.7%。

广东跨境电商稳居全国第一。近年大热的跨境电商，广东一直高居国内前列，广州、深圳是国家首批试点城市。2017年一季度，全省跨境电子商务进出口52.8亿元，增长62.3%，稳坐国内头把交椅。从试点启动开始，广州跨境电商成交额一直位居全国前列。2017年一季度，广州跨境电商进出口43亿元，增长41.9%，再度蝉联全国试点城市之首。

广东成功跻身全国四大自贸试验区之一。经过两年的建设，自贸试验区成为广东吸收外资的主要增长极。2017年一季度，广东自贸试验区吸收外资项目1 199个，合同利用外资157.3亿美元，增长68.8%，占同期全省总量的59.3%，拉动全省合同利用外资增长34.9%。

2016年世界城市体系排名公布，广州首度跻身世界一线城市行列，在入选的361个世界城市中，位列第40名。广州的城市魅力之所以得到国际的认可，离不开这里与世界接轨的营商环境。2017年上半年，广州新设外资企业数量同比增长38.9%，在2016年增速23%的高基数上再攀一个台阶。国际企业、全球资本越发青睐广州，富士康、思科智慧城、GE生物产业园、百济神州生物制药等一批大型项目相继破土动工，广州的城市创新力、竞争力和吸引力得到进一步提升。

广州以南沙自贸片区体制机制创新为载体，系统研究和对接国际高标准投资贸易规则，在国际谈判规则、知识产权保护、电子商务规则和环境保护方面对接国际规则，已形成239项改革创新成果，其中，投资便利化39项，贸易便利化85项，深化粤港澳合作12项。南沙片区推行"一口受理""一照一码"新模式，实现"十三证三章"联办，企业申请人只需往返政务中心窗口两趟、一次递交材料，即可在1天24小时内完成开办企业的全部手续。南沙片区已经成立全国第一家自贸试验区法院，正推进成立自贸试验区检察院，并且组建了航运、金融、知识产权等领域的专业仲裁机

构，成立广州首家粤港合伙联营律师事务所，法律服务国际化水平明显提升。南沙片区国际贸易"单一窗口"2.0版已上线运行，启动关检"三互"（即信息互换、监管互认、执法互助）模式。南沙片区还在全国率先启动"互联网+易通关"改革，建设检验检疫"智检口岸"系统。该系统运用互联网+、大数据分析等理念，通过对现有检验检疫各业务管理系统的集成，以及对货物流、信息流、证单流的优化重组，构建智慧型检验检疫口岸综合信息平台，实现业务信息的集成化、集约化、智能化、无纸化。

广州是"一带一路"建设的重要节点城市，为服务好"走出去"企业，广州国税联合地税、商务等相关部门建立长效合作机制，主动为"一带一路"重大项目和国际产能合作重点领域企业提供常态化政策辅导。据统计，2017年1—9月广州涉外企业国税收入933亿元，同比增长18.92%，占国内税收收入比重高达42.22%，发挥了支柱引领作用。

未来展望编

党的十八大以来，以习近平同志为核心的党中央以实现中华民族伟大复兴为目标，全面深化改革，开启了我国经济建设的新时代。习近平总书记强调：改革开放是决定当代中国命运的关键一招，也是决定实现"两个一百年"奋斗目标、实现中华民族伟大复兴的关键一招。实践发展永无止境，解放思想永无止境，改革开放也永无止境，停顿和倒退没有出路。广东是我国改革开放的前沿阵地，习总书记一直关心惦记广东经济社会发展，并站在全国大局的角度，结合广东实际情况，对广东改革开放事业做出了重要指示。2017年，习近平总书记对广东新时期工作做出重要指示：希望广东坚持党的领导、坚持中国特色社会主义、坚持新发展理念、坚持改革开放，为全国推进供给侧结构性改革、实施创新驱动发展战略、构建开放型经济新体制提供支撑，努力在全面建成小康社会、加快建设社会主义现代化新征程上走在前列。2018年全国两会期间，习近平总书记来到广东代表团，对广东提出了更高期望，要求广东在构建推动经济高质量发展体制机制、建设现代化经济体系、形成全面开放新格局、营造共建共治共享社会治理格局上走在全国前列。2018年10月22—25日，习近平总书记视察广东，前往珠海、深圳、广州和清远四地，深入了解广东经济社会发展情况，就进一步扩大改革开放、粤港澳大湾区建设以及乡村振兴等问题发表重要讲话，描绘了广东进一步高质量发展的美好蓝图。广东作为改革开放的前沿阵地，要牢记总书记的嘱托，全面学习贯彻习总书记视察广东精神，继续深化"大学习、深调研、真落实"，奋力推动习近平新时代中国特色社会主义思想在广东落地生根、结出丰硕成果。这为广东新时期改革开放工作指明了方向，也增强了发展的信心和动力。

经过改革开放40年的发展，广东已经建立较为完善的对外开放体系，从贸易大省向贸易强省迈进。近年来，广东外贸出现以下积极态势：一般贸易占比提高，加工贸易创新发展步伐加快，外贸新业态蓬勃发展，服务贸易快速增长，国际市场布局更趋多元化。利用外资从招商引资到自贸区实验区，由原来审核制度改为准入前国民待遇加负面清单制度，为外商投资松绑，拓展了投资领域，激发了外商投资积极性；广东吸引外资规模和质量都逐年递增。对外投资从"走出去"到"一带一路"。由原来"走出去"的企业行为，变为政府支持、政策配套，有重点的系统性对外投资格局；降低了企业对外投资的风险，实现了对外投资效益的提升。区域经济合作从CEPA到粤港澳大湾区；粤港澳大湾区是我国建设的第一个大湾区，将实现粤港澳地区的深度合作；实现基础设施联通、市场联通、资金联通、人才联通与信息联通，增强大湾区城市群的综合竞争力。从金融大省迈向金融强省；在增加实体经济有效金融供给的同时，通过金融改革创新先行先试，广东金融业不断发展壮大，多项主要金融指标连续多年位居全国首位；金融支持创新、支持实体经济、支持对外开放合作的能力不断增强。2013年，中国率先提出"一带一路"倡议，得到沿线国家的积极响应；中国与沿线国家的合作正在逐步推进，"一带一路"倡议的积极效果也在中国与沿线国家逐渐展现。广东是"21世纪海上丝绸之路"与丝绸之路经济带的海陆交会区，应该在"一带一路"倡议和开放经济格局塑造方面发挥更大作用。广东要以习近平总书记重要批示精神为指导，继续深化改革开放；实现对外开放的机制体制创新，实现高端资源的优化配置；积极参与"一带一路"建设，深化与东南亚地区和中非地区的深度合作，将广东打造成"21世纪海上丝绸之路经济带"的桥头堡；全面推进粤港澳大湾区和自由港建设，促进粤港澳地区经济深度融合发展，带动社会民生领域的互通互认。广东将支持广州、深圳等具备一定基础的城市和区域申报自由港建设，探索体制机制创新，实现优质要素更加自由流动，经济社会融合发展，不断探索创新发展新路径。

党的十九大报告提出两大目标：到2035年实现社会主义现代化，到2050年把我国建设成为社会主义现代化强国。我们坚信：在以习近平同志为核心的党中央的坚强领导下，在习近平新时代中国特色社会主义思想引领下，未来的南粤大地，人民生活水平将稳步提高，生态环境将更加优美宜居，科技创新优势更加突出，经济综合竞争实力日渐提升。粤港澳大湾区将成为全世界各类优质生产要素的配置中心、全球科技创新中心、服务亚太地区乃至全世界的航运中心、金融中心以及全球重要的贸易中心和自由港。

第十七章 进入新时代的广东对外开放：新理念、新开放

改革开放40年来，广东一直勇立潮头，取得一系列骄人成绩，各项经济指标始终处于全国前列，人民生活水平稳定提升。2017年，广东GDP为8.99万亿元，为1978年185.85亿元的480余倍，区域经济综合实力极大增强。广东取得的成绩也证明了党的改革开放政策的正确性！近年来，世界经济结构发生显著变化，发展中国家在世界经济中比重逐步增加；与此同时，各类贸易保护主义抬头，贸易摩擦加剧。我国经济内部也出现新趋势，经济增长由以前的外延式扩张向内涵式增长转变，增长速度由高速增长变为中高速增长；中国经济进入新常态。在复杂的国际国内经济形势下，广东要在习近平总书记和党中央的坚强领导下，继续扩大对外开放，在对外开放的体制机制方面进行创新，实现建设现代化经济体系，形成在全面开放新格局上走在全国前列。

第一节 国际国内经济形势进入深刻变化时期

一、世界经济艰难复苏与国际经济秩序重构

全球经济处于危机后的调整修复期，全球经济治理变革与新一轮经贸规则的密集构造期。这对中国而言既充满机遇，也充满挑战。受世界经济疲软影响，我国进出口总额在2015年、2016年连续两年下降；但积极的方面主要表现在，一般贸易比重增加，民营企业出口比重增加，贸易结构方式有所优化。中国应该继续扩大开放，抓住国际经济秩序重构的战略机遇期；坚持"请进来"与"走出去"并重，充分利用国际国内各类资源，占

领技术高地,促进经济转型发展;积极参与全球治理,维护和加强多边贸易体制,引领经济全球化再平衡。

(一) 金融危机后的艰难复苏

2008年金融危机率先在美国爆发后,随后迅速地波及全球;欧洲部分国家出现了主权债务危机,全球金融市场激烈动荡,全球经济增长减缓,世界贸易总额也出现了下降。据世界贸易组织统计,2015年,世界贸易量增长2.8%,连续第四年低于3%,并且连续第四年低于世界经济增速。世界经济短期内的疲软也加剧了各类"黑天鹅"事件爆发的概率,2016年,英国脱欧、代表贸易保护主义的美国总统特朗普上台,都对国际经济与贸易产生不利影响。根据国际货币基金组织编写的《世界经济展望》预测,世界经济增长率预计将从2016年的3.1%上升到2017年的3.5%和2018年的3.6%。但在中期内,结构性阻碍因素抑制了全球经济的复苏势头,全球经济仍然存在下行风险。国际经济的持续低迷对我国外贸形势以及对外开放带来风险,也带来了机遇。近两年,世界经济的艰难复苏对我国外贸出口带来负面影响,我国外贸总额呈现下降状态;但也倒逼我国改变贸易结构,提升对外开放水平。

(二) 全球经济治理体系深刻变革

随着中国、印度、巴西等国经济总量的增大,世界经济格局发生了重大变化,发展中国家占世界经济比重不断提升,这对二战以来国际经济治理体系产生了冲击。金融危机后,部分发达国家出于自身利益考虑,采取了贸易保护主义,对世界贸易组织所倡导的自由贸易原则和经济全球化进程产生了负面影响。为促进世界经济快速复苏,弥合发达国家与发展中国家经济上的差距,需要重新构造更具开放性、更加包容的全球经济治理体系。近年来,中国主动承担起大国义务,在构造对外开放新体制时,积极参与全球经济治理体系重构;提出了"一带一路"倡议,成立亚洲基础设施开发银行,举办"金砖国家"领导人会晤,举办G20杭州峰会。在金融领域,在现有国际货币基金组织和世界银行的框架下,提高发展中国家的话语权,加大对发展中国的金融援助,以促进全球经济更加平衡发展。完善亚洲基础设施投资银行(AIIB)的运行机制,增加对"一带一路"沿线国家基础设施建设投资。在贸易方面,进一步改善全球贸易治理,反对贸易保护主义,推动多边贸易体制与区域贸易安排共同发展。

（三）新一轮技术革命和产业变革孕育新突破

世界科技革命方兴未艾，新一轮技术革命正在孕育中。此轮技术革命以信息技术和工业技术融合为主要方向，以德国工业4.0为代表，其中包括云计算、大数据、"互联网+"、智能制造、物联网、人工智能（AI）等。正如20世纪末开始的信息技术兴起对世界经济格局的影响一样，新兴技术革命必将对国际经济格局、国际贸易与投资产生重大影响。国际上，一些国家意识到制造业对国民经济的重要意义，提出各种制造业复兴计划，以促进本国经济发展和提升本国就业水平。改革开放40年来，我国抓住了国际产业转移和信息技术革命的历史机遇，实现了经济高速发展，国家综合实力显著增强。中国已经建立比较完善的工业体系，拥有较为丰富的人力资源优势和人才优势，能够抓住新一轮技术革命带来的机遇，保持经济持续中高速增长。中国可以发挥自身优势，深度参与国际间分工与合作，提升对外开放水平。为迎接新一轮科技革命和产业变革，中国提出了"中国制造2025"和"互联网+"战略，规划了中国制造的"五大工程""十大领域"和"互联网+"的"11项行动计划"。"中国制造2025"可以助力中国企业走出去，与"一带一路"倡议对接；促进以高铁为代表的轨道交通装备制造业、船舶制造业以及航空制造业等高端制造业走出去，帮助中国与"一带一路"沿线国家在基础设施互联互通领域实现更大突破。

二、中国经济正经历换挡期进入新常态

（一）中国正经历经济周期中的"三期叠加"

改革开放40年来，我国经济取得了巨大成就，已经成为世界上第二大经济体、最大商品出口国和第二大进口国。一方面，2008年自美国金融危机爆发以来，全球经济陷入了困境，经济复苏乏力。另一方面，随着我国近30年来年均接近10%的经济增长率，把我国经济总量推到世界第二的位置。随着我国经济总量基数的扩大，在各种生产要素的制约作用下，经济增长率必然呈现下降趋势，由经济高速增长变为中高速增长。随着我国经济快速增长，经济负面效应显现出来，这些环境问题也给我国传统经济增长模式敲响警钟，我国必须改变高能源投入的传统经济发展模式，实现绿色可持续的经济发展模式。因此，在国际国内环境影响下，我国经济进入"三期叠加时期"，即增长速度换挡期，是由经济发展的客观规律所决定的；

结构调整阵痛期,是加快经济发展方式转变的主动选择;前期刺激政策消化期,是化解多年来积累的深层次矛盾的必经阶段。

(二) 中国经济发展进入新常态

2013年,习总书记在中央经济工作会议上指出,我国经济进入新常态。这是基于我国经济发展规律的深刻认识和准确判断,为我国未来一段时间制定经济政策确定了基调。2014年5月,习近平总书记在河南考察时指出,我国发展仍处于重要战略机遇期,我们要增强信心,从当前中国经济发展的阶段性特征出发,适应新常态,保持战略上的平常心态。新常态的第一个特征就是由经济增速由过去的高速增长或者是超高速增长,转向了一个中高速增长,这个中高速在2020年以前的底线就是6.5%。发展方式由规模速度型粗放增长向质量效率型集约增长转变。新常态的第二个特征是发展方式由规模速度型粗放增长向质量效率型集约增长转变。这是实现经济大国向经济强国转变的关键所在。产业结构由中低端向中高端转换。新常态的第三个特征是产业结构由中低端向中高端转换。2013年,中国产业结构出现历史性的变化,我国第三产业(服务业)增加值占GDP比重达46.1%,首次超过第二产业,标志着中国经济正式迈入"服务化"时代。新常态的第四个特征是增长动力由要素驱动向创新驱动转换。习近平总书记在中央政治局第九次集体学习时强调,我们必须增强忧患意识,紧紧抓住和用好新一轮科技革命和产业变革的机遇,不能等待、不能观望、不能懈怠。新常态的第五个特征是资源配置由市场起基础性作用向起决定性作用转换。市场升至"决定性作用",市场决定资源配置是市场经济的一般规律。经济福祉由非均衡型向包容共享型转换。新常态的第六个特征是,经济福祉由先富先好型要向包容动向平等。具体表现为:农村居民收入增速快于城镇居民,城乡二元结构向一元结构转型;中部、西部和东北地区经济增速逐步超过东部地区[①]。面对复杂严峻的国际经济形势以及我国经济的新常态,广东如何继续保持经济和外贸第一大省的地位值得深入思考。

---

① 张占斌:《中国经济新常态的六大特征和理念》,见 http://economy.gmw.cn/2016-01/11/content_18447411.htm。

第二节 广东对外开放面临的新挑战、新任务

一、新挑战：广东要继续走在全面开放新格局前列

2017年4月4日，习近平总书记对广东工作做出重要批示，充分肯定党的十八大以来广东各项工作成果，希望广东坚持党的领导、坚持中国特色社会主义、坚持新发展理念、坚持改革开放，为全国推进供给侧结构性改革、实施创新驱动发展战略、构建开放型经济新体制提供支撑，努力在全面建成小康社会、加快建设社会主义现代化新征程上走在前列。开放型经济体制是指一国或地区参与国际竞争与合作，促使要素、商品和服务在全球范围内优化配置的制度性安排。改革开放以来，广东始终走在全国开放型经济前列。在改革开放初期，广东省委在中央批准下，以"杀出一条血路"的改革勇气率先设立经济特区，实行商品经济，吸引外资，地区经济迅速发展起来，给全国的改革开放带来了大量的经验。随着中国加入世界贸易组织，中国经济开放度逐渐增强，中国与世界经济的联系日益紧密。广东继续保持地理位置优势，在外贸和吸引外资方面保持领先地位；同时，广东加强了与港澳地区的经济融合，在2003年中央政府与香港特区签订CEPA协议后，广东成为先行先试地区，在体制机制上做出适度安排，允许港澳地区服务业进入广东地区。2008年美国金融危机后，世界经济疲软，给广东外向型经济造成一定影响；同时，以往依靠低成本、高能源消耗的传统贸易模式也遇到了困难，劳动力短缺和劳资纠纷的增多，资源环境约束力强使得广东对外开放遇到一定困难。广东在中央政府的支持下，大力发展一般贸易，鼓励贸易新业态，不断拓宽开放领域，率先扭转了外贸的颓势，对外开放重回良性发展轨道。

党的十九大报告从统筹国内国际两个大局的高度，从理论和实践两个维度，系统地回答了新时代要不要开放、要什么样的开放、如何更好地推动开放等重大命题。报告提出的全面开放内涵丰富，既包括开放范围扩大、领域拓宽、层次加深，也包括开放方式创新、布局优化、质量提升，是习近平新时代中国特色社会主义思想和基本方略的重要内容。广东将坚决贯彻中央战略部署，在"一带一路"倡议和粤港澳大湾区的宏大时代背景下，深入推进体制机制创新，实现国际国内资源的优化配置，继续走在全面开

放新格局前列。

(一) 坚持引进来与走出去更好结合

坚持引进来与走出去更好结合,拓展国民经济发展空间。吸引外资是我国长期坚持的战略方针,利用外资不是简单引进资金,更重要的是,引进外资搭载的先进技术、经营理念、管理经验和市场机会等,带动我国企业嵌入全球产业链、价值链、创新链。改革开放40年以来,广东一直是我国利用外资大省,外资在促进广东外向型经济发展中起到了重要作用。进入新时代,广东应该继续扩大吸引利用外资规模,提高外资质量,重点引进战略新兴产业的外资;拓宽引进外资的行业,加大力度引进高端服务业外资。同时也应看到,从贸易大国到投资大国、从商品输出到资本输出,是开放型经济转型升级的必由之路。要按照党的十九大报告坚持引进来和走出去并重的部署,在提高引进来质量和水平的同时,支持企业积极稳妥走出去。广东打造开放型经济新体制要加大"走出去"力度,广东经过改革开放40年的发展,在产业、科技、资本具备一定优势;"一带一路"倡议为广东提供了更多的发展路径和选择。广东应该提供完善金融财税服务,积极应对国际规则变革,健全风险防控体系,提升全球战略布局的能力;抢抓先机加快"走出去"步伐。这既有利于保障能源资源供应、带动商品和服务输出、获取创新资源和营销网络,助力国民经济提质增效升级,也有利于促进东道国经济和社会发展,实现互利共赢。

(二) 拓宽对外开放合作领域

坚持制造领域开放与服务领域开放更好结合,以高水平开放促进深层次结构调整。党的十九大报告明确提出,大幅度放宽市场准入,扩大服务业对外开放。就是要在深化制造业开放的同时,重点推进金融、教育、文化、医疗等服务业领域有序开放,放开育幼养老、建筑设计、会计审计、商贸物流、电子商务等服务业领域外资准入限制。改革开放40年的经验表明,对外资的开放不会打垮国内产业,而是会更加促进其发展;制造业就是典型例子,广东在加工制造业方面率先开放,目前已经发展为全球重要的制造业基地。进入新时代,广东要继续走在全面开放新格局前列,应该进一步扩大市场准入领域。逐步推进制造业、服务业、金融领域扩大对外开放。同时,加强知识产权保护力度,加快建设中国(广东)知识产权保护中心,建立健全专利快速审查、确权和维权机制;为进一步积极利用外资、吸引高端人才营造良好氛围。积极谋划粤港澳大湾区建设；建立粤港澳金融互连互通机制，构建粤港澳安全高效信息网络，提升粤港澳服务业合作水平。

（三）拓展对外开放新空间

坚持向发达国家开放与向发展中国家开放更好结合，扩大同各国的利益交汇点。党的十九大报告指出，坚持向发达国家开放和向发展中国家开放并重，积极发展全球伙伴关系，全面发展同各国的平等互利合作，实现出口市场多元化、进口来源多元化、投资合作伙伴多元化。发达国家是我国主要经贸伙伴，巩固与发达国家的经贸合作，可以稳定我国开放型经济的基本盘。同时，我国与广大发展中国家的经贸联系也日益密切。2014—2016年，我国对"一带一路"沿线国家进出口额达3.1万亿美元，占同期外贸总额的1/4以上；对沿线国家直接投资近500亿美元，占同期对外直接投资总额的1/10左右。近年来，广东深度融入国家"一带一路"倡议，对沿线国家进出口稳步增长，市场多元化程度得到提升。2017年对"一带一路"国家累计进出口1.5万亿元，增长14.9%，较广东整体增速高6.9%，占全省的22.1%，占比提升1.3%。广东应该继续深化同发展中国家合作，创新与"一带一路"沿线国家经贸合作方式，拓展对外开放新空间，打造全面开放新格局。

二、新任务：广东要发展更高层次开放型经济

改革开放以来，广东已经连续29年地区国内生产总值位居全国第一，外贸进出口总额居全国第一，也是经济市场化程度最高的地区。2018年全国两会期间，习近平总书记在参加广东代表团审议时指出，要以更宽广的视野、更高的目标要求、更有力的举措推动全面开放，加快发展更高层次的开放型经济，加快培育贸易新业态新模式，积极参与"一带一路"建设，加强创新能力开放合作。要抓住建设粤港澳大湾区重大机遇，携手港澳加快推进相关工作，打造国际一流湾区和世界级城市群。展望未来，广东应该以习近平总书记对广东工作重要指示为指引；推进体制机制创新，发掘自身优势，继续保持对外开放水平上的全国领先地位；紧抓"一带一路"和粤港澳大湾区的重大历史机遇，以更加宽广的视野、更加积极的态度服务国家重大战略，充分发挥广东对泛珠三角地区乃至全国的辐射带动作用。

(一) 开放型新经济体制的示范地

改革开放40年来,广东凭借着地理区位优势和政策优势,迅速地融入全球经济分工体系;珠三角地区已经成为我国重要的加工贸易区和世界上重要的制造业基地。在经济高速发展的同时,一些经济上的不足和弊端也开始显现:产业升级转型较慢,资源消耗较大,环境受到不同程度污染。同时,世界外部环境也在发生深刻变化,地缘政治、多元贸易体制、新技术革命等都对广东外向型经济提供了机遇,也带来了挑战。广东要率先加快构建开放型经济新体制,进一步破除体制机制障碍,使对内对外开放相互促进,引进来与走出去更好结合,打造成开放型新经济体制的示范地。广东建立开放型新经济体制是深化供给侧结构改革、加快推进形成全方位开放新格局的重大战略举措。要坚持积极主动、互利双赢、多元平衡和安全有效的基本理念;实现开放型经济治理体系和治理能力创新;在市场配置资源新机制、经济运行管理新模式、全方位开放格局、国际合作竞争新优势等方面形成一批可复制、可推广的经验和模式,进一步拓展我国对外开放的广度和深度。

(二) 国际高级生产要素的汇聚地

为了推进供给侧结构改革,落实《中国制造2025》计划,广东正在打造广深科技创新走廊和珠江西岸先进装备制造业产业带,促进广东产业结构转型升级,实现经济更高质量增长。要实现产业升级转型必须要利用更加先进的生产要素,利用好国内、国际两种资源;使广东成为国内国际高端生产要素和高端人才的集聚地。广东建立开放型经济新体制要增创竞合优势,加强与欧美发达国家和新兴经济体的合作,积极推动广东企业"走出去",进一步提升全球范围内资源配置能力。要实施国际科技合作提升行动计划,加强与欧美发达国家和"一带一路"沿线国家的科技创新合作,建立国际产学研创新联盟。扩大科技计划对外开放,鼓励和引导外资研发机构参与承担国家和地方科技计划项目,牵头组织实施和参与国际重大科学计划和科学工程。争取国内外重大创新平台落户广东,吸引国际跨国公司和知名研发机构来粤设立研发中心。鼓励企业和科研机构建立海外研发中心,积极融入全球创新网络。全面深化粤港澳科技合作,打造具有国际竞争力的创新高地。通过扩大对外开放引进先进要素,提升产业核心竞争力;改变广东在国际分工中以组装制造为主的局面,全方位参与全球价值链，提高广东产业在全球价值链中的地位。①

（三）全球高端产业的投资地

今后一个时期，世界经济可能陷入长期低迷，外需疲弱很可能常态化，各种形式的保护主义上升，经贸摩擦将进入高峰期。各国围绕市场、资源、人才、技术、规则、标准等方面的竞争更加激烈，我国在传统优势产业与发展中国家竞争加剧，在中高端产业与发达国家竞争也在增多，我国发展面临的外部环境更加复杂。主要经济体纷纷加快科技创新和产业结构的战略性调整，美国推出"再工业化战略"，欧洲推出"2020战略"，日本推出"重生战略"，俄罗斯推出"创新俄罗斯——2020"，巴西推出"壮大巴西计划"，旨在重塑各自未来竞争新优势②。在竞争日趋激烈的国际环境中，广东要在巩固传统产业优势的基础上，融合国际上先进生产要素，重点引进前沿高端产业，加快从全球加工装配基地向研发、先进制造基地转变。大力发展现代服务业，推进粤港澳大湾区服务业开放，建设若干国际性的经济、贸易、航运、金融中心和次中心。广东把转型升级作为创新驱动发展的重要途径，坚定不移推进经济结构战略性调整。坚持增量提升与存量优化并举，调结构和促发展并重，以产业创新抢占高端产业发展制高点，增强先进制造业核心竞争力，提升现代服务业发展水平，大力发展战略性新兴产业，改造提升传统产业，加快发展海洋经济，积极培育新业态和新商业模式，着力优化产业结构和产业布局，推进产业集聚化、高端化、智能化、绿色化发展③。

---

① 《中共广东省委关于制定国民经济和社会发展第十三个五年规划的建议》，见 http：//news.southcn.com/shouyeyaowen/content/2015-12/01/content_138069889.htm。

② 陈德铭：《完善互利共赢、多元平衡、安全高效的开放型经济体系》，见 http：//cpc.people.com.cn/n/2012/1204/c64102-19779657.html。

③ 《中共广东省委关于制定国民经济和社会发展第十三个五年规划的建议》，见 http：//news.southcn.com/shouyeyaowen/content/2015-12/01/content_138069889.htm。

未来展望编

第三节 广东对外开放的新理念、新对策

一、明确广东对外开放新理念

党的十九大报告指出，中国必须坚持"创新、协调、绿色、开放、共享"的发展理念，主动参与和推动经济全球化进程，发展更高层次的开放型经济。广东在未来开放过程中，要实现理念更新；以更加积极主动的心态融入世界经济一体化进程；在经济贸易往来过程中，实现全球资源的优化配置，互利合作，双方共赢；维护多边贸易体制，扩大"走出去"规模，实现贸易投资的平衡发展；坚持底线思维，构筑全面开放的安全保障体系，维护区域经济安全稳定。

（一）积极主动

我国经过改革开放40年以来的发展，已经具备了一定的经济实力。我国人力资本、资金供给、科技创新、基础设施、产业集聚等方面的能力持续增强，资本技术密集型的比较优势正在形成和强化，培育国际经济合作和竞争新优势的基础更加坚实。2013年，习近平总书记提出"一带一路"倡议，标志着我国对外开放进入新的阶段；同时，中国（上海）自由贸易试验区、中国（天津）自由贸易试验区、中国（广东）自由贸易试验区、中国（福建）自由贸易试验区先后成立，标志着中国在对外开放深度方面进行勇敢探索。在2017年全国人大会议上，李克强总理在《政府工作报告》中首次提出了建设粤港澳大湾区，这为广东进一步推进对外开放提出了新的发展方向。广东将在中央精神的指引下，抓住重大战略机遇，以更加积极主动的理念推进对外开放，促进经济可持续发展。拓展对外开放新格局，深化与"一带一路"沿线国家经济合作；打造对外开放新机制，高标准建设广东自由贸易试验区，实现贸易投资的便利化；深化粤港澳合作新体制，实现各类资源更加优化配置。

（二）互利共赢

互利共赢是我国对外开放的长期战略。习近平总书记准确把握当今和平、发展、合作、共赢的时代潮流和国际大势，在推动我国全方位对外开

放过程中,创造性地提出打造命运共同体、实现互利共赢、谋求共同发展的对外开放新思想。2015年9月,习近平主席在联合国发展峰会上指出,我们要坚持开放的发展,让发展成果惠及各方。在经济全球化时代,各国要打开大门搞建设,促进生产要素在全球范围更加自由便捷地流动。各国要共同维护多边贸易体制,构建开放型经济,实现共商、共建、共享。中国提出"一带一路"倡议,也坚持互利共赢。兼顾各方利益和关切,寻求利益契合点和合作最大公约数,体现各方智慧和创意,各施所长,各尽所能,把各方优势和潜力充分发挥出来。中国始终遵循和平发展的外交战略,在与国外经贸合作始终坚持互利共赢,因此,"一带一路"倡议提出来之后,得到沿线国家和地区的积极响应。2017年第一届"一带一路"国际合作峰会在北京召开,有29位外国元首、政府首脑及联合国秘书长、红十字国际委员会主席等三类重要国际组织负责人出席高峰论坛。在"一带一路"沿线国家白俄罗斯,由中国投资建设的中白工业园,在促进当地经济发展和吸纳当地就业人员方面已经取得明显成效,也成为两国经贸合作互利共赢的典范。广东是面向海上丝绸之路经济带的重要桥头堡,在对外开放中要坚持互利共赢的理念,充分发掘广东与"一带一路"沿线国家的合作潜力,实现优势互补,共同繁荣。通过共建工业园、研发中心、商贸中心等方式,打造国际合作新平台,增添共同发展新动力。

(三) 多元平衡

世界经济和国际市场需求还将持续低迷,尤其是欧美日等传统市场消费疲软,进一步推进市场多元化更具现实意义。同20世纪90年代相比,目前多元化的内涵也在向深度拓展。不仅要重视出口市场多元化,也要强调进口市场多元化;不仅要重视引资来源多元化,也要强调"走出去"市场多元化。多元平衡,就是对外开放中要坚持统筹协调,注重良性互动,实现多元发展、平衡发展。在提升制造业开放层次的同时,也要重视扩大服务业和农业开放;在扩大出口和吸引外资的同时,也要重视增加进口和对外投资合作;在巩固发达国家传统市场的同时,也要重视开拓发展中国家市场;在做强一般贸易的同时,也要重视提升加工贸易附加值;在加强自主创新的同时,也要重视参与全球化分工合作;在提升沿海开放水平的同时,也要重视加快内陆和沿边开放,不断增强开放型经济发展的平衡性、协调性和可持续性。① 广东是我国进出口贸易和吸收外资的重要区域,是改革开放的前沿地区。在建立更加完善的对外开放体制中,坚持优进优出并重、货物贸易和服务贸易并重、质量和效益并重,推进内外贸一体化发展。优化外贸结构。提升出口贸易质量和效益,深化拓展多元化市场,优化出口商品结构,重点扩大自主知识产权、自主品牌、自主营销网络和高技术含量、高附加值、高效益产品出口。培育外贸竞争新优势。创新和完善多种贸易平台,提高贸易便利化水平。建立金融、商贸、物流等政策支撑体系,拓宽进出口企业融资渠道。

(四)安全有效

习近平总书记在十八届中央政治局第二十八次集体学习时的讲话时指出,我们在坚持对外开放的同时,要坚决维护我国的发展利益,积极防范各种风险,确保国家经济安全。安全高效,就是对外开放中要坚持转变对外经济发展方式,培育开放型经济发展新优势,提高开放型经济的综合效益,增强抵御外部冲击和国际风险的能力。按照完善社会主义市场经济体制的要求,加快改革涉外经济管理体制,建立统一高效的对外开放决策、协调、管理和评估机制,完善开放条件下的对外经贸促进体系和风险防范机制,提高开放型经济对国民经济的贡献,增强风险防控水平。加强战略谋划,增进外交与经济紧密互动,全力维护国家和产业核心利益,切实保障经济安全。② 自贸区建设是新时期对外开放战略中一个重要抓手,在自贸区建设中,重要的可复制经验包括贸易便利化、金融开放以及外商投资的负面清单管理。在建立对外开放新体制过程中,要坚持底线思维,做好风险监测和防范,在机制设计上做到将系统性风险发生的概率降到最低。在新型对外开放体制中,中国必将"走出去",加大国外投资规模。构建高效有力的海外利益保护体系,维护我国公民和法人海外合法权益。提高海外安全保障能力和水平,完善领事保护制度,提供风险预警、投资促进、权益保障等便利服务。强化涉外法律服务,建立知识产权跨境维权援助机制。

二、健全广东对外开放新机制

广东是开放型经济大省,要为全国建设开放型经济体制提供重要支撑,

---

① 十八大报告文件起草组:《十八大报告辅导读本》,人民出版社2012年版。
② 十八大报告文件起草组:《十八大报告辅导读本》,人民出版社2012年版。

要实施开放型经济管理机制创新，实现投资便利化和贸易自由化，促进国际国内高端要素集聚，进一步提高开放水平。要在法律制度、投资管理、金融管理、贸易管理等方面进行前瞻性试验与探索；把握住国际经贸规则的发展方向，结合广东实际情况，有创造性地进行对接。

（一）探索对接国际规则经济管理新模式

改革开放40年来，我国经济充分融入世界经济体系，进出口商品贸易和吸引跨国投资都走在世界前列。当然，在服务贸易以及金融服务业等领域，我国对外开放程度不足，需要建立对接国际规则的经济管理新模式，扩大这些领域对外开放，实现我国贸易结构优化，产业结构转型升级。广东是我国外贸大省，也是吸引外资的大省，也是《内地与香港地区更紧密经贸安排》《内地与澳门更紧密经贸安排》协议先行先试地区。更要在经济管理新模式上实现创新，为国家建立开放型新体制提供支撑。我国已经在沿海地区建立天津、上海、福建和广东自由贸易试验区，在唐山、济南、浦东新区、苏州工业园、东莞等地开展构建开放型经济新体制综合试点试验工作，这些都是创新经济管理新模式的重要抓手。

对接国际规则，首先要在法律制度上取得一定突破。自贸试验区创新经济管理模式的试验地，可以在法律制度创新上进行试验。自贸试验区涉及的投资贸易便利化、资本项目兑换、金融开放创新等事项都属于国家层面事权，且已有相关法律做出了规定。按照一般程序，对于已有国家法律做出规定而自贸试验区需要改变相关法律规定的，应当先由全国人大或其常委会根据自贸试验区建设的需要，对相关法律做出修改；再由地方人大对地方政府进行授权。通过广东人大常委会授权，广东省制定了《中国（广东）自由贸易试验区条例》，允许对自贸区内的相关法律法规实施调整。广东自贸区可以在与港澳地区深入合作，大胆实践；在商事登记制度、贸易仲裁法律适用、民事调解等方面大胆对接国际通用规则，为自贸区贸易便利化打下法律基础。

东莞等地开展构建开放型经济新体制综合试点试验工作，可以复制自贸区的先进经验。探索将外商投资企业的设立、变更及合同章程审批改为备案管理，备案后按照国家有关规定办理相关手续。率先做好准入前国民待遇加负面清单模式的对接。以加工贸易企业、外贸综合服务企业为试点，综合商务、税务、海关、检验检疫等部门的执法信息，探索建立能够全面反映企业诚信守法情况的统一分类管理办法，并给予企业诚信守法待遇。

争取参照国家赋予东莞地方立法权的做法，设立东莞市仲裁委员会、国际仲裁院，构建与国际投资、贸易通行规则相衔接的基本制度框架①。广东自贸区试验区和东莞市试点经验成功后，可以向全省其他地区推广实施，为提升全省对外开放水平打下坚实基础。

（二）构建外贸可持续发展新机制

在构建对外开放新体制中，要建立外贸可持续发展机制。全面提升外贸竞争力，提高贸易便利化水平，完善进出口促进体系，健全贸易摩擦应对机制，大力发展服务贸易，促进外贸提质增效升级。

提升贸易便利化水平。要改进通关方式，加快发展电子口岸，建立国际贸易单一窗口，提高口岸通关效率。继续深化海关通关作业互联互通、功能型海关建设、内勤集约化和专业化、外勤标准化和系统化等改革项目，加速形成通关一体化格局。加快实施"网上海关"项目，依托互联网即时通信技术，推动海关行政审批、税收征管、保税监管、通关审单等业务实现网上办理，进一步降低企业通关时间和通关成本，提升企业综合竞争力。优化检验检疫技术和信息服务，推动公共技术服务平台建设，提升检验检疫服务效能。

促进加工贸易转型发展。力推加工贸易企业向研发设计领域延伸，引导企业生产方式由贴牌生产（OEM）向委托设计生产（ODM）和自有品牌生产（OBM）转型。鼓励企业品牌建设，推动企业自主品牌走出去。加快加工贸易企业转型升级试点、示范工作，引导企业加快技术改造，鼓励加工贸易企业设立研发中心、技术支持中心。支持企业参与境内外高品质产业园区、产品营销推广中心建设，构建更加广泛的营销网络，积极拓展海外市场。继续加大对跨境电商的支持力度，充分利用"互联网+"的优势促进外贸发展。

加快服务贸易发展。服务贸易具有资源节约型特征，能降低能源消耗，降低对环境的破坏性。要扩大服务贸易进出口，提高服务贸易占外贸比重。推动文化、技术、软件、动漫等服务贸易发展，推动成熟产业技术出口，促进技术引进消化吸收再创新。继续鼓励服务贸易发展，加大对知识流程服务外包（KPO）支持力度，加大服务外包人才培养，加大外包企业公共

---

① 《东莞市构建开放型经济新体制综合试点试验实施方案》，见 http://news.timedg.com/2017-01/12/20541461.shtml。

技术平台建设。

要健全贸易摩擦应对机制。随着国际上贸易保护主义抬头，中国面临的各类贸易摩擦越来越多，要健全贸易摩擦应对机制。加强贸易摩擦预警机制建设，鼓励行业协会、政府部门共同建立全球范围的信息收集系统，打造以行业专家、法律专家构成的应对小组（机构）。加强知识产权保护，加大电子商务等新型领域的知识产权执法力度，严厉打击各种涉及专利、商标、版权等知识产权领域的侵权假冒违法行为。加强与境外商事调解、仲裁机构等的交流与合作，提升商事纠纷仲裁专业水平。

（三）探索开放型金融生态新机制

对外开放是全面的开放，是各种资源的汇聚融通过程；在经济开放中，重要的是金融开放。广东是改革开放前沿地区，也是我国第一经济大省，在金融开放领域也走在全国前列。近年来广东大力推动金融改革开放，广东省金融体量位居全国前列，信贷规模长年位居全国首位，直接融资占比也在全国靠前。金融创新创下多个全国第一，跨境人民币结算业务量连续7年全国第一，发布国内首个跨境金融指数；发行自贸区首只交易所市场公募熊猫债，成立国内首家外资控股的合资基金管理公司；等等。广东自贸区深入推进金融开放创新改革，深圳前海推进人民币离岸业务在岸结算中心等建设，广州南沙重点发展融资租赁、航运金融、跨境金融等特色金融业，珠海横琴引进澳资银行、跨境支付结算、跨境融资等取得突破。截至2017年6月，广东自贸区入驻金融机构和创新型金融企业超过5万家，居全国各自贸区首位。

党的十九大报告对金融工作提出了明确要求，要"着力加快建设实体经济、科技创新、现代金融、人力资源协同发展的产业体系"，"深化金融体制改革，增强金融服务实体经济能力，提高直接融资比重，促进多层次资本市场健康发展"。《中共中央国务院关于构建开放型经济新体制若干意见》提出："提升金融业开放水平，稳步推进人民币国际化，扩大人民币跨境使用范围、方式和规模，加快实现人民币资本项目可兑换。"这些都是广东继续深化改革、扩大金融开放的基本方向。广东将继续围绕"服务实体经济，防控金融风险，深化金融改革"三大主题，以跨境金融、粤港澳金融合作为特色，加速经济和金融的良性循环和健康发展，推进金融开放再上新台阶。金融合作是粤港澳大湾区建设的重要内容和关键环节。要高起点谋划粤港澳大湾区金融定位和目标，探索粤港澳三地金融合作的新路径，推动粤港澳金融竞合有序、协同发展，从"金融+贸易""金融+航运""金融+科技""金融+制造业"四个方向，大力推动金融业双向开放、互联互通等。

广东具有在绿色金融、自贸区、珠三角金融改革综合试验区等先行先试政策优势，将加快推进金融改革创新，完善地方金融市场体系，不断改善金融营商环境，提升金融服务绩效；完善金融人才引进政策，建立市场化金融人才评选机制，鼓励国内和海外高层次的金融人才来粤工作[①]。金融开放要服务"一带一路"倡议的需求，支持广东企业积极"走出去"参与"一带一路"建设，给予信贷支持，鼓励开展跨境人民币结算业务。

（四）创建外商投资管理新体制

建立对外开放的新体制，要善于利用国际、国内两种资源。广东充分利用了改革开放的政策优势，吸引港澳台地区和发达国家的投资，设立经济开发区，经济得到迅速发展。进入新时代，广东应该创建外商投资管理新体制，继续加大引资力度，实现高端生产要素在广东聚集。要改善投资环境，扩大服务业市场准入，进一步开放制造业，稳定外商投资规模和速度，提高引进外资质量。广东要在《内地与香港关于建立更紧密经贸关系的安排》《内地与澳门关于建立更紧密经贸关系的安排》及其补充协议框架下探索对港澳更深度的开放，进一步取消或放宽对港澳投资者的资质要求、股比限制、经营范围等准入限制，重点在金融服务、交通航运服务、商贸服务、专业服务、科技服务等领域取得突破。要抓住建设粤港澳大湾区的战略机遇，实现广东与香港、澳门地区深度融合，在资金和人员往来方面更加便利，各种投资渠道更加顺畅。

完善外商投资市场准入制度，探索对外商投资实行准入前国民待遇加负面清单的管理模式。对外商投资准入特别管理措施（负面清单）之外领域的外商投资项目实行备案制；将外商投资企业设立、变更及合同章程审批改为备案管理；配合国家有关部门实施外商投资国家安全审查和经营者集中反垄断审查，实施外商投资全周期监管。推进落实《广东省进一步扩大对外开放积极利用外资若干政策措施》，优化重点园区吸收外资环境；加大对外商投资的优惠程度，加强对高端外资、高端人才的吸引力；推动广

---

① 肖学：《探索建设粤港澳大湾区国际金融枢纽》，见 http://www.gd.gov.cn/tzgd/ydyl/201712/t20171208_262723.htm。

东外资向更高层级、更高质量发展。

（五）建立促进走出去战略的新体制

近10年来，广东对外投资总量稳居全国各省市首位，投资领域从单一商品销售向贸易、生产、服务、工程、资源开发等全方位发展，企业"走出去"足迹遍布全球130多个国家和地区。在"一带一路"倡议背景下，广东应该利用自身"一带一路"海陆交会处区位优势和技术、资本的比较优势，抢抓先机加快"走出去"步伐。

加快境外园区建设发展。制定境外园区发展战略规划，推动政府主导规划、专业机构投资运营、企业市场化进入的发展模式，鼓励投资建设境外合作平台，培育跨境产业发展集群。积极参与我国与重点国家合作的境外园区建设，引导企业进驻基础设施条件成熟、管理制度规范、配套服务良好的园区。发挥龙头企业带动示范作用，投资设立境外综合产业发展基地。鼓励上下游产业链整体转移和关联产业协同布局，提升企业集聚发展能力和投资影响力。

支持企业跨国经营。培育大型本土跨国经营公司，支持企业以绿地投资、并购投资、证券投资、联合投资等方式参与全球资源配置，引导省内企业抱团出海、集群式"走出去"。创新商业运作模式，支持企业到境外合作建设生产营运总部，积极稳健收购兼并海外企业，加快建立全球化研发、生产、采购和人才体系。支持企业参与中亚、非洲等国通信、公路、桥梁、电力等基础设施建设，以工程带动广东省设备、技术、标准和服务"走出去"。鼓励企业实施本地化战略，强化环保、公益等社会责任意识，塑造广东企业对外投资良好形象。

完善自主境外投资促进体系。加快布局全球经贸服务网络，发挥好广东驻外经贸代表处作用和海外侨胞桥梁纽带作用，积极利用友好省州等平台，完善沟通协调机制。建立"走出去"信息服务平台和专业经营服务机构，完善"走出去"风险评估机制、预警机制和风险应对机制，为企业"走出去"提供法律咨询、市场开拓、资金筹集、领事保护等方面的支持。创新涉外投资管理体制，全面推进以备案制为主的对外投资管理方式改革，放宽境外投资外汇管理和企业人员出入境管理。发挥政府资金杠杆作用，探索建立政、企、银、担保公司多方联动的融资服务体系，支持企业境外投资项目。①

(六) 优化对外开放区域布局

广东要保持走在开放型经济全国前列,要更加积极主动参与全国经济合作与竞争,以开放促改革、促发展。广东要着力优化对外开放战略布局,全方位加强与欧美发达国家的交流往来,积极参与"一带一路"建设;着力拓展对外开放领域,推动开放向经济社会各个领域延伸。

要深化与欧美发达国家合作。《中共中央国务院关于构建开放型经济新体制的若干意见》提出"支持沿海地区发展高端产业、加强科技研发,加快从全球加工装配基地向研发、先进制造基地转变"。珠三角地区在信息技术、生物医药、装备制造等产业积累了一定的基础,需要提高与发达国家合作层次,采取走出去与引进来结合的战略,提升对外合作水平。鼓励发达国家的大型跨国企业在广东设立研发机构、创新中心;鼓励世界500强企业加大对广东地区投资,特别在新一代信息技术、人工智能、生物医药、高端装备制造、新能源新材料等高端产业与本地企业开展合作;简化相关手续,吸引发达国家优秀科学家和科研工作者等优秀人才来粤工作,助力广东产业升级转型;加强中新(广州)知识城、中德(佛山)工业服务区、中德(揭阳)金属生态城、汕头中以创新创业科技产业园等重大合作平台建设,推进与发达国家的科技创新合作。鼓励大型企业走出去,充分利用国际国内两种资源,开发国际国内两个市场;在发达国家设立研发机构;通过全球化生产布局,实现了产业链价值的最大化;通过跨国并购有效弥补了广东相关产业的短板。

广东要积极参与"一带一路"建设,拓展对外开放新路径、新格局。将充分发挥区位优势,深化港口、机场、高速公路、高速铁路和信息国际合作,打造国际航运枢纽和国际航空门户,面向沿线国家,构筑联通内外、便捷高效的海陆空综合运输大通道。其中,包括加强广州、深圳、珠海、湛江、汕头等港口建设,组建海上丝绸之路货运物流合作网络。加大与沿线国家经贸合作,利用广东产业优势,与东欧、东南亚、非洲等地区开展产业园合作,更大力度鼓励有条件的企业参与境外经济贸易合作区和农业合作区开发建设,推进国际产能和装备制造合作。加强与东盟在矿业、农

---

① 《中共广东省委关于制定国民经济和社会发展第十三个五年规划的建议》,见 http://news.southcn.com/shouyeyaowen/content/2015-12/01/content_138069889.htm。

业、清洁能源、轨道交通装备、汽车、旅游等领域的相互投资与合作，促进在科技、教育、人才和知识产权、金融、环保、交通等领域的合作。加强与新加坡在金融、海洋工程等领域的合作，深化与马来西亚、泰国、越南、印度尼西亚等国家的资源开发合作①。

（七）进一步优化营商环境

李克强总理特别强调营商环境建设，指出"营商环境就是生产力"。改革开放以来，广东营商环境始终居于全国前列，激发了民营企业的创业热情，吸引了大量的外来投资，大大促进经济发展。随着改革开放不断深入拓展，广东原有的许多先发优势正逐步消退。要重塑广东的竞争优势，必须在推进产业、技术等方面硬转型的同时，更加重视软转型。营造法治化国际化营商环境就是推进软转型的核心内容。广东要走在全国开放型经济体制前列，要进一步优化营商环境，坚持依法开放，大力培育开放主体，着力构建稳定、公平、透明、可预期的营商环境。

广东自贸试验区要加快建设与国际高标准规则相对接的营商环境，形成可复制的经验在全省推广。广东自贸试验区要借鉴上海自贸试验区的经验，同时根据自身实际情况，与上海、天津、福建自由贸易试验区形成错位发展、互补发展格局。创新行政管理体制、投资管理体制、贸易监管服务模式、社会信用和市场监管体系、国际商事法律服务和知识产权保护体系。强化自贸试验区制度性和程序性法规规章建设，完善公众参与法规规章起草机制，探索委托第三方起草法规规章草案。对涉及自贸试验区投资贸易等商事案件，建立专业化审理机制。完善知识产权管理和执法体制，完善知识产权纠纷调解和维权援助机制，探索建立自贸试验区重点产业知识产权快速维权机制。发展国际仲裁、商事调解机制②。创新行政管理体制，建立集中统一的综合行政执法体系，相对集中执法权，建设网上执法办案系统，建设联勤联动指挥平台。提高知识产权行政执法与海关保护的协调性和便捷性。探索设立法定机构，将专业性、技术性或社会参与性较强的公共管理和服务职能交由法定机构承担。建立行政咨询体系，成立由

---

① 《中共广东省委关于制定国民经济和社会发展第十三个五年规划的建议》，见 http：//news.southcn.com/shouyeyaowen/content/2015－12/01/content_138069889.htm。

② 《国务院关于印发中国（广东）自由贸易试验区总体方案的通知》，见 http：//www.gov.cn/zhengce/content/2015－04/20/content_9623.htm。

粤港澳专业人士组成的专业咨询委员会，为自贸试验区发展提供咨询。推进建立一体化的廉政监督新机制。完善社会信用和市场监管体系，完善企业信用信息公示系统，实施企业年报公示、经营异常名录和严重违法企业名单制度。以商务诚信为核心，在追溯、监管、执法、处罚、先行赔付等方面强化全流程监管。完善知识产权保护机制，在自贸区设立知识产权保护中心，探索知识产权保护新模式；并与仲裁、公证、行政执法、司法审判、公安、海关等有关部门和机构紧密衔接，实现知识产权保护业务咨询、维权指引、纠纷调解、侵权分析、鉴定评估、监测预警等功能。

改善科技创新环境，完善国际科技创新合作机制。广东要全面融入全球创新网络，提升科技创新的国际合作水平，更多更好地利用国际创新资源。大力吸引国内外创新人才、创新机构，跨国公司研发中心和国际科技组织落户广东，不断提升广东的科技创新能力，进一步拓展合作领域，提升合作层次。引导企业与"一带一路"沿线国家的高等院校、科研院所和企业加强国际科技交流合作；鼓励有条件的企业到国外产业创新资源聚集地区设立研发机构或孵化器，创新研发机构的国际合作模式，加强技术、人才等方面的国际合作；支持鼓励有条件的企业设立并购基金，吸引产业相关的国外科技型企业、科研机构来粤联合设立研究机构，提高企业自主创新能力，构建广东产学研国际化合作的新格局。

（八）建立健全开放型经济安全保障体系

坚持扩大开放的同时，要建立健全开放型经济安全保障体系，维护各类核心利益。广东是外贸第一大省，与世界上大部分国家拥有经济贸易往来。近些年，部分国家国内政治、经济不稳定以及地缘政治、宗教冲突等引发的地区冲突，给广东企业走出去带来一定的风险和损失。在进一步扩大开放过程中，广东推进走出去战略，必然会承受更多的风险。要建立走出去风险防控体系，健全金融风险防控体系，构建经贸安全保障制度；完善外商投资国家安全审查机制。

加快建立风险评估与风险预警机制。成立一个跨部门、多学科的研究人员队伍，与外交部、商务部等合作，收集发达国家、"一带一路"沿线国家影响经济贸易发展的重要信息，定期发布广东省"走出去"风险警示信息，创设重点国家经贸风险预判指数，建立健全风险评估与风险预警机制。发挥民间组织在走出去战略中的协调作用；民间组织的非政府性，可以在"走出去"战略风险防范中发挥政府机构难以发挥的作用。广东在海外有大量的侨胞，应该培育壮大海外商会、华人华侨团体；在海外风险防控中，形成"官民协同"、互相补位的局面。引导企业在中资企业相对集中的国别和地区组建境外中资企业商会，提高行业自律水平。制订重点国别和行业发展规划；与有关国家商签经贸合作中长期发展规划，定期发布《对外投资国别产业导向目录》《对外承包工程国别产业导向目录》等指导性文件。完善境外直接投资外汇管理，鼓励金融机构为合作项目提供信贷支持和金融服务[1]。增加出口信用保险额度，支持企业稳定出口、巩固海外市场；设立海上丝绸之路基金，为广东企业和资本"走出去"提供金融服务；运用债券、保险、夹层、股权等中长期投资工具，支持相关企业实现跨国并购，促进产业输出。组织广东海外企业家培训，通过对跨文化社会关系网建构方式、网络结构的学习，实现广东海外企业从中国式到较多跨文化理解式过程的转变，打造真正的国际化企业。

完善外商投资国家安全审查机制。广东自贸试验区正在推进实施"准入前国民待遇"加"负面清单"制度。外资安全审查是一个持续的过程，在外资准入之后，还需配合中央政府外商投资国家安全审查制度，建立跟踪、监测、实施与报告机制。

---

[1] 郭楚：《"走出去"提升提升广东在全球配置资源的能力》，见 http://news.southcn.com/zhuanti/yidaiyilu/content/2015-04/07/content_121693073.htm。

第十八章　构建广东全面对外开放新格局的战略

改革开放40年来，广东作为改革开放的排头兵、先行地、实验区，对外开放取得了辉煌成就，站上了更高起点。随着改革开放越深入，改革开放面临的环境形势就越复杂，面临的任务就越系统、越艰巨。因此，在新时期，广东应坚决贯彻有关习近平新时代中国特色社会主义思想和党的十九大精神，敢于涉深水区、啃硬骨头，进一步解放思想、改革创新，真抓实干、奋发进取，在构建推动经济高质量发展体制机制、建设现代化经济体系、形成全面开放新格局、营造共建共治共享社会治理格局上走在全国前列。推动广东形成全面开放新格局作为"四个走在全国前列"之一，具有重要的现实意义。构建开放型经济新体制、提速粤港澳大湾区建设、探索建设国际自由贸易港成为新时代背景下广东推动形成全面开放新格局的重要路径。

第一节　构建开放型经济新体制，打造"一带一路"枢纽

中国特色社会主义进入了新时代，我国经济发展也进入了新时代，基本特征是我国经济已由高速增长阶段转向高质量发展阶段。推动高质量发展，是保持经济持续健康发展的必然要求，是适应我国社会主要矛盾变化和全面建成小康社会、全面建设社会主义现代化国家的必然要求，也是遵循经济规律发展的必然要求。2018年，习近平总书记在参加广东代表团审议时强调，广东是改革开放的排头兵、先行地、实验区，在我国改革开放和社会主义现代化建设大局中具有十分重要的地位和作用。要求广东进一步解放思想、改革创新、真抓实干、奋发进取，以新的更大作为开创广东工作新局面，在构建推动经济高质量发展体制机制、建设现代化经济体系、

形成全面开放新格局、营造共建共治共享社会治理格局上走在全国前列①。同时，习近平总书记还强调，要以更宽广的视野、更高的目标要求、更有力的举措推动全面开放，加快发展更高层次的开放型经济，加快培育贸易新业态、新模式，积极参与"一带一路"建设，加强创新能力开放合作。在新形势下，要贯彻落实中央经济工作会议精神与党的十九大精神，深入领会习近平新时代中国特色社会主义思想，深刻理解我国经济已由高速增长阶段转向高质量发展阶段的重大判断，准确把握高质量发展的深刻内涵，切实把思想和行动统一到中央决策部署上来，精心谋划、有力有序推进广东对外开放工作，努力推动广东实现高质量发展②。

"一带一路"作为中国首倡、高层推动的倡议，对中国现代化建设和屹立于世界的领导地位有深远的战略意义。广东作为中国改革开放的桥头堡，参与"一带一路"尤其是21世纪海上丝绸之路建设，将广东打造成"一带一路"枢纽、经贸合作中心和重要引擎，是新时期广东贯彻落实中央政府部署、增创对外开放新优势的重要举措，具有重大的历史意义和现实意义。在新时代，广东应抓住"一带一路"倡议带来的机遇，加快构建广东开放型经济新体制，为推动形成开放型经济新格局提供经验探索。同时，结合广东对外开放的历史经验，立足当前国内外开放的最新形势，进一步发挥和挖掘广东对外开放优势，加快发展高层次开放型经济，构建与国际投资和贸易通行规则相衔接的制度体系，以扩大开放带动创新、推动改革、促进发展，形成广东对外开放新动能。为了更好地响应国家"一带一路"倡议，把握"一带一路"建设带来的新机遇，广东应从软硬件的对接融合入手，推动基础设施互联互通、强化贸易及产业投资的水平，将广东打造为"一带一路"的枢纽，携手港澳共同构建"一带一路"开放新格局③④。

一、促进重要基础设施互联互通

互联互通是贯穿"一带一路"的血脉，而交通等基础设施互联互通则

---

① 邓晖、李苑、陈海波、晋浩天：《当好新时代改革开放排头兵——习近平总书记在参加广东代表团审议时的重要讲话引起热烈反响》，载《光明日报》2018年3月8日。

② 陆娅楠：《聚焦中央经济工作会议：向着高质量发展迈进》，载《人民日报》2017年12月22日。

③ 申晨、张林昱、高燕萍：《省委常委会审议并通过〈广东省参与建设"一带一路"的实施方案〉》，见南方网（http://fbh.southcn.com/c/2015-06/03/content_125603719.htm）。

④ 裴长洪：《"十三五"：迈向更高层次开放型经济》，载《经济学动态》2016年第1期。

未来展望编

是"一带一路"建设的优先领域,是连接广东与"一带一路"沿线国家的先行基础。"一带一路"倡议提出以来,广东积极响应和贯彻落实国家"一带一路"倡议,携手"一带一路"沿线国家共同努力,根据"一带一路"倡议走向,以陆上国际大通道和海上重点港口为重要支撑节点,形成功能完善的海陆空综合运输大通道和综合交通网络,为推进广东与"一带一路"沿线的经济社会往来创造通畅、安全、高效的基础设施网络条件。

在基础设施互联互通当中,广东应与"一带一路"沿线国家共同努力,把交通基础设施互联互通作为突破口。贯彻落实《广东省综合交通运输体系发展"十三五"规划》等政策文件,应充分发挥区位优势,着力打造"一带一路"上陆海交汇的战略交通枢纽,重点推进国际航运服务体系、国际航空网络拓展、陆路国际大通道等三大工程。总体思路是,抓住关键通道、关键节点及重点工程,优先畅通缺失路段或瓶颈路段,增强道路通达质量,构建广东与"一带一路"沿线国家或地区之间便捷高效、联通内外的交通运输综合网络。具体举措包括:一是整合粤港澳大湾区港口资源特色优势,加强广州港、深圳港、珠海港、湛江港、汕头港等港口之间的深度合作与联动机制。在实现港口内部资源优势整合基础上,鼓励粤港澳大湾区城市群港口资源"抱团走出去",结合"一带一路"沿线国家经贸和港口合作需求,定期举办港口城市发展合作论坛,并通过资金、人员或解决方案等多种形式进行合作,构建沿线港口与物流合作机制[1]。二是依托广州白云国际机场、深圳宝安国际机场等航空枢纽开通至"一带一路"沿线国家主要城市的国际航线和航班。三是畅通广东与"一带一路"沿线国家的陆路大通道,实现从"买全球"到"卖全球"。其中,东莞石龙国际铁路货运物流中心开辟广东直达俄罗斯、中亚五国和东盟的铁路物流通道,构建"广货广运"陆上物流平台,实现沿海"一路"与沿边"一带"口岸对接,打造"一带一路"跨境连接的枢纽。而广州大田国际铁路货运物流中心则联合机场、海港和公路,形成铁路货运"南下北上东走"联动布局,构建空海铁公多式联运网络,打造全亚洲最大的物流中心之一[2]。

除了加强广东与"一带一路"沿线国家的交通基础设施互联互通以外,

---

[1] 广东省发展和改革委员会:《广东省参与丝绸之路经济带和21世纪海上丝绸之路建设实施方案》,见广东省发展和改革委员会官网(http://zwgk.gd.gov.cn/006939756/201603/t20160315_647591.html)。

[2] 范祚军、何欢:《"一带一路"国家基础设施互联互通"切入"策略》,载《世界经济与政治论坛》2016年第6期。

实现能源基础设施互联互通,也是战略合作的重点之一。在信息技术迅猛发展的时代,广东还应加强与"一带一路"沿线国家的信息基础设施建设合作,重视信息网络的互联互通,共同构建跨境光缆等通信干线网络,提升国际通信互联互通的层次,以信息化、智能化驱动广东与"一带一路"沿线国家经济社会文化的协同发展①②。

二、提升对外贸易合作水平

贸易畅通是"一带一路"倡议的核心内容,也是促进广东与"一带一路"沿线国家经济繁荣与区域合作的重要手段。改革开放以来,在贸易通道建设和贸易政策沟通的基础上,广东与"一带一路"沿线国家贸易额稳步增长,贸易领域逐步拓宽,贸易结构进一步优化,贸易新增长点不断涌现,自由贸易新格局正逐步形成。在新时期,为了进一步打造经贸合作新格局,未来应重点从以下几个方面推进。

(一)积极创建出口名牌,提升外贸出口优势

广东应进一步巩固与"一带一路"沿线国家的良好经贸合作基础,提升对外贸易合作水平。广东要稳定劳动密集型产品等优势产品对"一带一路"沿线国家出口,抓住"一带一路"沿线国家基础设施建设机遇,带动广东优势制造业成品及服务的出口。同时,顺应沿线国家产业转型升级趋势,加快机电产品和高新技术产品出口。加快对外贸易优化升级,加快外贸发展方式转变,不断优化出口商品结构、提升产品的技术含量和附加值,推动从"广东制造"向"广东质造"及"广东智造"转型升级③。

(二)全面加快进口贸易发展,提高进口便利化水平

构建辐射全球的进口商品交易中心。同时,还要协同商务部门、海关、出入境检验检疫部门、港口口岸码头等多头联动,并推动政府和"一带一路"沿线国家的负责人在进口平台上就物流、商贸、海关等环节进行贸易政策沟通协调,创新管理模式,探索为进口企业"减负增效"的特色化监

---

① 张一鸣:《"一带一路"要打造全方位的互联互通》,载《中国经济时报》2015年3月23日。
② 中国社会科学院数量经济与技术经济研究所:《"一带一路"战略:互联互通 共同发展——能源基础设施建设与亚太区域能源市场一体化》,载《国际石油经济》2015年第8期。
③ 国务院:《国务院关于加快培育外贸竞争新优势的若干意见》(国发〔2015〕9号),见国务院官网(http://www.gov.cn/zhengce/content/2015-05/12/content_9735.htm)。

管制度及机制,更好地提高贸易效率和进口量。

(三) 强化制度创新,促进通关便利化[①]

以广东自贸区作为"一带一路"的窗口和支撑,推动广东与"一带一路"沿线国家的贸易合作,扩大与"一带一路"沿线国家的经贸往来,深化合作层次。

(四) 通过多种渠道与方式,搭建外贸合作新平台

一是组织广东企业赴"一带一路"沿线国家建立广东特色商品展销中心,在纺织、机械、电子、陶瓷灯等优势领域扩大广东品牌影响力,树立广东品牌美誉度。二是在"一带一路"沿线国家筹建经贸代表处,建立商会或协会,开展经贸洽谈会,促进广东与"一带一路"沿线国家的贸易往来活动。加强广东与驻外商务机构、商会等海外机构的友好合作关系。利用广交会、高交会等国际论坛或国际平台,推进广东与"一带一路"沿线国家经贸合作,以拓展"一带一路"沿线市场机会[②][③]。

三、推动产业投资"走出去"与"引进来"

"一带一路"倡议实施以来,广东与"一带一路"沿线国家之间的投资合作稳步推进,亮点纷呈。同时,国内国际两个市场并重和"引进来""走出去"并举,在新一轮发展中广东企业核心竞争力得到了极大提升,拓展发展新空间,抢占更多市场份额。为了进一步推动产业投资"走出去"和"引进来",应从以下几个方面着力推进。

(一) 以"走出去"拓展国际产能合作

推动广东企业"走出去"对外直接投资,可以促进资源要素优势互补和优化配置,加快塑造广东新型比较优势和提升广东全球价值链地位。具体路径包括:一是以产业投资"走出去"促进广东贸易出口增长。支持有条件的广东企业赴"一带一路"沿线国家和地区开展投资活动,在现代农

---

① 刘东:《外贸突破口:全面提升"一带一路"合作》,载《21世纪经济报道》2015年5月13日。
② 吴哲:《广东公布参与建设"一带一路"实施方案》,载《南方日报》2015年6月4日。
③ 王优玲:《2020年我国力争在外贸竞争新优势培育上取得实质性进展》,见新华网(http://www.xinhuanet.com//fortune/2015-05/12/c_1115262697.htm)。

业、先进制造业、现代服务业和跨国经营等领域与"一带一路"沿线国家和地区开展深度合作,通过建立销售网点等渠道积极开拓"一带一路"沿线国家和地区的市场,扩大广东对"一带一路"沿线国家和地区的出口贸易。此外,通过对外直接投资可绕开贸易壁垒,带动广东产品及服务出口。与此同时,还要鼓励"走出去"企业推动本地化战略,强化企业法治、环保、公益等意识,实现互利共赢。二是以产业投资"走出去"转移富余产能。近年来广东鞋帽、纺织、制衣等传统劳动密集型制造业上可能出现了一定程度的产能富余。通过将广东企业过剩产能转移至"一带一路"沿线国家和地区,充分利用当地生产要素重获生产规模经济优势并实现产业升级。此外,还可以通过产业投资"走出去"吸收国外先进技术经验以及稳定广东资源产品的储备供给①。

(二)"走出去"和"引进来"结合,打造"一带一路"对接融汇重要支撑区域

在推动广东本地企业"走出去"的同时,通过营造良好的营商环境,吸引"一带一路"沿线国家和地区的资金、先进技术、专业人员与特色产品等货物的流入。充分发挥广东华侨数量多的优势,使华侨成为广东参与"一带一路"建设的催化剂和先行者,共同推动文化、人才、技术等要素的交流与共享。以广东自贸试验区南沙新区片区、中新知识城、空港经济区等区域作为依托,规划和建设"引进来"合作平台,吸引"一带一路"沿线地区投资者尤其是华侨华人在广东投资高端产业,吸引"一带一路"沿线国家和地区企业在广东注册,以广东作为基地拓展亚太业务②③。

四、拓展金融业务合作

金融作为撬动各国共建"一带一路"宏伟蓝图的支点,也是开展政策沟通、设施联通、贸易畅通和民心相通的必要条件,可以说,资金融通是"一带一路"建设的重要支撑。"一带一路"倡议实施以来,金融发展在"一带一路"建设中起到了重要的支持、引导和服务作用,通过促进货币流

---

① 毛艳华:《积极融入"一带一路"提升广东全球价值链地位》,载《南方日报》2017年5月15日。
② 陈万灵、何传添:《海上丝绸之路的各方博弈及其经贸定位》,载《改革》2014年第3期。
③ 赵东麒、桑百川:《"一带一路"倡议下的国际产能合作——基于产业国际竞争力的实证分析》,载《国际贸易问题》2016年第10期。

通，拓展了金融市场合作发展。在国际资本竞逐更为激烈的背景下，为了进一步拓展深化资金融通的成果，未来努力的方向包括以下几个方面。

（一）推动银行等广东金融法人机构完善在"一带一路"沿线国家的空间布局

"一带一路"沿线国家或地区的基础设施等社会建设项目存在建设能力不足、资金短缺等问题，融资需求与金融供给之间的资金缺口较大。广东金融业"走出去"可以为这些项目提供以信贷支持为主的金融服务，缓解其融资压力。"一带一路"倡议的实施，为广东企业"走出去"带来难得机遇，企业对金融服务的需求规模和层次也随之提高。为此，鼓励广东政策性银行、国有大型商业银行、股份制商业银行等在内的金融机构布局"一带一路"沿线国家或地区，引导金融机构通过扩大对"一带一路"沿线国家重大工程项目建设信贷支持、以产品服务创新为"走出去"企业和"一带一路"沿线客户提供差异化特色化服务等途径，提升广东金融机构跨境服务能力和国际经营绩效。从而，为广东企业"走出去"服务，满足企业贸易、企业并购及投融资需求，进一步激发企业创新活力，加快推进新常态下金融机构转型发展和国际竞争力提升。此外，支持"一带一路"沿线国家或地区金融机构来粤设立合资机构、开展业务。吸引"一带一路"沿线国家或地区的机构，通过港交所、深交所等多元化资本市场，支持双方金融机构建立完善的沟通协调机制，拓展业务合作，实现合作共赢，有序推进资本市场双向开放，全力服务"一带一路"建设①。

（二）支持在"一带一路"沿线国家或地区投资的广东企业，根据自身发展阶段和资金需求特点，与当地金融机构开展更广泛、更深层次的合作，实现共同发展

广东企业在"一带一路"过程中，除了中资银行或保险公司外，还可与国外银行或保险机构，包括发达国家甚至世界银行等国际金融机构开展形式多样的合作。广东企业在海外的项目，如果能有国外合作伙伴参与进来，并发挥外国金融机构的专业技术知识及对本地法律法规熟悉程度的优

---

① 李延霞、陈雯瑾：《银行业积极布局"一带一路"支持企业"走出去"》，见新华网（http://www.xinhuanet.com/fortune/2015-08/05/c_1116154567.htm）。

势,可极大地提高项目安全性,规避潜在的政策性风险。

(三)设立"广东丝路基金",支持"一带一路"项目建设

中长期权益资本的支持对"走出去"广东企业海外管理运营的作用日益凸显。围绕股权投资,设立广东丝路基金等机构,投资于符合国家"一带一路"倡议的项目,并可跟投国家丝路基金及其新设子基金。采用市场化运作方式,主动与国家丝路基金对接,支持广东企业"走出去"和广东省"一带一路"倡议重大国际合作项目建设。与国家丝路基金利用外汇储备及政策性银行出资不同,广东丝路基金将以政府出资为引导,按照一定的比例撬动社会资本,形成财政手段与金融手段相配合的投入机制。因此,"广东丝路基金"具有投向灵活,兼顾境内、境外投资的特点。其不仅可以境外投资的形式支持省内企业走出去,也将对境内优质的、与"一带一路"建设相关的产业园区、交通枢纽项目进行投资,形成对广东参与"一带一路"建设的全方位支持[①]。

五、密切人文交流合作

民心相通是"一带一路"建设的社会根基。人文交流目的在于,增进广东与"一带一路"沿线国家民众之间的认识和了解,从而形成区域文化认同与价值认同,达成对共同目标的追求。但是,由于广东与"一带一路"沿线国家在文化及宗教差异、政治体制、经济发展水平、国际传播能力等方面存在的差异,广东在推进"一带一路"人文交流过程中难免会面临许多现实问题与挑战。

为此,一方面,应推动与沿线国家社会文化交流合作,增进相互间的认识了解,在持续的交往活动中形成互信融合、包容开放的社会基础。广东与"一带一路"沿线国家尤其是海上丝绸之路沿线国家有着共同的文化渊源,应与其共同发掘和保护彼此之间的历史文化遗产,增进文化根源的相互融合。此外,加强社会公益多层面的合作,积极推动教育合作、科研交流、体育交流、青少年交流、公共卫生、社会公共治理等社会民间领域的合作,在逐步的交往中建立互信和互动关系。另一方面,通过深化旅游业规划和资源开放、行业监管、公共服务等领域国际合作,拓展广东与"一带一路"沿线国家或地区民间交往和民众文化认知。此外,还应健全外

---

① 符信:《设立广东丝路基金投资一带一路项目》,载《羊城晚报》2016年1月17日。

未来展望编

事交流机制,构建多层次沟通协商机制,通过加强广东与"一带一路"沿线国家官方及民间交流往来,密切其与"一带一路"沿线国家人文交流合作①。

第二节 提速粤港澳大湾区建设,打造世界级城市群

党的十九大报告指出,要支持香港、澳门融入国家发展大局,以粤港澳大湾区建设等为战略重点②。2017年12月举办的中央经济工作会议将粤港澳大湾区列入2018年重点工作。2018年习近平总书记在广东代表团参加审议时强调,要抓住建设粤港澳大湾区重大机遇,携手港澳加快推进相关工作,打造国际一流湾区和世界级城市群。同时,习近平总书记还强调,我国经济正处在转变发展方式、优化经济结构、转换增长动力的攻关期。这是一个必须跨越的关口。构建推动经济高质量发展的体制机制是一个系统工程,要通盘考虑、着眼长远、突出重点、抓住关键。建设现代化经济体系,事关我们能否引领世界科技革命和产业变革潮流、赢得国际竞争的主动权,事关我们能否顺利实现"两个一百年"奋斗目标。要更加重视发展实体经济,把新一代信息技术、高端装备制造、绿色低碳、生物医药、数字经济、新材料、海洋经济等战略性新兴产业发展作为重中之重,构筑产业体系新支柱。要以壮士断腕的勇气,果断淘汰高污染、高排放的产业和企业,为新兴产业发展腾出空间③。在新时期,粤港澳大湾区发展已经上升为国家战略,这为粤港澳大湾区城市群的建设带来重大机遇。因此,应以《深化粤港澳合作 推进大湾区建设框架协议》等为指导④,在中央政府和粤港澳三地共同推动下,贯彻"一国两制"方针,粤港澳三地完善创新合作机制,打造国际一流湾区和世界级城市群,积极推动粤港澳大湾区建

---

① 吴哲:《广东省参与建设"一带一路"实施方案 打造战略枢纽》,见南方网(http://kb.southcn.com/content/2015-06/03/content_125596596.htm)。
② 习近平:《决胜全面建成小康社会 夺取新时代中国特色社会主义伟大胜利》,见新华网(http://www.xinhuanet.com/politics/2017-10/27/c_1121867529.htm),2017年10月27日。
③ 《习近平李克强栗战书汪洋王沪宁赵乐际韩正分别参加全国人大会议一些代表团审议》,载《人民日报》2018年3月8日。
④ 国家发展和改革委员会、广东省人民政府、香港特别行政区政府、澳门特别行政区政府:《深化粤港澳合作 推进大湾区建设框架协议》,见国家发展和改革委员会网站(http://www.ndrc.gov.cn/fzgggz/dqjj/qygh/201707/W020170704311214436773.pdf)。

设对接"一带一路"倡议,将其打造为推进"一带一路"建设的重要枢纽和支撑区①,不仅能深化港澳与内地融合、促进保持港澳长期繁荣稳定,还有利于带动泛珠三角区域发展,形成区域经济协调发展新格局,以及建设高水平参与国际经济合作的新平台,并为探索建立高标准贸易规则和引领全面对外开放新格局提供重要支撑动力②③。

一、推进跨境资源要素的互联互通

跨境资源要素互联互通是城市群融合发展中的重要环节。在粤港澳大湾区城市群的发展重点中,资源要素的互联互通是重要切入点。借力粤港澳大湾区建设契机,粤港澳大湾区基础设施将随着高铁、大桥、城轨等的基础设施建设进入高速发展大时代。应以粤港澳大湾区城市群基础设施互联互通为依托推进资源要素互联互通。

(一)推动综合交通一体化,构建粤港澳大湾区"整合交通网络"

以高速、便捷的轨道、普通公路及高速公路等统一开放的综合交通网络连接粤港澳大湾区城市群,为粤港澳企业建构区域生产网络和居民出行、生活、工作提供便利。依托广珠铁路与广深港铁路轨道交通,推动广—珠—澳、广—深—港两轴沿线城市实现一小时工作生活圈。依托港珠澳大桥、深中通道建设,推进城际铁路与城市地铁对接。基于此,形成以港深、广佛、澳珠为枢纽的三角形交通网络系统,实现粤港澳大湾区城市群空间一体化④。

(二)推动空港一体化,构建适度竞争、分工协作的粤港澳大湾区多枢纽航空系统

香港、澳门、广州、深圳和珠海五大机场作为粤港澳大湾区城市群面向国际的核心门户,拥有打造为世界级机场群的前提条件。虽然粤港澳大

---

① 申明浩:《粤港澳大湾区发展研究》,载《城市观察》2017 年第 6 期。
② 蔡赤萌:《粤港澳大湾区城市群建设的战略意义和现实挑战》,载《广东社会科学》2017 年第 4 期。
③ 谭刚、申勇:《粤港澳大湾区:打造世界湾区经济新高地》,见南方网(http://finance.southcn.com/f/2017-03/14/content_ 166913811. htm)。
④ 中国(深圳)综合开发研究院:《推进粤港澳大湾区"双转型"的政策建议》,见中国网(http://opinion.china.com.cn/opinion_ 91_ 167391. html)。

湾区多机场系统在运输规模上名列前茅，但也面临日益突出的发展瓶颈。主要机场之间正面临软件和硬件上的诸多制约，现在也是着力解决这些短板的关键时刻，包括空域资源、互联互通等。由于粤港澳大湾区经济业务和社会交往需求快速扩张，航空供需侧的矛盾日益扩大。因此，互联互通的机场群对粤港澳大湾区城市群的发展极为重要。为此，应探索建立粤港澳大湾区世界级机场群发展协调机构，协调粤港澳大湾区空港一体化规划及运作，形成分工协作、错位发展优势互补的新格局。此外，还应推动设施间无缝连接，促进要素便捷流动[1]。

（三）推动港口一体化，推进世界级港口群建设

港口设施属于国家战略性设施，在国民经济发展中起着基础性作用，对于区域和全球范围内的资源配置意义重大。粤港澳大湾区拥有三个世界级的集装箱港口。港口群竞合关系较为明显，相邻港口通过价格竞争获取货源现象较为普遍，利益博弈明显，港口一体化与资源整合仍有较大推进空间。为此，应加快港口资源整合，推进实施粤港澳大湾区港口一体化。筹划构建粤港澳大湾区港口协作委员会，融规划、投资、运营和管理为一体，统筹协调港口的码头泊位，以及后方的集疏运、临港产业发展、航运市场培育、人力资源供给、资本市场运筹、信息共享等多个方面，实现港口与其他运输方式联动发展[2]。

（四）推动资源要素空间的重组

提升粤港澳大湾区全球高端要素资源集聚及配置能力对粤港澳大湾区协同发展有重要推动作用。相比国际一流湾区如纽约湾区、旧金山湾区和东京湾区，粤港澳大湾区要素市场一体化建设相对滞后，抑制生产要素自由流动与优化配置。鉴于此，应进一步创新联动发展机制，强化通关便利化硬件建设及软件服务配套对接，提升粤港澳货物通关便利化和科研资金跨境便利化，推动跨境信息空间的共享，多举并措，推动资源要素在区域内便捷流通。通过要素市场一体化制度改革，健全粤港澳大湾区技术研发、金融投资、产权交易、就业创业协同政策，促进要素流动与优化配置。

---

[1] 张艳丽：《共商共建粤港澳大湾区世界级机场群》，载《南方都市报》2017年11月10日。
[2] 任先博：《粤港澳大湾区港口资源整合或掀开新篇章》，载《南方都市报》2017年5月12日。

二、推动产业技术空间的延伸

2018年,习近平总书记参加广东代表团审议时强调,发展是第一要务,人才是第一资源,创新是第一动力。中国如果不走创新驱动发展道路,新旧动就不能顺利转换,就不能真正强大起来。强起来要靠创新,创新要靠人才①。同时,习近平总书记还强调,科技创新是建设现代化产业体系的战略支撑。要着眼国家战略需求,主动承接国家重大科技项目,引进国内外顶尖科技人才,加强对中小企业创新支持,培育更多具有自主知识产权和核心竞争力的创新型企业。还要全面推进体制机制创新,提高资源配置效率效能,推动资源向优质企业和产品集中,推动创新要素自由流动和聚集,使创新成为高质量发展的强大动能。由此可见,在新时代科技创新发展就成了粤港澳大湾区建设的重要动力源泉。打造创新驱动新引擎,带动粤港澳科技创新资源向产业链高端集聚,是粤港澳大湾区重要的发展目标。伴随区域交通、基础设施网络的日趋完善,城际间教育、人才交流、研发合作日渐频繁,深港创新共同体趋势越来越明显。深港之外,广深、珠澳在源头创新和基础研究上的双城联动,创新互补作用也不断加强。粤港澳大湾区城市群在科技创新领域优势互补明显,产业升级加速,大珠三角科技创新成就斐然。创新链逐步成熟,资源、资金、人才、信息等创新要素可便捷高效转化成创新价值。为了打造国际科技创新中心,应从以下几个方面重点推进②。

(一)要借助打造国际科技创新中心的契机,对接全球创新资源

珠三角城市在发展过程中遇到资源瓶颈和缺少原创性等问题,而香港和澳门则在产业升级中同样思考区域纵深发展的问题,这些因素驱动粤港澳寻求深度合作模式。汇聚粤港澳三地创新资源、产业链与创新系统,从而形成一个跨城市、高聚集的区域创新体系及产业聚集带。在未来打造科技中心的过程中,粤港澳大湾区还要发挥市场的作用,以市场为主体,加快构建良性的区域协同创新体系。设立创新协同机构,明晰每个城市该如

---

① 邓圩、姜洁:《习近平总书记重要讲话在广东各界引发热烈反响》,载《人民日报》2018年3月9日。

② 崔霞、余璐:《深圳打造全球科技产业创新中心》,载《深圳商报》2017年3月7日。

何协同创新,该如何发挥各自的优势。同时,大力加强原始创新,着力打造国际科技创新中心。深圳和广州作为传统的制造强市,需要不断强化科技创新的力度。而港澳也要把握契机,主动实现从传统的金融中心向"金融+科技"中心转型。粤港澳大湾区要依托多元产业体系和制造业的优势,加强原始创新,推动优势产业体系向原始创新的提升[1]。

(二)加快粤港澳大湾区城市群科技合作体制机制创新和协同创新体系建设

创新作为一个系统工程,与产业链、资金链、政策链相互交织、相互支撑。首先,充分发挥粤港澳大湾区城市群产业集群优势,依托资源要素共享,推动粤港澳大湾区开放发展。深港创新集群依托庞大的开放型产业体系,推动发明创新迅速实现产业化。深港创新集群之外,伴随广深科技创新走廊加快布局建设,打通集研发、转化、制造于一体的创新通路,形成世界级产业创新集群。其次,构建综合创新生态体系,探索协同发展新模式。推进粤港澳大湾区科技创新为核心、科技服务为辅助的全面创新格局。香港的全球顶级高校,广州丰富的高校和科研平台,深圳成熟的产学研紧密结合的科技创新体系,澳门的新经济增长极,各有特色,优势互补。再次,对接国际优质创新资源,打造国际科技创新中心。无论是科技创新,还是孵化落地,又或是科技成果的转化,不能完全依托现有的内部资源,而是需要国际化的元素。通过搭建国际创新平台,对接国际优质资源,提升粤港澳大湾区对全球高端创新要素集聚的网络功能。又次,充分发挥创新资本的支持作用。整个湾区经济带借助自贸区与港澳的深度合作,充分利用和国际接轨的营商规则和国际资本,搭建创新平台[2]。最后,优化粤港澳大湾区开放、包容的环境氛围,促进全球各地的文化汇聚共生,推动创新思想自由传播和源头创新出现[3]。

(三)推动科技服务及创新生态体系构建

随着基础设施互联互通程度的提升,创新要素流动加快,区域内的基

---

[1] 马晓河:《结构转型、困境摆脱与我国制造业的战略选择》,载《改革》2014年第12期。
[2] 郭悦、戴晓晓:《2017粤港澳大湾区创新链论坛开幕》,载《南方日报》2017年12月15日。
[3] 杜艳、苏梓威:《创新链渐成型,粤港澳大湾区以"链式跃升"赋能未来》,载《南方日报》2017年12月15日。

础研发合作、技术开发协作、金融支持、产业化合作也更加频繁。以深圳为代表的粤港澳城市群通过从科研端直接切入生产端,从创新组织囊括创新链的所有环节,克服创新链的压缩现象,缩短科技进入产业的时间,增强创新频率。深港、广深、珠澳等多城联动,创新要素流动不断加快,创新互补作用不断加强。集聚创新资源要素,构建全新创新生态,汇聚差异化创新资源要素的粤港澳大湾区正朝着建设世界级城市群、打造新的经济增长极的目标全力迈进,打造创新共同体和全球科技产业创新中心①。

三、推动金融战略空间的拓展

从发展基础来说,粤港澳大湾区城市群已具备打造国际金融中心的禀赋优势。在新时期,各城市如何谋划好自身的定位与发展思路,以实现与周边地区错位协同发展,显得尤为关键。为此,粤港澳大湾区应着力打造粤港澳大湾区国际金融中心。为打造粤港澳大湾区核心金融圈,应重点从以下几个方面突破:一是促进金融制度创新,推动粤港澳大湾区城市群金融市场协同发展,强化粤港澳金融市场双向开放联通,打造国际金融枢纽与金融核心圈;二是建立21世纪海上丝绸之路金融服务平台,促进与沿线国家资本市场的互联互通,设立合作发展基金。②。

四、推动跨境公共服务的对接

改革开放以来,粤港澳城市群基本公共服务供给体系建设已取得初步成效,但仍存在供给水平差异较大、制度及标准不统一、基础设施融合度薄弱、区划行政壁垒突出等障碍。为此,应以创新粤港澳三方合作机制为突破口,构建跨境公共服务协同发展的体制机制,提高粤港澳大湾区城市群公共物品及服务的供给能力,携手港澳打造世界级优质生活圈。

首先,推进内地跨境公共服务配套体系建设,推动跨境公共服务融合对接③。其次,提供港澳同胞融入内地发展的便利条件。对长期在粤港澳大湾区工作和生活的港澳居民,落实同等待遇,为其更好地融入粤港澳大湾区的发展,提供就业创业、研发创新、教育医疗、社会保障、税制税率、

---

① 郭悦、戴晓晓:《2017粤港澳大湾区创新链论坛开幕》,载《南方日报》2017年12月15日。
② 梁倩、王攀:《粤港澳大湾区将打造金融核心圈》,载《经济参考报》2017年8月10日。
③ 王尔德:《京津冀要素市场与公共服务一体化改革清单明晰》,载《21世纪经济报道》2015年7月29日。

购房、资格互认、注册企业、身份证管理体系等方面无差别的基本公共服务,进一步降低港澳人员流动到内地城市就业和生活的准入门槛与机会成本,促进人才自由流动。由此,将粤港澳大湾区建设成为绿色、宜居、宜业、宜游世界级城市群。

五、推动协同治理机制的融合

粤港澳大湾区的核心问题是在粤港澳三地现有行政区划不变的前提下,打破行政区划的掣肘,破解既有的体制障碍,实施全面对接各地的体制机制,构建区域协调发展机制,进而提高区域治理水平。与其他城市群及湾区相比,"粤港澳经济区"涵盖了珠三角经济带的9个主要城市及香港和澳门两个特别行政区"9+2"组成模式,涉及一个国家、两种制度、三个关税区,这超越了以往传统意义上任何一个城市群的定位。作为一个国家、两种制度下的区域经济发展,粤港澳大湾区要在"一国两制"的指导下实现不同法律、不同行政、不同关税体系的有效协调,推进区域一体化发展,保持粤港澳长期繁荣。鉴于此,形成常态化的交流合作协调机制,清除既有体制障碍,让人才、科技、资金等要素在粤港澳三地自由流通,需要多方协调努力。

为此,一方面,应推动设立粤港澳大湾区协调委员会,建立由中央政府主导、港澳特区政府和广东省政府参与的粤港澳大湾区发展委员会,对重大合作事项进行磋商与决策。由中央和粤港澳三地政府有关领导组成,强化湾区的规划建设和良好对接,履行区域发展战略、决策和督导功能:把握粤港澳大湾区发展战略,对粤港澳大湾区合作中的重大事项进行决策,强化中央政府的督导,确保列入国家规划的重大合作事项有效推进落实。从而,以更为完善的区域协调机制,全方位推进湾区城市之间、地区之间经济社会的深度融合①。另一方面,完善地方政府以及相关部门之间常态化的协商协调机制,健全管理协调机制、信息反馈机制,促进粤港澳大湾区规划的落地实施和具体问题协调。具体来说,在"一国两制"框架下,应加快三地法律体系、教育文化、医疗卫生、社会保障、生态治理、社会信用体系、生态环境保护等方面的跨区域合作与协调对接,推动粤港澳大湾

---

① 许永红、童海华:《粤港澳大湾区建设提速,区域产业发展将迈向新台阶》,载《中国经营报》2018年3月12日。

区经济社会深度融合①。此外,发挥粤港澳地区商会、协会、咨询机构和智库等中间组织的作用,鼓励工商企业界、劳工界、专业服务界、学术界等社会各界共商共议、深化合作,共同促进粤港澳大湾区的创新发展②。

第三节 探索建设国际自由贸易港,打造对外开放新高地

党的十九大报告提出,推动形成全面开放新格局,赋予自由贸易试验区更大改革自主权,探索建设自由贸易港③。2018年习近平总书记参加广东代表团审议时强调,要以更宽广的视野、更高的目标要求、更有力的举措推动全面开放,加快发展更高层次的开放型经济④。为全面贯彻落实党的十九大、中央经济工作会议与习近平总书记参加广东代表团审议时重要讲话精神,加快自由贸易港建设是新时代下广东建设开放型经济体制、推动形成全面开放新格局的重要举措。以自贸港口为依托,提供自由贸易的商务生态园区。自贸港将成为粤港澳大湾区的核心功能区,汇集高端研发、创新创业、跨境电商及各种战略性新兴产业,为粤港澳大湾区城市群的经济发展提供动力。在新形势下,探索建设自由贸易港,对打造开放新高地、促进开放型经济创新发展有重要意义。

改革开放以来,广东根据自身实际和国际贸易发展需要,设立了包括保税区、出口加工区等在内的多种海关特殊监管区。2014年12月,国务院决定设立中国(广东)自由贸易试验区,涵盖广州南沙自贸区、深圳蛇口自贸区、珠海横琴自贸区,有力地推动了广东对外贸易的发展,成为国家"一带一路"倡议实施的重要内容之一。⑤ 但是,自由贸易试验区的开放程度依然不够,自由贸易港建设又比自由贸易试验区的建设推进了一步。虽

---

① 王尔德:《京津冀要素市场公共服务一体化改革清单明晰》,载《21世纪经济报道》2015年7月29日。

② 综合开发研究院课题组:《以"双转型"引领粤港澳大湾区发展》,载《开放导报》2017年第4期。

③ 习近平:《决胜全面建成小康社会 夺取新时代中国特色社会主义伟大胜利》,见新华网(http://www.xinhuanet.com/politics/2017-10/27/c_1121867529.htm)。

④ 邓圩、姜洁:《担当起"走在前列"的时代使命——习近平总书记重要讲话在广东各界引发热烈反响》,载《人民日报》2018年3月9日。

⑤ 谭志伟:《自贸区税收优惠政策的定位与完善:从中国自贸区定位说起》,载《现代经济信息》2015年第16期。

说都是"一线放开""二线安全高效管住"的高度独立的境内关外区域,但自由贸易港比自由贸易试验区更为开放、政策更为灵活。从国际常规上看,自由贸易港往往是港口等交通物流中心,在关税方面给予优惠,方便国际贸易船只出入港,进行装卸、储存与过境中转等。在新的时代背景下,依托港珠澳大桥等平台,探索建设广东自由贸易港,对于广东深化改革开放、促进开放型经济创新发展至关重要。广东作为中国对外开放门户枢纽,广州南沙自贸区、深圳蛇口自贸区、珠海横琴自贸区等作为广东对外开放前沿阵地,应紧紧围绕党的十九大报告提出的要求,在新的起点上,以改革创新精神探索推进自由贸易港建设[①]。

一、创新自由贸易港的制度设计

自由贸易港的重要任务之一就是摸索制度创新,除了尝试继续简政放权、转变政府职能以外,还包括推进贸易投资便利化和自由化等一系列改革措施。许多改革开放举措不是一蹴而就,而是逐步落地的。自由贸易港的核心功能为国际贸易自由化、便利化,培育贸易新业态新模式,促进贸易转型升级,提高国际贸易中心的能级。与这一核心功能相联系,在全球高端要素跨境流动便捷、自由、规范的前提下,培育发展国际航运、国际投资、国际金融等产业的全球化功能和业态,提升集聚配置全球高端要素的能力和国际价值链地位,发展出参与引领全球经贸合作竞争新优势。

在探索自由贸易港建设中,应对标国际最高水平,以"境内关外"的整体监管策略、实施更高标准的"一线放开""二线安全高效管住""区内自由"为建设目标,这是自由贸易港制度设计的核心环节。重点推进自由贸易港国际贸易自由化、便利化,培育贸易新业态、新模式,促进贸易转型升级,提高国际贸易中心的能级。探索建设国际自由港,在未来实现货物、资金、人员等要素进出自由和商品免征关税等,从而构建更高程度的对外开放新格局[②]。

建议国际自由港的基本要素是:"一线放开"就是要从原来的货物、物品进出常规性监管,变成免于惯常海关监管或精简监管,进入自由贸易港的货物不缴纳关税和其他进出口税。从而,全方位推进创新性监管措施。

[①] 任先博:《粤港澳三地或可联手共建自由贸易港》,载《南方都市报》2017年10月27日。
[②] 韩声江:《上海自由贸易港建设:现有基础上三方面对标国际最高监管标准》,载《澎湃新闻》2017年11月11日。

"二线安全高效管住"强调监控理念的转变,应用现代信息技术实现从"物理围网"向"信息围网"转型。"区内自由"是指自贸港区内实现高水平的自由化、便利化。广东探索自由贸易港建设是开放型经济新体制的先行试验平台,在主体功能基础上需要培育发展多维度的功能和产业。为适应经济全球化新特点及国际自贸区发展新趋势,广东探索自由贸易港要多元化并重发展,从货物贸易为主向货物贸易和服务贸易并重发展,从在岸业务为主向在岸、离岸业务并重发展,从单一产业发展向全球供应链枢纽发展。这些功能集合发展不仅要求"一线"更加自由便捷,还要求自由贸易港区内经济、生产活动更便利、成本更低①。

二、推动要素自由流动与优化配置

推动和实现货物、资金、人才等要素的自由流动是探索建设自由贸易港的核心所在,对构建开放型经济新体制、加快培育参与和引领国际经济合作竞争新优势具有重要的现实意义。为此,应从以下方面着力推进。

(一)提升货物自由流动,强化港口货物贸易便利度,实现货物交易快速、便捷

"快速"是指在行政审批流程上应尽量简化,能够做到多证合一,通关快速。而"便捷"一方面是指港口有较为完善的基础设施建设,能够有效联通海陆空,为港区企业"便捷"地联通世界市场。"便捷"另一深层含义是要求人、财、物的方便快捷。因此,争取一线无条件准入、登记式备案、区内免证免审。注重加强自由贸易港先进基础设施建设,构建信息化的物流网络。在广东各大港口建立安全高效的电子清关系统,保持高效的物流,吸引国际物流公司在此设立全球或地区总部落户。通过实现国内相关部门和国际港口间信息共享的全面信息化管理。基于此,实现自由贸易港区高效调度和快速通关。

(二)在资金自由流动上,在可控范围内,进一步提高金融便利程度

建立较为宽松的货币兑换机制及较为完善的融资租赁体系等,这有助于跨境业务结算、吸引外资,为港口商贸活动提供充分的资金支持。

---

① 孙翔峰:《上海自由贸易港初步方案紧锣密鼓》,载《中国证券报》2017年11月7日。

未来展望编

主要内容包括：一是继续在自贸区内试点资本项目开放相关政策，提升外汇结算便利程度。这既能够为港区内企业进行转口贸易提供更大的金融支持，降低港区企业的贸易风险，又能够继续吸引更多跨国贸易企业将总部设在贸易区内，发展总部贸易。二是要积极构建配套的金融租赁体系，为港区内的贸易活动提供充足资金支持。此外，自由港将争取大幅降低港区内注册企业所得税税率。构建具有国际竞争力的税收制度，除了"一线"环节，"区内"在流转税（增值税、消费税）方面设计减免政策，以及在企业所得税方面对经营离岸业务的企业提供所得税优惠①。更具体而言，在自由贸易港区范围内，金融监管创新大体还是在经常项目和直接投资业务的资金跨境结算和收付领域，在 FT 账户（自由贸易账户）分账核算体系框架内对区内与境外的资金流动和货币兑换放宽监管，提高自由便利程度。资本项目可兑换不太可能在一个较小的区域内突破。具有挑战性的监管创新是对一些货物流、资金流、订单流分离的离岸业务（离岸贸易、离岸金融）如何实施真实性审查，既履行"反洗钱、反恐怖融资、反逃税"监管，又为真实的离岸业务提供高效便利的国际金融监管服务。另外，在国际投资领域，金融监管也要适应诸如协议控制（VIE）结构类投资、离岸股权投资等新的投资形态，既有效防控风险，又支持新的国际投资形态发展②③。

（三）在人才自由流动上，提高人员流动自由度

通过为各类高层次人才提供出入境的便利、政策优惠，以及完善的服务配套和宜居的生活环境，吸引人才流入。一是规范外国人来华工作许可制度，建立便捷高效的人才签证制度，为跨境务工人员出入境和停居留提供更大便利。以"人才绿卡"等配套优惠措施增强对外籍人才或境外人才落户广东的吸引力④。进一步完善人员出入体制，广东自由贸易港区内应当设有居民生活区，包括提供给企业的廉租房，也包括高层次的公寓酒店和

---

① 余淼杰：《理解自由贸易港须抓住"境内关外"这个关键词》，载《每日经济新闻》2017年11月9日。
② 韩声江：《上海自由贸易港建设：现有基础上三方面对标国际最高监管标准》，载《澎湃新闻》2017年11月11日。
③ 中国人民银行：《关于金融支持中国（广东）自由贸易试验区建设的指导意见》（银发〔2015〕374号），2015年12月。
④ 余淼杰：《理解自由贸易港须抓住"境内关外"这个关键词》，载《每日经济新闻》2017年11月9日。

五星级酒店等,但暂时不设户籍。在自由贸易港区的香港澳门方向和内地方向设有人员出入境卡口。员工一旦受自由贸易港区内企业聘用,可以凭工作证自由进出港区。粤港澳大湾区内内地居民如要进一步前往香港或者澳门,则应按照内地公民赴港澳的规定办理。港澳台居民及外国护照持有者从香港、澳门以及国外可以自由进出自由贸易港区而无须办理中华人民共和国签证,但是如果要进入非自由贸易港区的内地区域,需要按照有关规定向中国出入境管理部门申请,获得批准后方可进出。二是吸引高科技人才和开放型人才,为高端人才提供优厚的待遇。通过出台人才政策,吸引更多的高端人才聚集和安居乐业,避免出现高端人才引进难、留住更难的问题[①]。

三、开展离岸贸易和离岸金融,提升全球运营能力

离岸贸易、离岸金融是探索自由贸易港建设的重要抓手和发展方向。"境内关外"是其核心的监管策略,从而带动转口贸易、离岸贸易、离岸金融、现代物流业的快速发展,还将带动辐射区域经济的发展。在全球高端要素跨境流动便捷、自由、规范的条件下,培育发展国际航运、国际投资、国际金融等产业的全球化功能和业态,提升集聚配置全球高端要素的能力和国际价值链地位,发展出参与引领全球经贸合作竞争新优势。

为此,依托离岸贸易,进一步发展离岸金融等高端服务业业务。广东自改革开放以来对外贸易迅猛发展,贸易物流与港口吞吐能力具有较强的比较优势,具有贸易量大、经济社会要素发达、区位优势明显等特征,通过发展离岸贸易和离岸金融等相关业务,可为航运货物量及离岸贸易、大宗原材料运输存储、分拨运输中心、离岸金融服务等产业带来良好的发展契机,给大宗原材料运输以及与之相伴的仓储物流、供应链金融等衍生业务、国际市场分拨运输业务带来转型升级的新动力、新引擎。

四、推动自由贸易港产业空间的优化

作为"一带一路"宏伟使命的重要载体,探索自由贸易港的建设规划不能仅着眼于港区建设本身,还需要站在如何构建"全面开放新格局"的大背景下,以"港产城一体化"为方针,统筹港区、产业、城市融合发展,以港产联动为切入,以港城融合为支撑,促进"港产城"整体发展,助力

---

① 任先博:《粤港澳三地或可联手共建自由贸易港》,载《南方都市报》2017年10月27日。

"引进来"和"走出去",推动广东贸易向高质量转型。然而,目前珠三角港口从类型、规模、配套设施、产业基础等条件来看,港、产、城之间的协同性还不够强,港口产业带动区域发展的效应尚未体现。因此,在建设国际一流湾区的目标下,急需调整原有自贸港区产业发展模式,在新一轮改革开放中寻求自贸港区产业发展的破局之策。

(一)着力构建具有国际竞争力的现代产业体系

要重点加快金融、航运等生产性服务业和医疗、教育等生活性服务业发展,优化产业布局,推动产业集群,提升产业品质,增强先进制造业和战略性新兴产业核心竞争力,推进产业转型升级和加快向全球价值链高端延伸。

(二)探索自由贸易港与广东既有重大合作平台的联动发展,发挥其试点示范效应

强化南沙新区综合服务枢纽功能,依托国家级新区和自贸试验区叠加优势,加强与港澳全面合作;升级前海深港现代服务业合作区功能,深化深港协同合作体系;支持横琴与澳门加强合作,密切与葡语系国家经贸往来。

(三)推进港产联动、港城联动

一方面,港区之间相互推进将是汇聚高端要素,促进自贸区片区和港口的连线,尤其南沙片区和广州港联动发展;前海片区和盐田港;横琴片区和珠海港加快对接,可设立专门封闭式物流通道连廊,相互串联,形成港区联动格局,为设立自由贸易港提供联动式物流网络。另一方面,促进港产联动,打造自由贸易港港口特色产业。在自由贸易港港口辐射范围内的产业、周边区域产业的竞合态势基础上,促进自由贸易港港区产业与周边产业形成错位或配套,以专业化的现代物流与金融商贸配套服务促进适港产业聚集,发展壮大与自由贸易港港口联动的产业,注重对外招商引资,把大型龙头企业和跨国公司作为产业发展重要推手,通过引入大型龙头企

业带活周边产业链,围绕自贸港区形成产业聚集,吸引高端产业落户①②。

五、优化自由贸易港区投资与营商环境

优化营商环境对强化自贸港区国际吸引力和提升经济效率有重要作用。

(一)要完善法治化、国际化营商"软"环境

鉴于自贸港的政策优势,自由贸易港区基础设施投资的目的在于为前来投资的企业提供尽可能低成本高效率的区域。因此,自由贸易港区内的基础设施投资可以采用低息债券的方式,通过吸引社会资本,从全球范围内集聚投资建设资金,用于港口、机场、码头、道路、桥梁、隧道、多式联运服务综合体与廉租房等的建设,提高投资效率。在此基础上,所投资的基础设施周边的土地应当由自由贸易港区管理局或管委会负责经营,所获土地及其他不动产的收益用于补贴上述基础设施投资的成本。

(二)要探索优化自由贸易港区企业经营管理体制

在自贸港区注册的企业属于中华人民共和国企业法人,可根据需要探索申请多种货币的银行账户(包括港澳及海外银行和具有外汇经营权的内地银行),也可自由选择结算的货币种类。如此一来,粤港澳大湾区自贸港区便可成为人民币国际化的"试验田"。自由贸易港区将提供给在港区注册的企业以尽可能的便利,包括低税负、高效基础设施、较少限制的资金流动和较低土地成本等。除国家明令禁止经营的项目外,港区内企业可自由经营业务,进一步探索与优化自贸港区企业经营管理的体制和机制。

---

① 丘杉:《探索自由贸易港,打造广东开放新高地》,载《羊城晚报》2017年10月31日。
② 邓春、翟羽:《欧亚典型港口经济发展经验与模式分析——以鹿特丹港、新加坡港和台湾港口为例》,载《产业与科技论坛》2017年第18期。

结　语

　　行百里者半九十。我们应该不忘初心,牢记使命,继续深化改革开放,推动形成全面开放新格局。开放带来进步,封闭必然落后。中国开放的大门不会关闭,只会越开越大。要以"一带一路"建设为重点,坚持引进来和走出去并重,遵循共商共建共享原则,加强创新能力开放合作,形成陆海内外联动、东西双向互济的开放格局。拓展对外贸易,培育贸易新业态新模式,推进贸易强国建设。实行高水平的贸易和投资自由化便利化政策,全面实行准入前国民待遇加负面清单管理制度,大幅度放宽市场准入,扩大服务业对外开放,保护外商投资合法权益。凡是在我国境内注册的企业,都要一视同仁、平等对待。优化区域开放布局,加大西部开放力度。赋予自由贸易试验区更大改革自主权,探索建设自由贸易港。创新对外投资方式,促进产业国际合作,形成面向全球的贸易、投融资、生产、服务网络,加快培育国际经济合作和竞争新优势。

　　广东坚持以习近平新时代中国特色社会主义思想为指导,服从中央战略部署,积极构建开放型经济新体制。在供给侧结构性改革、"一带一路"倡议、粤港澳大湾区、广东自贸试验区的宏大时代背景下,广东将继续推进体制机制创新,促进经济结构转型,率先实现包容性、平衡性、可持续发展;实现引进来与走出去相结合,利用好国内国际两种资源,将广东打造成开放型新经济体制的示范地、国内国际高端生产要素和高端人才的集聚地;加快从全球加工装配基地向研发、先进制造基地转变。进入新时期,广东将贯彻全新的开放理念,实现体制机制创新,在法律制度、投资管理、金融管理、贸易管理等方面进行前瞻性试验与探索,把握国际经贸规则的发展方向,结合广东实际情况,有创造性地进行对接。探索对接国际规则经济管理新模式,自贸试验区可以在商事登记制度、贸易仲裁法律适用、民事调解等方面大胆对接国际通用规则，构建外贸可持续发展新机制，提高贸易便利化水平，完善进出口促进体系，健全贸易摩擦应对机制，大力发展服务贸易，促进外贸提质增效升级；探索开放型金融生态新机制，以跨境金融、粤港澳金融合作为特色，加速经济和金融的良性循环和健康发展，推进金融开放再上新台阶；创建外商投资管理新体制，全面推进准入前国民待遇加负面清单管理模式，进一步放开外商投资领域；建立促进走出去战略的新体制，加快境外产业园区建设，支持企业跨国经营，完善自主境外投资促进体系；优化对外开放区域布局，继续深化与发达国家合作，促进广东于海丝沿线国家合作。进一步优化营商环境，自贸试验区要加快建设与国际高标准规则相对接的营商环境，改善科技创新环境，完善国际科技创新合作机制，以及建立健全开放型经济安全保障体系，加快建立风险评估与风险预警机制，完善外商投资国家安全审查机制。

参考文献

［1］ Dani Rodrik. In the Wake of the Crisis: Leading Economists Reassess Economic Policy. Edited by Olicier Blanchard, David Romer, Michael Spence, and Joseph Stiglitz. Massachusetts: The MIT Press, 2012.

［2］ Globalization and World Cities ResearchNetwork: The World According to GaWC 2016. www.lboro.ac.uk/gawc/.

［3］ Hall P and Pain K. The Polycentric Metropolis: Learning form Mega - City Regions in EU. London: Earthscan, 2006.

［4］［美］布鲁斯·艾因霍思. ZTE 中兴 廉价手机正当时［J］. 赵斌, 译. 商业周刊. 2009（6）.

［5］《中国改革年鉴》编纂委员会. 中国改革年鉴［M］. 北京：中国经济体制改革杂志社，2008.

［6］《中国金融年鉴》编写领导委员会. 中国金融年鉴［M］. 北京：中国金融年鉴杂志社有限公司，2016.

［7］陈广汉，谢宝剑. 粤港澳合作制度变迁动力研究［J］. 澳门理工学报：人文社会科学版，2012（2）.

［8］陈广汉，杨柱，谭颖. 区域经济一体化研究：以粤港澳大湾区为例［M］. 北京：社会科学文献出版社，2017.

［9］陈广汉. 港澳珠三角区域经济整合与制度创新［M］. 北京：社会科学文献出版社，2008.

［10］陈建华. 谢非与广东改革开放思想研究［M］. 广州：广东人民出版社，2004.

［11］陈万灵，何传添，刘胜. 广东外经贸蓝皮书：广东对外经济贸易发展研究报告［M］. 北京：社会科学文献出版社，2017.

[12] 陈万灵, 唐玉萍. 世界经济危机对广东加工贸易及经济增长的影响分析 [J]. 国际商务（对外经济贸易大学学报）, 2010 (1).

[13] 陈锡添. 东方风来满眼春 [N]. 深圳特区报, 1992-03-26.

[14] 崔新健. 中国利用外资三十年 [M]. 北京：中国财政经济出版社, 2008.

[15] 戴庆成. "圣诞钟 买汇丰"已过去？腾讯狂飙成股王折射港经济新格局 [N]. 联合早报, 2017-12-30.

[16] 邓小平. 邓小平文选：第2卷 [M]. 北京：人民出版社, 1994.

[17] 邓小平. 邓小平文选：第3卷 [M]. 北京：人民出版社, 1993.

[18] 邓小平. 邓小平文选：第3卷 [M]. 北京：人民出版社, 1993.

[19] 杜弘禹. 世界500强企业竞相布局：外资巨头"加持"广东产业升级 [N/OL]. (2017-12-05) http://finance.sina.com.cn/roll/2017-12-05/doc-ifyphkhm0604562.shtml

[20] 范恒生. 30年来中国经济体制改革进程、经验和展望 [J]. 改革, 2008 (9).

[21] 方至民, 翁良杰. 制度与制度修正：台湾集体电路产业发展的路径变迁 [J]. 台湾人文社会科学集刊, 2004 (16).

[22] 葛顺奇, 罗伟. 中国制造业企业对外直接投资和母公司竞争优势 [J]. 管理世界, 2013 (6)：28-42.

[23] 广东对外贸易经济合作厅. 广东商务发展报告 [M]. 广州：广东省出版集团/广东人民出版社, 2017.

[24] 广东对外贸易经济合作厅. 梁耀文厅长介绍我省外经贸工作情况 [N/OL]. (2010-01-30) http://www.rd.gd.cn/pub/rdweb/dhl/rdhyzy2/syjsc/jzzdh/201001/t20100130_98044.html

[25] 广东年鉴编纂委员会. 广东年鉴 [M]. 广州：广东年鉴社, 2009.

[26] 广东年鉴编纂委员会. 广东年鉴 [M]. 广州：广东年鉴社, 2011.

[27] 广东年鉴编纂委员会. 广东年鉴 [M]. 广州：广东年鉴社, 2014.

[28] 广东年鉴编纂委员会. 广东年鉴 [M]. 广州：广东年鉴社, 2016.

[29] 广东年鉴编纂委员会. 广东年鉴 [M]. 广州：广东年鉴社, 2017.

[30] 广东省公开选拔领导干部工作办公室, 广东省竞争上岗办公室. 与时俱进, 创新干部选拔制度 [M]. 广州：广东人民出版社, 2002.

[31] 广东省政协文史资料委员会. 经济特区的由来 [M]. 广州：广东人民出版社, 2002.

[32] 郭家轩, 等. 广东金融改革创下多个全国第一 [N]. 南方日报, 2017-04-18.

[33] 国务院关于印发中国（广东）自由贸易试验区总体方案的通知 [EB/OL]. http://www.gov.cn/zhengce/content/2015-04/20/content_9623.htm.

[34] 胡春华. 坚定不移实施创新驱动发展战略 [N]. 人民日报, 2017-8-30.

[35] 胡春华主持召开广东省委全面深化改革领导小组第十八次会议 [EB/OL]. http://cpc.people.com.cn/n1/2016/0603/c64094-28410606.html.

[36] 胡华丁, 李金林. 试论大胆吸收和借鉴人类社会创造的一切文明成果 [J]. 中共浙江省委党校学报, 1993（6）.

[37] 胡锦涛在中国共产党第十八次全国代表大会上的报告 [EB/OL]. http://cpc.people.com.cn/n/2012/1118/c64094-19612151-1.html.

[38] 黄晖. 中国经济增长区域差异的制度分析 [J]. 经济地理, 2013（1）: 35-40.

[39] 黄倩蔚, 郭家轩. 广东金融五年成绩单靓丽出炉, 主要金融发展指标创多个全国第一 [N]. 南方日报, 2017-08-26.

[40] 黄永智. 粤港经贸合作新机遇——简析《内地与香港关于建立更紧密经贸关系的安排》[M]. 中山大学出版社, 2003.

[41] 蒋斌, 梁桂全. 敢为人先——广东改革开放30年研究总论 [M]. 广州: 广东人民出版社, 2008.

[42] 李桂茹. 积极主动适应入世挑战 深圳审查1700份红头文件 [N]. 中国青年报, 2001-11-30.

[43] 李军晓. 先行一步——广东改革开放初期历史研究 [D]. 中共中央党校, 2007.

[44] 李克强: 政府工作报告——2017年3月5日在第十二届全国人民代表大会第五次会议上 [EB/OL].

[45] 李南玲. 社会主义市场经济造就了深圳——深圳市场经济建设探访录（上）[J]. 瞭望周刊, 1993（34）.

[46] 李天研. 广东对"一带一路"沿线国家投资年均增长36.4% [N/OL]. (2017-09-19) http://gd.people.com.cn/n2/2017/0919/c123932-30749943.html.

[47] 李晓峰, 丁肖丽, 徐若愚. 广东对外直接投资的优势, 问题及对

策建议［M］∥陈万灵，李铁立，袁欣．广东外经贸蓝皮书——广东对外经济贸易发展研究报告（2011—2012）．北京：社会科学文献出版社，2012：156－177．

［48］李晓华．国际产业分工格局与中国分工地位发展趋势［J］．国际经贸探索，2015（6）：4－17．

［49］李郇，郑莎莉，梁育填．贸易促进下的粤港澳大湾区一体化发展［J］．热带地理，2017（6）：792－801．

［50］梁德思．加快广东金融业对外开放的政策思考［J］．时代金融，2017（29）．

［51］列宁．列宁全集：第41卷［M］．北京：人民出版社，1986．

［52］林珣．关于打造国际一流营商环境的思考［J］．北方经贸，2016（1）．

［53］林依琳．"一国两制"框架下粤港澳合作模式研究［D］．全国优秀硕士论文库，2011．

［54］刘剑华，孙宏根．邓小平关于中国现代化与国际环境的理论初探［J］．理论与改革，1996（6）．

［55］刘军．企业异质性与FDI行为：理论研究进展综述［J］．国际贸易问题，2015（5）：124－132．

［56］刘倩．中白工业园中国（广东）光电科技产业园六月开建［N/OL］．（2017－01－12）http：∥kb．southcn．com/content/2017－01/12/content_163590388．htm．

［57］刘贻新，张光宇，杨诗炜．基于理事会制度的新型研发机构治理结构研究［J］．广东科技，2016（8）．

［58］刘志彪．在新一轮高水平对外开放中实施创新驱动战略［J］．南京大学学报，2015（2）．

［59］隆国强．中国对外开放的新形势与新战略［J］．中国发展观察，2017（8）．

［60］卢荻．习仲勋主政南粤［J］．百年潮，2002（9）．

［61］罗木生．广东改革开放与发展的若干思考［M］．广州：广东经济出版社，2001．

［62］马桦，张鹏，邓辉年．广东外贸经营权改革历程回眸［J］．大经贸，2007（5）：76－79．

［63］马经．广东金融30年：先行先试铸造金融强省［J］．南方金融，

2008（11）．

［64］马经．广东金融发展：历程回顾与横向比较［J］．南方金融，2007（1）．

［65］马向明，陈洋．粤港澳大湾区：新阶段与新挑战［J］．热带地理，2017（6）：762-774．

［66］马兴瑞：广东省政府工作报告——2018年1月25日在广东省第十三届人民代表大会第一次会议上［EB/OL］．http：//cpc.people.com.cn/n1/2018/0202/c64102-29803079.html．

［67］马扬，张建．全球经济颓势难减中国企业"走出去"热情［N/OL］．（2012-09-02）http：//finance.people.com.cn/n/2012/0902/c70846-18896792.html．

［68］毛泽东．毛泽东文集：第7卷［M］．北京：人民出版社，1999．

［69］毛泽东．毛泽东选集：第2卷［M］．北京：中央人民出版社，1991．

［70］南方日报讯．习近平总书记对广东工作作出重要批示［N］．南方日报，2017-04-12．

［71］潘纳新．广东省商务工作会议召开 利用外资工作获国务院通报表扬［N/OL］．（2018-01-24）http：//igd.gdcom.gov.cn/rdxx/xwzx/201801/t20180124_26554.html．

［72］钱玮珏．一切都在发生变化［N］．南方日报，2013-12-12．

［73］全毅，陈惠珍．借鉴粤港澳合作经验，加快两岸紧密经济合作区建设［J］．发展研究，2011（12）．

［74］饶芃子．探究脚下这块土地的文化内涵——"广东精神大讨论"文化名家专场座谈会［J］．粤海风，2012（1）．

［75］茹晴．梁广大珠海为官十六年［M］．北京：中国经济出版社，2001．

［76］商务部驻广州特派员办事处．广东企业进军全球价值链上游［N/OL］．http：//gztb.mofcom.gov.cn/article/g/f/201606/20160601343729.shtml．

［77］沈国兵，于欢．中国企业参与垂直分工会促进其技术创新吗？［J］．数量经济技术经济研究，2017（12）：76-92．

［78］沈宣理．深圳对外开放的实践和思考［J］．学术研究，1998（12）．

［79］盛保晨．推动经济高质量发展 营商环境就是生产力［J］．国际

人才交流，2018（1）.

［80］十八大报告文件起草组.十八大报告辅导读本［M］.北京：人民出版社，2012.

［81］石柳，张捷.广东省对外直接投资与产业"空心化"的相关性研究——基于灰色关联度的分析［J］.国际商务（对外经济贸易大学学报），2013（2）：52 - 64.

［82］舒元，等.广东发展模式——广东经济发展30年［M］.广州：广东人民出版社，2008.

［83］宋荣华，郝耀华."一带一路"战略引领中国企业"走出去"［N/OL］.（2014 - 12 - 27）http：//world.people.com.cn/n/2014/1227/c1002 - 26285988.html.

［84］苏东斌，钟若愚.中国经济特区导论［M］.北京：商务印书馆，2010.

［85］苏力.广东企业进军全球价值链上游 设立境外企业6492家［N/OL］.（2016 - 06 - 22）http：//news.ycwb.com/2016 - 06/22/content_22323755.htm.

［86］孙建中.资本国际化运营：中国对外直接投资发展研究［M］.北京：经济科学出版社，2000.

［87］孙丽艳.外贸中小企业面临的国内营商环境研究［M］.北京：中国商务出版社，2016.

［88］谭宏业，李创荣.广东外贸发展对外贸体制改革的启迪［J］.广州对外贸易学院学报，1988（4）：30.

［89］唐英，谢洪芳.日新月异，蓬勃发展的对外贸易——建国60年广东对外贸易发展情况综述［N/OL］.（2009 - 09 - 04/2017 - 12 - 01）http：//www.gdstats.gov.cn/tjzl/tjfx/200909/t20090904_69445.html.

［90］唐志平.东莞县太平手袋厂：全国首家"三来一补"企业［M］//田丰.敢为人先——改革开放广东一千个率先.北京：人民出版社，2015.

［91］唐子湉.广东外资银行数量全国最多［N］.南方日报，2016 - 06 - 17.

［92］陶一桃，鲁志国.中国经济特区史要［M］.北京：商务印书馆，2010.

［93］汪洋：推动形成全面开放新格局［EB/OL］.http：//politics.people.com.cn/n1/2017/1110/c1001 - 29637499.html.

[94] 王诗琪, 等. 粤企"出海"新趋势: 瞄准发达市场求先进技术 [N/OL]. (2016-07-17) http://epaper.southcn.com/nfdaily/html/2016-07/17/content_7565671.htm.

[95] 王永飞. 2015年新疆西行国际货运班列累计开行135列 [N/OL]. (2015-12-29) http://xj.people.com.cn/n2/2015/1229/c374475-27427661.html.

[96] 魏江, 李拓宇, 赵雨菡. 创新驱动发展的总体格局、现实困境与政策走向 [J]. 中国软科学, 2015 (5).

[97] 温柔. 为全国构建开放型经济新体制提供有力支撑 [N/OL]. (2017-11-06) http://epaper.southcn.com/nfzz/269/content/2017-11/06/content_178636323.htm.

[98] 吴波. 聚焦粤企国际化征途 [N/OL]. (2013-12-14) http://culture.ycwb.com/2013-12/06/content_5570206.htm.

[99] 吴家庆, 蒋国海. 邓小平的社会主义观 [M]. 长沙: 湖南师范大学出版社, 2002.

[100] 吴南生. 换脑筋, 思想再解放 [N]. 亚太经济时报, 1992-11-01.

[101] 习近平: 决胜全面建成小康社会 夺取新时代中国特色社会主义伟大胜利——在中国共产党第十九次全国代表大会上的报告 [EB/OL]. http://www.xinhuanet.com/politics/19cpcnc/2017-10/27/c_1121867529.htm.

[102] 习近平: 抓住世界经济转型机遇, 谋求亚太更大发展 [EB/OL]. http://www.xinhuanet.com/politics/leaders/2017-11/10/c_1121938333.htm.

[103] 习近平在广东考察时强调: 做到改革不停顿开放不止步 [EB/OL]. http://www.xinhuanet.com/politics/2012-12/11/c_113991112.htm.

[104] 习近平在河南考察时强调: 深化改革发挥优势创新思路统筹兼顾确保经济持续健康发展社会和谐稳定 [EB/OL]. http://cpc.people.com.cn/n/2014/0511/c64094-25001070.html.

[105] 习近平在联合国发展峰会上的讲话 (全文) [EB/OL]. http://www.xinhuanet.com/world/2015-09/27/c_1116687809.htm.

[106] 习近平在纳扎尔巴耶夫大学的演讲 (全文) [EB/OL]. http://www.xinhuanet.com/politics/2013-09/08/c_117273079.htm.

[107] 习近平在十八届中央政治局第二十八次集体学习时的讲话 [EB/OL]. http://www.xinhuanet.com/politics/2015-01/24/c_127416715.htm.

[108] 习近平在中央经济工作会议上发表重要讲话 [EB/OL]. ht-

tp：//www.xinhuanet.com/photo/2013 - 12/13/c_ 125857613.htm.

[109] 习近平总书记对广东工作作出重要批示［EB/OL］.http：//gd.people.com.cn/n2/2017/0412/c123932 - 30009883.html.

[110] 夏杰长，林吉双，黄立军.广东服务业对外开放报告［M］.北京：经济管理出版社，2014.

[111] 肖文峰，吴少斌.广东再次清理政府规章和规范性文件 27件被废止［N/OL］.（2002 - 01 - 03）http：//www.china.com.cn/chinese/kuaixun/93108.htm.

[112] 肖文舸，等.全方位对外开放 释放发展新活力［N/OL］.（2017 - 10 - 20）http：//www.southcn.com/nfdaily/nis - soft/wwwroot/site1/nfrb/html/2017 - 10/20/content_ 7675909.htm.

[113] 肖学：探索建设粤港澳 大湾区国际金融枢纽［EB/OL］.http：//www.gdjrb.gov.cn/index.php/article/index/id/6880.html.

[114] 谢非.广东改革开放探索［M］.北京：中共中央党校出版社，1998.

[115] 谢俊，申明浩，杨永聪.差距与对接：粤港澳大湾区国际化营商环境的建设路径［J］.城市观察，2017（6）.

[116] 徐谦，洪秀霞.2012年广东外商直接投资情况分析［N/OL］.（2013 - 06 - 18）http：//www.gdstats.gov.cn/ tjzl/tjfx/201306/t20130618_ 122605.html

[117] 薛凤旋，杨春.外资：发展中国家城市化的新动力——珠江三角洲个案研究［J］.地理学报，1997（3）：193 - 206.

[118] 杨春.多中心跨境城市区域的多层级管治——以大珠江三角洲为例［J］.国际城市规划，2008（1）：79 - 84.

[119] 杨剑.原中共广东省委书记兼深圳市第一任市委书记市长吴南生访谈录［N］.南方日报，1998 - 12 - 01.

[120] 姚战琪.基于全球价值链视角的中国企业海外投资效率问题研究［J］.国际贸易，2016（2）：13 - 17.

[121] 玉林.珠海特区利用外资15年［J］.中国外资，1996（11）.

[122] 在实现"两个一百年"奋斗目标新征程上走在前列——专访广东省委书记李希［EB/OL］.http：//zwgk.gd.gov.cn/759214127/201803/t20180305_ 755247.html.

[123] 张军，吴桂英，张吉鹏.中国省际物质资本存量估计：1942 -

2000［J］. 经济研究，2004（10）：35 – 44.

［124］张巍. 优化营商环境与行政执法的法治化［J］. 党政干部学刊，2017（12）.

［125］张优造，颜祝贤. 广东工业产业基金的选择［J］. 南方金融，1999（1）：24 – 25.

［126］张岳琦，李次岩. 任仲夷论丛：第二卷［M］. 广州：广东人民出版社，2007.

［127］张占斌：中国经济新常态的六大特征及理念［EB/OL］. http：//www. xinhuanet. com/fortune/2016 – 01/11/c_ 128617210. htm.

［128］张卓元. 中国经济四十年市场化改革的回顾［J］. 经济与管理研究，2018（3）.

［129］章海源，王立. CEPA 服务贸易协议机遇探析［J］. 国际经济合作，2016（8）.

［130］赵林妹. 经济全球化背景下我国对外直接投资发展模式探索［J］. 财经科学，2004（增刊）：69 – 71.

［131］中共广东省委党史研究室. 敢为天下先：任仲夷力推广东改革开放［J］. 红广角，2014（9）.

［132］中共广东省委党史研究室. 中国共产党广东历史大事记（1949 – 2004）［M］. 广州：广东人民出版社 2005 年版，第 284 – 285 页.

［133］中共广东省委关于制定国民经济和社会发展第十三个五年规划的建议［EB/OL］. http：//news. southcn. com/shouyeyaowen/content/2015 – 12/01/content_ 138069889. htm.

［134］中共中央 国务院关于构建开放型经济新体制的若干意见［EB/OL］. http：//www. gov. cn/xinwen/2015 – 09/17/content_ 2934172. htm.

［135］中共中央党史研究室第三研究部. 中国沿海城市的对外开放［M］. 北京：中共党史出版社，2007.

［136］中共中央文献研究室. 邓小平年谱 1975 – 1997（上）［M］. 中央文献出版社，2004.

［137］中共中央文献研究室. 建国以来重要文献选编：第 9 册［M］. 北京：中央文献出版社，2011.

［138］中共中央文献研究室. 十四大以来重要文献选编（上）［M］. 北京：人民出版社，1996.

［139］中国人民银行广州分行货币政策分析小组. 广东省金融运行报

告 [J]．南方金融，2017．

[140] 中国人民银行货币政策分析小组．中国货币政策执行报告 [J]．金融时报，2009．

[141] 钟坚．深圳经济特区改革开放的历史进程与经验启示 [J]．深圳大学学报，2008（6）．

[142] 钟坚．世界经济特区发展模式研究 [M]．北京：中国经济出版社，2006．

[143] 朱汉清．要素转移与产业转移的比较研究 [J]．经济学家，2010（12）：58－63．

[144] 朱小丹主持省府常务会议 研究部署构建开放型经济新体制 [EB/OL]．http：//www．gd．gov．cn/gdgk/gdyw/201604/t20160429_ 228159．htm．

[145] 庄楠楠．粤港澳大湾区格局瞄准世界级 [N]．南方日报，2017－04－23．

[146] 宗和．广东：高标准建设自贸区 抓好涉海项目实施 [N/OL]．（2016－06－15）http：//fj．people．com．cn/ocean/n2/2016/0215/c354245－27734037．html．

后　记

　　改革开放是当代中国最鲜明的时代特点。1978年中国共产党召开的十一届三中全会，揭开了我国改革开放的序幕。这场人类历史上从未有过的大变革、大开放极大地激发了中国的潜能，使我国日益走进世界舞台的中央，实现了从高度集中的计划经济体制到充满活力的社会主义市场经济体制，从封闭半封闭到全方位开放的伟大历史性转折和跨越。经过40年的改革开放，中国已取得了举世瞩目的成就，现已成为世界第二大经济体。今天，无论身处何地，我们都能真切感受到中国发展的蓬勃生机和强劲实力。这种生机和实力的背后，是改革开放释放的巨大活力，也彰显出我国提升民生福祉已经行稳致远。"道虽迩，不行不至"，改革开放40年来的尘埃涤荡，铸就了中国在人类发展史上不可替代的独特印记。

　　广东地处南海之滨，毗邻港澳，具有得天独厚的地理优势，被中央赋予在改革开放中先行先试的重任。在党中央的英明领导下，广东充分运用政策优势、地缘优势和人缘优势，通过设立经济特区、开展市场化体制改革，在全国率先构建了市场体系和对外开放格局。改革开放40年来，广东对外开放遵循先易后难、从简单到复杂、从局部开放到整体开放，逐步进入深水区，直至构建全面开放新体系、新体制和新格局。开放领域从产品贸易到引进"三来一补"投资，再到对资本及要素市场的开放；产业开放从制造业到服务业；投资合作从"引进来"到"走出去"；区域合作从粤港澳合作到多方位的世界各国合作，粤港澳合作从"前店后厂"到构建紧密合作的关系，再到粤港澳大湾区城市群一体化合作；广东对外开放程度不断扩大，开放型经济得到快速发展。

　　作为中国对外开放的先行地区和前沿阵地，40年来，广东始终以敢闯敢试、敢为人先的勇气和魄力勇立改革开放潮头，不仅创造了经济总量领先全国的骄人成绩，而且为推动全国对外开放积累了经验、做出了示范、提供了借鉴。广东对外开放的辉煌成就和成功实践充分说明：对外开放是发展中国特色社会主义、实现中华民族伟大复兴的必由之路。走进新时代的广东，既要有继续当好全面深化改革探路者、引领者的非凡担当，更要努力继续统筹推进各领域各方面改革，取得新突破、新作为、新贡献。要以习近平新时代中国特色社会主义思想为指导，在新的起点上以高质量发展谋求改革新高度，在形成全面开放新格局方面走在全国的前面。

2017年11月，在我国改革开放即将40周年之际，受中共广东省委宣传部委托，广东外语外贸大学组织了一批中青年学者协力撰写《广东对外开放40年》一书。全书共分历史回顾、成就展现、经验总结和未来展望等四编十八章，希望能够在我国改革开放40周年之际，借此书来回顾广东对外开放40年的壮丽篇章，以此激励我们不忘初心、砥砺前行。全面回顾了40年来波澜壮阔的伟大历史进程，深入总结了广东改革开放实践的成功经验和理论创新成果，并展示了广东如何在新的高起点谋划和推进新时代的全面深化改革、为实现中华民族伟大复兴的"中国梦"，再创对外开放新辉煌，为全世界的经济发展贡献中国智慧和中国方案。

在本书的编写过程中，专门成立了由主编隋广军教授为主任，张建武教授、胡文涛教授为副主任，肖鹞飞、陈伟光、易行健、陈万灵、申明浩、李青等教授为成员的编委会。隋广军教授对撰写本书的指导思想、篇章结构等进行了系统的设计，提出了详细的要求。特别是在作者的选择上，隋广军教授提出参加编写的作者要老中青相结合，培养年轻人；强调通过编写此书，让改革开放后出生的年青学者了解和熟悉广东改革开放的历程与发展。经过全体编委和撰稿者8个月以来的潜心钻研，经过30多次的集中研讨与分组讨论，终于在2018年6月圆满完成了书稿。全书的每一章节都是在一次次的研讨、精心组织、提炼加工和深入研究后成文的，倾注了撰写人与编委的心血。本书是集体智慧的结晶。全书撰写成稿后，邀请了暨南大学封小云教授、广东外语外贸大学左连村教授对书稿进行了审阅并提出了宝贵的修改意见。"补充为"全书撰写成稿后，邀请了暨南大学封小云教授、广东外语外贸大学左连村教授及杨友孝教授对书稿进行了审阅并提出了宝贵的修改意见。

全书四编的审稿人依次为肖奎喜、陈万灵、曾楚宏、张建武。各章具体撰稿者依次如下：李铁立、康锋莉合撰第一章，李铁立、田云华合撰第二章，郭永钦撰写第三章，刘力、唐凯合撰第四章，陈昭撰写第五章，陈

后 记

万灵、许陈生、韩永辉、李铁立、张群、洪汛、陈和、程永林、黄胜、张翊、胡仁杰、官华平、刘胜分别依次撰写第六到第十八章。

最后,由衷感谢广东省委宣传部对我们的信任和指导,衷心感谢各位编委和撰稿者的辛勤劳动和精诚合作,感谢各位评审专家的大力支持和给予的悉心指导,感谢中山大学出版社的编辑同志在本书出版过程中给予的热情帮助!

《广东对外开放40年》编委会
2018年11月18日